EL CUARZO ROJO DE SALAMANCA

colección andanzas

LUCIANO G. EGIDO
EL CUARZO ROJO DE SALAMANCA

TUSQUETS
EDITORES

1.ª edición: marzo 1993

Diseño de la colección: Guillemot-Navares
Reservados todos los derechos de esta edición para
Tusquets Editores, S.A. - Iradier, 24, bajos - 08017 Barcelona
ISBN: 84-7223-658-7
Depósito legal: B. 123-1993
Fotocomposición: Foinsa - Passatge Gaiolà, 13-15 - 08013 Barcelona
Impreso sobre papel Offset-F Crudo de Leizarán, S.A. - Guipúzcoa
Libergraf, S.A. - Constitución, 19 - 08014 Barcelona
Impreso en España

Indice

A María Teresa Herrera, Blanca Bravo y Ana María Pardo,
los recuerdos más hermosos y tenaces de la esquinada Salamanca
de mi juventud errante y encantada

«Somos nuestra memoria.»

Borges, «Cambridge», en *Elogio de la sombra*

«Sólo el orgullo del hombre le hace suponer que es un animal pensante.»

Valle-Inclán (Carta a Cipriano Rivas Cherif)

«Esta historia se remonta a un tiempo muy lejano; ya está, en cierto modo, completamente cubierta de una preciosa herrumbre y es absolutamente necesario contarla bajo la forma de un pasado remotísimo. Esto tal vez no sea un inconveniente para una historia, sino más bien una ventaja; es preciso que las historias hayan pasado, y podemos decir que, cuanto más han pasado, mejor responden a las exigencias de la historia, y que esto es mucho más ventajoso para el narrador que evoca murmurando las cosas pretéritas.»

Thomas Mann, *La montaña mágica*

Ya no recuerdo cuántas veces vinieron y se fueron los franceses, ni cuántas veces los ingleses vinieron y se volvieron a ir, en una interminable sucesión de invasiones extranjeras que dejaban a nuestra ciudad exhausta, doliente y humillada. Unos vestían de azul y otros de rojo; aparecían y desaparecían como los habitantes de una pesadilla recurrente, que nos visitaran cada noche con la puntualidad de una condena; siempre venían con clarines, armas y prisas, siempre traían muertos y heridos, y siempre dejaban un rastro de olor a pólvora, a cuartel y a meadas de caballo; se anunciaban con un ruido, que empezaba con las sorprendidas y furiosas carreras de los muchachos de los arrabales y el rumor creciente de la ciudad, que se despertaba con estupor y levantaba sus precauciones, con temerosa prudencia al principio y con evidente irritación después. Y se iban sin despedirse, sin anunciarlo, como sabiendo que volverían.

No quiero acordarme de aquel tiempo de indignación y de ruido que nos dejó en la memoria un tenaz reguero de muerte, destrucción y odio. Me gustaría tener un vacío donde tengo las imágenes de aquellos días turbulentos, en los que convivimos con la parte más miserable de nosotros mismos, impulsados continuamente a la degradación de nuestras creencias y a la pérdida de nuestras esperanzas. Quisiera eliminar de mis recuerdos los rostros y los hechos de la cobardía y del valor, de la traición y del sacrificio, de la violencia y de la resignación, y olvidar todas aquellas luctuosas historias de nuestra inmolación colectiva. Fue una locura que nos duró demasiados años como para que fuera pasajera y ahora me parece imposible que sobreviviéramos a aquella acumulación de crímenes, defecciones, entusiasmos y bajezas, ciegos y obstinados, reconstruyendo cada mañana las nóminas de nuestros muertos y de nuestros odios, como si al hacerlo respiráramos el aire tranquilo de nuestras obligaciones diarias y de nuestra perentoria necesidad de seguir viviendo.

Cada nueva invasión pensábamos que iba a ser la última y con el postrer caballo que cruzaba las Puertas de Toro o de Zamora, si se iban hacia el norte, o se perdía más allá del Puente Romano, si marchaban hacia el sur o hacia poniente, nos quedábamos como sin saber qué hacer, como si las pesadas carretas de la intendencia, las cureñas de los cañones, que golpeaban el desigual empedrado de nuestras calles, o el agudo brillo de las bayonetas que se alejaban, se hubieran llevado nuestro destino. Los recuerdos que nos dejaban detrás de su marcha eran siempre los recuerdos de la muerte, y la ciudad, devastada por los rescoldos de la desesperación, se rehacía penosamente unas precarias ganas de vivir, para que vivir no fuera sólo odiar.

Primera parte

1

Los franceses salieron de los libros y de las peroratas de mi padre y se presentaron en Salamanca. Según me contaron después, porque esto ocurrió en el tiempo confuso de una niñez lejana y fragmentaria, contada por los otros más que recordada por mí, cuando los vi por primera vez, cogí una piedra y levanté mi brazo tan ingenuamente armado para descalabrar, por lo menos, a alguno de aquellos intrusos. Pero una mano, de la que conservo todavía, como uno de los más tenaces recuerdos de aquel suceso, la pegajosa huella de su poder sobre mi piel y el desagradable contacto de su rudeza menestral, detuvo mi movimiento en el aire y frustró la gloria de mi primera batalla contra los franceses, cuyas consecuencias seguramente no había previsto en mi ceguera de muchacho encolerizado, para atreverme a desafiar yo solo al ejército de Napoleón, del que por aquel tiempo seguramente ignoraría hasta su existencia, en medio de una multitud ávida y entusiasmada, que gritaba y aplaudía al paso de aquellas tropas que habían dominado Europa y que tendrían el porte prestigioso y posesivo de los amos del mundo, que, a treinta años de distancia, pienso que debió de ser uno de los motivos que impulsaron mi mano presurosa hacia la piedra del suelo, me hicieron arrancarla con rabia de la tierra y me empujaron irremediablemente a iniciar aquel gesto irritado y expeditivo, que, al no cumplirse, quiero recordar, se me quedó dentro como una náusea inminente que no hubiera llegado a explotar y que todavía hoy, incapaz de entenderlo y menos todavía de repetirlo, me llena de estupor.

Quizá tenga que agradecerle a aquel desconocido, que con toda seguridad moriría pocos años después mentándole la madre a los franceses, que evitara la consumación de mi hazaña heroica y a contracorriente, porque sin pretenderlo y ni siquiera imaginarlo acendró mi odio a los gabachos, obligándome a demorar mi revancha que, aunque entonces no lo supiera, tardaría aún varios años en cumplirse. Y así empezó mi guerra particular, que todavía no ha terminado, contra los franceses, con un episodio infantil que se hubiera perdido en el anecdotario familiar como una prueba precoz de mi apasionamiento suicida, si los años que iban a venir no lo hubieran devuelto a la memoria trágica de aquellos días aciagos y no lo hubieran magnificado y exaltado hasta el asombro, la premonición y la ejemplaridad. Sin embargo, las mujeres de nuestra tribu involuntariamente aguarían el fulgor profético de mi rabieta repitiendo, siempre que contaban aquello ante un corro femenino de perplejidades milagreras, que Dios habla por la boca de los niños y de los locos, sin que adivinara entonces, ni después supiera, en cuál de las dos categorías me colocaban.

Yo tenía entonces doce años y era un muchacho inocente, que empezaba a estar harto de aplastar huevos de paloma contra la corteza de los árboles de la Chopera, en la socampana de la ciudad, pescar obscenas tencas en el río del verano y masturbarme con las bragas de mi hermana Manuela, como estimulante erótico y generoso pañuelo de emergencia. Hacía tiempo que odiaba a los franceses, víctima de los sermones laicos de mi padre, quien tenía el tono, la cadencia y hasta parte del vocabulario de los curas de la parroquia de San Sebastián, que era la nuestra, aunque dijese todo lo contrario que ellos, y que parecía que estaba continuamente lamentándose de no haber nacido en Francia y no tener como lengua materna el francés de Voltaire y Diderot, del abate Mably y de Condillac, cuyas obras ocupaban sus ocios de médico ilustrado, clínico famoso en toda la región y buen samaritano de pobres y gitanos, recueros y labrantines, nobles arruinados, viudas devastadas y menopáusicas y, por supuesto, cualquier mortal que supiera dónde estaba París y conociera, aunque sólo fuera de oídas, *La nueva Eloísa* y sus amores descarriados o las tiernas aventuras de *Pablo y Virginia* de Bernardin de Saint-Pierre. Porque mi padre, a pesar de su necedad francesa, era un buen hombre y un buen médico, según confesaban los enfermos que salían vivos de sus manos, porque la opinión de los otros no era posible conocerla, aunque fácil de presumir.

La llegada de los franceses le restituyó a mi padre, como una súbita primavera tardía, la juventud perdida, como si volviera de un largo exilio, e inclusive le empujó a salir del santuario de su gabinete para recibirlos, mezclado con la muchedumbre que los vitoreaba hasta la ronquera; aquello, que nos sorprendió a todos, trasgredía la ley de sus costumbres invariables de una marginación perpetua, que mantenía con tenacidad de juramento, tanto frente a la estupidez burguesa como frente al hedor multitudinario. Porque casi nunca salía de casa, a no ser para cumplir sus deberes de médico; yo siempre lo recuerdo encerrado en su cuarto, leyendo libros franceses, que le exaltaban hasta el delirio y que en vano intentaba hacerme leer, para que le siguiera en su desmedido gusto por la lectura y en su extravagante devoción francesa, contra la que me defendía con uñas y dientes. Tardé mucho tiempo en descubrir que el seco olor en que florecía su gabinete, y que me atraía como una tentación prohibida, no se debía a sus libros, sino al herbolario y al lapidario, que coleccionaba con un esmero continuado y a los que dedicaba las horas felices que no le ocupaban sus enfermos y sus estudios.

Sin embargo, en mi odio a los franceses no estaba solo frente a mi padre, porque mi rebelión filial se amparaba en la complicidad de mi amigo Augusto, dos años mayor que yo y con el prestigio añadido de tener los ojos más azules de toda la ciudad y medir casi dos metros de altura. Aquella ayuda, que apaciguaba mis posibles remordimientos por aquel incorruptible desacato familiar y me evitaba las consecuencias de una discriminación de apestado, era mucho más valiosa de lo que podría esperarse de nuestra camaradería infantil, porque Augusto misteriosamente, como su nacimiento, su orfandad y tantas otras cosas de su vida, hablaba francés como un nativo, tenía la casa llena de libros franceses y había vivido en Francia durante una niñez ignota y fabulosa, y me servía a mí de coartada para defenderme de las argucias y de los arrebatos de mi padre y salir indemne de su terco proselitismo de gabacho frustrado, que no perdonaba ocasión de ejercerse y de intentar contagiarme de aquel afrancesamiento suyo, incombustible e impermeable. También nuestra madre, hipócrita hasta el martirio, descendiente de militares, fijada en una devoción filial que la traicionaba a cada momento, y obsesionada por un odio matrimonial, antiguo y cerril, contra mi padre, alentaba desde su catolicismo de sacristía y Santo Oficio mi rechazo montaraz de las ideas paternas y mi hirsuta independencia frente a su autoridad, aunque esta aviesa colaboración bélica me traía sin cuidado y a veces hasta me hacía pensar que a lo mejor mi padre tenía una parte de razón, a pesar de todo.

Así es que, cuando vinieron los franceses, no tuve que mirarlos para reconocerlos, porque el conocimiento del odio había crecido conmigo. Augusto y yo nos acercamos por la calzada real al camino de los Villares de la Reina para verlos venir y, más que por curiosidad o cuerpo de jarana, para encontrar nuevas razones que confirmaran nuestra obstinada enemiga contra aquellos soldados que invadían nuestra infancia, que no los había esperado, ni los necesitaba. Y por fin aparecieron, mucho antes de que alcanzaran el lugar donde nosotros estábamos, tal y como nos los habíamos imaginado, precedidos de un escuadrón de caballería, cuyos herrajes brillaban entre aquel polvo prematuro de un verano anticipado, que agostaba las amapolas de mayo y endurecía las cañas de los trigos todavía verdes. Venían sudorosos, en tropel y a desgana, como los rebaños trashumantes de septiembre, y sus fachas agresivas y entumecidas por el bochorno impropio de aquellos días no delataban ni el heroísmo, ni la nobleza, ni siquiera la cultura que mi padre se había esforzado en hacerme admirar en los franceses. Al tenerlos cerca y ver sus jetas abotargadas, sus mostachos de marsopa y sus andares desgalichados, me explicaba menos todavía aquel fervor paterno por aquellas gentes de belfos caídos, casacas sucias y desabrochadas y narices accidentadas y enrojecidas por el vino, cuyas tufaradas nos llegaban intermitentemente al paso de aquellos dioses, que, según le había oído a mi padre tantas veces, llevaban en sus mochilas la libertad de Europa, que por lo visto les pesaba demasiado.

Yo los miraba fijamente hasta desojarme, mientras cruzaban delante de nosotros, intentando descubrir en aquellos rostros patibularios, atezados por un sol imprudente y ajados por el largo cansancio del camino a pie, de facciones groseras y abultadas por insólitas protuberancias, alguna señal en la que pudiera identificar su condición máxima de mensajeros de la libertad y sólo encontraba la obtusa retracción de la torpeza, de la vulgaridad y de la petulancia; nada parecido a las imágenes aladas, victoriosas y gentiles que mi padre me presentaba en sus monsergas, ungidas por el arrebato místico de su mirada y reforzadas por el vuelo circular de su mano derecha, en la que brillaba el ónice mágico de su prestigio social. Aquel desfile de tarados, borrachos y lobos hambrientos me hizo perder el poco respeto que todavía y a pesar de todo le conservaba a mi padre, afectado sin duda de una degeneración senil, que podría explicar, si es que no eran innatas, su proclividad a imaginar fantasmas y su terca incapacidad de reconocer sus errores; porque había que estar ciego para empeñarse en ver en aquella pandilla de desgarramantas a los héroes de una nueva época, a los portadores de una felicidad sin límites como a mi padre le gustaba predicar, con su gusto por las palabras solemnes y a ser posible esdrújulas.

No me puedo olvidar, a pesar del tiempo que ha pasado desde entonces, que las moscas bordoneaban en aquel sopor primaveral, acompasando sus vuelos triangulares a la marcha de los soldados, que las atraían, supongo, por la cantidad, la variedad y la intensidad de sus malos olores, que, cuando entraron en la ciudad, incluso dominaron a la fétida presencia de las esguevas medievales y de los albañales abiertos, a los que el ejército francés añadía ahora sus propios desechos, tocados, por supuesto, como sin duda mi padre estaría dispuesto a creer, por la gracia de su país de origen, que los dignificaría y los redimiría de su condición de basuras residuales, lo que sin embargo no impedía que dejaran un rastro de aire pútrido de cochiquera otoñal y mingitorio de verano, que tardó en disiparse varias semanas y que, desde entonces, afloraría en mi memoria siempre que evocara a los franceses, en cualquier lugar y en cualquier tiempo, y añadiría nuevos motivos a mi odio antiguo.

Augusto y yo los veíamos moverse sin participar del entusiasmo colectivo que los recibía con sonrisas de sacristanes en trance, enardecidos por la sonoridad histérica de las campanas eclesiásticas, que sacralizaban aquella procesión de robaperas, perdonavidas y cagaleches, que iban penetrando en la ciudad con la altanera marcialidad de una invasión y la tranquila indiferencia de un paseo de maniobras. Recuerdo que tardaron mucho tiempo en pasar, como una eternidad, dilatada ahora, después de tanto tiempo, por mi memoria con frecuencia infiel y me temo que siempre parcial. Porque eran muchos y marchaban en columnas de a ocho y en filas discontinuas e irregulares; yo me reconcomía ante la serenidad con que Augusto los seguía con la mirada, hasta que de pronto los tambores, que abrían marcha detrás de los caballos, rompieron a tocar con un ritmo vivaz y continuado, al que algunos de aquellos facinerosos con cara de ex presidiarios, como estimulados por un resorte automático de relojería, respondieron atiesando el cuerpo y bamboleando la cabeza, con unas sonrisas siniestras, debajo de sus altos morriones ladeados e inestables, al unísono batir de sus pies contra la tierra; pero las piernas, enfundadas en unas medias arratonadas, que asomaban sobre sus costrosas botas militares, respondían de mala gana a la disciplina impuesta por los tambores, por lo que la mayoría continuó arrastrando los pies y escupiendo gargajos de bulto, que rodaban sobre el camino reseco de aquella primavera calcinada y alcanzaban una distancia insólita, como escarabajos peloteros que no pudieran detenerse en su inerte y gloriosa marcha sobre el polvo; había algunos que lograban sobrepasar sin esfuerzo aparente, ante nuestros ojos incrédulos, los quince metros a una rapidez de meteorito y siguiendo una trayectoria de proyectil, lo que estuvo a punto de hacer peligrar mis recelos sobre aquellos perdularios, que no cesaban de cruzar delante de nosotros, mirándonos de reojo y visiblemente murmurando a nuestra costa. Las ruedas de los cañones, que venían los últimos, saltaban sobre las roderas del camino y añadían más polvareda a la que iban levantando las perezosas botas de los primeros héroes que había visto en mi vida.

Entre aquel jubiloso griterío general, en el que participaba toda la ciudad, las que más alborotaban eran las putas del Arrabal, animadas sin duda por una especie de confraternidad gremial con los franceses, a cuyo paso habían acudido, escotadas como estatuas, salidas de su sopor diurno y como sorprendidas por la luz de la calle, a la que nunca se asomaban antes de que la noche invadiera la ciudad. Entre ellas estaba Paulina, una delicada muchacha inverosímil, que contrastaba con las otras por su distanciado silencio y su extremada delgadez; se decía que había sido la querida de un canónigo antes de echarse a la vida, lo que quizá pudiera explicar su éxito entre los latinistas. En aquella ocasión, también su mutismo se despegaba de sus compañeras, que con sus gritos y exagerados aspavientos se hacían notar entre los pañizuelos festivos de los curas, que recibían alborozados a los enviados de la católica Francia, y las sonrisas corteses y envainadas de los catedráticos del Estudio, que con la sosegada idiotez de sus saberes académicos y algunos con las empolvadas pelucas ya en desuso habían acudido a recibir a los salvadores del espíritu, a los adelantados de la razón. Ni que decir tiene que unos y otros miraban de soslayo, con turbada curiosidad y pudibunda insistencia a las putas, a las que los franceses valoraban diligentemente al pasar con su mirada de expertos y su familiar complicidad filial.

La única persona en toda la ciudad que no salió a recibir a los franceses, ni se asomó al balcón para verlos pasar y ni siquiera descorrió los visillos para curiosear un poco, fue mi tía Adela, la hermana de mi padre, que salvó entonces, como había hecho siempre, el honor de la familia, anclada en su alcoholismo habitual, al abrigo de todo en la voluntaria marginación de su casa, en la que vivía encerrada como en un claustro, con los candelabros encendidos todo el día, como para confirmar el eterno presente de su vida, donde no había días ni noches y en el que no le faltaban nunca sus garrafones de vino de Zamora, ni el aguardiente de orujo, destilado para ella en inconfesables lagares clandestinos, allende el Puente. Durante todo aquel grotesco desfile, los cuarterones de sus ventanas permanecieron cerrados y yo me la he figurado aquel día amparada en la lóbrega penumbra de su memoria, recuperando penosamente el rostro de otros enemigos de nuestra ciudad, el ruido de otras invasiones y la historia de otros tiempos igualmente desastrosos, sostenida por aquella obsesión suya, reavivada todas las mañanas en cuanto la segunda botella, que no faltaba nunca de su mesilla de noche, empezaba a terciar su contenido, de conservar los peores momentos del pasado de Salamanca, las más dolorosas experiencias de aquella colectividad, de la que guardaba la huella de todas las agresiones sufridas y las cicatrices de todos sus lutos, funerales, tragedias, inundaciones, incendios, sequías, derrumbamientos, plagas, pestes y catástrofes, que poblaban el discurso único de aquella borrachera, que mantenía diariamente desde la mañana temprano, cuando se le hacía la conciencia de la realidad en la cama de sus insomnios y sus soledades, que nadie sabía si eran de soltera, de casada o de viuda, pero en ningún caso de virgen, como ella proclamaba con eruptiva altanería, cuando alguien imprudentemente rozaba el tema en su presencia.

Pero la ciudad le daba la espalda a la lucidez etílica de mi tía y se había echado a la calle para recibir a los extranjeros. Algunos niños, probablemente alentados por sus padres, se acercaban a los franceses marcando el paso al ritmo de los tambores y se dejaban acariciar el pelo y tantear el culo, entre sonrisas cómplices y codazos descarados de los bigardos gabachos, que traían el cuerpo molido, pero la imaginación al parecer despierta. Aquello me repugnó tanto que debió de ser entonces cuando levanté mi brazo airado contra los invasores y sufrí la humillación de mi desarme, a manos de aquel insensato que no sabía lo que hacía; después, a pesar de las protestas de Augusto, me fui a casa a beber una limonada y a contarle a mi hermana, que se había asomado al balcón a ver pasar a los franceses por la Rúa de Francos, los detalles de aquella carnavalada, que había arrebatado a mi padre hasta producirle un júbilo casi infantil y le había trastornado tanto que, olvidándose de la ecuanimidad y de las buenas formas de su vida cotidiana y del freno que ponía a la hora de expresar sus emociones, se había puesto a cantar *La marsellesa* al paso de aquella punta de mangantes, incluso cerrando los ojos, no sé si por temor de arrepentirse de sus ideas, si los veía bien, o para aislarse mejor en el éxtasis posesivo de aquel paraíso prometido, que anticipadamente nos venía de Francia de manos de aquellos ganapanes.

Nuestra madre, sin participar de la euforia ciudadana, se había acercado a ver a aquellos patanes, vestidos de soldados, para comprobar, supongo, la irrisoria insignificancia de aquellos pobres hombres que tan notoriamente ponían en ridículo las opiniones y las creencias de su marido, contra las que de ahora en adelante tendría nuevos desaires que exhibir de propia mano y nuevas palabras que añadir a la prepotente expansión de su carácter ácido, asargentado y rencoroso, que perseguía a mi padre con tenacidad de demente, mujer frustrada, alma en pena de sus violencias y de sus alevosas venganzas, agravadas con la edad, que le llevaban lo mismo a esconder los libros que mi padre necesitaba para su estudio, que a utilizarlos para calzar las artesas de la matanza y llenarlos de grasa y de humedades que los dejaban inservibles, o amenazarle con comprarse un vestido por cada libro que él se comprara y arruinar más todavía la endeble economía familiar. Nuestra madre se dejaría llenar de la visión de aquella marcha de truhanes uniformados para después, como efectivamente ocurrió, devolvérsela a mi padre transformada en insultos y sarcasmos en la primera disputa que ella provocara para asentar, como solía, su real dominio sobre la casa y su intocable reino de matrona sin tacha, como alardeaba con frecuencia ante alguna de las habituales indecisiones de mi padre: «Yo siempre he creído en Dios; tú cambias con cada libro que lees».

Mi tío Ricardo, el hermano mayor de mi padre, también los vio pasar a los franceses, incorporado apenas en la banqueta de la Taberna del Grillo, donde acostumbraba a recabar cada mañana para iniciar el recorrido diario de sus pecados capitales preferidos, que eran casi todos. Los vio pasar, a través de las rejas de la ventana del tugurio, con la indiferencia de su superioridad libertina, la penosa respiración de su corpulencia de gigante, a punto de ser vencido por la edad, y la misma altiva y condescendiente seguridad con que proclamaba el decálogo de su moral, que tanto hacía reír a su auditorio de borrachos y que resumía en un único mandamiento de «Amarás a las mujeres sobre todas las cosas y a la mujer de tu prójimo más que a la tuya». El espectáculo de los franceses le resbaló sobre su curtida tez de terrateniente; pero no dejó de deslizar su ociosa curiosidad sobre aquella turba de siervos, que no parecían capaces de atentar contra sus privilegios de aristócrata consorte, ni menos hacerle rectificar sus normas personales de conducta, que le habían permitido vivir sin trabajar, primero como coronel de Su Católica Majestad y después como rentista, mujeriego y tocador de seguidillas, jugador afortunado y caballista diestro, que utilizaba las dehesas de su mujer para ejercer sus habilidades cinegéticas, ecuestres y amatorias, que tenían entre las criadas, jornaleras, pastoras y lugareñas un criadero inagotable de amantes inexpertas, pero dóciles para su inextinguible voracidad sexual, que tanto le agradecían sus ocasionales compañeras de cama, pajar, encinar o ribera. Así es que los veía pasar a los franceses, cuyos pesados caballos le hacían sonreír de pena y de desprecio, sin el temor de que entre aquella chusma de oficialitos petulantes y bigotudos pudiera haber alguno que pusiera en peligro su indiscutida soberanía de macho en el corral provinciano de su propiedad, en el que campaba con plenitud de patriarca y soberbia de cardenal. No obstante, les agradeció a los franceses que hubieran venido a borrar del mapa a Portugal, «porque», como le oí decir, «un pueblo que habla portugués no tiene derecho a la vida».

A mí, de aquel episodio de los franceses, me quedó el brumoso recuerdo de una gente desaliñada y embrutecida debajo de los uniformes, que nos habían ignorado al pasar y que habían recibido los aplausos de la gente como una molesta obligación. Más tarde, probablemente años más tarde, me enteré, aunque realmente no sé si aquel hecho pertenece a mis recuerdos de entonces o a las narraciones que de aquellos días se incorporaron a la memoria familiar de la ciudad, me enteré de que uno de aquellos oficiales del ejército francés había ido a visitar al obispo Tavira, que tenía fama de jansenista y del que mi padre, a pesar de pertenecer al gremio clerical, hablaba bien, le saludaba en la calle y hasta se entendía con él en la jerga iniciática de la lengua francesa de sus libros y de sus admiraciones compartidas. Muchos vieron en aquella visita una muestra de la buena voluntad de los franceses; pero otros muchos pensaron que el obispo Tavira, que leía demasiado para ser obispo, estaba ya condenado al infierno en vida, siendo amigo de los franceses, como un anticipo de lo que le esperaba después de muerto.

También me enteré más tarde, y creo que fue Augusto el que me lo contó, que algunos gabachos por la noche habían escapado de los improvisados cuarteles de Trilingüe, del Colegio del Rey o de no sé cuál de los colegios mayores y conventos donde los albergaron, para intentar repetidas veces asaltar la clausura de las Clarisas donde estaba encerrada por su voluntad sor María de los Angeles, la monja más guapa de España y de las Indias, de la que se contaba que era tan guapa y olía tanto a hembra a los quince años que las abadesas no sabían qué hacer para sofocar aquel olor que invadía las celdas, la capilla y el huerto, como una llamarada de lujuria en la atmósfera ahogada del claustro, pues hasta los capellanes del convento enloquecían en cuanto empezaban los primeros calores de la primavera e incluso los caballos se emporraban cuando cruzaban a lo largo de los muros del monasterio. Los franceses, a falta de la monja, acabaron a machetazos en el prostíbulo, allende el Puente, sin más desgracias que una pupila herida en el anca izquierda, unos cuantos gabachos con el glorioso uniforme napoleónico destrozado y, cuando ya los clarines tocaban a diana, un salmantino mirón muerto de arma blanca y encontrado a la mañana siguiente entre un arcón frailuno y una criba de ajechar trigo, que nadie se explicó qué hacía en una casa de putas.

De todo aquello me quedan imágenes confusas, que forman parte de un recuerdo que se me escapa, como un testigo desconocido de mi vida. Creo recordar que durante unas semanas, hasta que Augusto y yo nos hartamos, los muchachos del barrio de los Milagros siguieron jugando a los soldados franceses, empenachados con plumas de gallo prendidas a viejas cacerolas, como si fueran tricornios de gala, completando el uniforme con palos en el cinto, a guisa de espadas, y telas multicolores robadas de sus casas cruzándoles el pecho como bandas jerárquicas, cuando se disputaban el dudoso y frecuente honor de ser generales. Augusto, que venía del barrio de San Martín, y yo, que venía del de San Sebastián, desde tiempo inmemorial les veníamos disputando la posesión del arroyo de la Magdalena, cenagoso de eternos orines diluviales y precioso cauce, pleno de virtudes curativas por el que discurrían las aguas lustrales de los conventos de las isabeles, las úrsulas, las agustinas y de otros cenobios femeninos, que el regato enhebraba en su largo recorrido desde más arriba de los Corrales de la Clerecía de San Marcos.

Y ahora los veíamos desfilar, maniobrar y reproducir con grotesca exactitud los saludos, las marchas y hasta el pesado caracoleo de los caballos franceses por las Peñuelas de San Blas, a espaldas del Hospicio, que eran los asiduos terrenos de nuestras batallas a muerte y de nuestros despiadados duelos a primera sangre; aquella humillante parodia, ejecutada con la seriedad y la reiteración de muñecos parvulares, nos fue irritando hasta la explosión de nuestra intransigencia adolescente y, sin hablarnos, sin mirarnos siquiera, un día los fuimos embaucando con fantásticos planes bélicos, arengas patrióticas y descripciones de tesoros árabes recién descubiertos, para que entraran en la cueva de San Bernardo, cuyos terrores diabólicos utilizábamos, en tiempos de paz, para poner a prueba la resistencia viril de los novatos o para castigar cumplidamente las demasiadas alegrías de los fanfarrones, a los que una pasada por las tenebrosidades del profundo agujero excavado en la tierra del talud los devolvía sumisos al común de los mortales.

Grotescamente uniformados, heroicos y codiciosos, toda aquella tropa de enanos que se creían franceses fueron desapareciendo sin un temblor ni un renuncio en las tinieblas subterráneas de la cueva, y cuando calculamos que se habrían atrevido, con su gallardía de generales invictos y su pundonor de aventureros primerizos, dos docenas de metros en el interior de su miedo y que habrían doblado aquel recodo que tan bien conocíamos y que hacía estallar el terror, aguantado hasta entonces con dignidad, les prendimos fuego a los yerbajos de la entrada sobre los que amontonamos todas las ramas secas, sillas rotas, cestos desfondados, harapos y escobas viejas que pudimos recoger por allí, hasta formar una fogata que tapaba la boca de la cueva y dejaba escapar una humareda espesa y negra que penetraba ávidamente en el túnel. A poco fueron saliendo, atosigados y rabiosos, atropellándose con un pánico inexplicable en sus caras súbitamente salvajes, con el pelo chamuscado y los ojos enrojecidos y deslumbrados, y nos persiguieron enfurecidos hasta más arriba de los antiguos jesuitas, donde pudimos darles esquinazo metiéndonos por la calle Libreros, con el corazón botándonos en la garganta y la alegría del deber cumplido.

Algunos pocos gabachos permanecieron en Salamanca, pero casi todos los que habían venido y los que llegaron durante los días siguientes se fueron camino de Portugal, atravesando naturalmente el Puente Romano, y desaparecieron entre gritos, toques de corneta, redobles de tambor, caballos, carretas, brillos de fusiles y morriones, diluyéndose en nuestra memoria, perdiéndose en el pasado remoto de nuestros doce años, que se desvanecía detrás de otras gentes y otros días iluminados por otras aventuras y otros acontecimientos, entre los que para mí no eran los menores los que procedían de la fragilidad exangüe de mi hermana Manuela, en trance permanente de derrumbamiento con la bata blanca de sus insomnios y los ojos cansados de sus sueños, en los crepúsculos agobiantes de un horizonte de luces y de sombras crecientes en las arboledas del río.

Nuevos naufragios y nuevas resurrecciones llenaron mi tiempo y me alejaron del recuerdo del paso de los franceses por Salamanca, mientras Manuela se encerraba durante horas a llorar su soledad de ángel adolescente en su cuarto blanco o tocaba como una posesa el clavicémbalo, al que le sacaba con efusiva melancolía sus notas más lúgubres de misa de réquiem, a las que dejaba vibrar en la penumbra de su habitación, rodeadas de silencios prolongados, como adioses inexpresados. Nadie sabía lo que le pasaba y la dejaban estar, según nuestra madre, como una loca, según mi padre, como una nueva Eloísa, y según tío Ricardo, como una muchacha casadera que estaba necesitando urgentemente un hombre que le enseñara las cosas como son. La mustia opacidad de su mutismo me entristecía hasta la inquietud y ensayé, sin resultado, todos los juegos y todas las fantasías, que antes tanto la entretenían.

Habíamos crecido juntos, bajo las vigilantes miradas de nuestros padres, tironeados entre el temor materno de Dios y del pecado y el paterno escepticismo razonable sobre la naturaleza humana y sus perentorias e inevitables exigencias. Habíamos aprendido a pecar juntos, a escondidas y al unísono, y habíamos gozado de nuestros pecados inocentes. Podíamos saber en cada momento lo que pensaba el otro y nos entregábamos al disfrute de todas las tentaciones prohibidas por el puritanismo de nuestra madre, alentados y justificados por la condescendencia de nuestro padre. La ciudad había sido el Paraíso de nuestra infancia y la habíamos reconstruido a imagen de nuestros deseos y recorrido y escudriñado, como dos exploradores avaros de conocimientos y unidos por una misma necesidad de rebeldía y de curiosidad. Pero de un tiempo a esta parte, Manuela inexplicablemente había dejado de encontrar placer en aquellas correrías locas y se había olvidado de nuestros sueños, no permitiéndome siquiera que la tocara, cuando antes uno de nuestros juegos había sido revolcarnos por el suelo, como gladiadores en lucha, con la victoria siempre indecisa y el único premio de nuestras risas compartidas. Porque nuestra condición de hermanos no había impedido ni la proximidad de nuestros cuerpos, ni el reconocimiento de nuestros deseos.

No recuerdo cuándo, pero desde luego después de la primera venida de los franceses, fui descubriendo que amaba a Manuela, con el mismo desesperado furor con el que los otros muchachos amaban a las muchachas de nuestra edad, que no era ni el amor idealizado e imposible que sentíamos por las madres de nuestros amigos, ni el amor fácil y perecedero de las chicas del arrabal de Santiago, pero que tenía algo de los dos. Fueron años de largas contemplaciones, en los que la mirada estaba llena de Manuela y en los que la ciudad era un relicario dorado donde ella vivía, mientras el amor iba creciendo. Desde el pasillo oía el chapoteo de su cuerpo en la tina de agua tibia, que mi padre le había recomendado para calmar los ardores de su humor revuelto y que nuestra madre desaprobaba a gritos a través de la puerta cerrada, porque aquello no sólo era pecado, sino que se iba a quedar arrugadita como una pasa. Y yo la esperaba para verla salir, envuelta en aquellas toallas francesas suntuosas y perfumadas, como las vestiduras de una diosa.

Recuerdo que una tarde, dejando en el aire sin respuesta la retórica de mi padre, me pidió que la acompañara hasta el río, que estaba candado por los hielos y había atraído la curiosidad de toda la ciudad. Salimos cubiertos por un cielo entoldado, del que se desprendían unos diminutos copos de nieve, que parecían inofensivos y que se mecían delante de nuestros ojos como ingrávidos granos de arroz que acariciaban y despertaban nuestra piel; hacía tanto frío que apenas veíamos; a nadie se le hubiera ocurrido echarse a la calle con aquel tiempo; pero a Manuela, que le gustaba hacer lo contrario de lo que todos estaban dispuestos a hacer, le exaltaba aquella blanda nieve, que se dejaba tocar como si fuera un recuerdo evanescente, y corría con un júbilo que parecía imposible en aquella Salamanca gélida y sepulcral, sumergida en una nevada paciente.

Bajamos hacia el río envueltos en aquel polvo de nieve, que se le enredaba en el pelo y se le quedaba en las cejas, por debajo de la capucha, como unas canas prematuras y ornamentales. Yo la veía reír, oculta por aquella neblina inmaculada, y alejarse hasta desaparecer en aquella blancura de manto nupcial, para reaparecer como un fantasma sonriente en un sueño deshabitado, lo que añadió otra forma de conocerla a las muchas formas en que estaba acostumbrado a hacerlo. Porque veía llegar la noche en la distendida luz de sus pupilas, conocía el silencio en la vasta serenidad de su frente, descubría el viento en el temblor imperceptible de las puntas de sus cabellos, presentía la proximidad de las flores en el amanecer súbito de su sonrisa y sabía que había llegado el verano por el color de su piel. Ahora acababa de aprender que los reflejos de la nieve aumentaban la tersura de su cutis y que podía esperar los próximos inviernos para comprobar otra de sus muchas maneras de ser hermosa.

Llegamos hasta el río, que tenía brillos metálicos en la superficie helada, y Manuela quiso atravesarlo, desafiándome con la mirada y pisando la costra endurecida de la corriente, en la que se veían las piedras de los juegos infantiles, dejadas allí después de haber servido para comprobar la resistencia del hielo y medir la audacia de los que se habían aventurado hasta el centro del cauce. Manuela avanzó, sujeta por mi mano aterrorizada, desoyendo la cautela de mis palabras y las advertencias del río, que crujió debajo de nuestros pies y nos hizo buscar la aceña para salvarnos. Y fuimos andando a pie enjuto hacia la orilla sobre el suelo resbaladizo, que prolongaba el fin de aquel viaje polar, cuyos rigores no conseguían aliviarse con la turbulencia de mi sangre enamorada, que iba más deprisa que nuestros pies indecisos sobre aquella cresta precaria, brillante y traicionera, que no se acababa nunca, porque al llegar al centro hacía una inflexión que prolongaba nuestro camino, hasta que Manuela en un descuido se deslizó aceña abajo con el trasero a la deriva como una barca errática, que pude sujetar cuando su bota rompió el hielo y ella quedó colgada de mi brazo, mientras yo aguantaba cogido a unos arbustos milagrosamente crecidos junto a nosotros. La saqué del atolladero y recibí su abrazo, mientras los ángeles interrumpieron sus cánticos de alabanza al Señor y se inclinaron sobre el río para ver cómo Manuela atribulada, pero no arrepentida, sacaba del agua el pie helado y la bota chorreante.

Todavía recuerdo la pasión y el tiempo que gastamos en buscar juntos el mar, salido de las novelas que leía Manuela, que nos desafiaba como un enigma. Porque el mar nos faltaba en la Salamanca de aquella infancia acuciosa y feliz, que nos mantenía permanentemente al borde del milagro. Siempre lo presentíamos como algo inmenso, cambiante y peligroso, que excitaba nuestro heroísmo, todavía inédito, y donde sucedían aventuras extraordinarias, en las que los hombres morían bravamente luchando más allá del horizonte de las catedrales, donde la ciudad se rinde a la llanura del río y de donde nos llegaba la tentación de unos espacios abiertos, que anticipaban las puertas infinitas del mar que habíamos deseado, con la seguridad de que estaba al alcance de la mano, sin más que bajar por las riberas del Tormes y llegar hasta donde nada se interpusiera a nuestra mirada, porque sabíamos que justamente allí el mundo estaría ocupado por el mar. Porque a Salamanca, que era la encarnación de la belleza y de la perfección, según les habíamos oído decir a muchas gentes, sólo le faltaba el mar, como una enorme vastedad de sueño, para acabar de ser lo perfecta que debía ser. Pero no lo encontramos, aunque nos atrevimos a bajar hasta el río y atravesar el Puente y perdernos por los encinares, camino de los Montalvos, que cerraban el paisaje y ocultaban la horizontalidad azul del mar. Debíamos de tener seis o siete años y al día siguiente volvimos y llegamos más lejos sin hallar nunca aquel mar esquivo, que estaba detrás del fondo violeta del atardecer. Tardé muchos años en saber que el único mar de Salamanca se encontraba en los ojos de Manuela y que, aunque pareciera mentira, Salamanca no tenía otro mar que aquél y que no necesitaba más para ser como tenía que ser.

Un día Manuela se me perdió y salí a buscarla a través de una ciudad que se había vuelto hostil, como el enrejado de un calabozo, y que conservaba en todos sus monumentos y en todas sus calles las huellas de su paso. Enloquecido, revisé los rincones de nuestras aventuras, los apartados lugares de nuestras coincidentes curiosidades; pensé que había muerto, extraviada en algún miserable zaguán de los que frecuentaban nuestras pesadillas; seguí a los perros y el vuelo de las golondrinas, como si fueran los signos de su camino y me perdí también yo, sin encontrarla, por deplorables callejuelas que se habían hurtado a nuestras exploraciones tenaces; asistí a escenas horribles, que me anticipaban su agonía en patios inmundos, entrevistos al pasar de mi prisa y de mi angustia; sospeché de los rostros y de las esquinas y lloré sin pudor por las orillas del Tormes, que se deshacían en abismos imprevisibles; todos los mendigos fueron unos asesinos y todas las oscuras viejas que me encontré en el camino ocultaban los malos designios de sus torvas miradas de cadáveres; cualquier hoguera consumía los últimos restos de su sagrado cuerpo y yo moría esperándola y demorándome en lo que me quedaba de su memoria, que era mucho más de lo que recordaba. La noche próxima, anunciada por la sombra de las catedrales, se la tragaba irremisiblemente sin que yo llegara a descubrirla. Cuando acerté a volver a casa, me la encontré sonriendo, con el vestido roto, la cara lacerada y una mirada cínica, que completaba el fulgor de su belleza.

Me gustaba que me leyera en voz alta sus novelas, porque aquellos libros ponían en su boca mágicas palabras apasionadas, que yo oía encantado, con los ojos cerrados, como si fuera el destinatario de aquellas declaraciones de amor en la cálida voz de Manuela. Pero un día se negó a seguir leyéndome y dejó de sonreír, cambiando hasta de peinado. Desde entonces a veces, a mi vuelta del río, me la encontraba ensimismada, recostada en su cama con el pelo revuelto, el corpiño abierto y una sonrisa asténica sobre el bermellón pálido de sus labios perfectos; yo le acariciaba las manos y ella me lo agradecía echándose a llorar suavemente por los altos pómulos panónicos de su rostro de diosa, mientras la luz se diluía en la ventana y la noche iba extendiendo sobre su frente los oscuros presagios de su tragedia; los rizos de su nuca, como el plumón ocioso de un pájaro recién nacido, se estremecían cada vez que los sollozos contenidos le dejaban respirar hondo, sobre los encajes de sus sábanas arrugadas de sudor y de agonías; sus pechos rosas se oprimían contra la desazón de todos sus deseos, mientras mis labios todavía calientes del sol del Tormes ponían dudosas caricias sobre sus brazos desnudos, que respetaban la perfección de su silencio.

—Mira —me dijo de pronto, volviendo hacia mí sus ojos brillantes de lágrimas y de recuerdos que ella sólo conocía—, papá me ha traído más libros franceses.

—Nuestro padre no tiene salvación —me sorprendí contestándole por encima de mis posibilidades—; su amor por Francia no se ha perdido, a pesar de haber conocido de cerca a los franceses.

Entonces no sabía que, pasados unos pocos años, aquel tiempo de silencios y de melancolía, de esperanzas diferidas y de tristezas sin nombre sería sustituido por el estruendo y el furor, por la locura y la muerte. Los amigos franceses nos traerían una guerra insensata, que se llevaría a Manuela, a Augusto, a mi padre, a mi tío Ricardo y hasta a Paulina, la ramera flaca de la Puerta del Río. Sólo nuestra madre y mi tía Adela sobrevivirían; una, invulnerable en su dureza de pedernal y en su insensibilidad de muerta en vida, y la otra, en aquel estado de ruina permanente en el que había entrado a los treinta años, cuando empezó su decrepitud como un castigo a su osadía y a la incontenible erupción de sus deseos. Yo también sobreviví, perplejo y alucinado, huérfano de mí mismo, sin entender nada de lo que había pasado y abandonado a la inercia de la memoria de aquellos días de tragedias y de soledades sin remedio, de los que nunca me he podido reponer del todo, como para darle razones a la tristeza que me acompaña desde entonces.

2

Los franceses volvieron; pero la segunda vez fue otra cosa; yo tenía dieciocho años y sabía quién era y qué quería Napoleón. Hacía tiempo que había dejado de obtener placer en la destrucción de huevos de paloma, me había olvidado de las infantiles tencas del río y mi erección permanente había encontrado en la cálida y generosa entrepierna de las muchachas del Arrabal un lugar más adecuado para aliviarse que las prendas íntimas de mi hermana. Había empezado a estudiar jurisprudencia para alejarme lo más posible del modelo de mi padre, que mantenía y había hecho crecer mi odio a Francia, porque con los años, sometido a las constantes humillaciones de nuestra madre, había aumentado su proselitismo enciclopedista, había progresado su ceguera intelectual y se había disparado su necesidad de tener siempre razón; su decrepitud empezaba a ser patética y se agarraba a los franceses como a una justificación de su vida, mucho más que a sus deberes de médico, aquejado de escepticismo profesional y abochornado por la inutilidad de sus conocimientos, y naturalmente muchísimo más que a su desgraciada vida familiar, que no le traía más que conflictos y ardores de estómago.

La Salamanca sórdida, clerical y marginada no resistía la comparación con su soñado París filosófico, liberal y luminoso, cuyas bellezas y cuyas historias necesitaba evocar de vez en vez para poder seguir viviendo entre tanto fraile ignorante, tanto catedrático hinchado, tanto estudiante pendenciero y lagumán, tanta beata cirial y tanto noble embrutecido por la molicie y la estulticia, a los que, por deferencia y en lugar del albéitar, sangraba cada cierto tiempo para librarlos de los humores excesivos, acumulados por sus vidas desordenadas, mientras pensaba, con la lanceta esgrimida sobre la vena pletórica debajo de sus dedos, como a veces contaba en casa, que también en este país vendría bien una sangría suelta aristocrática como la de Francia en los años de la Revolución, lo que le hacía dudar entre abrir un simple ojal para que saliera la sangre viciada o dar un tajo mortal, que abriera las esclusas del desbordamiento definitivo.

En casa, los silencios le iban ganando terreno a las palabras, y las comidas, que eran los únicos momentos en que por obvias razones nos reuníamos para hacer algo en común, naufragaban entre la inercia del mutismo establecido y la opaca intermitencia de las degluciones sonoras. La llegada de los postres era una esperanza de liberación, que todavía se enturbiaba con los últimos consejos dietéticos de nuestra madre, que pretendía compensar la pérdida de dominio sobre mi padre con la colonización de la conciencia de sus hijos, que nos resistíamos a seguirla por los caminos de su aldeanismo y su frustrada vocación de coronela, que confundía el ruego del imperativo con la orden del infinitivo: «Comer ciruelas, que van bien al vientre y evitan la caída del pelo», despreciando de paso, con el fruncido gesto de su intransigencia inquisitorial, los conocimientos médicos de mi padre y nuestra reiterada negativa a comer fruta, reconfortada con el placer de llevarle la contraria. Mi padre, animado por el ejemplo de nuestra heroica resistencia, se atrevía a insinuar que la fruta nos alimentaba más viéndola en el repostero, amontonada en desorden natural, incitante y jugosa, imperfecta en su redondez lunar de trasero femenino, con sedosidad de mejilla adolescente, que sacrificándola a los bajos instintos de la supervivencia y de la glotonería y convirtiéndola en vil materia de azarosa travesía por los túneles de nuestro cuerpo e inconfesable destino final. Aquella broma excremental, repetida casi todos los días de mi memoria racional, había dejado de interesarme, sobre todo sabiendo, también desde mis primeros recuerdos de criatura indefensa, que nuestra madre saltaría con la prontitud rencorosa de su mezquindad de matrona ofendida, que aprovechaba cualquier ocasión para manifestarse y robustecerse, gritando:

«Esas groserías son las que se aprenden de los franceses».

Aquel año 7 había sido un año tenazmente desgraciado, que hubiera debido de precavernos contra lo que nos esperaba y que empezó con mal pie con la muerte del obispo Tavira y Almazán el día 1 de enero, que era un mal día para morirse y más si se trataba de un obispo, pues las campanas de la catedral, insistentemente funerales, repicaron a réquiem horas y horas, ensombreciendo a una población, helada de frío, que se rehacía penosamente las ganas de vivir con la complicidad tradicional del calendario. Las gentes se acordaron de la imprudencia jansenista del obispo fallecido, que hasta para morirse había sido inoportuno, y muchos dijeron que aquel campaneo fúnebre era completamente inútil y que sólo tenían ganas de martirizarnos los oídos, pues nada se podía hacer por el alma del obispo, que a aquellas horas estaría ya en el infierno por saber francés y haber leído tantos libros prohibidos por el Santo Oficio, agenciados en la librería de Toxar. Mi padre lo sintió y le dedicó a la hora de comer una breve oración necrológica, que me pareció indigna de su agnosticismo volteriano y que sólo consiguió exasperar a nuestra madre, que dijo algo de los tipos que le encienden una vela a Dios y otra al diablo y que son los peores, porque hay que estar a las duras y a las maduras y el que sirve a dos amos, a uno de los dos es infiel y que eso de jugar a dos paños es tafurería y que «cada cosa para lo que es y las garrobas para los güés», con su proclividad a los refranes corruptores y el verbo altivo de su mala intención indeclinable.

Mi hermana Manuela recordó que una vez, entre los sofocos de la procesión del Corpus, el obispo Tavira le había sonreído, vestido de pontifical, cuando la descubrió entre la feligresía de la sacramental de San Sebastián, arrimada a los muros de la universidad, y le envió una bendición personal, dorada y esplendorosa bajo el sol de junio, con sus guantes blancos de cabritilla, yugulados por la amatista excesiva de su anillo ceremonial; lo que me hizo pensar que, además de afrancesado, aquel obispo era un pendón reprimido, entregado a la posesión carnal de la mirada, como correspondía a su alta dignidad eclesiástica y a una larga tradición de rijosidad episcopal. Y no sólo lo pensé, sino que lo dije en voz alta, concitando la reprobación airada de mis padres, que por una vez se pusieron de acuerdo para condenar mi atrevida sinceridad con sus gritos escandalizados y su matrimonial complicidad de verdugos, en la que confluían tanto los castizos como los afrancesados.

Después, en el frío de febrero, apareció un buhonero misterioso y feo, con su barba descuidada, su gran nariz rajada, un ojo velado por una nube y una joroba descomunal que hería el jubón hasta desgarrarlo. La ciudad lo miró con la desconfianza con que miraba siempre a los buhoneros, pájaros de mal agüero, que venían de lejos por caminos excusados, andaban como azogados, sonreían como si lloraran y traían baratijas y engaños para las mujeres, ensalmos y polvos para los enfermos incurables, recados urgentes, noticias de tragedias lejanas y mensajes fatídicos, que siempre se cumplían. Pero aquel buhonero parecía peor que todos, con su quincalla al hombro, los pucheros, sartenes, cedazos y candiles chocando al andar y anunciando su nefasta presencia, incluso antes de que el olor a puerco lo delatara.

Lo vieron merodear por el barrio del Conejal unos días antes de que apareciera desnuda y degollada una muchacha de quince años, tirada en un muladar, y nadie dudó de que el culpable había sido aquel hombre; también por aquellos días, en los Corrales de Monroy una vaca después de muerta parió un perro negro con los ojos verdes y un solo cuerno pequeño en medio de la frente, lo que causó horror a todos, que le echaron la culpa al buhonero tuerto, que nos había traído la desgracia, como un anticipo de lo que había de venir. Un niño, que se había acercado a tocar las baratijas del buhonero y que fue rechazado con un bestial bufido, murió a los pocos días de una enfermedad que ni siquiera mi padre conocía y que ningún médico supo ni curar y ni siquiera ponerle nombre, y los viejos que lo habían mirado mal cayeron fulminados por el primer viento de marzo. La ciudad se aterrorizó con historias parecidas, que fueron ensuciando la memoria de todos los barrios por los que había pasado la sombra maléfica del tuerto, y los muertos de los meses siguientes tuvieron como explicación, más creíble que las confusas argumentaciones médicas, el contacto o la visión de aquel buhonero. Porque aquel hombre había extendido su mal de ojo por toda la ciudad y nos pareció que había estado al mismo tiempo en los aledaños de la Puerta de Zamora, en el Patio Chico a trasmano de las catedrales, frente a San Juan de Barbalos, en la plazuela de San Cristóbal o camino de la Chopera del río. Pues la ciudad entera fue descubriendo horrorizada las consecuencias de su inficcionado deambular por las calles, en las caídas inexplicables, la rotura de valiosas porcelanas, los misteriosos traslados de muebles por la noche, y las toses rebeldes, panadizos dolorosos y orzuelos envenenados, amén de los siniestros gatos negros y otras calamidades menores, que dejaron un rastro de miedos que se fueron agrandando con el tiempo y haciendo más sospechosas todas las sombras de la noche y más amenazantes todos los ruidos que se oyeron en los desvanes vacíos, como si fueran los salones de las zarabandas nocturnas de los trasgos y de las brujas, que presagiaban males inminentes, celebrados de antemano por aquellos íncubos y desencadenados por aquel buhonero tuerto, que nadie volvió a ver, a pesar de las pesquisas de los justicias para detenerlo.

Mi tía Adela, como otra desagradable memoria de aquel año nefando, estuvo a punto de morir, volteada por una borrachera tormentosa que le duró un mes largo, un abril abrupto y soleado, ventoso y gélido, que enloqueció a mucha gente como ella, que sólo estaban esperando un tiempo anormalmente revuelto para resucitar los fantasmas de sus miedos ancestrales a una muerte inminente, devueltos a la memoria por el *Dies irae* del Juicio Final y el *Memento mori* de los recientes sermones cuaresmales.

Mi padre, cuando las cosas llegaron a mayores, interrumpió aquella regia borrachera, que por su magnitud y su profundidad parecía de otros tiempos, con la buena voluntad de su celo fraternal y los escasos medios de su ciencia, convenciéndola varias veces al día de los riesgos de aquella desesperada forma de beber, que acudía directamente con los labios a la damajuana del orujo espeso, que casi se podía masticar y que le dejaba la boca reseca, como después de una fiebre. Finalmente, cuando habían pasado tres semanas de vómitos y destrozos, obscenas canciones y reiterados peligros de incendios, la ataron a la cama y le pusieron a la cabecera dos monjas francesas de San Vicente de Paúl, huidas de la Revolución y llegadas a Salamanca con el prestigio imperial de su país de origen y el agradecimiento colectivo por ser creyentes, aunque francesas, lo que les proporcionaba la simpatía de aquella ciudad de misa diaria, asediada por el escepticismo de la universidad y los malos ejemplos del clero secular.

«¡Monjas francesas no, por favor!», gritó mi tía Adela, cuando consiguió tener conciencia de sus ángeles guardianes, unánimes y asustadizas, que la miraron sorprendidas cuando empezó a blasfemar con la facilidad y el primor de su gran cultura y la inspiración de sus muchas frustraciones reprimidas, con una furia y una imaginación verbal de emperador romano, que echaron a las monjas a la calle, con un revuelo de tocas y avemarías, escaleras abajo, hasta donde las persiguió la voz quebrada y ronca de mi tía, que nadie supo cómo consiguió romper las ligaduras que la tenían inmovilizada en la cama, arrancando unas insospechadas fuerzas de su flaco cuerpo sarmentoso, arruinado a los cuarenta años y castigado por los ayunos prolongados, que mantenía a fuerza de vino y de soledad; pero lo consiguió y sus gritos fueron incendiándose, sin perder su alto contenido blasfematorio, a medida que las dos monjas, parejas y arremolinadas, se alejaban persignándose con precipitada devoción, seguramente horrorizadas por haber ido a caer en aquella colectividad salvaje, medio africana, donde hasta las buenas familias sabían blasfemar con aquella profusión de medios.

«¡Madres, madres! Ni todo el ejército francés pasando por encima de vosotras será capaz de haceros madres de verdad.»

Las monjas caritativas propagaron por la ciudad la injuria de que mi tía estaba endemoniada y acudieron al obispado para que enviaran un cura que la exorcizara. Pero, como todavía no había venido el sucesor del obispo Tavira, tuvo que decidirlo el penitenciario, hombre acomodaticio, decrépito e hiperbóreo, que las oyó con una sonrisa compasiva y las despachó con una atribulada complacencia, preocupado más por la paz ecuménica de la diócesis, con la sede vacante, que por atender aquella denuncia de las monjas francesas, y deseoso de no irritar a los afrancesados como mi padre, en vista del cariz de los acontecimientos en toda España. Y asustado además por el escándalo de una endemoniada entre sus feligreses y desorientado sin saber qué hacer, pues su trato con el demonio no era tan asiduo como para conocer y poder valorar sus excesos, lo que le hacía ser cauto en sus decisiones, del mismo modo que más tarde lo sería con los franceses, a los que dedicaría *Te Deum* y bendiciones con la versatilidad alada del Espíritu Santo.

Por lo demás, las aficiones etílicas de mi tía eran demasiado conocidas como para sorprender a nadie por el nivel sonoro de sus borracheras, que con frecuencia sobrepasaba el estricto recinto de su habitación, de su casa y de su calle, para desbordarse por la ciudad como la confirmación de una costumbre; sólo aquellas monjas foráneas pudieron caer en la tentación de esperar un castigo divino a su osadía verbal, que era cosa de todos los días y que formaba parte del anecdotario cotidiano de Salamanca y de su pintoresquismo marginal, que mantenía el atractivo de las murmuraciones domésticas, cuando los adulterios de la nobleza, la desaforada gula de los canónigos o las broncas estudiantiles entre colegiales y manteístas, con emisión de sangre joven y abundante, eran insuficientes para excitar el incontenible placer del cucharoneo.

Aquella vez, el suceso, al que la gente no dio más importancia que a la comprobación del frío o a la masiva llegada de los carboneros del monte, terminó con mi padre a la cabecera de mi tía, entre sudores secos y olor a vino devuelto durante tres días y tres noches, devanándole al oído con sus manos entre las suyas una melopea mágica, como un recitado exotérico, que la fue calmando hasta la modorra, interrumpida por sorbos espaciados de un tinto tolerable y fresco, que siempre le sabía a poco a la enferma, indefensa para protestar como solía, y que mi padre le administraba con precisión homeopática, siguiendo las ideas de Hahnemann que entonces estaban de moda entre los médicos ilustrados y que tan bien cuadraban con la mezquindad constitucional de mi padre, al que nuestra madre desdeñosamente, desde la maciza roca de su intemperancia, calificaba de meapoquitos, y con su fe extática en todo lo que fuera extranjero, incluso aunque no fuera francés. Debió de ser por entonces cuando mi tía Adela inició su costumbre de recibir por la noche a los muertos, que entretenían su soledad con sus historias y le proporcionaban la compañía que rechazaba de los vivos.

Otro suceso extraordinario de aquel año fue la nieve que cayó en mayo y que Augusto y yo festejamos con una borrachera imperial, que estuvo a punto de acabar con nuestra amistad y casi con nuestra vida. Aquella nieve cruel cubrió la ciudad como una losa y no había otro modo de luchar contra el frío que beber para olvidarlo; así es que nos acogimos al resguardo de la Taberna del Grillo, a pesar de la amenazante proximidad de la señora Antonia, con el musguillo crecido de su bigote, las ronchas cárdenas de su cara de luna llena y, como la luna, atravesada de manchas y de cráteres, desfiladeros y veladuras, escorias en su cuello repegoso, grasa acumulada en su pelo lacio y las informes protuberancias de su cuerpo abarrilado, apenas veladas por los rastros de un vestido demasiado amplio para su corpulencia de hembra grande y aguerrida, pero incapaz de contener la rotunda enormidad de su trasero, que desplazaba el aire de la taberna como una turbulencia atmosférica.

Después de unas jarras y con el cuerpo ya caliente empecé a irme, no por las advertencias de la tabernera, que tenía que cerrar y nos dejaría tirados en aquella nieve de enero, si seguíamos bebiendo, sino por la soledad de mi hermana en su cuarto, invadido por el frío de la madrugada. Pero Augusto ni se movió, porque estaba hablando y necesitaba seguir hablando sobre el delito público del trasero de la señora Antonia, del que debería dar cuenta el Tribunal del Santo Oficio, como una ofensa a los ojos de los cristianos y una vergüenza para Dios, que nunca pudo prever en su infinita sabiduría y con su infinita imaginación algo semejante, que afeara tanto su admirable creación de artesano pulcro y honrado. Augusto se exaltaba con sus palabras, mientras yo me impacientaba, pensando en el cálido dormitorio de mi hermana en peligro, sin que ella, dormida, lo advirtiera; amanecería, sin que yo pudiera encender aquel fuego sagrado que ella necesitaba hasta que hubiera pasado aquella feroz tormenta de nieve, que caía de un cielo poseído de una insospechada crueldad.

Pero Augusto no paraba de hablar, con uno de aquellos ataques de eruptiva elocuencia que le daban de vez en cuando, y no parecía que fuera a terminar nunca, hasta que me levanté y me fui. Augusto me alcanzó, pasada la solidez rural y románica de Santo Tomás Cantuariense, frente a la exuberancia ostentosa del Palacio de Calatrava, a espaldas de la fantasmagoría barroca de San Esteban, y se rebeló contra mi apresurada deserción, lanzándome pelladas de nieve, que se deshacían en el aire, acompañadas de insultos blandos, que fueron creciendo en dureza y en intención a medida que yo me alejaba. Oí a mis espaldas una carcajada obscena, que me sorprendió en el hueco de la Salamanca silenciosa y amortajada de sudarios helados y árboles fantasmales, silueteados de escarcha e inmóviles en la serenidad de la nevada. Augusto prolongó aquella carcajada afónica y sofocada, desvergonzada e impropia de su elegancia y gritó en la trasera vacía de los Dominicos: «¡Te la van a birlar los franceses!».

Ya sé que fue una prueba de amistad, alentada por el vino y por su vanidad herida de orador sin auditorio; pero nos estuvimos zurrando hasta el amanecer entre blasfemias y resbalones precipitados sobre la nieve reciente. El motivo de la pelea se nos iba y se nos venía y los feroces abrazos del frenesí y de la rabia, las ganas de pegarnos, el acezar ahogado de nuestras respiraciones confundidas y los puñetazos dolorosos y resentidos nos hacían recuperar de vez en cuando la necesidad de golpearnos hasta el cadáver. Pero las patadas y los agarrones desesperados y ciegos acabaron cediendo en intensidad y en frecuencia, al tiempo que el vino se iba alborotando en nuestros estómagos y nuestros arrebatos homicidas fueron agotando la flexibilidad de nuestros músculos y disparando el ritmo unánime de nuestros corazones hermanos.

Empecé a sangrar y me notaba los labios tumefactos y el rostro ardiendo, con el sudor y la sangre escurriéndose por mi cuello; el vientre de Augusto se me apareció en medio de la blanca oscuridad de la nieve como el único punto vulnerable de su feroz anatomía dominadora y allí le di una patada, mientras le agarraba por la camisola, sintiendo, con los ojos cerrados por el impulso, que me quedaba con un trozo de tela entre mis dedos despellejados; él me hundió, con un grito de animal moribundo, el pecho con su sucia cabezota de carnero enfurecido y retrocedí hasta la infancia de mis primeras letras y de mis primeras peleas de barrio, mientras el aire se negaba a volver a mis pulmones y mis brazos desobedecían mis perentorias órdenes de reaccionar. No sé cuánto tiempo tardé en caer, pero estaba ya clareando cuando mis espaldas primero y mi trasero después llegaron por fin a una pared, cuya proximidad no había visto y que casi me desnuca. Augusto vomitaba un vino cenagoso en medio de la calle vacía y tuve tiempo, mientras intentaba levantarse, de medir su grado de indefensión en aquella postura y de incorporarme para arrearle una patada en los riñones y lanzarlo contra un muro propicio, que le abrió una brecha en la cabeza, que ensangrentó súbitamente sus rizos sudorosos y me animó a rematarlo con una piedra, arrancada presurosamente de la pared con mis manos temblorosas, ajenas y torpes por la hinchazón y el esfuerzo de los puñetazos.

Pero le salvó la luz del día, porque lo hubiera matado, si no hubiera empezado a amanecer en aquel momento, cuando ya tenía levantada la piedra cainita sobre su mirada ciega por la sangre, el sudor y el pelo revuelto de la rabia. Y le vi los ojos y en lugar de hacer lo que debía haber hecho, me dejé caer de rodillas y fui reconstruyendo con los fragmentarios recuerdos de nuestro combate y las oscuras raíces de viejas reivindicaciones inmemoriales, que mantenían viva mi hirsuta rebeldía de adolescente traicionado por la vida, los motivos de mi violencia y la ternura renovada de nuestra amistad, que empujó un sollozo hasta mi garganta, desbordado por una sensación de estupor sobre los restos de mi abyecta miseria y el frío del alba, que me tanteaba las carnes heridas por debajo de los harapos de mi camisola y de mis desgarrados calzones. Me estuve llorando durante un largo rato, con Manuela en peligro de congelación, hasta que la luz fue suficiente para reconocer el lugar de nuestra paliza fraternal y el lastimoso estado de Augusto, como un Cristo yacente y destronado, como un pelele de trapo abandonado en aquella desnuda indiferencia, dejado allí por unos dioses irónicos que se hurtaran a nuestras blasfemias.

Me levanté reptando lentamente sobre el muro, con mis doloridas costillas, que me acribillaban el alma al respirar, y vi la denigrante pasividad de Augusto, en medio de aquel charco de sangre que aureolaba su cabeza romana sobre el blanco sucio de la nieve, que me provocó, cuando ya estuve en pie, la lengua de los improperios a los muertos, pues Augusto estaba inmóvil y pálido, vencida por una vez su altanería de gladiador invicto y nublada su desafiadora mirada azul. Busqué en mi memoria necrológica el insulto que más pudiera herirle, aunque no me oyera, la palabra, el responso, el réquiem, el epitafio que mejor expresara aquella confusa amalgama de náuseas y recuerdos agresivos, que me engordaban la sangre, y le grité, empinándome sobre los pies, como para alcanzarlo mejor, recogiendo todo el asco, la frustración y la humillante conciencia de mis despojos, emergiendo de un vómito que me sobrepasaba, y encontrando la más procaz de las procacidades de mi vocabulario, con todo el furor que mi garganta pudo soportar le grité:

«¡Gabacho!».

Después del verano, que pasamos como siempre en aquel pueblo escondido del oeste, que excitaba en mí la efímera libertad del campo y del silencio, el año empeoró hasta tal punto que a nadie le quedó ya ninguna duda de que una gran catástrofe se nos venía encima y que algunos creyeron que se trataba del fin del mundo, del que Napoleón, como el Anticristo, era el nuncio apocalíptico del que hablaban las Sagradas Escrituras. Porque a todos los que la noche del 2 de octubre, todavía cálida en la Salamanca otoñal recién llegada, estaban en la calle y a todos los que despavoridos salieron de sus casas, ante el griterío que se fue levantando como un vendaval, les pareció sobrenatural ver en el firmamento, del lado de poniente, una sobrecogedora aparición celestial, que se fue precisando a medida que se cerraba la noche y que, con su fulgor blanquecino, fue adquiriendo un aspecto fantasmal y amenazante que cambiaba de forma y que crecía con la intensidad de los gritos y la violencia desatada de las jaculatorias, rezadas en voz alta.

Aquello, que se movía imperceptiblemente como un ser vivo con una dirección y un destino y que crecía aterradoramente, echó a todos los habitantes de la ciudad de hinojos en la tierra y las demandas, acuciantes y desorbitadas, de la clemencia divina arrebataron las calles, agobiadas por una multitud que se acusaba a voz en grito de tantos pecados, que nadie hubiera podido imaginar y menos prever en aquellos ingenuos fornicadores, mentirosos, deslenguados, ladronzuelos y cobardes, que exageraban sus culpas para merecer el perdón y la misericordia de un Dios ceñudo y omnipotente, al que se suponía irritado por el peso de tantos pecados en tan poco espacio y que se manifestaba de aquel modo grandioso y espectacular en el cielo ennegrecido de la alta noche, que se correspondía con la enormidad de su cólera y con la dureza inalterable de su justicia. Cuando, después del llanto, los ojos de los fieles pecadores volvían a levantarse hacia aquella extraña figura, en la que cada uno veía reflejarse el fondo de sus obsesiones terroríficas, la seguían viendo un poco más clara, un poco más próxima y un poco más inquietante en su muda acusación.

Mi padre, con el anteojo de larga vista de su humilde laboratorio de física, en el que había reunido una corta colección de aparatos con los que intentaba salvar la parquedad de su racionalismo científico y, a la vez y lo que era lo mismo, satisfacer su necesidad de pruebas tangibles sobre la reducción del caos a un orden y a una medida, y que estaba formado por astrolabios, balanzas hidrostáticas, brújulas, cuadrantes, tornillos de Arquímedes, péndulos, prismas y balancines, además de una rinconera con retortas, probetas, filtros y alambiques, mi padre descubrió con sus escasos conocimientos que aquello no era más que un inofensivo cometa, cuya trayectoria exacta alguien probablemente tenía ya previsto y que habría provocado en los cenáculos académicos de todo el mundo civilizado eruditas disquisiciones, cálculos matemáticos, hipótesis arriesgadas y prudentes expectativas, que estarían, precisamente en aquellos momentos, en que el cometa podía verse en el cielo, confirmándose y contrastando las previsiones para contribuir a acrecentar el conocimiento de un universo infinito y sorprendente y asegurar de este modo el dominio del hombre sobre una naturaleza, por fin despoblada de monstruos y habitada únicamente por las inagotables posibilidades y recursos de la fértil utilización del ingenio humano, nuevo señor del cosmos, descubridor de sí mismo y autor del único milagro sobre la Tierra, el milagro experimentable del progreso acelerado del conocimiento y con él de la felicidad humana.

Augusto y yo salimos de la ciudad para ver mejor aquel extraordinario fenómeno sideral, que, aunque no nos enloqueció como a los otros, nos sobrecogió por el solemne misterio de su escenografía, nos subyugó por su etérea inconsistencia de nebulosa y nos vació por dentro, todo ojos redondos sobre aquella esplendente majestad y sobre su desmesurada hermosura. Desde el Teso de la Chinchibarra, hasta donde no nos llegaba la marea de los gritos de los arrepentidos, y a salvo, por si acaso, de cualquier cataclismo que pudiera destruir la ciudad sobre nuestras cabezas, gozamos un poco temerosos de las cambiantes tonalidades de aquella visión blanca, que nos envolvía con el lejano fulgor de su misterio inexplicable, casi inmóvil en la opaca bóveda celeste. Indiferentes a lo que no fuera aquella mancha clara sobre el tapiz oscuro del infinito, no sentimos rodar la noche por encima de nuestras cabezas, ni dijimos una sola palabra en espera de la explosión inminente de lo numinoso, y nada más que el frío que anunciaba el amanecer, cuando ya el prodigio se había desvanecido en el cielo, difuminado y absorbido por una neblina diáfana, volvimos a la tierra y pudimos liberarnos del embobamiento sobrenatural de aquella aparición, que nos dejó con la boca seca y las manos doloridas de la crispación acumulada por la noche.

Al pasar habíamos visto cerrados los cuarterones de las ventanas de la casa de mi tía Adela, en contraste con las de las otras casas, abiertas de par en par y atravesadas fugazmente por las sombras desmesuradas y las voces de aquella locura ciudadana, y al volver de nuestra espera nocturna seguían cerrados, como si aquel alboroto callejero y aquel terror que había sobrevolado la ciudad hubieran sido incapaces de traspasar aquellas maderas labradas de encina, oscurecidas por los años y compactas en su inerte pasividad de objetos sin uso. Una vez más, mi tía Adela le había vuelto la espalda a las conmociones de Salamanca, ajena a sus temores como lo había sido siempre a sus esperanzas. El velón de sus insomnios ni habría parpadeado al paso de aquella angustiosa procesión de penitentes, de aquel acto de contrición multitudinaria, que parecía una manifestación de demencia colectiva, con el alma al desnudo como un niño recién nacido. Mi tía había visto tantas veces luces y sombras en el cielo de sus borracheras que nada podía inquietarle de aquella nueva aparición, que repetía el espectáculo habitual de sus azarosos duermevelas. Y esto en el supuesto improbable de que hubiera oído aquella barahúnda, porque lo más seguro es que, adormilada en medio de su tertulia de los muertos, atenta a la crueldad de sus historias, no se hubiera dado cuenta de nada, salvo del rumor de sus propias desgracias y el silencio de su particular espera del fin del mundo, que volvía cada madrugada.

Después, supimos que el canónigo Eutimio, bondadoso, epicúreo y sanguíneo, había reventado, urgido por la necesidad de satisfacer un viejo deseo, diferido durante años, de ingerir dos docenas de jícaras de chocolate espeso y caliente, bien espolvoreado de canela, un kilo de bizcochos y dos jarras de agua fría, movido por sus sospechas de que en el paraíso no darían chocolate, y si lo daban, como una prueba más de la bondad divina, no sería de la misma calidad que conseguían sus manos expertas y pecadoras. Fue el último acto de su inocente vida de célibe sin imaginación, cuyo único pecado, venial por necesidad, había sido la gula, a la que dificultosamente y a veces heroicamente, sus noventa y seis kilos de peso y su metro cuarenta de estatura habían mantenido a raya, durante largos años de vahídos premonitorios, mortificaciones insufribles y claudicaciones onerosas.

Pero aquel desesperado acto mortal, hacia el que se había precipitado con premiosidad de náufrago el canónigo Eutimio, confiado en la misericordia de Dios y temeroso de que verdaderamente aquella aparición celestial anunciara la inmediata consumación de los tiempos, no fue la única tentación que recorrió la ciudad en peligro de muerte, asolada por el temor de la cólera divina, pues al volver hacia la Puerta de Zamora, por los descampados de la Ronda de Labradores, descubrimos algunas parejas, adánicamente desnudas, bajo las improvisadas mantas del deseo y furiosamente entrelazadas con agotamientos de vísperas nupciales, que yacían, lánguidas y felices, dormidas sobre la tierra con la probable seguridad de despertarse al alba de un nuevo mundo, limpias de pecado y transidas por el glorioso holocausto del sexo. Hubo también algunos desaprensivos que se dedicaron a robar en las casas apresuradamente abandonadas e imprudentemente dejadas abiertas por la imprevista irrupción del más allá sin retorno, ante el que la guarda de las cosas terrenales era cicateramente despreciable. Y no faltaron los que bebieron el vino de un mar de sed, hasta que les fue imposible descubrir en el cielo aquella bruma blanca que tanta angustia y tantas ganas de beber les había producido y a la que no conseguían localizar por muchas vueltas que le dieran a la cabeza, ya de por sí bastante mareada.

El paso del cometa acrecentó la melancolía de Manuela, que encontró otro motivo para sus dolores de cabeza, sus silenciosos encierros, las miradas fijas de su soledad de esfinge y su distanciamiento de mí que aumentaba cada día, como un sueño que se resiste al recuerdo.

Me fui haciendo a la idea de que la había perdido y de que mi vida de ahora en adelante sería echarla de menos. Porque ahora que ya no compartía conmigo ni su tiempo, ni sus secretos y ni mucho menos sus caricias, me empezó a obsesionar la necesidad de su presencia y de sus palabras y, en los momentos de mayor desolación, también de sus besos, en un otoño enfurruñado y lluvioso, que cambiaba la luz de Salamanca y la hacía más dorada y más íntima, mientras volvía el invierno a la ciudad, castigada por el cierzo, que tenía fama de haber matado de frío a un embajador de Rusia.

El remate de todas aquellas desgracias fue que, pasados el día de Todos los Santos y la conmemoración de los Fieles Difuntos, apareció un oficial francés, entorchado y gangoso, que se llamaba Thomassim, y cuyo paso por Salamanca me devolvió a la memoria algunas confusas imágenes de mi infancia, que habían permanecido allí sin yo saberlo e incluso contra mis deseos y que me traían, en medio del calor de un día brumoso, unos soldados, vestidos de azul, acompañados de una gregaria bandada de estúpidas palomas. El franchute aquél había venido a preparar el albergue de las tropas napoleónicas, y la ciudad, que se había olvidado de los malos presagios, se abrió de piernas y el presidente de la Junta Municipal de Alojamiento le solicitó a la universidad que permitiera el acomodo de los soldados extranjeros por unos días en el colegio de Trilingüe, a lo que naturalmente accedió el Claustro, reunido el 6 de noviembre. Y a nadie le sorprendió que, al día siguiente, el mismo Claustro consintiera con beneplácito y unanimidad que los doctores Mintegui y Bárcena, aquél catedrático de prima de concilios nacionales y éste catedrático de latinidad, un reformista venido a menos por los años y un viejo canónigo anfibio y correoso, dejaran sus clases, que podían esperar, para dedicarse a la universitaria tarea de aposentar a los franceses, que evidentemente no podían esperar.

Don José Bárcena se acercó a nuestra casa para convencer a mi padre, que estaba convencido de antemano e incluso inquieto por la tardanza en producirse la visita del canónigo, para que durante los días que fuera necesario hospedara en casa a un oficial francés de la gloriosa armada de Napoleón, que permanecería en nuestra ciudad el tiempo justo para reponer fuerzas, antes de proseguir camino de Portugal, donde participarían junto al ejército español en la noble tarea de anexionar a la Corona española, a medias con el águila imperial francesa, la tierra portuguesa, aliada de los ingleses, herejes desde siempre, enemigos de España desde antes de haber nacido y opuestos al gran proyecto de la Europa unida de Napoleón, el nuevo católico Carlomagno, que quería resucitar con todo su esplendor el Sacro Imperio Romano para extender, bajo la férula francesa, la felicidad por todo el continente.

Al doctor Bárcena, manteo lustroso y larga teja peinada con remilgos de peluquero de París, se le encendían los ojos, sobre la boca cóncava y cavernaria, como dos carbones cenicientos, cada vez que recordaba con la reiteración verbal de su escaso vocabulario y la parquedad de sus recursos oratorios, el honorable objetivo de aquella expedición militar con el virtuoso convencimiento de que Portugal tenía que ser español, como corolario lógico de la historia, como imposición evidente de la geografía y como exigencia cristiana de la conciencia, antes de que el mal ejemplo inglés arrastrara a los portugueses a las permanentes tinieblas del infierno luterano. Mi padre asentía, serio y complacido, con aquel equilibrio facial que había adquirido en sus muchos años de luchar contra la muerte, aunque supongo que irritado por aquella garrulería eclesiástica, que, para quien había hecho del francés su lengua de adopción, no podía menos que producirle náuseas; no obstante, Francia era Francia, y no va uno a dejar de creer en Dios porque también crean en él los sacristanes.

Nuestra casa, amplia y soleada, podía ser muy bien la morada provisional de cualquier oficial, fuese cual fuese su graduación y las exigencias de su educación europea. Nuestro salón Luis XV, lucido aunque un poco deteriorado por el inexorable paso del tiempo, con esteras nuevas en las habitaciones y hasta una alfombra en el gabinete, con tres huecos a la calle Palominos, ofrecía un digno pasar para cualquier huésped; estábamos además en el centro de la ciudad, desde donde se oía el esquilón de la universidad llamando a claustro y el reloj de la catedral, midiendo democráticamente las horas de toda la ciudad; sin contar la amabilidad de una familia acostumbrada a los placeres de la convivencia civilizada y poco numerosa, lo que garantizaba la cordialidad del trato y el respetuoso silencio en torno al huésped, que probablemente se sentiría, salvadas las distancias, la perversa climatología salmantina y los personales gustos del extranjero, como en su propia casa de la suspirada Francia.

«No sé cuál de los dos es más estólido», me dije, antes de caer en la última irritación de aquella mañana por la propuesta de mi padre, que, como un servicio más de la casa, ofreció a mi hermana para que entretuviera los ocios del oficial francés que nos correspondiera, con un breve concierto de clavicémbalo, que tocaba con singular habilidad.

Y no contento con esta abyecta complicidad, se empeñó en enseñarle al canónigo, todo sonrisas y cordialidades babosas, con la boca a medio torcer y la mirada baja de los hipócritas, el cuarto destinado al presunto ilustre militar francés, desde mucho antes de que nadie hubiera pensado en proponérselo. El aguamanil de la Real Fábrica de Cerámica del Retiro y la cama de madera torneada de los bosques de la Sierra de Guadalupe le parecían poco a la complaciente oficiosidad de mi padre, que discretamente, como lo hacía todo en su vida, había trasladado ya algunos volúmenes *in folio* de autores franceses a aquel cuarto, movido por aquel afán suyo de ejemplaridad que trataba de demostrar siempre y sobre todo en casos de emergencia, el civilizado altruismo de los dueños de la casa, aunque nuestra madre ni compartiera el altruismo, ni la emergencia, ni siquiera la civilización.

El canónigo, sin calarse los espejuelos que llevaba en la mano, le echó una mirada fugaz al cuarto, iluminado por un poniente otoñal que convertía los malvas de los cortinajes en delicadas sugerencias parisinas, sobre el blanco desvaído de las fundas de los canapés y del diván, fronterizo a la puerta, y el azul turquesa de la tela de las paredes, sobre el que se destacaban cuatro viejos grabados de Versalles, residuos ornamentales de la desdichada monarquía borbónica francesa, y la estampa de una cacería inglesa, con setos, caballos y lebreles, coloreada a mano, como una ecléctica y marginal concesión al buen gusto cromático de los británicos, reconocido incluso por sus enemigos. Los libros franceses no merecieron ningún elogio del canónigo, que pasó sobre ellos con una imperceptible desaprobación inquisitorial de sus estrechos labios, deformados por la insistencia de sus desdenes. A mí tampoco me hizo mucho caso el doctor Bárcena, que me sonrió de pasada con una untuosa benevolencia canónica y una sudada caricia en mi mejilla, que me dejó un frío reguero de asco y me hizo saltar hacia atrás, al tiempo de oírle su amonestación casi amenazadora:

«¡Ay, perillán! ¡Y qué poco te pareces a tu padre!», lo que me resultó un elogio inesperado, mezclado con una inconcreta sospecha de bastardía, que casi me halagaba.

Ninguna de las buenas familias de la ciudad dejó de recibir una visita semejante, en aquellos primeros días de noviembre. El éxito del aposentamiento de las tropas francesas, que empezaron a llegar después de unos días, no se debió, estoy seguro, a las dotes suasorias u organizadoras de los doctores Bárcena y Mintegui, sino al fervoroso atontamiento de la mejor sociedad salmantina, que compitió en generosidad y en patriotismo para conseguir la estancia en sus casas de algún general o al menos subteniente del ejército francés, que viniera a ensuciar sus sábanas, hollar peligrosamente sus alfombras de la Granja con sus botas militares, humillar las cerámicas floreadas de sus orinales, comerse los embutidos de la matanza del último año y beberse el caldo de sus mejores gallinas, cuando ellos contaban hasta el número de garbanzos que le echaban al puchero de los invitados y calentaban el chocolate en el brasero del estrado para no tener que encender el fuego de la cocina. Salamanca se aprestó a recibir a los libertadores de mi padre con la humillante disponibilidad de una ramera barata.

«Son como putas, y además les enloquecen los uniformes de los húsares», dijo mi amigo Augusto, cuando estábamos hablando con las piernas colgando sobre el pretil de la Puerta de Toro y viendo cómo limpiaban el Pozo de la Nieve para dejarlo a punto para la próxima temporada, que se adivinaba sobre las cumbres de la Sierra de Gredos, manchadas ya de blanco por las primeras nieves y con el penacho puesto de las primeras nubes invernales, todavía tenues y deshilachadas.

La idea de que el ejército francés iba a ocupar nuestra ciudad nos estropeaba aquellos lentos crepúsculos del otoño, que tanto nos gustaba contemplar antes de encerrarnos en la Taberna del Corrillo, a cobijo del frío incipiente y de la soledad desesperada que nos rodeaba por todas partes y sobre todo desde dentro. Augusto, con la bocamanga de la levita manchada, con los encajes de su pechera en ruinosa dejadez y su corbata blanca deshecha en torno al cuello, estuvo magnífico aquellos días expectantes y revueltos, que precedieron a la llegada de los franceses y en los que rivalizamos ardorosamente en nuestro odio a los intrusos. Estábamos agazapados y tensos en la penumbra de la taberna, desasosegados por los parpadeos intermitentes de aquellos asquerosos candiles humeantes y por la inútil complicidad del vino para aclararnos lo que debíamos hacer contra los franceses, en cuanto llegaran.

Envenenarles el agua de las tinajas, prenderles fuego a los cuarteles o degollar a un par de generales en un descuido, eran las ideas más sensatas que se nos ocurrían, cuando todo a nuestro alrededor parecía derrumbarse; matarles los caballos no le parecía bien a Augusto, que más que a sus semejantes amaba a estos animales, incluso aunque hubieran nacido en Francia. Pero también contábamos con que la ciudad se levantaría contra los extranjeros, si no espontáneamente, pues estaba hecha a siglos de escepticismo y resignación, al menos arrebatada por los pasquines y las proclamas abrasadas por el odio y el patriotismo, que pensábamos colocar por todas partes y para lo que don Porfirio, el erudito local, nos prestaría su conocimiento de los antiguos heroísmos ciudadanos, conservados por la memoria histórica de una humanidad entregada a la costumbre de la guerra.

A fuerza de quemarme la sangre, esperando a los franceses y contando los días que faltaban para su llegada, me puse enfermo y tuvimos que renunciar de momento a nuestros planes. Mi padre me obligó a beber una tisana de flores de violeta, acebo y regaliz y a inhalar unos vahos de yerbas hervidas de orégano, menta y flor de heno, debajo de la manta con que me cubría la cabeza, que me hacían sudar y que mi hermana reponía cada vez que el vapor dejaba de oler a campo. Así que, cuando a mediados de noviembre al fin vinieron los franceses, no los pude ver, envuelto en la cama por una indolencia que me baldaba, con la nariz inservible, fiebre en las sienes, los ojos arañados por unas invisibles arenillas y las manos de Manuela, felizmente recuperada, entre las mías, como el peor remedio para mi vuelta a la vida. Pero, a pesar de todo, los oí; fue un murmullo levantado contra la opacidad de mi silencio, sostenido y alterado, que yo convertí en estrépito de pisadas ruidosas y voces nasales, apagadas por la distancia y amplificadas por mis excesos febriles, que me hacían sentir hasta el latir de la sangre en mis ojos.

Pero lo que oí de verdad fue el relincho de sus caballos al pasar, camino de Trilingüe, frente a la Casa de las Conchas, a las que estarían mancillando con sus sombras extranjeras y el desprecio asombrado de sus miradas; oí los carros de su intendencia botando sobre el empedrado de la Rúa de Francos; oí las ruedas de sus cañones y las cureñas herradas, que ofendían el sueño pacífico de las calles del Estudio y oí las blasfemias guturales o me imaginé oírlas entre las alucinaciones de mi enfermedad, que fue lo único que les perdoné a los invasores, además de unos tiros sueltos de escopeta, que más tarde alteraron mi descanso de paciente en ascuas y que me dijeron habían servido felizmente para matar a unas cuantas palomas.

Después Augusto vino a contármelo todo, un poco azorado por la presencia de mi hermana, que nos miraba con su serenidad de víctima y el velo lunar de sus ojos miopes. Habían entrado miles de franceses, con casacas azules y pantalones blancos, en distintos grados de suciedad y deterioro, debajo de sus capotones ensopados por una lluvia irremediable que no había dejado de caer en todo el día. El general que los mandaba se llamaba Delaborde y no parecía mal tipo, a pesar de ser francés, aunque su caballo ancho, zaíno y paticorto no correspondía a la dignidad del jinete, y para eso, Augusto, loco por los caballos y conocedor de los hombres bragados, tenía buena vista.

Eran tropas de infantería, derrengadas por una penosa marcha que sus botas delataban; había algunos veteranos de gran envergadura y miradas cansadas, como hartas del paisaje y de su obligación de tener que atravesarlo, pero abundaban los bisoños que estaban más exhaustos que los viejos y más crispados por el esfuerzo del camino largo y a pie desde Valladolid. Augusto había entendido algunos de sus cáusticos comentarios soeces, dirigidos a la gente que los veía pasar y les aplaudía, y les contestó enfurecido en un francés académico que ni ellos conocían y que había puesto a prueba los fondos más abyectos de la lengua de Voltaire, reforzada por los insultos castellanos, envueltos en la más exquisita fonética francesa, que Boileau envidiaría. El percance se resolvió en asombro y hasta en admiración por aquel muchacho alto y fulminante, que podía insultar con tanta rapidez y con tanta imaginación en aquel poblachón perdido y catedralicio en el que estaban entrando como en su casa. Y el hecho de insultarlos en su propia lengua le convertiría en uno de los suyos, al que podían perdonarle todo con paciente condescendencia.

Pero lo peor, y Augusto se revolvía en la enea de su alto sitial al contármelo, fue el comportamiento del pueblo, que enronqueció de vitorear a los franchutes y fatigó sus manos, como en los entusiasmos de las corridas de toros, aplaudiéndolos hasta entrada la noche, cuando su delirio masivo fue decreciendo por el relente y proximidad de la hora de cenar; les daban agua al pasar, vino de sus frascas y algunos, manzanas e incluso flores, que a falta de otras eran a veces los crisantemos de los muertos. La gente había quedado sobrecogida por aquel ejército poderoso y amigo y por el color de sus casacas azules, de un azul electrizante y desconocido, que atravesó las calles y bordeó las murallas como un desfile soñado e irreal, que parecía un espectáculo de teatro, envuelto en lejanía y en proximidad al mismo tiempo. A otros les llamaron la atención las exageradas dimensiones de sus cabezas, que algunos perspicazmente justificaron como obligados soportes de las frecuentes cornamentas que tenían que aguantar; también sorprendieron mucho el gran número de soldados con mostachos caídos y la abundancia de ojos claros, de un risueño casi infantil, que contrastaba con la fiereza de sus gorros de piel y la ronca violencia de sus voces. Augusto se enfurecía relatándonos aquella jubilosa acogida y miraba de reojo a mi hermana, que se teñía de rubor con algunas expresiones de mi amigo, sobre todo cuando dijo que las muchachas tendrían que andarse con cuidado con aquellos sementales desatados, que ponían en peligro incluso a los curas jóvenes.

A los dos días llegó el mariscal Junot, rubio, vestido de un modo extravagante, con una piel al hombro como un cabrero, imperativo y nervioso, con el ceño hendido de los irritables y los labios carnosos de los vividores, debajo de una larga nariz, que a pesar de su longitud no perdía la dignidad. Era un hombre joven, alocado y vanidoso, que olía a francés a la legua; se albergó en el palacio de la marquesa de Almarza y se parapetó detrás de una triple fila de bigardos, entre los que había algunos turcos de mirada fiera y uniformes de seda, llamativos por la fuerza de su estatura y la insolencia de su gesto hosco, ante la curiosidad infantil que los rodeaba de exaltación y de misterio. Junot no miró a nadie, al saltar como un resorte roto del coche que lo trajo, y gritó enfurecido durante el breve trayecto, que cruzó a grandes zancadas, hasta entrar por las puertas del Palacio de San Boal, por las que se perdió como un remolino tormentoso, dejando detrás de sí una estela de quejas, órdenes, desplantes y bramidos que resonaron extraños en la apacibilidad de las bovedillas del patio y por las escaleras, que un edecán le iba señalando y que estaban acostumbradas a todo menos a tan mezquinos huéspedes y a tan groseras palabras.

Hubo una recepción en el palacio del gobernador, marqués de Zayas, a la que la ciudad proporcionó sus mejores galas, sus más deleznables obsequiosidades y un puñado de afrancesados, como mi padre, sonrientes y felices. Los candelabros parpadeaban en el aire enrarecido del salón, movido por el entusiasmo de los bailarines, y los señores salmantinos abocinaban los labios por los rincones para pronunciar mejor el desastroso francés de sus zalemas. Junot, que se demoraba en los escotes de las señoras, arrastraba por los salones su salvaje indiferencia de ambicioso, rodeado de su Estado Mayor, cuyo jefe, el barón Thiébault, recordaba a los notables de la ciudad, en un titubeante y gracioso castellano, que ya había estado en Salamanca, cuando la expedición a Portugal de 1802, y que sus extraordinarios monumentos artísticos se le habían quedado en la memoria, como un prodigio de vigor y de belleza, aunque encontraba, con su óptica napoleónica de grandes avenidas e inmensas plazas abiertas, que tal como estaban situados con casuchas y corrales a su alrededor no se podían valorar debidamente, porque necesitaban unas perspectivas más amplias para su admiración, para lo cual habría que derribar un buen número de viejas construcciones, que dejaran libres espacios suficientes para que permitieran *mettre en valeur* la belleza incomparable de aquel excepcional conjunto arquitectónico. Mi padre había llevado al baile a mi hermana, que saltaba y reía con las mazurcas y los valses, olvidada de sus languideces vespertinas y de los ahogos precordiales de los últimos días. No hará falta decir que era la más hermosa de la noche, con un organdí rojo y un ancho cinturón negro, que contrastaba con la violencia rubia de su pelo suelto sobre su espalda desnuda, sujeto en la frente con una diadema de flores; su belleza un poco tímida se hacía notar entre todas las mujeres jóvenes, aunque tampoco era mucho mérito competir con aquella punta de terneras sin destetar y de jacas de poca monta.

El francés que nos tocó en casa era un oficial, ligeramente bizco y alto, hermético y flatulento, repartido todo él entre la descortesía y la vanidad, apeado del cielo daltónico de mi padre, cortejado por su bochornosa adulación y desdeñado por la insolente indiferencia de nuestra madre y mi esquiva hostilidad, incapaz de pronunciar una sola palabra en castellano y con una impertinente condescendencia para descifrar el voluntarioso francés de mi hermana, que se empeñaba en hacerle preguntas, súbita y apasionadamente interesada por las costumbres sentimentales francesas, el color del pelo de la emperatriz Josefina, las últimas modas vestimentarias del imperio, las representaciones de Talma y la Mars y las bellezas arquitectónicas del nuevo París de Napoleón, lo que no movió al francés a salir de su cerrada e insípida incomprensión.

Apenas consintió media hora de aquella penosa conversación de cortesía y se fue a la cama, después de haber pedido imperiosamente una buena cantidad de agua para lavarse y haber despreciado con gesto desabrido la cena que a regañadientes nuestra madre le había mandado preparar. Antes de acostarse, hizo mucho ruido sobre la estera nueva con sus grandes botas manchadas de barro y sus arreos militares que golpeaban los muebles, como si estuviera enjaulado. Le oímos gritar al introducirse en la cama y comprobar experimentalmente el grado de frialdad de las sábanas salmantinas de noviembre, que nuestra madre se había negado tercamente a calentar, porque si de verdad era un héroe, como decía mi padre, los héroes que se sepa nunca tienen frío. No obstante, durante un buen rato, el francés gruñó su aterimiento y su desvalidez de héroe congelado, hasta que sus bufidos se fueron espaciando en la noche del sueño y la resignación, siendo sustituidos poco después por unos suaves ronquidos que nos hicieron pensar que por fin había abandonado Salamanca para entrar en el paraíso. Antes de irme a la cama, le propuse a nuestra madre que a la hora del desayuno envenenara al francés, que podría pasar sin enterarse de la gloria napoleónica a la endurecida nada de nuestros camposantos.

«Envenénele, madre, que será un francés menos.»

A la mañana siguiente, nos despertaron los clarines y los tambores de la marcha; me eché de la cama contra las admoniciones de mi padre y vi que el francés se había ido vivo, dejándonos las sábanas revueltas de sus sueños de guerra y un olor a pises de caballo, que nuestra madre se esforzó inútilmente en aventar con las ventanas abiertas y la atravesada mirada de sus rencores. Corrí a casa de Augusto, que vivía junto a la Plaza Mayor, en la calle del Concejo de Arriba, y juntos nos llegamos con el corazón en la garganta hasta el Puente Romano para ver cómo se iban, rezongando y cabizbajos, con los capotones arrugados de haber dormido con ellos toda la noche y el sueño pegado todavía a sus músculos agarrotados por el frío, porque había caído una razonable helada y corría un viento que acorchaba las orejas y preludiaba la nieve.

Se amontonaban en la estrechura del Puente y caminaban tan hoscos y humillados, cansados antes de empezar el camino, que no nos parecieron tan fieros como el día anterior y casi los compadecimos, revueltos en el vaho de los caballos, las órdenes agrias de los sargentos y la escarcha de la calzada, que se deshacía suciamente a su paso y dejaba, a la altura de los tobillos, una gélida humedad de calabozo; al fin y al cabo, eran unos pobres rufianes que se ganaban la vida haciendo la guerra y con tan escasa imaginación como para morir por el emperador. Pero uno de ellos nos miró al pasar, ladeando su cuello de toro con el pestorejo encarnado, bajo la maraña de su pelo ensortijado que se le escapaba del gorro como una cenefa descosida, y nos lanzó un escupitajo que se quedó clavado a unos centímetros de nuestros pies encharolados y con hebilla de metal. Cuando quisimos reaccionar, ya no pudimos distinguir quién había sido, confundido entre aquellas espaldas unánimes, gorros iguales y pelambreras descuidadas, que se alejaban con sus pesadas mochilas y la riada de fusiles relucientes, en la que sobrenadaban, encarriladas por los pretiles del Puente Romano, las puntas de la bayonetas bajo el pálido sol mañanero del otoño.

«¡Mierda para la libertad!», grité cuando salí del estupor, del asco y de la rabia, confirmado y fortalecido en mi odio, en mi frenético desprecio por aquella chusma de muertos de hambre, mientras Augusto afinaba el rencor de su mirada contra aquellos rostros anónimos, que seguían devanándose delante de nosotros.

Pero todavía nos quedaba otra sorpresa aquella mañana, pues, cuando volvimos a casa a la hora de comer, cansados de ver desfilar franceses y reconfortados por la seguridad comprobada de su alejamiento, encontramos a mi hermana Manuela hundida de nuevo en la soledad de su murria, con el pelo en desorden de las ocasiones fatales y una expresión perdida, entre bobalicona y trágica, que presagiaba otra temporada de vahídos y cataplasmas. Mi padre se demoró en la sobremesa con un par de amigos, elogiando, como si estuviera ciego, la gallardía de los oficiales franceses, la disciplina de los soldados, la modernidad de la artillería y hasta la prestancia de aquellos caballos cuellicortos y panzudos; el reflujo de sus admiraciones provocaba en los ojos de mi hermana una nube pasajera que velaba su fulgor y anticipaba el llanto, que amustiaba las flores del testero y me confirmaba su pérdida definitiva.

Y no habían acabado de recoger los manteles cuando nos llegó el rumor de una nueva oleada de franceses, que venían por el mismo camino de los anteriores y apenas se diferenciaban de ellos en nada. El general era un fantoche, encaramado a un caballo blanco, excesivo para la estatura del jinete y demasiado ancho para una parada militar; luego venían los húsares con sus largas espadas y todos a caballo, en unos jamelgos peludos y torpes, que avanzaban a un trote corto de procesión cirial, entre las rechiflas de Augusto. Al convento de San Vicente, que estaba medio abandonado, fueron los dragones, con sus morriones de latón dorado, adornados con colas de caballo, que les daban un aspecto de osos montaraces; venían ensopados, con la lluvia todavía humeante en sus capotes de campaña y derrengados por un camino embarrado que las patas de los animales y las botas de los jinetes delataban. En Trilingüe, adonde había ido a parar la infantería, la tropa se arremolinó a la entrada, escupiendo constantemente y golpeando las puertas con las culatas de los fusiles; en el Colegio del Rey, algunos se habían asomado desnudos a las ventanas, enseñando sus carnes blancas y ateridas de frío, atravesadas de venillas azules como los ríos de los mapas.

Durante cinco días estuvieron pasando franceses por Salamanca, sin que mi padre abriera los ojos para verlos, ni nuestra madre se apeara de su indignación, teniendo que renovar las ropas de la cama cada noche, para un oficial francés distinto, aunque continuaba invulnerable a mis ruegos de envenenamiento, que le repetía con cada nuevo huésped, fortalecido con la complicidad de Augusto, con el que tramaba nuevos planes de lucha contra los franceses, que siguieron pasando en sucesivas oleadas, que se iban desflecando en la indisciplina y en la insolencia, que aumentaban a medida que la cabeza del ejército se alejaba de nuestra ciudad.

Uno de los últimos episodios, porque al fin para nuestro júbilo se fueron todos, tuvo como víctima un campesino, que estaba esperando el paso de las tropas para cruzar el Puente Romano, con su burro cargado de cestas y alforjas con hortalizas y frutas, que traía a vender al mercado de la plazuela del Corrillo. Un pan dorado, que sobresalía tentadoramente del amasijo de mantas y coles, despertó el hambre de los soldados, que se echaron sobre él y se disputaron con violentas carcajadas el cargamento del pollino, que cayó al suelo y fue desvalijado y golpeado por la soldadesca ante las inútiles protestas del aldeano, que no pudo hacer más que llorar, rechazado a culatazos y a coces por los gabachos, arrimado al pretil del Puente, entre sus verduras pisoteadas y algunas manzanas luminosas que se habían librado de la rapacidad francesa y que rodaron hasta el río, donde quedaron flotando en la mansa corriente del agua limpia.

Episodios como éste debieron menudear por los pueblos del camino, porque luego supimos que los pastores de Peñaparda habían matado a casi cien franceses rezagados, en represalia por los corderos y las ovejas que sus compatriotas les habían robado a su paso hacia el Puerto de Perales. Durante algunas semanas los franceses obsesionaron nuestras conversaciones, hasta que se perdieron con las últimas noticias de su penoso paso de la sierra, camino de Extremadura. Aquel año empezó a nevar muy pronto; pero las ofensas de aquel frío prematuro quedaron compensadas por la alegría de saber que a los franceses la nevada les había cogido subiendo el puerto y que se les habría helado hasta el aliento.

3

Cuando los franceses se fueron, después de aquella ruidosa semana, llena de trasiego de hombres y de relinchos de caballo, la ciudad recuperó su antiguo silencio natural y hasta el agua del río amansó sus turbulencias otoñales para entrar, calmosa y engrandecida, en la ancha mansedumbre del invierno. La ciudad volvió a ser nuestra, desde los fétidos albañales estancados hasta las altas cruces de los templos batidas por todos los vientos del cielo aborrascado y persistente, y desde el pelado Teso de la Chinchibarra hasta los primeros encinares del camino de Alba de Tormes, más allá del río; pudimos volver a gozarla sin intrusos, sin sobresaltos, ni onerosas vejaciones, descubriéndola con los ojos nuevos de la costumbre. La ciudad, después de aquel paréntesis extranjero, nos pareció la mansión de los dioses; Augusto y yo comprendimos el amor que le teníamos, recorriéndola y reconociendo por todas partes las razones de una pasión que desconocíamos hasta entonces. Bajamos hasta el río y la vimos quieta en el aire frío de la mañana, con aquel sol negro del invierno que ponía sombras en el dorado de las catedrales, mientras nos calentábamos las manos en los sobacos y veíamos a las furcias de la mancebía poner a secar en las ventanas los pañolones de sus pecados nocturnos.

Estaba bonita Salamanca con aquellas nieblas de principios de diciembre, en la paz augusta de sus cimborrios, emergiendo en la mañana cariñosa que madrugaba en los ocres muertos de los árboles del Tormes sobre las ruinas mudéjares de Santiago el Blanco, en el Arrabal, como fondo de aquel letargo invernal que nos exaltaba y complacía a nuestra imaginación de escépticos, rebeldes y, como se diría años después, románticos. Rodeamos la muralla de poniente, por donde los carros franceses habían bajado a buscar el Puente para marcharse, y por la ruinosa Puerta del Río entramos en la ciudad después de haber navegado en el áspero olor de las curtiembres de las Tenerías y en la fresca humedad que ascendía del río, donde unos cerdos hozaban con entusiasmo las oscuras tierras de la orilla, en busca de los escondidos tesoros de su voracidad.

Y subimos por la cuesta de la calle de Tentenecio, empedrada de milagros y de sangre cainita, que conservaba todavía la huella delatora del paso de los caballos franceses y por donde los menestrales se afanaban hacia su trabajo, envueltos en sus largos tapabocas de los que salía el vaho de sus respiraciones ahogadas por la subida, que ascendía tortuosa y empinada hacia las catedrales, herméticas y silenciosas, con la alta torre a punto de caerse siempre, abrazada en su base por un zócalo de granito y adelgazada hasta la picuruta, perdida entre las lloronas nieblas que nos empapaban el pelo y humedecían lentamente los juncos que traíamos del río, como el generoso anticipo de la primavera que todavía tardaría mucho en llegar.

Volvimos a poseerla con la tranquila confianza de quienes la sabíamos invulnerable después del peligro que la había amenazado, y nada podía impedirnos el gozo de olvidarnos de todo por aquel dédalo de calles viejas que nos conducían hasta el esplendor abierto de la Plaza Mayor, con los soportales recién adoquinados por el gobernador Zayas. Y luego nos quedamos extasiados en aquel cuadrilátero feliz y volvíamos a medir a pasos largos los cuatro lados de aquel recinto sagrado de la ciudad, para comprobar una vez más la irregularidad de sus proporciones y certificar la belleza de lo desproporcionado, que probablemente irritaría a mi padre si se hubiera dado cuenta. Para entonces, el sol ya había empezado a calentar débilmente la fachada de las Casas Consistoriales y el lateral de la Casa de las Postas y los primeros canónigos cabildeaban sus críticas al obispo que había de venir, se lamentaban de las noticias que llegaban de Portugal, donde las armas francesas no terminaban de someter al país, y balanceaban sus manteos suntuosos en la amorosa tibieza de aquel aire mañanero de la plaza, mezcla todavía del relente de la madrugada y del exordio luminoso del mediodía. Los aguadores, de redecilla negra y arratonadas medias malva, volvían al río a reponer su mercancía, arreando la recua de sus burros y sopesando al pasar con guasa descarada las abultadas y solemnes barrigas de los curas al sol.

Pero nada podía traicionar la sinceridad de las piedras, que se encendían lentamente con la ascensión de la mañana, y aquel color de oro viejo, que determinaba las señas de identidad de nuestra idea de la belleza y que era también el color del pelo de Manuela, se enrojecía hacia el mediodía y prolongaba hasta el sueño la cabellera rubia y alborotada de aquella muchacha desconocida y llena de incitaciones sin nombre, que atravesó la diagonal de la Plaza Mayor hasta perderse, fascinante y apresurada, por la escalinata sombría del Corrillo de la Yerba, hacia el mercado estrepitoso de la plazuela, a espaldas de San Martín, como un milagro irrepetible, que ningún extranjero haría desaparecer.

Volvimos a ocupar aquella soledad sonora de Salamanca, que los franceses habían enturbiado durante unas semanas y que fuimos recuperando a medida que los recuerdos del paso de los intrusos se fueron debilitando en la frágil memoria de los días. El Patio de Escuelas Menores volvió a su silente oquedad histórica y los vítores bermellón de sus paredes, lavadas por la lluvia, se ofrecieron de nuevo a nuestros ojos, ávidos de viejos secretos y sobrecogidos por las heridas del tiempo. Ninguna presencia extraña podría entorpecer ya la secuencia inverosímil de las filigranas pétreas de la fachada de la universidad, dejada a la incansable mirada de Merceditas en su obsesivo afán de desvelar el misterio de sus colores y las formas alucinantes de sus relieves; ningún hijo de mala madre francesa podría ofender la delicada Anunciación de San Benito con el tufo denigrante de sus abusos mingitorios, en competencia con los muchachos del barrio, que tenían por costumbre desaguar allí las premuras de sus vejigas repletas, ni el Angel feliz de las Ursulas, escudado en la ambigüedad de su sonrisa, recibiría el insulto aguardentoso de cualquier sargento francés, encendido por la nostalgia de su vergonzante homosexualidad parisina.

Volvíamos del susto de haber tenido que compartir con ellos el milagro permanente de la luz de esta ciudad, que cambia según la hora del día, la estación del año y el color de las nubes que peinan su cielo, siempre indeciso, ni oculto por la distancia, ni evidente por la proximidad. Ya no vendrían a humillar la mirada de la Inmaculada de las Agustinas, que tenía la cara de las muchachas de nuestra niñez, ni volveríamos a oír sus risas soeces, ni sus comentarios denigrantes sobre los blancos, los rosas y los azules del cuadro, cuando los comparaban con los colores de la ropa íntima de sus amantes. Se habían ido y no repetirían más sus gracias vulgares sobre el simbolismo sexual de las columnas truncadas del altozano del Colegio del Arzobispo, como falos gigantes que perturbaran la imaginación de las solteronas salmantinas, ni mancillarían con sus ojos irónicos el cuerpo bien nutrido del San Sebastián de la capilla del Colegio Viejo de San Bartolomé, asaeteado por las flechas de una acupuntura a lo divino.

Salamanca retornó a su eternidad humana, a su fluencia intemporal anclada en su propia historia, de la que el silencio era su mejor fruto. Volvió a ser nuestra y volvió a ser el decorado en el que podía seguir soñando a Manuela, con la fijeza de lo que no va a cambiar nunca. Toda la ciudad estaba sacralizada por su presencia; calles, plazas y rincones habían gozado de su vuelo de gacela herida. El Paseo de las Carmelitas, entre la Puerta de Zamora y la Puerta de San Bernardo, sería otra vez el lugar bendecido por sus juegos de niña, por donde tantas veces nos habíamos perdido para ver a los labradores trillar sus parvas en las eras cercanas y aventar sus trojes en los atardeceres encendidos de sol y de cansancio, en un verano repetido en que las pecas de su cara amenazaban con acribillarla hasta hacer desaparecer su piel de ángel. Los canes petrificados sobre el abismo del Torreón de las Ursulas, que tanto la habían intrigado con sus fauces abiertas en un vómito que siempre era inminente y del que huía asustada a las diez años, estaban esperando a los vencejos de la primavera en la soledad de sus alturas, mientras el vacío bostezo de los rezos invisibles tras las rejas de la clausura seguía sonando a maitines, como cuando ella vino un día loca a escucharlos con la tentación fugaz de un misticismo que le abrasó los ojos durante quince días y le hizo olvidar momentáneamente el gusto de sus audacias y la persecución de sus tentaciones. Las piedras convulsionadas del Patio de la Clerecía, que mantenían un equilibrio de terremoto a punto de estallar, y el cuadrilátero exacto y sosegado del patio del Colegio Viejo de San Bartolomé, con un cielo del purísimo añil de las miniaturas medievales, la habían visto perdida, ahogada en su desorientación y casi llorando, mientras buscaba una salida que se hurtaba a su ansiedad de prisionera infantil de la piedra, cercada por las altas paredes de aquellos espacios monumentales, levantados para la belleza y el esplendor. Los dorados exuberantes del retablo de la Veracruz, que sobrecogían a Manuela como el escenario de una pesadilla delirante, y la luz magnificando el claustro de los Dominicos, por donde a los quince años le gustaba pasear con la majestad de una reina y el trasero bamboleante de una prostituta, y hasta la piedra oscura del Puente Romano, por cuyo pretil tantas veces había corrido, asustando a los paseantes, con peligro de caerse al río, todo conservaba sus huellas, todo había ido acompañándola mientras crecía. Aquello era el fondo sobre el que habíamos vivido nuestra niñez gozosa y compartida. Y el silencio de la calle de la Compañía había sido el camino por el que la silueta de Manuela se me había perdido un día, lejana y ajena, con aquel estupor que se le aposentaría para siempre en la cara, cuando ya no pude prolongar el último beso de la infancia más allá del aliento del primer deseo.

Habíamos nacido en aquella ciudad entre la historia y la belleza y nos pertenecía por algo más que por el empadronamiento y la costumbre. Aquel delgado aire de marzo, que nos cogía siempre desprevenidos, era nuestro, como era nuestro el sopor ácido de las tabernas donde nos emborrachábamos sobre la madera de las mesas, acosadas por las moscas y la impasible dejadez de los años, y era nuestro el cuenco luminoso de la Plaza Mayor, donde permanecían intactos los recuerdos de nuestra adolescencia, olvidada entre los soportales y el hastío, donde siempre se notaba la ausencia de Manuela, que, contra la costumbre de las otras muchachas de la ciudad, nunca se paseaba por allí; era nuestro el lento mediodía sobre la Torre del Gallo del verano, cuando la atmósfera se espesaba alrededor de la degradación de nuestros imposibles proyectos de protesta y de las lacerantes confidencias de nuestros sentimientos, en el ahogo de las tres de la tarde, con las calles vacías, entre el impúdico zureo de las palomas invisibles y el castañetear estrepitoso de las cigüeñas de San Bartolomé; como era nuestro el Alto del Rollo, donde a veces Manuela de niña se había parado a otear la llanura de La Armuña, mirando hacia las rojizas tierras de Peñaranda, silenciosa y ensimismada como una estatua que asistiera a la creación del mundo.

«Os creéis que es vuestra, porque habéis temido que los franceses os la quitaran, y creéis que es nueva, porque os ha sido devuelta intacta, como la habéis soñado siempre», decía mi tía Adela, entristecida por la marcha de los franceses, que hubieran podido ser los artífices ocasionales de la destrucción de la ciudad que ella tanto esperaba y por cuya desaparición había brindado en soledad aquella tarde fría de diciembre con un vino abundante, que le hacía sudar de rabia y de lucidez, cuando le conté nuestro descubrimiento de lo que ya conocíamos y el placer inesperado que nos había causado el reconocimiento. *«Pero no os pertenece, porque tenéis que compartirla con todos los indeseables que habitan en esta ciudad y para los que esta ciudad es más que para vosotros, tontos idealistas, muchachos fantásticos, criaturas ciegas que no veis lo que tenéis delante, que os dejáis llevar por el color de vuestras ideas y de vuestros deseos, mentecatos infelices que tenéis que compartir la ciudad, esa ciudad irreal que os habéis inventado y que no existe fuera de vosotros, llenos de sueños irrealizables y de bellezas inaccesibles, tenéis que compartirla con todos los que la ven mejor que vosotros, los que están hechos a su mezquindad y a la avara crueldad de su bastardía; toda esa gente que ha heredado el deshonor de la conformidad y la frustración resignada de ese silencio, que os encanta y que no es más que el producto del vacío. Toda esa gente que no merece la ciudad donde vive, ni son dignos del pasado que la habita, ni de los esfuerzos de la ambición y de la gloria y de la fe que emplearon en construirla y perpetuarla con miradas de asombro y de reconocimiento. Esta ciudad no es sólo vuestra, ilusos sin redención, que esperáis algo de estas piedras inertes y de esas viejas historias ejemplares de exaltación y de triunfos. Porque esta ciudad se ha convertido finalmente en lo que posiblemente era al principio, la cáscara retórica de la nada, el hermoso rostro de la muerte que os engaña. Ellos lo saben mejor que vosotros, adolescentes sin remedio, niños grandes que os dejáis embaucar por las apariencias, mientras ellos os preparan la hoya de vuestros sueños, la feliz asunción de vuestras derrotas. Porque esta ciudad es un gigantesco monumento al fracaso, el fondo de una ilusoria representación de la inutilidad y de la barbarie, el irónico fasto de la trivialidad y del orgullo, de la necedad humana y del imposible afán perecedero de la perpetuación y de la serenidad, de la seguridad y del encanto. Hace siglos, los hombres cogieron piedras, las arrancaron del fondo de la tierra, y las rehicieron a su imagen y semejanza; las levantaron del suelo, las ordenaron con verticalidad humana, las transformaron en criaturas vivientes, adornadas, trabajadas y cubiertas de gestos, como los rostros humanos; dotaron de vida a las piedras, las hicieron reír y soñar, las llenaron de sus recuerdos y de sus esperanzas y hasta se atrevieron a recubrirlas de sus creencias. Y las piedras blandas y dúctiles, como el primer barro del mundo, se dejaron hacer y, como los hombres, se endurecieron con el paso del tiempo y fueron tomando apariencia humana, sombras de figuras, robustez de tallas, orden de pensamientos y extensión de cláusulas. Sus torres tuvieron altivez de cabezas orgullosas, sus paredes alcanzaron la expresión de las pieles arrugadas por la experiencia, sus columnas se irguieron como troncos de gigantes, dispuestos a desafiar*

el paso del tiempo, y los recodos de sus calles titubearon como los rincones heridos de un organismo humano en decadencia. Pero no lograron ocultar su triste destino de escorias, ruinas en pie, deleznables escombros inminentes. La ciudad fue al fin lo que había sido desde que la crearon, petulancia erguida, inanidad vertical y sombría, espacio ciego, piedras ensoberbecidas por la ilusión de su significado, olvido recuperado por la necesidad y el miedo. Y ahora vosotros la descubrís de nuevo y queréis librarla de su condena y os amparáis en el recuerdo de los franceses para defenderla y os hacéis sus dueños, como si os perteneciera, ignorando que no es vuestra. Dime, ¿dónde está la ciudad de esta gente que no cree en el Dios de sus catedrales, ni en las ideas de su universidad, ni siquiera en la belleza de sus piedras? ¿Qué han hecho para merecer tanta grandeza soñada, tanto milagro perpetuado por el arte, tanta abrumadora eternidad de siglos? Esta ciudad que creéis que es vuestra y que ha sido profanada por los franceses y violentada hasta el escarnio por los cascos de sus caballos, es de todos, porque es como ellos, incluso como los canónigos y los carboneros, que también participan de su belleza aunque no la entiendan y aunque no la gocen, porque la necesitan para suavizar los recuerdos de su negra conciencia y compensar las miserias de sus vidas inseguras por el reúma, la eyaculación precoz y los nuevos tiempos de la Revolución y la fraternidad universal, que le caen tan a trasmano; es también de ese pobre Blasillo, que sonríe lo mismo en verano que en invierno, arrastrando los pies por las rondas de las murallas con los faldones de su casaca, excesiva para su delgadez y su estatura, al viento de las burlas y repitiendo aquello que algún malnacido le ha enseñado de que "Dios aprieta, pero no ahoga", con la lengua gruesa que no le cabe en la boca de grandes encías rojas y el lagrimal repleto sobre los párpados abultados; es también de sor María de los Angeles, de la que todos los hombres de Salamanca están enamorados, sin haberla visto, que tiene una belleza antigua y evanescente, que besó a un hombre a los quince años y todavía no ha acabado de arrepentirse, ni se ha olvidado de aquella fugaz y gratificante experiencia, que se resiste a desaparecer de su memoria a pesar de los años, los cilicios y los repetidos y sinceros actos de contrición; y es también de Merceditas, bendita octogenaria, achacosa y entera, llena de varices, polvos de arroz y bellísimas pecas marrones, como islas sobre el cándido mapa de sus manos claudicantes y enjoyadas, dedicada únicamente a pintar infames acuarelas de la fachada de la universidad, que se mantiene viva sólo para ver enterrar a su antiguo novio, Donato, traidor a sus promesas de casamiento y tieso como un huso a sus noventa años de soltero feliz; y de Arcadia, a la que su marido se la pegó una vez hace muchos años y al que ella le conservó un rencor vengativo durante toda su vida y que no cesó ni en su lecho de moribundo, donde siguió insultándolo, mientras, horrorizado, según unos, y aliviado, según otros, daba sus últimas boqueadas, libre por fin de su mujer; y de doña Mariana, altiva, voluminosa, ajamonada y totémica, matrona coronada por una sonrisa de hoyuelos picarescos, tranquila y acogedora, aureolada de dignidad y de misterio, acreedora de unos remotos ancestros antillanos, a los que debe su largo pelo rizado de cuarterona y los pechos más grandes que se recuerdan en la ciudad y que los forasteros anotan en su memoria como una de las cosas más notables de Salamanca; y de Eduwigis, Edu, humillada por unas viruelas infantiles y condenada de por vida a la preparación de unas rosquillas azucaradas, para las que tiene mano de santa, lo mismo que para toda clase de dulces, confites y arropes, que ella nunca come y con los que regala el goloso paladar de Salamanca, habilidad que alterna con el conocido y socorrido oficio de alcahueta, al socaire de la dulcería que regenta en la calle de Juan Rey y a la que dedica el mismo interés que a la elaboración de la confitería y de la que tampoco se aprovecha; y también es de Piñoncito, pequeñito, atildado y maricón, que se ha pasado la vida esperando a su pareja ideal y que no desiste, aunque ya va para los cincuenta, entregado a fáciles aventuras que le dejan sin resuello, insatisfecho y nunca escarmentado, siempre dispuesto a empezar de nuevo detrás de cualquier mancebo que aparezca por Salamanca y tenga los ojos suficientemente tiernos como para confundir a la parroquia; y de mi hermano Ricardo, tu tío, mordaz y veleidoso, que se lamenta de los nuevos tiempos, porque se ha perdido el derecho de pernada, que tantos beneficios sociales prodigaba, al mejorar la raza y aleccionar a las inexpertas recién casadas en los secretos del erotismo, que sus futuros maridos desconocían y que no podrían aprender en toda su vida de siervos de la gleba y gañanes sin desbastar; y de Andresín, holgazán sin tacha, que pasa su tiempo comiendo, por lo que cada mes los calzones se le quedan estrechos y ya no puede salir por la puerta de su cuarto, del que lo sacan por el balcón cada vez que perentoriamente tiene que salir de casa; y del Magistral de la catedral, tieso y altanero, con vozarrón de Juicio Final, cuyas barraganas se renuevan cíclicamente, lo que le permite cada año enriquecer con nuevos detalles a lo vivo su esperado sermón de la Magdalena, la pecadora, en el que los enterados descubren el origen de las alusiones más escabrosas a la bíblica mujer pública; y de Terenciano, pendolista de profesión en las covachuelas de la Plaza del Carbón y aficionado a los estadillos, en los que anota lo mismo las nevadas que caen al año que los niños que mueren de diarrea en el verano, avaro y taciturno, del que se dice que no habla para ahorrar fuerzas, ni se sienta nunca para no gastar el fondo de los calzones, ni los bajos de su casaca inmemorial, con toda su biografía escrita en las manchas, zurcidos, desgastes e imprecisiones del paño sufrido y casi trasparente por los años y las desgracias, que fuera en otro tiempo de color rojo fresa, con ribetes de luto en las solapas y presuntuosos dorados en las bocamangas, ahora desflecadas e irreconocibles; y de José, el criado de tu padre, andaluz soso, hermético como un sufí, cornudo como un tabernero y triste como un gato esparriado, que casi nunca habla, y cuando habla, con su voz de pito, dice "gorpe", "sheval-la" y "muhé", con sus ojillos inocentes y apaleados, su perfil de garabato en ruina y sus dos metros de estatura, cenceños y desgarbados, que imposible ser más feo; y de Paco, el ventero de la Puerta de San Pablo, robusto y tentacular, patilla generosa y juramento abondo, que esparría al hablar, mata los gusanos con los dientes y levanta diez arrobas con una sola mano, incluso aunque sean de carne femeni-

na, histérica y remilgosa, izada en el aire como una prueba de galantería tosca y suburbial; y de Angela, mujer del pueblo, cuya belleza salvaje está disminuida por su nariz rota de una paliza que le dio su marido una noche, cuando estaban haciendo el amor, en avanzado estado de sazón, y ella le preguntó si se había acordado de cerrar la puerta del gallinero; y de Librada, delgada como un varal, cejijunta y solitaria, que trabaja de sol a sol para comprarse un mausoleo de mármol con un ángel caído y una inscripción que diga: "Por fin descansó"; y de Alodia, servicial, laboriosa, pobre, soltera y feliz, que llora en los entierros como si fueran de su familia, ríe en los bautizos con ingenuidad de monja boba y ni siquiera tiene envidia en las bodas, que por supuesto nunca son la suya; y de Cosme, metro veinte de estatura, paticorto y cabezón, aficionado al sexo, del que las putas dicen que con él nunca saben si están haciendo el amor o están pariendo; y de don Porfirio, erudito, patriarcal y pedante, que dice ad hominem, a parte rei *y* ad aliquid secundum rationem tantum, *almacenista de múltiples, heterogéneos y baladíes conocimientos en su sólida cabeza universitaria, que nunca se ha parado a pensar en la absoluta inutilidad de su ciencia académica, ni en la sequedad mesetaria de su cerebro, que no tiene agua ni para regar un cebollino; y del bueno de don Manuel, probablemente el único cura de Salamanca que cree en Dios y que tiene la sinceridad de sus cansados ojos azules y la honradez de sus palabras infantiles, a fuerza de bondad natural y de retórica de devocionario; y de fray Bernardino, locuaz, sanguíneo y prepotente, de la orden de San Francisco, del que no tiene ni la gracia, ni la humildad, con el cerquillo cano y la mano larga con las adolescentes, que apremian sus votos de castidad y sus poluciones nocturnas; y de Paulina, esa puta generosa y huesuda, que hace caridad con su oficio y provoca fidelidades perpetuas y a la que nadie ha visto nunca reír, con su piel enfermiza y una hacendosa dedicación al sexo que desalienta cualquier rivalidad y agota a los clientes; y de la madre de tu amigo Augusto, altanera y presuntuosa, con un hijo sin padre, ofreciendo su abundante espetera a los mirones de la plaza; y de don Olegario, aristócrata y rentista, de nariz prepotente y calva sin mácula, usurero y aficionado a arreglar relojes, de los que tiene la mejor colección de Salamanca y frente a la que se pasa el tiempo oyendo marcar las horas desacordes, sin más preocupaciones que vivir sin trabajar y cambiar de amante, por supuesto masculino, cada temporada, y la ciudad también es de los afrancesados, como Casaseca o tu padre, que están siempre mirando más allá de la frontera, como si...»*

«¡No! De ésos, no.»

«Sí, igual que de los otros, porque Salamanca es de todos los que la viven y la sueñan, de todos los que han gozado del veneno de su belleza y de la incontaminada perfección de su silencio, y con todos la tenéis que compartir, antes de que se hunda definitivamente y ya no os quede nada que defender, ni que soñar, cuando ya no quede nadie de toda esa gente anónima, que reconocéis por la calle y de la que ni siquiera sabéis cómo se llaman, ni qué hacen, ni dónde viven, anodinos y lejanos, habitantes de sórdidos barrios por

los que ni siquiera habéis pasado una vez en vuestra vida, víctimas de fatigosas indecisiones, entregados a sus ritos matrimoniales, a sus pecados furtivos, a sus pequeños crímenes cotidianos e irrelevantes, a la nimiedad de sus rebeldías efímeras e inocentes, al azúcar de sus postres dominicales, al ahogado apiñamiento familiar de los braseros del invierno, a las tufaradas acres de las ventanas del verano y, cuando llegan a cierta edad, devueltos a la inmisericorde crecida de la amnesia y de la incontinencia nocturna; toda esa fauna mezquina, que se atiborra de potaje los viernes, hace el amor los sábados y pasea su mala conciencia, hecha pingajos, las fiestas de guardar. Son esos niños que parecen siempre huérfanos, que no salen de su asombro al ver gallear a sus padres, cloquear a sus madres y roznar a sus abuelos; son esas muchachas núbiles, frágiles y desangeladas, desamparadamente feas, que quieren irse de aquí y no pueden y leen los madrigales eróticos de Meléndez Valdés y se sienten retratadas en sus pastoras cursis, mientras se ríen ruborizadas con las rijosas insinuaciones de los buhoneros, que llevan en los ojos la tentación de la trashumancia sentimental y la ciencia tabernaria de los caminos y de los encuentros fortuitos; son esos estudiantes camorristas y engreídos, siempre en banderías de naciones, con el puño en la espada y la mente en la entrepierna, blasfemando todo el tiempo contra Salamanca, odiando hasta el empedrado de sus calles y el olor de sus mendigos, pero que se les queda dentro como una mala costumbre de la que ya nunca podrán librarse; son esos seminaristas, los pavitos masturbadores, de balandrán y tonsura, que están aprendiendo a su costa los pecados de la soberbia, de la ira y de la envidia, y no digamos del sexo, con todo el martirologio de sus devocionarios como coartada; esos aristócratas, a los que tu padre cura por cuatro onzas, de gustos refinados, que se unirían a los franceses, si volvieran a venir, contra el populacho que les amenazase, con el populacho contra los franceses, si se terciara, y con el clero contra el populacho y contra los franceses y contra quien atente a sus privilegios; son esos comerciantes de la plaza, ciegos como topos en sus tiendas, huroneando el ochavo y los doblones, con las manos siempre frías sobre las telas suntuosas, embauladas con esmero y descubiertas con parsimonia ceremonial, prestos al engaño y al halago; son esas matronas menopáusicas, nunca resignadas del todo a sus rezos y a sus lutos, devotas del denso chocolate de las cinco de la tarde y preocupadas por el brillo de sus platerías, como un orgasmo trasferido desde los pozos secos de su sensualidad añorada; son esos magistrados y esos jueces, envueltos en el polvo de sus legajos indescifrables, que tienen que dirimir cada día en su conciencia, acolchada por el escepticismo, la cuestión de la ley y de la justicia, entre la ejemplaridad del orden y la inutilidad de los castigos; son también los médicos, como mi hermano, doctorales en su ignorancia, insensibles a los remordimientos de sus errores y parapetados y vacíos en la intrincada distancia de su vocabulario profesional, y toda esa tropa de menestrales idénticos, que hablan el lenguaje de sus gremios, sucesores de los viejos oficios que le han dado nombre a muchas de nuestras calles, como las de Bordadores, Bermejeros, Herreros, Caleros, Canteros, Albarderos..., sufridores de las mismas carencias y sostenidos por los mismos mediocres proyectos de vida, prisioneros de decisiones que no toman y abocados a tristezas que no desean; son esos ancianos que se secan al sol en el pretil de la Puerta del Río, con las pretinas llenas de moscas, y que van perdiendo la memoria de su felicidad y las razones de sus antiguas esperanzas, en una lenta y progresiva colonización de la nada... Es esa ciudad que no queréis ver, que se hurta a vuestros entusiasmos y que ignoráis para vuestra tranquilidad de muchachos díscolos y sensuales, enamorados de las piedras y de los crepúsculos, de las viejas historias y de las mujeres guapas... Pero ésa no es toda la ciudad, porque la ciudad es también la ciudad de los muertos.»

Mi tía Adela hablaba en un murmullo incansable, como si recitara una salmodia que hubiera aprendido para aquella ocasión, como si sus palabras formasen parte de su respiración, obligada a hablar por su soledad y su prolongado silencio, gozando con aquella rememoración de las gentes de la ciudad, que inexplicablemente conocía como si las viera todos los días y hablara con ellas en los paseos y en los saraos; aunque yo sabía que nunca salía a la calle y que si hubiera salido no habría hablado con nadie y ni siquiera las habría mirado. Y, sin embargo, lo conocía todo y las pausas de su discurso no eran para recordar, sino para tomar aliento y proseguir aquella letanía de nombres y de gentes, que, al parecer, poblaban su soledad y le salían al encuentro de sus borracheras diarias que terminaban en la madrugada de su tertulia de los muertos, a los que atendía con la solicitud de una buena ama de casa y la condescendencia maternal de una gran señora que recibiera los miércoles a sus amistades y a las amistades de sus amistades, seleccionadas por el estricto árbol genealógico de sus apellidos o la fama universal de sus hazañas, y a la que acudían muertos de todas las edades y de cualquier sexo y pelaje, antiguos y recientes, con el único requisito de que estuvieran bien muertos.

«Porque nuestra ciudad es también de nuestros muertos, desconocidos o conocidos, como aquel Pedro Amigo, canónigo, poeta y enamorado, que yace perdido en el claustro catedralicio, debajo de una paloma de piedra sobre el muro, que dejó al morir su viola al juglar Pedro Lozano para que le recordara cantando con ella; y aquellos dos hermanos ingleses, Landolfo y Ricardo, maestros y magnánimos, que nadie sabe cómo vinieron a parar aquí, tan lejos de la verde humedad de su tierra como de la lengua de su patria, a la que siguieron siendo fieles con la fundación en nuestra ciudad en 1175 de la iglesia de Santo Tomás de Canterbury, llenos de nostalgia y devoción, se supone; y aquel doctor don Pedro de Paz, atildado de ropas y tocado en su sepulcro con un extraño sombrero italiano, que denota un refinamiento vestimentario inaudito para su tiempo y para su ciudad, como un elegante que perpetuara después de su muerte la exquisita imagen de su distanciamiento vital de una colectividad rural y descuidada, zafia y mal vestida, mediante aquel ropón ceñido y aquellas mangas larguísimas, que lo identifican en la

iglesia de San Martín; y aquella doña Elena, muerta en 1272 y finamente equipada para la eternidad de piedra de su sepulcro en la Catedral Vieja, con su brial azul, su ornamental manto de oro con listas y velo y toca blancos, enterrada sola, sin marido que la acompañe por la gloria dorada de Salamanca; y aquel arcediano, don Fernando Alonso, hijo natural del rey Alfonso IX, representado emblemáticamente sobre su tumba, con una dalmática y un libro entre las manos que no debió de abrir en su vida y que permanece sobre su cadáver como un signo abusivo de bastardo real, acogido a los privilegios de la Iglesia y amparado en las prerrogativas de su filialidad; y aquel otro arcediano, don Diego López, que tuvo la coquetería de representarse joven sobre su sepulcro, después de haber muerto viejo, con dalmática azul y adornos de oro, con la mano izquierda en la pensativa mejilla y un libro en la derecha, para vagar como un símbolo del estudio meditativo por los espacios vacíos y solemnes de la Catedral Vieja; y aquel don Diego de Anaya, enterrado de pontifical, como correspondía a su rango, con su nariz hebrea punteando el aire quieto de la muerte, debajo de su inútil mitra episcopal, proa a la nada de su acabamiento, sin más equipaje que el de la memoria de sus pecados; y sobre todo y sobre todos aquella pobre, desvalida, dolorosa, solitaria, inocente e infeliz doña Mafalda, hija de reyes, "que finó por casar", como la heroína de una novela sentimental, de cuyo epitafio nunca he sabido si quiere decir que murió soltera en vísperas nupciales o murió a causa de un amor contrariado y que mantiene el indeciso recuerdo de su trágica muerte en el lado del Evangelio del altar mayor de la Catedral Vieja, mantenido allí como una leyenda o como un homenaje o como una advertencia sobre la fugacidad de los amores terrenales; y también Eutimio, aquel canónigo bajito, que se murió hace dos años, con los ojillos ávidos de los golosos y la carne enterrada entre oleadas de grasa, que le empezaban en la sotabarba, después de haberle arrasado la cara, y que tenían su cenit en la barriga sólida a pesar de su volumen, que amenazaba con romper la gastada tela de sus ropas talares, entregado durante su vida al único pecado de la gula, temeroso de Dios por sus faltas y limpio de toda culpa que no viniera de los gozos de la mesa, porque ni siquiera había murmurado del obispo, ni había faltado un solo día al coro, salvo cuando sus comilonas lo dejaban varado en el lecho con una indigestión romana que lo ponía a morir y lo llenaba de remordimientos y de sudores fríos; y aquella muchacha que fue encontrada en un muladar, descuartizada y desnuda, con la cabeza aplastada con una piedra, cuya muerte fue atribuida a un buhonero tuerto que pasó por Salamanca dejando un rastro de desgracias. Y aquel marqués libertino, al que sus hijos tuvieron que matar porque se había vuelto loco por una criada que tenía esa milagrosa perfección corporal que poseen a veces las hijas de los pobres, que se despegan de su medio a fuerza de tenacidad y de cama, y que acabó compartiendo su cuerpo con los tres hijos del marqués difunto.»

«Pero, tía, la ciudad es también nuestra, porque estamos vivos y tenemos recuerdos», le contestaba a mi tía Adela, que había cesado de hablar y que se apresuraba hacia otro trago que le permitiera seguir contándome la ciudad de sus obsesiones, «los recuerdos que han creado el espacio de nuestra vida, como el sonido funeral de la campana mayor de la Catedral Nueva, que se queda flotando sobre los tejados de nuestros insomnios; esos recuerdos que nos preservan para siempre de la soledad y de la desesperación y que nos acompañan para sostener nuestras alegrías y aumentar nuestras satisfacciones, como una ciudad paralela por debajo y al lado de la otra, la visible y perecedera, la que los días arrastran y la memoria mantiene, como un permanente regalo de la vida.»

Siempre recordaré la primera batalla campal contra los muchachos del arrabal de Santiago, que fue el principio de mi admiración por Augusto, después de un largo período de curiosidad y de camaradería, y que dejaría en mi memoria su imagen altanera, con la sangre oscureciendo su cara y la mano derecha amenazando todavía con una piedra ya vencida, antes de caer, derrengado a palos, en aquella humillación aceptada con la gallardía de los valientes, ante una docena de muchachos furiosos y enloquecidos por sus propios gritos; Salamanca es también mi hermana Manuela, atravesando la capilla de la universidad envuelta en tules blancos y en el olor de incienso, el día de su primera comunión, enviándome por encima del nacarado devocionario infantil, que apretaba contra sus labios, y a través del aire cargado de solemnidad y arrobamiento azulado, una sonrisa cómplice que desmentía su recogimiento de ángel y ridiculizaba el sermón del obispo que les había llamado a las niñas «las más purísimas y perfumadas flores del jardín del Señor», ratificándome en mis esperanzas de la continuidad de nuestras aventuras peligrosas; en el fondo de mi memoria quedaría para siempre, como el lastre de la felicidad futura, el olor a mieses recién segadas que se filtraba por la Puerta de Zamora, próxima a las eras, que a mediados de julio se cubrían de hacinas y de montones de paja, entre los que habíamos conocido, en las noches sin luna y con un horizonte de perros, el primer sabor del sexo y mis primeras traiciones a mi hermana; Salamanca es esa realidad que nos pertenece, guardada en algún lugar de nuestra cabeza, como aquella paliza que le vi recibir a un niño desconocido, enroscado en el suelo, gritando su dolor con la garganta rota por un insistente quejido animal, que se me quedaría dentro como la imagen de todas las crueldades que vendrían después, mientras su padre descargaba su correa una y otra vez sobre la defensiva precariedad de sus pequeñas manos en torno a la cabeza, que ya empezaba a sangrar, sin que mereciera más que un «algo habrá hecho» de un transeúnte apresurado y huraño; y los ajusticiados del Rollo, que atraían nuestra necesidad de violencia y nuestra perplejidad ante la muerte, que nos impelían a tirarles de las piernas y empujarlos para que se bambolearan, con sus pies descalzos, sucios y fríos, después de varios días a la intemperie, deformados por los potros de la tortura; aquel atardecer, cuando sentimos derretirse el sol de agosto a nuestras espaldas, con las gloriosas torres de la historia de nuestra ciudad levantadas en la canícula de los cuarenta grados, con las piernas metidas en el agua del Tormes y los ojos desprevenidos sobre el primer desnudo femenino de nuestra vida, emergiendo del río como un milagro deseado sin saberlo y goteando su belleza como una aparición sobrenatural; aquella vieja que vimos caer en el Corral de San Marcos, probablemente borracha, a lo mejor enferma o simplemente inestable por los años y las prisas o la pérdida de visión de sus ojos legañosos y hundidos, que, en lugar de provocar como siempre nuestra propensión a las burlas, nos sobrecogió y nos dejó paralizados ante el espectáculo de la miseria humana, de la decrepitud y de la pobreza, que posiblemente era la primera vez que veíamos desde tan cerca y que guardaríamos como un punto de referencia en nuestra visión de la ciudad; y los hielos de la Cuesta de Sancti-Spíritu, donde gastábamos las culeras de nuestros calzones en los inviernos eufóricos de nuestra niñez atribulada, que nos acompañarían siempre y nos acostumbrarían a estar a gusto con nosotros mismos; aquel maestro, traslúcido de ayunos involuntarios, cuya excesiva amabilidad nos hacía desconfiar al principio de sus intenciones y nos mantenía alertas con el trasero lejos de sus manos, demasiado blancas para ser masculinas y demasiado movidas para ser fiables, y que acabó haciéndonos comprender el sentido de nuestras vidas en el espacio histórico de Salamanca, que pronto olvidamos, sobre todo cuando descubrimos que era efectivamente un bujarrón que ocultaba sus propósitos con la coartada del arte y la espiritualidad.

Pero mis recuerdos de la ciudad, los que me hacían reconocerla y amarla, eran también los de la memoria de mi tía Adela, a la que visitaba con frecuencia para confirmar mi admiración por la ajada plenitud de su belleza, que resumía el pasado doloroso de la ciudad, y gozar de la proximidad de su desencantada sabiduría de víctima rebelde y nunca resignada, mientras me contaba los desastres de Salamanca que había conocido y los que no había conocido, pero que tenía también guardados en aquel fondo inagotable de su tristeza. Con su voz grumosa y ronca de la cazalla me iba relatando las desgracias de la ciudad y se iba exaltando con sus infaustos acontecimientos, como si acabaran de suceder y se conservaran todavía en sus ojos despavoridos. Por su palabra interminable pasaban los niños del carbón, hambrientos, tiznados y ladronzuelos, disputándose la comida con voracidad de lobos, y las mozas a las que llamaban de la soledad y a las que intentaron recoger en la Casa de Misericordia, pero fue tan imposible como guardar agua en una canasta; la sequía de 1780 que abrasó los trigales y dejó sin pan a la ciudad, y las lluvias de 1788, que en febrero hicieron salir de su cauce al Tormes y pudrieron las semillas de la cosecha, lo que hizo subir el precio del trigo a noventa y cinco reales la fanega, llevando la desesperación a los campesinos que en Babilafuente se amotinaron contra el duque de Alba, que había mandado con ruindad aristocrática trasladar el trigo a otra parte, condenando a sus aparceros al hambre invernal y a la furia de sus insomnios desesperados, por lo que los amotinados intentaron quemar al administrador en una hoguera que encendieron en medio de la plaza, pero se les escapó saltando las tapias de una huerta y huyendo campo a través; pero, a falta de carne viva que quemar, rompieron las puertas del palacio y quemaron todos los muebles, que fueron arrojando por las ventanas hasta que el vacío de las habitaciones destrozadas les llenó de satisfacción y de tristeza.

Porque todo estaba disponible en aquella memoria de muertos y de catástrofes. Mi tía presumía de ser invulnerable, pues cuando aún no tenía un año, en enero de 1767, los fríos fueron tan intensos que los salivazos se helaban en el aire antes de llegar al suelo, a los perros les colgaban carámbanos de las barbas y muchos niños murieron sudando debajo de montones de mantas, aunque le echaron la culpa de la mortandad a una plaga, que respetó a los hijos de los pobres que no tenían mantas que echarles a los infantes. Pero mi tía sobrevivió a todas las precauciones maternales y creció para asombro y disgusto de sus padres, que la vieron metida, en cuanto tuvo uso de razón, en todas las protestas, en todos los escándalos y en todas las historias turbias de la ciudad, por encima de su edad, que la fueron acostumbrando desde niña al sabor de la renuncia, a la compañía de los vencidos y a la continuada experiencia de los fracasos; muy pronto aprendió a descubrir detrás de cada entusiasmo y al día siguiente de cualquier satisfacción los gérmenes de la desilusión y de la derrota. Y finalmente una lamentable historia de amor no fue más que la confirmación de sus premoniciones de siempre. Y la ciudad entera se le convirtió en el escenario de una decrepitud progresiva, de un derrumbamiento diferido, de una anegación inminente e inevitable. El alcohol ponía una escalofriante lucidez en su voz cansada de decir siempre lo mismo y con la misma apasionada entrega, que sus contertulios muertos debían de agradecerle en silencio, como una confirmación de su propia tragedia, a las altas horas de la madrugada, cuando la reunión en casa de mi tía estaba en todo su esplendoroso apogeo de luces y de conversaciones, de lamentos y de recuerdos.

Pero su especialidad eran las crecidas del Tormes, que se acordaban con su inconsciente deseo de catástrofes y, como casi todos los años el río se desbordaba para su satisfacción, la fácil excitación de su memoria incombustible aseguraba una devoradora charla que podía demorarse hasta el amanecer, sin que se alterara la abusiva perfección de su rostro, ni se agotara la fluencia de su narración, ni dejara dormir a los muertos de su tertulia, encandilados con su verbo sorprendente y con la variedad y la intensidad de sus historias trágicas, y a veces cómicas, por muchas veces que le hubieran oído relatar los mismos sucesos, porque en sus cíclicas repeticiones nunca los contaba de la misma manera. Siempre se acordaba del caso de aquella monja que, arrastrada por las aguas del río embravecido, quedó atrapada por los hábitos entre la maleza de la orilla y prefirió ser engullida por la corriente que desnudarse delante de los hombres, que le gritaban: «¡Cierre los ojos y quítese la ropa, hermana!». Ni faltaba tampoco la muerte de aquel enamorado que se echó al agua, sin saber nadar, para salvar a su novia que se debatía en un traicionero remolino del río, que por fin la lanzó contra unas ramas salvadoras, mientras su novio se hundía sin remedio y sin gloria en las aguas anónimas de una crecida más y sin que mereciera la fidelidad de la muchacha, que al poco tiempo se casó con un galán aldeano, que tampoco sabía nadar. Y otra historia que recordaba con frecuencia era la de aquel corregidor, que, apremiado por la noticia de que una de aquellas crecidas periódicas se había llevado por delante cuatro familias del Arrabal, había contestado con tranquilo y armonioso distanciamiento a los pesares de sus lacayos:

«No se aflijan vuestras mercedes; los muertos eran pobres y a los pobres siempre se los lleva el agua».

Mi tía contaba los sucesos como si los hubiera vivido, y la voz de los ahogados, en el momento de ser tragados por el río, le salía tan propia como si la ahogada hubiera sido ella. Todas las demás desgracias no parecían afectarle tanto como las inundaciones, de las que acumulaba detalles e inclusive les añadía otros nuevos cada vez que retomaba la narración. Los testimonios del tío Valeriano, que había nacido en el otro siglo y que compartía con ella el gusto por las catástrofes, le habían provisto, antes de morir casi centenario, de todas las noticias nefastas que la macabra avidez de mi tía necesitaba para satisfacerse. Su fiel memoria de analfabeto había guardado todos los detalles de los acontecimientos trágicos que habían ocurrido en Salamanca durante toda su vida y se los había trasmitido a mi tía en unas conversaciones dilatadas, con las que se honraban mutuamente, mientras le daban al jarro y se quitaban la palabra de la boca para seguir devanando aquella rumorosa letanía de desgracias, que no se acababa nunca y que debió de continuar después de muerto el tío Valeriano, fiel contertulio de mi tía Adela, de la que seguramente, según me decía ella, a pesar de los casi setenta años de diferencia, estaba enamoriscado.

En 1707, le había contado el tío Valeriano, creció tanto el río que las iglesias de Santiago, Santa Cruz y San Lorenzo se inundaron hasta llegar el agua a sobrepasar los altares y hacer flotar a los Cristos de las paredes. El día 2 de agosto de 1718 cayó en dos horas tal cantidad de lluvia, mezclada con granizo, que el arroyo de San Francisco arrastró veintiocho casas y se llevó a dos mujeres que estaban cosiendo en el portal y que no tuvieron tiempo ni de quitarse el dedal; el convento de las Ursulas se caló y el agua bajó por las escaleras del torreón como un torrente desbordado, entrando en las celdas y obligando a las monjas a levantarse los hábitos, cuando ya no hubo más remedio, hasta más arriba de las rodillas, con lo que, según mi tía Adela, llegando el agua hasta donde nunca había llegado, la higiene personal de la comunidad mejoró mucho.

En 1729, fueron la nieve y el hielo la causa de muchas muertes y el origen de un «catarro maligno» que completó la mortandad del frío y de la humedad. El 11 de abril de 1769, el Tormes volvió a salirse de madre e inundar de nuevo la iglesia de San Lorenzo y aquel mismo año, el día 4 de agosto, hizo tanto calor que se incendiaron los muladares y la paja de las calles empezó a arder espontáneamente, como cosa de magia. Mi tía Adela decía que se acordaba, aunque sólo tenía seis años, de la gran tormenta del 23 de julio de 1772 que en tres horas arrasó la ciudad, se llevó la cuna de un recién nacido, hizo rebosar todas las albercas y derribó el muro de contención del jardín del Colegio Mayor de Cuenca, que en su caída destruyó unas cuantas casas y sepultó a ocho personas en el barro y las piedras, los troncos y las flores; entre las víctimas apareció un prócer de la ciudad, sospechosamente desnudo, en la proximidad del cuerpo joven, también desnudo, de una mujer hermosa, pero pobre, muy apreciada en el barrio por su recato y sus otras virtudes cristianas; las desnudeces de los cuerpos se quisieron justificar por la arremetida de las aguas, pero el cuerpo de la madre de la muchacha, encontrado cerca entre el fango de la avenida, completamente vestido, parecía desmentir la benevolencia de aquella hipótesis piadosa.

Junto a estas desgracias del agua, los incendios, las plagas de langosta, las epidemias y los crímenes, que mi tía recordaba, no alcanzaban en su voz la sinceridad conmovedora de aquellas crecidas del Tormes que se llevaban conventos, iglesias, casas, animales y gentes en una embestida colosal e inesperada, que no daba tiempo a salvar nada, incluida la propia vida. Desde las épocas que los libros recordaban, habían sido frecuentes aquellas avenidas del río, que habían llegado en una ocasión, a finales del siglo XV, a llevarse medio Puente Romano y un convento entero de dominicos, con los frailes dentro, como un castigo divino, según decía mi tía Adela, por los múltiples pecados de su soberbia y de otros deslices igualmente capitales.

Para mi tía el pasado de la ciudad, que ella reconstruía con la ociosa fantasía de sus lentas agonías alcohólicas, se había hecho en la lucha contra el río, que intentaba recuperar sus antiguos límites de lago en torno al islote del poblado primitivo, y la inexplicable tenacidad de aquellos hombres que fundaron en sus orillas amenazadas una aldea en la precaria tierra seca de una colina emergente, que desde el principio se defendió del agua como pudo y le fue ganando terreno a medida que los cambios climáticos achicaron el lago y después encauzaron el río y permitieron extender la tierra habitable en las orillas del agua que se iba retirando. Pero cuando los humores se le volvían negros a mí tía, defendía con ardor los derechos del agua sobre aquella tierra que le había sido robada por una colectividad insensata, y después, cuando por imprevisibles causas misteriosas, los humores se le blanqueaban, admiraba aquella loca decisión y aquella terca resistencia de los salmantinos prehistóricos frente a la insistente agresión del agua embravecida. Salamanca había nacido del agua y esto le permitía a ella soñar con un pasado de profundidades fluviales, nereidas clásicas y encantamientos acuáticos, que poblaban el duermevela de sus vinos y complacían a los muertos de sus tertulias nocturnas, que sobrenadaban sonrientes en aquella masa líquida y fluyente que los purificaba de su mortal sequedad de cementerio y de su quietud de cadáveres enterrados, hasta que el sopor de la borrachera de tía Adela la hundía en la inconsciencia pantanosa de sus delirios y ellos tenían que marcharse, desvaneciéndose en la turbia memoria de la noche.

«*No es la primera vez que vienen los franceses y esta cochina ciudad siempre ha encontrado el modo de deshacerse de ellos*», murmuraba mi tía, dejándose caer en las profundidades oceánicas de su cama con el cuerpo molido por la inanidad y la impaciencia, desvariando por los recovecos de su memoria. «*Ya se han ido y todo vuelve a estar tan mal como estaba antes, los pobres siguen espulgándose al sol en las escalinatas del Corrillo y las aldeanas en la plazuela siguen vendiendo sus hortalizas y sus huevos y sus higos de otoño, con sus refajos blancos, sus cenicientas sayas monumentales y su olor a queso rancio de no haberse lavado el geranio en toda su vida, y en el Zurguén siguen las sombras cimbreantes de los juncos, entre las que el cursi de Meléndez Valdés, que naturalmente es amigo de tu padre, ha soñado con zagalas espléndidas y juiciosas, con la lengua francesa entre los labios y Africa en la entrepierna, y ese obispo afrancesado que se murió este año y que se creía el Bossuet de Salamanca, y que decía* merci *a sus fámulos,* madame *a las señoras y prefería el chocolate francés al chocolate castellano, perfumándose con polvos Sampareille de Monsieur Friboleti, de la calle de San Honorato de París, y las hornacinas deshabitadas en la fachada de la Catedral Nueva, en el Patio Chico, vacías por el terremoto de Lisboa de 1775, que tanto divirtió a Voltaire, que tenía que ser francés para solazarse con la desgracia ajena, y ese pobre de san Martín, engurruñido de frío sobre la puerta de la iglesia, al norte más feroz, esperando la capa del santo que, como buen francés, todavía no se la ha dado, demorando el milagro de su generosidad durante siglos y siglos de heladas nocturnas y cierzos criminales.*»

«Pero ya se han ido, tía, y ya no los volveremos a encontrar por la calle a todas horas y en todas partes; ya no tendremos que aguantar su presencia desagradable; se han ido, tía, y nos han dejado en paz con nuestra ciudad y podemos gozarla y vivirla a nuestro antojo. Se han ido, y la ciudad otra vez vuelve a ser nuestra para siempre, sin intrusos y sin testigos.»

Porque Salamanca, contra lo que decía mi tía Adela, era nuestra y nadie se atrevería a tocarla sin nuestro consentimiento. Augusto, con sus ojos azules, ponía un gesto de bárbaro germánico frente al Imperio Romano, para apoyar con su brazo extendido la seriedad y la vinculación de este juramento. Todo estaba a salvo y nuestra ciudad se iba olvidando poco a poco del paso de los franceses; durante algunos días sus ruidos habían sido el presagio de una catástrofe, pero la amenaza había pasado y volvíamos a reconstruir en el silencio que nos era habitual nuestras costumbres; como después de una de las frecuentes inundaciones que nos asolaban periódicamente, el río volvía a su cauce y podíamos intentar de nuevo el ensayo de nuestra felicidad de secano.

4

Había sido un invierno duro y largo, que todavía coleaba en el aire frío de marzo y de abril, y lo inevitable parecía ya inminente. Los amigos franceses, que habían seguido entrando en España, habían logrado hacerse odiar en todas partes. Los presagios se iban cumpliendo como un calendario y lo que me preocupaba era, una vez más, Manuela, débil, indefensa, incapaz de resistir a la intemperie de una guerra, sin ánimo para las privaciones y los desgarramientos de una contienda y sin lugar en aquella catástrofe que se avecinaba. No me la podía imaginar mal vestida, entregada a la ansiedad de las penurias, a la falta de comida, sometida al ruido devastador de las batallas y privada probablemente de aquella leña que San José, nuestro criado, necesitaba para convertir su cuarto en un horno frente a las inmisericordes heladas del invierno salmantino. Seguramente moriría en medio de aquel horror que nos esperaba, con los muertos pasando debajo de sus balcones y el estruendo de los cañones acomodándose a su memoria. No había nacido para eso; era una mujer de penumbras y confidencias, de tardes largas, en las que poner a punto sus ojos crepusculares, y de noches silenciosas, en las que soñar despierta; necesitaba la calma de la melancolía para vivir en paz consigo misma, atravesada de dudas y de angustias, habitante de una soledad sin límites, encastillada en su soberbia de privilegiada, ajena al tráfago cotidiano de los mortales en la lucha banal, por el pan y el sexo.

Aquel año el frío de Salamanca, que traspasaba las fronteras de la resignación, se había excedido de su fama y nos había convertido en estatuas de hielo, para las que sacar por la noche una mano fuera del embozo de la cama equivalía al suicidio, porque, como decía mi tío Ricardo, «a quien conozca el frío de Salamanca, no le importará pasar el resto de la eternidad en el fuego del infierno». Es verdad que todos nos alegramos con aquel frío, que castigaría a los franceses allí donde estuvieran; pero así y todo una consternación irreparable se abatió sobre la ciudad cuando supimos que sor María de los Angeles, por culpa de aquel frío, que había convertido en témpanos las pilas de agua bendita de todas las iglesias de la ciudad, estaba acatarrada y la delicada belleza de su sorprendente feminidad corría peligro. Porque, aunque muy pocos la habían visto, aquellos escasos testimonios habían sido suficientes para extender la noticia de su increíble perfección corporal, adivinada más que comprobada, debajo de los hábitos religiosos de las Clarisas, donde había encerrado a edad muy temprana el inusitado esplendor de su rostro, la blancura casi ofensiva de su piel y los ojos más bellos, más candorosos y más grandes que se habían visto en toda la historia de España, por los que navegaban sin estorbarse tormentas tropicales, galeones dorados y los ángeles rubios de todos los sueños adolescentes del universo.

Para entonces, mientras todos seguían hablando de los franceses, ya habíamos sacado nuestras largas capas de paño de Béjar, que no obstante eran inútiles para preservarnos del frío. Las torres de las catedrales, nevadas, se hacían más íntimas y perdían algo de su prepotencia tridentina entre las casuchas que las rodeaban y era una gozada ver caer la nieve sobre el río y los copos indecisos en el último momento sobre la superficie del agua, antes de desaparecer al contacto con la corriente del Tormes, que venía confuso, entoldado y manso, desde la Sierra de Gredos y los rojizos barrizales de Alba, mientras en las orillas enmarañadas y recogidas se iba formando un fleco de hielo que crecía en los remansos del Cabildo. Mi tío Ricardo aumentaba la frecuencia y el tiempo de sus visitas a tabernas y mesones, lo que le permitía atravesar la Plaza Mayor con la euforia de sus años juveniles y el gesto desafiante de un caudillo nórdico cruzando las llanuras heladas del verano polar, ante la admiración acumulada de las cuarentonas.

A Blasillo no le afectaba el frío y seguía corriendo por las rondas de las murallas, con la gruesa lengua roja entre los labios amoratados y las encías sangrantes sobre sus dientes de caballo, debajo de su gran nariz aberenjenada y tumefacta, con una gota inestable en la punta que nunca acababa de caer, a pesar de las cabezadas con que hendía el aire cada vez que repetía aquel maldito refrán de «Dios aprieta, pero no ahoga», que la gente escuchaba aliviada ante la venida de los franceses. Paco, el ventero de la Puerta de San Pablo, también invulnerable al frío, al que desafiaba con su pechuga al aire y las mangas de la camisola remangadas más arriba de los codos, deshacía los carámbanos entre sus dedos ardorosos y los hacía gotear sobre su boca abierta con una sonrisa de mandril joven, diciendo: «Así me voy a beber a los franceses». Terenciano añadía a su pobre casaca raída un capotón prehistórico que se le deshilachaba en lamentos, menudeando sus visitas a las casas de los amigos y de los vecinos para calentarse en los braseros ajenos, agradeciéndoselo con las últimas noticias sobre los movimientos de las tropas francesas, que se acercaban a Salamanca, y con los datos de la temperatura, que durante dos semanas no había subido de cero grados centígrados, como tenía anotado en sus estadillos.

Alodia, hacendosa, menuda y resignada, envuelta en una toquilla de confección propia, con los dedos insensibles a los repetidos y desesperados soplidos de su aliento, sonreía a pesar de todo, incluidos los franceses, debajo de su graciosa nariz respingona en lamentable estado de descomposición líquida. Don Porfirio se defendía del frío en su gabinete atestado de libros, y de la destemplada soledad de su soltería, mediante dos pares de chalecos de lana, una bufanda de cuatro vueltas y una manta palentina sobre las rodillas, lo que conservaba en todo su esplendor los efluvios recalentados de su cuerpo virgen, que desconocía el sol desde sus tiempos de infante y el agua desde que lo bautizaron, mientras se reconfortaba por dentro leyendo las viejas historias de la antigüedad que hablaban de invasiones extranjeras y de héroes muertos por la libertad de su patria. Con un gigantesco brasero en cada habitación y la chimenea encendida durante todo el día y toda la noche, mi tía Adela mantenía el frío a raya con la ayuda del vino, como hacía con el calor, con el aburrimiento, con la tristeza y con el agobio de los prestamistas, abandonando la cama únicamente a las horas cenitales del mediodía para tomar un baño de agua de rosas, calentada hasta la quemazón, sin importarle la amenaza de los franceses y menos todavía la apostilla eterna de nuestra madre, que nunca se olvidaba de comentar:

«Es tan puta que hasta se baña todos los días».

Pero el que peor aguantaba el frío era San José, que no acababa de aclimatarse al vandalismo del cierzo salmantino, que lo ponía a morir. Había caído en Salamanca desde un pueblo del sur, por la vieja ruta de los recueros de Córdoba, cansado de pasar hambre por falta de trabajo y vergüenza por culpa de su mujer, que tenía la costumbre de ceder a los requerimientos de todos los forasteros y concederse la gracia suplementaria de entregarse a los del pueblo los días de feria. Pero Salamanca no remedió la situación, porque, aunque comieron caliente todos los días, la mujer, con el cambio de lugar, no olvidó sus hábitos y la nómina entera de la universidad pasó por su cama, siempre deshecha, sin tiempo para rehacerla, de hembra exuberante, que se había traído de Andalucía el calor del sol pegado a su piel morena, venida directamente de los harenes del Profeta; hasta que un día San José se hartó y la persiguió para «matal-la» y ella se largó con unos gitanos que volvían a su tierra, dejando descansar a San José, que encontró el acomodo que había estado buscando en la servidumbre de nuestra casa, a la que dedicó su tiempo, sus ganas de trabajar y la fidelidad que le permitía su puritanismo sufí y su admiración por la «siensia» médica de mi padre, que le concedió el privilegio de ver en él la encarnación del buen salvaje de Rousseau, aunque cornudo.

Porque San José lo aguantaba todo, inclusive las impertinencias constantes de nuestra madre y los interminables discursos de mi padre, todo menos el frío de Salamanca, que le quitaba las pocas ganas que tenía de hablar y lo reducía a un lastimoso estado de indefensión total, llenándolo de añoranzas de su tierra, a la que no volvía para no ver los estragos de su mujer y el número de hijos que habría tenido en su ausencia. Y se aguantaba el frío, con un estoicismo que mi padre apellidaba senequista y mi tío Ricardo, pobretería ancestral, y se ponía otra manta sobre sus altas espaldas huesudas y apuraba sus silencios junto al brasero en aquellos días invernales, que se derrumbaban en noches de heladas negras y pálidas estrellas que parpadeaban de frío en un cielo insondable, estático y lejano. Mi tío Ricardo le aconsejaba con su condescendiente paternalismo de rentista satisfecho y experto en temas femeninos: «José, arrímate a una hembra, aunque no sea más que para no pasar frío por las noches», a lo que San José contestaba:

«Ni farta que me jace a mí una jembra; una puriquita mierda, don Ricardo, y voasé me perdone el palabrerío, una puriquita mierda, las gachís».

Manuela, como todos los inviernos, recogía la gracia inalterable de su melancolía entre los edredones blancos de su cama, en la cálida atmósfera de su cuarto recalentado hasta la asfixia por una chimenea, naturalmente, francesa, que mi padre había mandado construir como un lujo y un homenaje a su patria de adopción y que San José alimentaba con troncos de encina, hasta levantar un brasero volcánico, rodeado de cenizas ardientes y surtidor de súbitas pavesas enloquecidas, que se perdían por el humero, dejando un rastro de pena, como las estrellas fugaces de agosto sobre la oscuridad quemada de la pared del fondo. Parecía imposible que se pudiera vivir en aquel calor ahogado, pero Manuela, sin dejar de amusgarse cada vez más y con los ojos más hermosos después de cada llantina inesperada, vivía aquel éxtasis térmico con la satisfacción de una diosa, repuesta en el altar de su cama con doselete, después de una plebeya exposición al frío y a la mirada de los mortales. Mi padre, en un arrebato de cariño, copiando las cursilerías de su amigo Meléndez Valdés, la llamó un día «la más bella flor de mi invernadero», y mi tío Ricardo, con aquella sonrisa sardónica que preludiaba el reflujo de una impertinencia, solía decir que con aquellos calores la almeja se estaba rehogando para que cualquier mozo atrevido se diera un festín.

El invierno no se iba, y Augusto y yo esperábamos la ineluctable llegada de un tiempo nuevo, que nos arrebataría hacia la aventura y quizás hacia la gloria de luchar y de vencer a los franceses y demostrarle a mi padre la inconsistencia de sus ídolos y la inutilidad de sus adoraciones. Las noticias eran cada vez más alarmantes y los que venían de Madrid nos contaban que ya había algún francés muerto. Nuestra impaciencia contaba los días de un plazo que inevitablemente se cumpliría, aunque no supiéramos cuándo, pero que suponíamos inmediato. Y por fin la gran noticia llegó en las postas del 6 de mayo, no habrá que decir que del año 8, y mi padre tuvo la precaución de ponerla en duda; pero yo supe enseguida que le había vencido y que, aunque no lo reconociera, carecería para siempre de razones que oponerme, porque la matanza que los franceses habían hecho en Madrid el día 2 ni se podía ocultar, ni se podía explicar de ninguna manera —él, que intentaba explicarlo todo— con las ideas de sus libros y sus apelaciones a la cultura, a la libertad y a los frutos de la Revolución francesa. Todavía, después de visitar a sus amigos, que debieron de calentarle los cascos, en medio de una ciudad perpleja y ya agitada por un primer sobresalto, le echó la culpa a la maligna intervención de los partidarios del príncipe Fernando y a un error involuntario y pasajero de los franceses. Pero las cargas de la Puerta del Sol y del Parque de Monleón, los fusilamientos de los descampados de la Moncloa y el bando de Murat, que un salmantino, que había ido a Madrid a la proclamación de Fernando VII, trajo a la ciudad, no podían contradecirse con generosas intenciones, cándidos razonamientos políticos y futuros beneficios, de los que evidentemente no iban a gozar las víctimas de la matanza.

Y la gente se volvió loca y las calles fueron insuficientes para aquel desencierro colectivo, de pasos atropellados, que parecía haber roto las esclusas del infierno que llevaban dentro, como si el silencio cotidiano y la serenidad doméstica, en que todos habían vivido hasta ahora, hubieran estado incubando lentamente aquella explosión de odio y de patriotismo durante el pasado invierno, el pasado año y los pasados siglos de inmovilidad y de resignación. La ciudad dio un vuelco y se salió de madre, sacando a la luz del día una sorprendente capacidad de violencia, que nadie hubiera podido imaginar. Aquella costra de prudencia y cobardía, que tanto nos irritaba a Augusto y a mí, había desaparecido de repente para dejar paso a una revuelta locura comunal, como si el presagio del cometa y de los otros signos hubiera empezado a cumplirse y Salamanca intentara, por una vez, cambiar su destino, aprovechando la venida de los franceses.

Aquella gente enloquecida con el corazón ultrajado corría en medio de un despendolado concierto de campanas, que tocaban a rebato con la euforia de las celebraciones festivas y la trágica aceleración de las llamadas a Concejo para luchar contra los incendios; el campaneo abrumaba el aire de Salamanca con tanta intensidad que impedía cualquier deseo de aislamiento en aquella concentración multitudinaria, sin dejar lugar a la reflexión, que al parecer nadie sentía necesidad de hacer y que a mí me hubiera gustado, en medio de aquella tormenta colectiva, y que, estoy seguro, mi tía Adela había conseguido, acomodada en la benigna seguridad de su borrachera de aquel luminoso día de mayo. Porque hasta la Mariblanca de la Catedral Nueva, que tenía un badajo de la altura de dos hombres y el grosor de la pierna de un gigante, dejaba caer su pesada y temblorosa melancolía sonora sobre la ciudad, incapaz de seguir el baile plebeyo y saltarín de las campanas parroquiales y los esquilones de los conventos, que atronaban los oídos de aquella ciudad desconocida. Aquel jubiloso repiqueteo eclesiástico, que estaba unido en nuestra memoria al ritual del poder y de la soberbia, del gregarismo procesional y de la ignorancia supersticiosa, teñía la fiesta callejera de los más negros augurios y era seguramente la Mariblanca, que introducía una solemne gravedad en aquella algarabía infantil, la que más anunciaba el carácter efímero de aquella celebración multitudinaria y la que abría un tiempo de oscuras amenazas y de venideros días difíciles, que dibujaba sobre el rostro preocupado de mi hermana las primeras sombras de una tragedia.

Hasta las estúpidas palomas participaron de aquel revuelo general, alborotando el cielo urbano con las torpes acrobacias de sus grotescos cuerpos de comadres y la cobarde unanimidad de sus vuelos fluctuantes, atajados una y otra vez por la agresión sonora de todos los campanarios de la ciudad echados a volar, frente a la que las palomas no encontraban el modo de escapar. El esquilón de San Martín las espantaba hacia el norte, donde las campanas de San Marcos y la Magdalena les cortaban el vuelo asustado y las empujaban hacia el naciente, hacia el frenético repique de San Julián y San Cristóbal, que las arremolinaban en un quiebro de golpe y las reconducían hacia el muro de las campanas mayores de la catedral y el tintineo doméstico de la campanita loca de la universidad, en un juego de sones repetidos que se prolongó durante todo aquel día y que se me quedó metido en los oídos como el recuerdo de aquel preámbulo de la guerra, cuya proximidad no conocíamos entonces.

Mi padre, que a pesar de todo no cambió de opinión, ni cuando se supieron los detalles de la matanza de Madrid y el vil comportamiento de los franceses, se encerró en casa y esperó que los acontecimientos le devolvieran la razón que había perdido, confiando que alguna nueva noticia extraviada en el correo desmintiera lo que todo el mundo sabía y le trajera la serenidad a su conciencia inquieta, reponiéndolo en el pedestal de su autoridad moral herida, que era lo único que de verdad le importaba; no salía de su gabinete, como si la proximidad de sus libros franceses y el áspero olor de su herbolario y de su lapidario le ayudaran a sobrevivir en medio de aquella conmoción desatada, que cada hora que pasaba se apartaba más de sus previsiones y de sus esperanzas, encerrándolo en la soledad de sus pensamientos estériles, que agobiaban la pesadez de su cabeza, que durante horas reposó en su brazo derecho, derrumbado sobre la mesa de sus insomnios lectores y de su ahora inútil cultura, amenazado por los oscuros pájaros de sus remordimientos. Hasta su precario refugio llegaban las pisadas ruidosas de la muchedumbre enardecida y el atropellamiento ferial del gentío, que en el grosero espesor de su anonimato, juraba y perjuraba contra todo lo que él había defendido toda su vida; no había lugar en la casa donde pudiera evadirse de aquella contumacia sonora y exaltada, que atravesaba las precauciones de su desprecio y de su incomprensión, porque ni los muros de la casa, ni su alejamiento escéptico y mártir eran suficientes para contener aquella impertinente desautorización de su filosofía que le alcanzaba más que mi pobre oposición filial.

Pero algo debía de estar ocurriendo en su interior, aunque se negara a todas las evidencias. Yo le notaba más sombrío cada hora que transcurría sin que cesara la bullanga callejera, abandonado por aquel activo optimismo de antes, que le había proporcionado toda su vida una satisfacción arterial distendida y una sonrisa de mística placidez. A la hora de comer permaneció callado, contra su costumbre de convertir cada comida en un sermón sobre el poder de la razón y la necesidad del civismo, y nos dejó hablar a mi hermana y a mí, sobre todo a mí, ante el hirsuto mutismo de nuestra madre, sobre la que resbalaba la historia con la indiferencia solar de un aguacero; llenamos el comedor de anécdotas inusitadas y nos sorprendíamos de la presencia en aquel jolgorio patriótico de tipos que nunca habíamos visto, ocultos hasta ahora en sus vidas marginales, que protagonizaban inesperadas y vehementes acciones ciudadanas, de las que los hubiéramos creído incapaces.

Las buenas familias salmantinas, aterrorizadas, veían pasar debajo de sus balcones desguarnecidos una bandada furiosa de arrabaleros malencarados, de los que se podía esperar lo peor, aunque fueran buenos patriotas. Pero a mí lo que más me alarmaba era el fanatismo de los curas que alardeaban la guerra santa contra los franceses, porque aquello le venía a dar la razón a mi padre, al que le iba creciendo el tinte violáceo de las ojeras, hundido cada vez más en un silencio que le comía la cara, como las señales de una súbita enfermedad ignorada que empezara a manifestarse de aquel modo, lo que me conmovía en medio de aquella confusión ciudadana, en la que nadie sabía lo que había que hacer, salvo la chusma de los gritos y, al parecer, el Espíritu Santo de los púlpitos.

«Una revolución que se anuncia con campanas, ya me dirás tú qué revolución es.»

Le dije a mi padre que había encontrado un hombre, al que me gustaría que oyera, porque estaba seguro de que le ayudaría en aquellas horas confusas que estábamos viviendo. Era un sorprendente personajillo que había estado en Madrid durante la carnicería del día 2 y, vuelto a Salamanca de donde era natural, había descubierto el don de la palabra, del que estaba poseído, y se había tomado el deber, a instancias de los amigos y de los curiosos, de contar a quien quisiera oírle, como una *Gaceta* viviente, en sesiones públicas permanentes en la Plaza Mayor, todo lo que había visto en aquellas jornadas sangrientas, con la prolija minuciosidad de un testigo de primera fila y la gracia oral de un antiguo juglar. Todos los días ofrecía su testimonio desinteresado ante una audiencia fiel que le escuchaba con los redondos ojos de la indignación y del asombro y la porosa avidez de los párvulos en las clases de las viejas batallas de la historia, dejándose arrastrar por aquella espantosa acumulación de horrores, que el hombrecillo desgranaba delante de ellos con la aprendida técnica de los aterradores sermones cuaresmales y la claridad didáctica de un maestro de escuela, como quien se vacía de sus obsesiones para verlas reconocidas en los rostros de sus oyentes.

Yo mismo me había conmovido con sus arrebatadas descripciones y me había indignado con las inflexiones dramáticas de su voz. Todo pasaba por su palabra mágica, sin ahorrarnos las angustias que había vivido en medio de los peligros, ni las descripciones de los lugares donde habían ocurrido los hechos. No creo que fuera más patriota que los demás, pero lo que sí era cierto es que aquellos sucesos excepcionales le habían transformado en un orador, al que le gustaba ejercer su nuevo oficio, para el que sin duda había nacido, y al que entregaba con una cierta fruición todas las energías de su minúsculo cuerpo.

Y quise que aquel hombre le hablara a mi padre, con aquella sinceridad que exhibía en la plaza, y le hiciera la relación de las atrocidades, avasallamientos e indignidades que los franceses habían cometido en Madrid, para que se enterara y nunca pudiera decir que no lo había sabido. Pero no quiso oírlo, nos volvió la espalda y se tapó los oídos con las manos, como si antes de empezar estuviera ya horrorizado de lo que iba a oír; no quería saber nada de lo que realmente había ocurrido o no quiso darle crédito a aquel hombre canijo y deslustrado, con su levitón sucio y las huellas de una vida menesterosa en la cara anónima y alargada, cetrina y mal afeitada, pero que estaba dispuesto a reproducir ante él, sin más pago que su propia satisfacción de orador improvisado y el íntimo reconocimiento de ser útil, el drama de unos seres humanos ametrallados, acuchillados y atropellados por un ejército extranjero, que era hijo de la Revolución y que había cargado una y otra vez contra una multitud desarmada que no pretendía otra cosa que ejercer la libertad que ellos decían representar y defender. Mi padre no tuvo nada que oponer a mi ruego, a no ser la oscura terquedad de su silencio, la inerte pasividad de su sordera voluntaria, mientras volvía a cruzar por la Rúa de Francos la muchedumbre enardecida.

Pero yo le requerí al hombre, perplejo ante la negativa de mi padre, que era la primera que recibía y que tenía algo de ofensa personal a sus merecimientos de orador y de agravio a la patria ultrajada, le rogué que empezara a narrar lo sucedido, que nos contara, ya que no a mi padre, a mí y a las paredes, a la atmósfera quieta y densa del gabinete y a los libros que reposaban su inocencia en la biblioteca encristalada y preservada del aire de la calle, todo lo que guardaba en la fiel memoria de su indignación. Y se puso a hablar un poco atorado al principio, mirándome para fortalecerse, y crecieron en el cuarto, contra la encogida espalda de mi padre, el asalto a la bayoneta contra hombres indefensos, apelmazados por su mismo miedo e impedidos por su mismo número; la ferocidad africana de los mamelucos, los cañonazos ciegos sobre las calles aterradas y los niños aplastados por las patas de los caballos; los ojos de los muertos, amontonados al azar de los fusilamientos y las despavoridas carreras de la gente perseguida por el regimiento polaco, famoso por su ferocidad; el humo invasor de la fusilería frente a las patéticas navajas, cuchillos, punzones, leznas y hasta tijeras de sastre y cortaplumas infantiles, perdidos entre los cadáveres del heroísmo, en la soledad trágica de las calles vacías y atemorizadas después de la catástrofe, de las puertas atrancadas por la angustia y de las ventanas cerradas y astilladas por la metralla sobre el pánico y el pundonor herido.

La voz del hombrecillo había iniciado la narración con una voz desprovista de pasión, como dejando para más adelante los excesos y las violencias declamatorias, y con una indiferencia tonal de salmodia, que justificaban la desatención replegada de mi padre; pero cuando contó que los criados de Palacio habían dicho que el infante don Francisco estaba llorando porque no quería irse de viaje y una mujer del pueblo exclamó airada: «¡Que nos lo llevan!», la sombra de una sonrisa se deslizó sobre las tensas facciones derrotadas de mi padre, aunque ni se movió, ni dijo nada cuando se interrumpió el fluido narrativo del hombrecillo, que se detuvo para acomodar sus palabras a las expectativas de nuestro silencio. Por nuestra habitación pasó el llanto de aquel niño que se negaba a abandonar los rincones preferidos de sus juegos en el inmenso palacio de su niñez soberana y la voz de aquella mujer indignada, predispuesta a la revuelta; yo no le quitaba ojo a mi padre, atento a sus reacciones, que, como era su costumbre, se empeñaba en ocultar, aunque no podía impedir algunos parpadeos involuntarios, una leve contracción de los labios y las penumbras cambiantes de su limpia frente de hombre magnánimo y estudioso, mientras el hombrecillo reanudaba su discurso en un tono quizá más alto, dramatizando los gritos que intercalaba en su relato y describiendo las mareas de la gente, que empezaba a impacientarse delante del Palacio Real y a arremolinarse en la Puerta del Sol y en la calle de Alcalá; después, cuando empezó a contar la primera descarga que las tropas francesas hicieron contra los desprevenidos corrillos, mi padre lo interrumpió para decir en voz baja, como si hablara para él solo, como si diera por sentado que nada de lo dicho le había convencido y que, por tanto, todo había sido inútil, incluida la calidad oratoria del hombrecillo y mis esfuerzos por demostrarle que nunca había tenido razón, dijo:

«Así que todo empezó por el llanto de un niño mimado y el grito de una mujerzuela de la calle».

Pero el hombrecillo no le hizo caso y pasó por alto la impertinencia de aquella interrupción, de la que a lo mejor no se dio cuenta, y siguió hablando como si le diera la vuelta a la hoja de una historia ya escrita. Mi padre continuó inmóvil, recogido sobre sí mismo, como volviendo a ignorar aquella voz que sonaba para él, pero estoy seguro que aquel relato le llegaba a la conciencia, aunque quizá todo aquello que le estaban contando ya lo había previsto, como algo posible, inevitable e incluso deseable. Madrid sería un episodio pasajero, camino de la felicidad universal, por lo que se atrevió a decir, cuando el hombrecillo con la boca seca volvió a interrumpir su historia para poner a punto su garganta y sus pulmones:

«La libertad vendrá después».

Fue entonces cuando me di cuenta de que olía a madreselvas y de que mi hermana Manuela había bajado de su marginación angelical para escuchar aquel relato de horrores, que proseguía su marcha en la calma doméstica de nuestra casa, y se había sentado a mis espaldas sin hacer ruido, como si fuera de aire. Y estaba enrojecida de espanto, atenta a aquellas descripciones y a las salpicaduras de la sangre y a las carreras de las gentes despavoridas y al crujido de la metralla contra la madera de las ventanas y a los lamentos de los cobardes, cuyo miedo parecía oler, y a los feroces insultos a los franceses, que intermitentemente saltaban en la narración y que parecían afectarla más de lo que cabría esperar de su sensibilidad de mujer delicada, y a los aullidos de los artilleros españoles pidiendo munición, encorvados sobre las cureñas de los cañones cada vez que sus tiros hacían retroceder unos palmos a los imperiales.

Cuando el hombrecillo cortaba el flujo de sus palabras, como para recapitular en su memoria los hechos que se disponía a contar o para permitir que aumentara la conciencia de la indignación de sus oyentes, se oía la respiración acorralada de mi padre, que seguía esforzándose por no oír, pero que escuchaba todo lo que le decían. Ahora yo tenía dos rostros que atender: el de la fosca intemperie de mi padre y el convulso y asustado de Manuela, que reaccionaba oprimiendo con sus dedos el organdí inmaculado de su vestido, que contrastaba, por su blanco esplendor, con los tonos de aquella historia de muerte y violencia que oscurecía el aire de la habitación, aunque no era más que mediodía, y ponía precauciones de tragedia sobre los muebles de la tranquilidad cotidiana, el bargueño herrado con incrustaciones de nácar y las butacas enfundadas y solemnes, entre las que sonaban los cañonazos contra los cadáveres, a los que levantaban del suelo y lanzaban como peleles a una veintena de metros más lejos, y contra los manifestantes, que se empeñaban en seguir allí. Y se oían también los infatigables fusiles franceses acongojando la noche con sus fogonazos y sus estampidos, alumbrados por farolones de aceite que hacían parecer negra la sangre sobre las camisas blancas de los fusilados. Y cruzaban delante de nosotros, por donde a veces habíamos sido felices, los hormigueros de los enterramientos y los sudarios improvisados en las tinieblas nocturnas, vigilados por las bayonetas francesas, y los despojos de la carnicería degradándose al día siguiente, bajo el sol de mayo, de una luminosidad inmisericorde.

Y cuando cesó la voz, mezclada con un mezquino olor a vino rancio, Manuela y yo nos miramos por encima del silencio funeral de mi padre y nos dimos cuenta de que el gabinete tenía la atmósfera cansada de una sala de torturas, en la que todavía quedaba la sonoridad de aquel testimonio apasionado, el horror de mi hermana, pálida como una muerta, a punto de convertirse en llanto, mi claudicante irritación filial y, sobre todo, el hundimiento de los hombros de mi padre, abandonado ya a la inercia de sus remordimientos, que se me aparecía, en el ambiente sofocado de mayo, redimido por las sombras olorosas de las madreselvas del jardín, como el culpable de un juicio que yo había provocado y reo de una pena que sobrepasaba mis deseos; seguía sentado entre nosotros, quizás aguantando la crecida de sus contradicciones o revisando el error de sus cálculos, inmóvil y silencioso, como si aceptara de antemano la sentencia que había de venir, como si se sintiera culpable de aquellos hechos; probablemente, el trajín de sus ideas se había detenido sobre el vacío, cuando dijo:

«Los motines son pasajeros; pero la razón permanece».

Nunca mi padre, que había movido sus piernas para acomodarse a sus palabras, me pareció tan ciego, con la voz abrumada por el cansancio de un largo silencio, mientras las madreselvas insistían en el aire de la habitación. Ajeno a aquel final inesperado, el hombrecillo se movió y me miró para disculparse por haber iniciado su retirada, una vez cumplida su tarea, que había desempeñado con apasionada dedicación; ya no tenía nada que hacer allí, salvo comprobar, si le hubiera interesado, la resistencia celular de mi padre a su testimonio, mientras se hundía en aquella derrengada postura de acusado y convicto, precisamente en medio del gabinete de sus pasadas complacencias y de sus permanentes seguridades de otros tiempos.

El hombrecillo dio unos pasos hacia la puerta, pero, antes de irse, como si quisiera completar su misión con un regalo de última hora, sacó de su profunda faltriquera un papel arrugado, que conservaba la señal de las dobleces a que había sido sometido y unos restos de engrudo endurecido con arenillas en el dorso, se lo enseñó a mi padre con un ademán entre conminatorio y tímido y esperó a que lo cogiera, pero, ante su indiferencia, se decidió a leerlo con su atiplada voz de maestro, vocalizando en exceso y con una cierta fonética de púlpito, que alargaba las eses, enfatizaba los finales de párrafo y delataba un perdido pasado de seminarista. Era el bando que Murat había hecho pegar en todas las esquinas de Madrid, que no dejaba lugar a dudas sobre la brutalidad francesa y sus malas intenciones. Al terminar, como si aquella lectura fuera irrebatible, el hombrecillo dijo:

«¿Entiende, ahora, señor?».

Ni Manuela ni yo dijimos nada que pudiera aflojar la crispación angustiosa de las manos de mi padre, que sujetaba su cabeza con la inmovilidad del mármol y que se había encogido delante de nosotros, como un árbol que envejeciera de pronto, caídas su hojas y secas sus ramas contra un cielo inhóspito de invierno, como si el tiempo se hubiera acelerado durante la celebración de aquel juicio sumarísimo y estuviera ya cumpliendo la condena, o como si todo lo que le había oído a aquel desconocido hubiera precipitado el declive de una anticipada senilidad, sujeta hasta entonces únicamente por los frágiles alfileres de sus creencias y sus esperanzas; a su modo, me parecía otra víctima del 2 de mayo, no menos conmovedora que las otras, ni menos mortalmente herida.

La primera voz que nos llegó, después del infierno de aquel silencio estancado, fue la de nuestra madre para advertirnos, con la ordenancista sequedad de sus maneras habituales, que la comida estaba esperando en la mesa desde hacía un buen rato y que las virtudes nutritivas del primer plato, que era una sopa de caldo de gallina, se echarían a perder si la dejábamos enfriar durante demasiado tiempo. Pero ni aquella sopa, ni las costillas de cordero lechal, ni los embutidos finales, ni las frutas escarchadas de los postres animaron a mi padre a probar bocado, ni consiguieron despertar el apetito en ninguno de nosotros, lo que provocó las protestas de nuestra madre, que por primera vez en su vida parecía gozar con inmoderado placer de la comida.

Los gritos que atravesaron los cristales de las ventanas del comedor y que pedían la muerte de los afrancesados detuvieron mi mano que iba a coger en aquel momento una copa de vino, que declinaba un reflejo cárdeno sobre el mantel, y suspendieron el movimiento del cuchillo de mi hermana, que hurgaba en la carne en busca de la ternilla del cordero; pero no hicieron parpadear a mi padre, que, aunque parecía abstraído, debió de oírlos por la intensidad de las voces callejeras y la violenta reiteración de la demanda coral y punitiva. Sin embargo, los gritos se fueron alejando, sin dejar de insistir en su obsesiva petición de muertos, sin los que al parecer no era posible la alegría colectiva, y pensé que aquella parada de la multitud frente a nuestra casa había sido meramente casual, quizá favorecida por la cuesta arriba de la calle, que a nuestra altura habría agotado el resuello de los vociferantes. Esto nos tranquilizó y me permitió a mí apurar la copa sin más dilaciones y, a Manuela, dar con la ternilla liberadora de su operación trinchante; a nuestra madre nada le había impedido continuar el acelerado ritmo de su masticación satisfecha.

Pero nos habíamos equivocado; no tardaron en volver y repetir sus perentorias exigencias de muerte para los afrancesados, pero esta vez venían cuesta abajo y con los pulmones llenos frente a nuestra casa; ya habíamos terminado de almorzar y San José, con las cejas alzadas de su preocupación, como un garabato en su frente, estaba recogiendo las últimas migas sobre el mantel bordado, que conservaba todavía los pliegues del aparador. Mi padre, como si los estuviera esperando, se levantó al oír los gritos reincidentes y se apresuró hacia la puerta de casa, como si lo hubiera decidido de antemano y no quisiera consultarlo, ni compartirlo con nadie, sin darnos tiempo a detenerlo, ni a pensar siquiera las consecuencias de lo que estaba haciendo, y cuando nos quisimos dar cuenta estaba ya recogiendo su sombrero con un gesto automático, como si no pudiera ir al encuentro de su destino sin el reconocible signo de su prestigio social sobre la cabeza.

Pudimos alcanzarlo, Manuela y yo, antes de que llegase a la puerta, tratando de detenerlo para darle tiempo al menos a reflexionar o a que le naciera el miedo; pero él forcejeó contra nuestra desesperada insistencia filial, excitada por el olor de las madreselvas, que nos advertía que aquella primavera no era precisamente bucólica, como se venía diciendo desde los poetas griegos, hasta que los gritos, que oíamos desde allí con menos intensidad que en el comedor, atemperaron su violencia y se fueron espaciando nuevamente hacia el silencio, lo que nos permitió mirarnos los tres, como para darnos cuenta de lo que estaba ocurriendo y nos retiramos, atravesando aquel decorado del zaguán, siempre a punto por la tenacidad doméstica de nuestra madre, en el que rivalizaban en fortuita convivencia y tolerancia provisional una reproducción a escala reducida del grupo escultórico el *Amor y Psiquis* de Canova, capricho de mi padre, con un crucifijo sangrante bajo doselete morado, con el que nuestra madre había replicado furiosamente a la frivolidad marmórea y a la morbidez glacial de la escultura mitológica con los atenuados restos de una sensualidad ajena a la tradicional iconografía salmantina de iglesias doradas, Dolorosas de luto y Cristos exhaustos, que en aquellos momentos parecían acordarse mejor a nuestro ánimo que aquel beso académico de las armoniosas figuritas blancas, inevitablemente perdedoras frente a la trágica convulsión herida del crucificado, que se asemejaba a mi padre, casi arrastrado por sus hijos, con algo de Cristo desfalleciente, camino del Gólgota, sudoroso y agotado, que desmentía la racionalidad altiva de sus creencias. San José vino a avisarnos con su ceceo ininteligible, mientras nos instalábamos en el gabinete, que desde el lucernario del sótano había visto alejarse los pies apezuñados de la multitud hasta quedar el trozo de la calle, que desde allí se veía, vacío y tranquilizador.

Pero la segunda parada del griterío frente a nuestra casa presagiaba una obcecación que terminaría por dar sus frutos. Y así, en el gabinete agobiado por el calor de nuestras respiraciones expectantes, entramos en una tarde inacabable, en que la lenta ascensión del sol por las paredes enteladas, después de haberse demorado con tibieza de despedida en los azules pálidos de la alfombra, en los brillos calientes de la madera dorada de la cómoda y en el cromatismo atemperado de los cuadros, había acompañado los vaivenes de nuestra ansiedad y de nuestras esperanzas, exacerbadas por el silencio, ahora amenazante como una conjura detrás de los cristales emplomados del comedor, y acalladas momentáneamente por el paso tormentoso de los carruajes, porque los amotinados no iban a venir en berlina a matar a un hombre, aunque mi padre, alarmado por cualquier rumor desacostumbrado, intentó varias veces salir a su encuentro para acortar el tiempo de su incertidumbre y de su temor; pero repetidamente volvimos a impedírselo, decididos a pensar por él contra su costumbre, a procurarle una salida que no fuera la del martirio y a reconducirlo hacia las tentaciones menores de la vida, como el olor de las madreselvas del jardín, por ejemplo.

Tuve tiempo de pensar, anclado contra mi voluntad en aquella espera insufrible, en las imágenes de la multitud que se había echado a la calle el día 22 de marzo, cuando se supo lo del motín de Aranjuez contra Godoy y que ahora se repetía. Recordaba los gritos, que se habían oído, según dijeron, hasta en el otro lado del río, pensando que aquellos entusiasmos callejeros y el ruido atroz de las campanas eran por los franceses. Pero aquel desbordamiento masivo no era contra los franceses, que estaban paseando sus botas marciales por toda la península, con talante de invasores, sino contra Godoy, al que habían hecho correr en su palacio de Aranjuez.

Las calles canalizaban una marea insistente de voces y de jadeos, de empujones y de carcajadas sin motivo, que costeaban los insultos y las procacidades; pasaban en grupos enardecidos y tumultuosos, azuzados por sus propios gestos de violencia, y seguían pasando, dueños de la calle por primera vez en su vida, incansables, inexpertos en su furor desconocido, insólitos en su nueva imaginación destructora, vociferando su fidelidad al rey, ciegos y obcecados, arrebatados por una indignación voraz, excitados por el calor compartido de sus cuerpos grasientos y sudorosos, impregnados del olor contagioso de la locura, rabiosos en busca de algo que romper y que arrasar, semejantes, en su inerte decisión, a los gruesos garrotes que llevaban en sus manos airadas. Así los recordaba yo en aquella tarde de mayo, frente a la ruina de mi padre que esperaba la confirmación de su sentencia de muerte, sentado en el salón de su casa, distendido como si hubiera aceptado su lugar en el destino que le esperaba, con los ojos cerrados delante de nosotros, pero probablemente abiertos en el presumible espacio de su ejecución.

—El pueblo nunca se equivoca —le había dicho alguien a mi padre entonces, como una lección aprendida, para explicar aquel alboroto callejero.

—Es verdad —había contestado mi padre con la cabeza recogida entre las manos y la mirada interiorizada de sus grandes frases—, el pueblo nunca se equivoca, pero tampoco acierta nunca.

—¡Qué feos son todos! —había exclamado Manuela, asomada al balcón sobre aquella riada humana, salida de las esguevas suburbiales, donde la ciudad rendía sus más degradadas inmundicias.

Eran los mismos que ahora, mientras nosotros veíamos pasar la tarde quieta por el salón de casa y por los muebles ajados por las miradas domésticas, eran capaces de todo y estarían maquinando la muerte de mi padre en algún oscuro figón o apalancados en el relieve de cualquier esquina; le habían encontrado gusto a la violencia, que habían ensayado en marzo contra el fantasma de Godoy. Eran los mismos que entonces habían vuelto a pasar, febriles y desgarrados por las prisas, más numerosos que antes. Uno llevaba sobre sus greñas rebeldes un tricornio nuevo, emplumado con toda la gracia del mundo, que contrastaba con el resto de su traje roto y que, de vez en cuando, se lo quitaba para saludar con una reverencia exagerada a una invisible asamblea de espectadores, a los que ofendía a continuación rascándose groseramente la entrepierna; otro llevaba una ristra de longanizas, pinchadas en un varal, y las agitaba como una bandera mientras pregonaba la mercancía gritando: «¡Chorizos de Badajoz, chorizos, chorizos de Badajoz curados al fuego de los cuernos del rey!».

Iban casi todos, riendo y vociferando, como Paco, el del Mesón de la Puerta de San Pablo, con la cara festiva, sobresaliendo entre la multitud por su estatura y su fortaleza de oso; Piñoncito, excitado y feliz entre tantos hombres calurosos; Terenciano, nervioso y comedido, con la audacia episódica de su timidez a cuestas y con la mente enredada en el difícil cálculo estadístico de los que se habían echado a la calle; Blasillo, babeante, con la boca más abierta que de costumbre, tironeado por los muchachos, palmeado por todos y eufórico en su placidez de bobo; Eduwigis, abandonado momentáneamente el obrador de sus delicias y de sus pecados, empujada por la rabia de sus frustraciones femeninas, que se le notaban en la cara; Apolinar, enanito, aplastado por la desconsideración de las carreras tumultuosas, y saltando para romper el techo de su marginación; doña Mariana, haciendo bambolear sus pechos enormes al ritmo de las carreras y riéndose de las advertencias chuscas que la precavían sobre las graves consecuencias de un eventual desprendimiento de su voluminoso equipaje pectoral; don Porfirio, sofocado, torpe y complaciente, con un jolgorio interno que le reventaba por los carrillos, mal afeitados aquella mañana gloriosa que añadir a sus efemérides ciudadanas, revueltas con las citas eruditas y el regusto de los adjetivos antiguos; el magistral de la catedral, solemne como un mitral, arrastrado a la calle por su barragana de turno, a la que vigilaba de cerca, viéndola retozar entre los hombres; y Alodia añadiendo su sonrisa feliz a la sonrisa de todos, arrastrada por la muchedumbre al gozo de la felicidad durante tantos años esquiva; todos cumplían el rito de su indignación, dirigiéndose hacia la Plaza Mayor, lugar de las celebraciones multitudinarias, ajusticiamiento de bandidos, proclamación de reyes, corridas de toros, procesiones patronales, fastos patrióticos, fandangos populares y recepción de obispos, y allí se congregaron, reivindicativos y tenaces.

Yo recordaba, en aquel cuarto a poniente con el calor dificultando el trabajo de la memoria y mi padre inmóvil, quizá dormido o por lo menos ausente, esperando cualquier ruido que anunciara la repetición de aquella furia; yo recordaba que el estruendo y los gritos de aquella muchedumbre, que había ensayado los límites de su locura y que estaría ahora dispuesta a ir más lejos por el mismo camino, me hicieron insoportable aquel deambular a la deriva y me refugié en casa de mi tía Adela. Porque ella lo sabía todo, pues conocía con detalles la revuelta de Aranjuez y había ya incorporado aquel episodio a su larga memoria de desgracias, que confirmaba las raíces de su pesimismo y su desconfianza de los hombres, sobre todo si se juntaban más de dos.

Mientras me acogía en su regazo con la ternura de sus manos tibias en mi frente, me habló con el distanciamiento y la lentitud de su encierro, con todo el día y, en su defecto, con toda la vida por delante para decirme lo que tenía que decirme. Nunca supe cómo conocía tanto de aquel episodio lejano, reconstruyéndolo con lo que estaba ocurriendo en Salamanca, con la laxitud del tiempo de sus meditaciones en aquella penumbra sin aristas y sin premuras, en las que sus visitantes nocturnos le hablaban y le contaban su existencia y los pormenores de su agonía en la otra vida.

«Estos que alborotan en la calle y que se creen dueños de sí mismos, porque pueden gritar más fuerte que su vecino de motín y correr más y romper más mundo, son los mismos que recibieron aquí jubilosos a los franceses el otoño pasado, y los mismos de Aranjuez, como en una desesperante repetición de espejos paralelos, de gestos invertidos, con los mismos gritos e idénticos rostros, con las prisas de la misma rabia, con los labios apretados y los ojos salidos, y con las ropas usadas por la misma necesidad y la misma ira en sus caras siniestras; son los mismos que forzaron las puertas del palacio de Godoy y humillaron sus muebles con sus pies de esclavos y sus sucias posaderas de pobres, hiriendo las sedas de sus divanes, rompiendo las irrepetibles porcelanas de sus colecciones, destrozando sus libros de tafilete, y son los mismos que rasgaron sus cortinas, a falta del vientre de Godoy, y mancillaron sus alfombras, desgarraron sus batas, desvalijaron sus cajones, pisotearon una mantilla blanca de blonda y sintieron el vértigo sensual de acuchillar su cama, ya que no pudieron alcanzar a sus ocupantes, cuyo calor permanecía entre las sábanas, el del hombre y el de aquella mujer desconocida, que había salido corriendo entre los asaltantes, enloquecida como ellos y preservada por los soldados de la guardia que facilitaron su huida hacia la noche de las teas encendidas y de los insultos. ¿Qué dice tu padre de todo esto?

»Estos que siguen atronando nuestras calles con su alegría desparramada son los mismos que ofrecieron flores a los franceses en noviembre y en Aranjuez quemaron los pliegos escritos que encontraron en los cajones del palacio del favorito, perfumados de sándalo, a lo que no tenían derecho por muy engañados y muy desvalidos que se sientan, por mucho odio que tengan acumulado; no tenían ningún derecho a arrojar al fuego de aquella hoguera que prendieron delante del palacio los chalecos de nanking *color vino ni los jubones verdes ni las camisas planchadas con olor a espliego ni las medias violeta ni las suntuosas capas con vueltas de terciopelo y arrugas de pontifical, ni los tricornios floridos ni los galones dorados de las grandes ceremonias, ni todos los objetos de lujo, que ellos no hubieran sabido usar, acumulados*

a costa de los que ahora lo arrasaban todo y se ensañaban con las intimidades de aquel hombre bien plantado y follador, que, como ellos, no había heredado ni la fortuna, ni el honor, sino, al revés que ellos, la guapeza y la ambición, contra el que los han azuzado en las tabernas fáciles del rencor los amigos y los criados y los sobornados del hijo del rey, y desde los púlpitos dominicales, como la encarnación del diablo, el Anticristo de la racionalidad universitaria, el engendro del progreso y de la modernización, el bígamo contra la ley de Dios y de los hombres, el blasfemo que hasta ha querido entregar España a los moros, lo que quizá no hubiera estado mal del todo.

»Y se lo han creído y han cerrado sus puños sobre el mismo vacío sobre el que lo han cerrado los amotinados de Aranjuez, que han liberado de la casa del monstruo a su mujer, María Teresa de Borbón, prima carnal del rey, consentidora, encubridora y débil ante la frondosa masculinidad del favorito de la reina, y la han llevado en una berlina, como en procesión o en triunfo, lo mismo que hubieran hecho estos mozos salmantinos bullangueros, si esta princesa de sangre real hubiera estado aquí, en Salamanca, y la hubieran subido al mismo carruaje, del que, a falta de caballos o de mulas siquiera, ellos mismos hubieran tirado, como han hecho los de Aranjuez, enganchándose a las pértigas con los arreos sobre sus hombros, gozosos de su función, metáforas de sí mismos, arrastrando el vehículo con el júbilo de un viejo deber, al fin cumplido, transportando a una mujer, si no hermosa, pues los Borbones nunca han sido guapos, al menos aristócrata y elegante, emparentada con el rey, acondicionada para el vasallaje desde antes de su nacimiento, inaccesible para ninguno de los que tiraban de su carro triunfal y por eso más deseable, más respetable, más gozosamente llevada en volandas para ser reintegrada al Palacio Real, que era su sitio natural, de donde nunca debía haber salido y menos para compartir la cama de aquel grosero buscavidas que había alterado el orden de las cosas y de la naturaleza y que además era masón y afrancesado y probablemente incluso sodomita y que se acostaba con la hija de su amante, sin dejar de saquear el lecho real y las arcas del Estado.

»Y han repetido, salidos de la misma matriz del mismo odio y de la misma impotencia, la hoguera de Aranjuez, alimentada en la noche de tres días antes, pero reproducida aquí en una mímesis trágica y desconsoladora, con retraso provinciano, por los muebles del palacio de Godoy, por los marcos de sus pinturas y los girones de sus cuadros, por los ébanos tallados de sus pedestales y los biombos pintados y las telas bordadas y las cajas historiadas de sus relojes y los estuches de marfil y las precarias estatuillas de alabastro y las mantillas desgarradas a dentelladas y los fondos desventrados de los sofás y los esmaltes quebrados de los espejos y las páginas de los libros, que se han hecho pavesas ingrávidas en la oscuridad de una noche interminable de jolgorio y barbarie, mientras los franceses les están invadiendo sus tierras, dominando sus ciudades, arrebatándoles su libertad, de la que no se enteran, y apretándoles la soga al cuello sin que parezca que les importe, entregados a arreglar los asuntos domésticos de su odio, sin preocuparles nada del resto, ni su dignidad, ni su futuro. Y aquí lo mismo, salvo que aquí no hay nada

personal que quemar, ni siquiera una noche cómplice en la que sentir el amparo feliz del anonimato cobarde; por lo demás, ni Salamanca es el Real Sitio, ni estos hombres reivindicativos han visto jamás a aquel engendro diabólico que les ha gobernado durante casi veinte años y del que sólo sabían que hacía el amor todos los días y nunca con la misma mujer.

»Y, ¿qué hay de malo en ello, si ellas eran felices?», concluía mi tía, mientras se inclinaba sobre la botella de vino que tanto había alentado su inspiración y tanto había mejorado su vocabulario.

La fiesta estaba terminando; las campanas iban cediendo en su insistencia y preludiaban con su agotamiento sonoro la vuelta al silencio habitual de la tarde de los últimos siglos. Todavía vimos a Merceditas, hendiendo la multitud disgregada con la contera brillante de su bastón, a contracorriente, despreciando a todos y sin ver a ninguno, con los archiperres de sus acuarelas colgados al brazo, que parecía a punto de romperse, abriéndose paso hacia nadie sabía dónde, enhiesta, ignorando el sentido de aquella aglomeración de desconocidos, pero comprobando su ordinariez y la vulgaridad de sus trajes, extrañada por aquel inusitado gentío, con su mano izquierda desfalleciente sobre los ojos como una visera preservativa, y con la derecha esgrimiendo el bastón del orgullo y de la tradición, anterior a todos nosotros, a Godoy, a nuestros despreciables Borbones, a Napoleón, a los franceses, con su altanería octogenaria y la soberbia soledad de su belleza, mancillada por los años y por las pecas, pero todavía entera y desafiante.

Terenciano, de vuelta a casa, agotaba su tiempo sin gastarlo, viendo aquel chorreo discontinuo de gentes excitadas y gesticulantes, cuyo número había calculado, probablemente sin entender bien aquel derroche de energías, comedido en sus críticas hacia los rezagados rescoldos de la hoguera, en la que había participado sin saber muy bien por qué, con un difuso dolor de cabeza vespertino y un prematuro cansancio en los ojos, que entornaba para no gastarlos del todo. Don Porfirio se nos apareció, volviendo hacia su casa, que estaba en los alrededores del Palacio de Monterrey, como un náufrago del entusiasmo colectivo, con la cerrada gravidez de su impotencia universitaria y la circunspección de sus torpes andares, sin duda buscando el lugar exacto de su erudición de manual donde encajar aquella explosión popular, mezcla de atavismos incontenibles y de purificación primaveral y festiva, que defraudaba las expectativas de la historia y desmentía los ejemplos griegos y romanos.

Augusto callaba y no dejaba de sorprenderme con su silencio y su pasividad, en la taberna de la calle de Bermejeros, donde habíamos recogido su irritación y mi perplejidad, trasegando su vino y dejándose empapar por un asco creciente, que se lo aguantaba con los ojos cerrados, mientras seguía bebiendo, abandonado a una borrachera que iba encenagándole poco a poco, rubio y alto, con la color perdida de los que se enfrentan contra lo irremediable y están dispuestos a ir hasta la muerte, pase lo que pase; «Mierda para los franceses»; dijo y dio un puñetazo contra la mesa, que se vino abajo y arrastró las jarras contra nuestros pies, mientras nos deslizábamos paralelamente hacia la nada y el olvido; yo me sentía hundir sin sentido, sin control, incapaz de moverme, contemplando sin interés mi propia caída en el hueco vacío de mi memoria. La mirada tenebrosa de Augusto era una mancha azul que se extendía más allá de su cara; después entramos en un diálogo secreteado y confuso, inseguros de lo que decíamos, con la conciencia de su inutilidad, como si ya lo hubiéramos hablado muchas veces sin llegar nunca a entendernos.

Augusto debió de arrastrarme hasta casa, pues me encontré en sus brazos delante de mi hermana; los acontecimientos del día no se habían borrado con el vino, que me los devolvía delante de ella, a la que quería justificar mi estado y la pobre fluidez de mis palabras para contarle lo que había sufrido en aquella jornada de gritos y desconciertos, que parecían ensayar una revolución.

«¿Era la revolución?»

Augusto pastoreó mi impaciencia y me empujó hacia mi cuarto; pero yo insistí en mi pregunta, que durante todo el día me había estado preocupando, que me apremiaba como la cuestión más importante de mi vida y que me haría morir si no la resolvía antes de irme a la cama, mientras ascendíamos por la escalera con el peso de mis incertidumbres y la piel encrespada del vino y el frío de la madrugada. Augusto siguió sin contestarme y me entregó a los brazos de mi hermana, que me recondujo hacia la sensatez de la ternura y del sueño; sin embargo, antes de caer para no volver a levantarme y hundirme para siempre en el calor corporal de Manuela, tuve tiempo de volver a mi pregunta y rogarle a Augusto que me respondiera, y desde el fondo de mi ruina oí o creí oír que me decía, mientras ayudaba a mi hermana a acostarme en su cama, como el paraíso blando, perfumado y prometido de su cuerpo que había frecuentado todos mis insomnios:

«Muchacho, olvídate de la revolución».

El mundo volvió a ser el agujero negro que siempre había sido y del que ni siquiera el beso maternal de Manuela consiguió sacarme. Que vomitara sobre el edredón inmaculado de la cama fue el final lógico de aquel día turbulento. Y ahora, mientras recordaba aquellos hechos de marzo, devueltos a mi memoria por los gritos que nos asaltaban desde la calle, mi padre se levantó y cogió su lapidario, como si en vísperas de su muerte necesitara volver a verlo y le sirviera de consuelo tenerlo entre las manos. Aquellos gejos auríferos, aquellas rocas volcánicas, aquellas oscuras pizarras irisadas y, sobre todo, aquellos cuarzos blanquísimos, apiñados como la florescencia mineral de una remota pureza mañanera de un mundo olvidado, todavía sin hacer, y transparentes como suntuosos cristales palaciegos de una inmaculada luminosidad, que tanto le habían acompañado durante tardes y noches enteras, le tuvieron entretenido largo rato. Y sobre todo aquel cuarzo rojo, de aristas biseladas, de una hermosura y una precisión geométrica deslumbrantes, con unos destellos sangrientos, que cambiaban con cada luz y con cada día. Mi padre lo remiraba como si su contemplación le hiciera más llevadera aquella antesala de su muerte, y mientras le daba vueltas con los dedos y lo acariciaba con delectación, como tratando de descifrar el misterio de su enigma geológico, que desafiaba los límites de la razón, recuperó su apariencia de hombre, limpió su cara de las miserias que le dominaban y afinó sus rasgos como si posara para una eternidad de estatua y sacara hasta su piel lo mejor que tenía dentro, salvado del más allá de su miedo y liberado de la tormenta de sus reflexiones, como si hubiera compensado con la visión de aquel cristal maravilloso y casi mágico el fracaso de su vida y la estrechez del cuarto, donde no cabía el mundo que encerraba aquel cuarzo que le había acompañado durante largos años de sueños y de felicidades diferidas. Pasaba y repasaba los dedos por el biselado perfecto de sus aristas, que no se concedían ni un solo fallo, ni una pequeña muesca, ni una mínima alteración de su geométrica exactitud. Y miraba y remiraba aquel rojo sangre, prisionero del cristal, como un trozo de vida recogida en aquel fanal insólito de belleza y de racionalidad, con una transparencia de puro cielo boreal. Aquel cuarzo único, distinto, sorprendentemente rojo, quizás irrepetible como un milagro inexplicable de la naturaleza, le hizo aflorar una sonrisa que lo negaba todo, la angustia de nuestra espera y la asunción de la tragedia que se le venía encima, pero que no acababa de llegar, mientras seguíamos sufriendo el agobio primaveral de aquella habitación.

Al anochecer, salí a buscar a Augusto para prevenir los acontecimientos y preparar con su ayuda la huida de mi padre hacia la impunidad de su pueblo natal, en la raya portuguesa y a resguardo de su pasado delator de afrancesado. Salamanca, en aquel vaho casi estival de excitación y sudor que impregnaba sus calles, traspiraba un entusiasmo colectivo y parecía una ciudad diferente por la que me aventuraba por primera vez en mi vida y en la que nada quedaba de mis recuerdos. En las tabernas del Corrillo Augusto se acaloraba en medio de los gritos y los vivas a la libertad e intercambiaba insultos y amenazas con la comparsería, en la estrechez contagiosa y sofocante de los bancos de una taberna; busqué sus ojos azules, pero rehuyó mis preguntas y, cuando harto de discusiones se fue a su casa, atravesamos la Plaza Mayor, bulliciosa a pesar de la hora, iluminada por unas hogueras dispersas, en las que crepitaban las últimas locuras del día. Augusto, al despedirse en la sombra ya del umbral de su casa, volvió hacia mí su cansancio taciturno, para decirme: «Ya es tarde; espérate lo peor».

En casa me encontré el Canova estrellado contra el suelo, en la penumbra titubeante de la lámpara del Cristo, el cuarzo rojo deshecho a martillazos en el gabinete de mi padre, con el herbolario desparramado entre los muebles y el llanto de mi hermana, como la alerta confirmada de una tragedia ya inevitable, que venía del santuario de su cuarto, a espaldas de nuestra madre, que ni siquiera en aquella ocasión lloró, y de San José, que tenía la opaca seriedad de su costumbre y un temblor contenido en el labio inferior, mientras me anunció, anticipándose a mis preguntas sobre la obviedad de lo ocurrido: «Ze lo han yhevao hase un hora y sh'iba tieso, como don Rodrigo en la jorca». Y salí a buscarlo, para verlo al menos, a sabiendas de que nadie podía salvarlo.

Nunca Salamanca fue para mí un laberinto más enrevesado, un sin fin de calles anónimas e ignoradas, donde nunca había puesto los pies y en las que me sentía extranjero; ninguna me llevaba a ninguna parte, repitiéndose al doblar cualquier esquina o atravesar cualquier plaza, en una sucesión de sombras y de claros fugaces, interrumpidos de vez en cuando por tapias de conventos y fachadas de iglesias familiares. Nadie sabía dónde estaba, nadie lo había visto. Crucé varias veces la ciudad, mirando y preguntando donde cualquier luz era una señal y cualquier grito una advertencia; volví a casa para comprobar repetidamente la imposibilidad de un milagro y finalmente me recosté, sin resuello, en el claustro de San Vicente, como en una atalaya desde la que otear aquel trenzado paisaje de calles, ruinas sombrías y colegios barrocos, a trechos iluminados por el resplandor de hogueras invisibles, por donde tantas veces de niño había vivido una heroicidad sin fronteras. Pero la noche se ahogaba en la oscuridad y en el misterio y sólo al amanecer, acorralado, molido y soñoliento, cuando Salamanca se recogía en el frío que precede a la salida del sol, vi un tumulto de gentes empujando a un hombre, que podía ser mi padre, traspasando la Puerta de San Bernardo camino del río, guiados por algunos hachones encendidos que hacían empalidecer la inminente luz del alba contra las asperezas de las piedras de la muralla, y por un farol, vencido ya por el día naciente.

Antes de reconocerle vi a mi padre, atado en medio de aquella chusma, entre groseras humillaciones; intenté liberarlo y fui rechazado varias veces por una violencia condescendiente, hasta que Paco, el del Mesón de la Puerta de San Pablo, me abrazó para sujetarme, sosegarme y comunicarme su impotente solidaridad, con una especie de sollozo ahipado, misericordioso y brutal, que me exasperó aún más y tuve que luchar con él para deshacerme de su cómplice traición y alcanzar a los amotinados, que estaban ya entrando en la Chopera, corriendo por el ribazo, que bajaba hacia la impunidad de los árboles, decididos a terminar su faena antes de que el sol la hiciera más difícil.

Todavía llegué a tiempo de ver cómo lo ataban a un árbol y cómo cebaban sus trabucos, empujándose y apezuñándose alrededor de él, amurallando su crimen con sus cuerpos; me volvieron a rechazar con un «Esto no va contigo, muchacho», y me sentí desarmado ante aquellas espaldas anónimas y aquellas robustas piernas que se movían incesantemente como ensayando una posición y levantando un polvo denso que brillaba en la primera claridad de un sol todavía horizontal y tibio. Pero no quise cerrar los ojos, aunque las manos que me sujetaban contra el suelo, cuando les fue imposible alejarme del lugar, olían a hierro de fragua, a fatiga nocturna y a sudor artesanal, palmeaban mi cara para cegarme la visión de lo que estaba ocurriendo; pero no lo consiguieron y vi a mi padre con la serenidad de las estampas, repetido y explicado por los grabados del heroísmo antiguo, con un gesto que conservo todavía en la memoria a pesar del tiempo transcurrido, hasta que no sé de dónde surgió una campanita, como las que acompañan el paso del viático de los moribundos, que se fue acercando con lentitud de pesadilla, con distanciamiento de sueño, cuando las bocas de los trabucos apuntaban ya hacia el cuerpo de mi padre, que tenía la palidez de los muertos y la derruida apariencia de los locos. Aquella campanita creciente me hizo pensar que, sin darme cuenta, todo había pasado y que un cura venía para acallar las cristianas conciencias de los asesinos y asegurarle a mi padre el paraíso de su incredulidad.

Pero mi padre se movía, conservaba los ojos muy abiertos y la fuerza suficiente para apretar los labios de su última resistencia y los hombres que lo amenazaban se habían quedado paralizados, con un gesto que la memoria estaba ya anticipando. La campanita, que seguía moviéndose hacia nosotros, desde la lejanía que se abría a mis espaldas, había extendido el silencio alrededor de lo que no fuera su débil tintineo, su premonitoria secuencia funeral. Y lo vi, por fin lo vi; vi, sobre el ribazo de polvo que se inclina hacia el río, el Santísimo, la custodia refulgente, herida y amplificada por la luz que aumentaba aceleradamente sobre los oros agudos de sus rayos fingidos, que lanzaban al aire su arborescencia litúrgica, desde el cristal biselado del ostensorio, sobre la dalmática escoriada y antigua de don Manuel, un cura amigo de mi padre que levantaba, con sus manos lesionadas por un eccema rebelde, aquel brillo insólito que se acercaba, procesional y solemne, sobre las ropas talares del sacerdote, lustrosas por el uso de la pobreza reiterada, que se veían por debajo de sus ornamentos ceremoniales.

Y se llegó hasta donde nosotros estábamos, como si hubiera venido a buscarnos, envuelto todavía en aquel polvo que habían levantado las botas de los verdugos, y noté que se aflojaban las manos que me retenían y sorprendí las miradas vencidas de los otros y me volví sobre el rostro de mi padre, que había cerrado los ojos y lloraba como deshaciéndose, por primera vez en su vida. Y yo esperé que don Manuel dijera algo y que los otros hicieran también algo y que mi padre cesara de llorar; pero nadie hizo nada, como si todo se hubiera detenido, incluida la muerte, mientras crecía lentamente el buen sol de la primavera entre las nubes que se retiraban y el primer calor de la mañana entretejiéndose por las ramas de los árboles con el relente de la madrugada todavía en sus hojas, y las caras de todos, que iban emergiendo del oscuro anonimato de la noche, sin que nadie se moviera, quietos en la inercia de su sorpresa, a lo mejor de su vergüenza o quizá de su miedo.

Y don Manuel levantó la custodia y con ella esbozó una vaga señal de la cruz con cierta solemnidad ritual, pero escasa precisión; movió sus manos garabateando un signo de invocación ancestral, remotamente cristiano, pero no lo hizo sobre mi padre, ni tampoco sobre sus sayones, sino sobre los árboles de la Chopera, sobre las aguas del río, que insistían en su mansedumbre, sobre el campo a lo lejos, en el que empezaban a desentumecerse las amapolas de la noche, que iban perdiendo su flaccidez de víctimas. Y todos permanecieron quietos, sobrecogidos por aquella liturgia panteísta, casi pagana, que los envolvía en perplejidades y en misterios y que debía despertarles viejos temores infantiles olvidados, mientras fueron bajando las armas y descubriendo sus manos, que ya se identificaban en la invasora claridad de la mañana, que vencía a las sombras, los silencios y la furia de la memoria. Y entonces fui yo el que recuperé la necesidad de hacer algo y, cuando todos se arrodillaron ante la unción religiosa que el aire vacío y transparente les imponía delante de aquel sacerdote de viejos exoterismos redivivos, me levanté, desaté a mi padre y me lo subí hacia la ciudad, al tiempo que don Manuel murmuraba unos extraños latines mágicos y añadía confusión y venerabilidad al crecimiento de aquel día luminoso de mayo, que cumplía su obligación de estar florido.

Por la Puerta del Alcázar, atravesando la antigua judería y el barrio de la Magdalena y cruzando frente al Colegio del Rey y el monasterio de San Agustín, ascendimos hasta la universidad y las catedrales, que empezaban ya a dorarse, y por la calle de Serranos y la Puerta del Sol volvimos a casa, en un camino lento, lleno de cuestas y de mutismos, de respiraciones densas y de recuerdos lastimosos, que les devolvían la realidad perdida a la ciudad de la noche anterior, a las gentes que nos veían pasar sin dejar de mirarnos, a las cobardías que se ocultaban detrás de las celosías de las ventanas todavía entornadas; la ciudad estaba hueca a aquellas horas de la mañana, para que un muerto volviera a su casa. Yo pensaba en aquel pueblo que no se parecía nada al que habían previsto los sueños de mi padre.

Al llegar, nuestra madre observó que la levita nueva de mi padre estaba desgarrada y Manuela se abrazó al hombre que había entrado por la puerta de casa y que se parecía a su padre y, en lugar de rejuvenecer al viejo que tenía entre sus brazos, se contagió de su vejez y vi cómo se arrugaba, se ajaba y se hundía con todos los signos de una vejez prematura. Manuela salió de aquel abrazo vieja y la disculpa de su belleza ya no sería una razón para amarla. Y seguí queriéndola, aunque los días que siguieron continuaron añadiendo vejez a su rostro de diosa cansada, vulnerada por el tiempo y atacada por un dolor antiguo que se renovaba con cada atardecer.

Segunda parte

1

Mi padre resistió, como si debajo de sus indecisiones y de su debilidad se ocultara una fortaleza de hierro que quizá ni siquiera él conocía. Aquel episodio, que le había permitido el privilegio de ensayar su propia muerte, le había achicado el cuerpo, ensombrecido la cara y como pasmado la mirada. Desde la noche de su resurrección, aprendió a callarse y a excluirnos más todavía de su mundo, en el que la decepción y la amargura estaban madurando su ruina, con la inestabilidad de un pájaro en el aire que supiera que tarde o temprano lo iban a arcabucear, mientras la ciudad gruñía su irritación y su cobardía en medio de los corrillos turbulentos de la Plaza Mayor y en las tertulias acaloradas de las tres de la tarde, sobre las jícaras manchadas de chocolate y los abanicos martirizando la atmósfera de los gabinetes y los estrados, en los que vagaban suspendidas las minúsculas partículas de los polvos de arroz y el agrio y desvanecido olor a rapé. Manuela había abandonado su nimbo blanco para rodear a mi padre de una ternura que me envilecía y se alejaba de mí con una altivez que cada día se hacía más intransigente con las noticias que nos llegaban sobre los levantamientos populares contra los franceses en ciudades y regiones todavía lejanas. En Salamanca, sólo los estudiantes, mermados en número después del apresurado cierre de la universidad en mayo, seguíamos pidiendo armas para luchar contra los invasores y el gobernador Zayas nos las seguía negando, amparado en la decisión de todas las autoridades salmantinas, incluido el Claustro universitario que apestaba a francés, de evitar excesos y mantener el orden, para lo que habían organizado unas rondas cívicas que estaban más atentas a la tranquilidad ciudadana que al peligro de los franceses todavía improbable.

Por aquellos días, los curas empezaban a convertir las homilías dominicales y los sermones de los triduos y novenas en arengas de guerra, a las que servían con su retórica antigua y el esplendor de sus escenografías barrocas y que los feligreses oían con impaciente cólera y resignada pasividad. Y, como el auditorio formaba parte de la Salamanca universitaria, la cultura francesa de los libros merecía la reincidente reprobación infernal de los predicadores, con la tenebrosa gesticulación del *Dies irae*. El padre Victorio Barba, prepósito de los Clérigos Menores del Espíritu Santo, alardeaba con su poderoso perímetro torácico y los vuelos rasantes e inspirados de su bocamanga el exterminio de todo lo que fuera francés en las cabezas de sus oyentes y en el recuerdo de toda la ciudad, culpable de una tácita complicidad pecaminosa: «La buena fe, por no decir otra cosa, ha hecho que nuestros anteriores gobiernos, pensando ilustrar a la nación, diesen lugar a las infinitas novedades que en materia de filosofía, de derecho, de disciplina eclesiástica nos han traído los franceses, aunque a primera vista parezca lo mejor del mundo. Miremos como enemigos de Dios y de los hombres a todos los que vemos filosofar a la francesa». Mi padre no había dejado de estar en peligro y volverían a por él en cualquier momento, mientras yo empezaba a pensar que algo de lo que tanto abominaban los curas no podía ser malo del todo.

Cada día me confirmaba más en esta sospecha, sobre todo desde que empezó a circular un catecismo antifrancés, salido de las sacristías, escrito por un obispo, según decían, y enseñado a los niños, entre carcajadas de connivencia de sus mayores. Todavía me suena el sonsonete infantil con que los párvulos lo recitaban, ante la benevolente sonrisa de sus padres, a pesar de los muchos años que han pasado desde entonces y de los diversos sonsonetes que he debido soportar en mi vida.

—¿Quién eres tú, niño?

—Español, por la gracia de Dios.

—¿Qué quieres decir con eso?

—Hombre de bien.

—¿Quién es nuestro enemigo?

—El emperador de los franceses.

—¿Qué es el emperador de los franceses?

—Es un malvado, la fuente de todos los males, el hogar de todos los vicios.

—¿Cuántas naturalezas tiene?

—Dos: la naturaleza humana y la diabólica.

—¿Cuántos emperadores de los franceses hay?

—Uno verdadero en tres personas engañosas.

—¿Cómo se llaman?

—Napoleón, Murat y Godoy.

—¿Cuál es el peor?

—Los tres son iguales.

—¿De quién procede Napoleón?

—Del pecado.

—¿Y Murat?

—De Napoleón.

—¿Y Godoy?

—De la fornicación de los otros dos.

—¿Qué son los franceses?

—Antiguos cristianos, convertidos en herejes.

—¿Qué castigo merece el español que falta a sus deberes?
—La muerte y la infamia de los traidores.
—¿Es pecado matar a un francés?
—No, padre, matando a uno de esos perros herejes se gana el cielo.

En aquellas circunstancias, me parecía cruel atacar a mi padre y añadir más soledad a la que le iba ganando por todas partes y que era patética en el gabinete de sus libros, donde se encerraba con frecuencia para preservar por lo menos sus buenos recuerdos. Cada vez que un enfermo le llamaba a su cabecera, nos temíamos que no volviera, y al verlo por la calle con sus frágiles pasos, más indecisos que nunca, parecía que se iba a desvanecer a la vuelta de cada esquina o a volatilizarse en medio de una plaza, como un sonido que se extinguiera. Pero siempre volvía con un cansancio nuevo, con una veladura en su mirada de resucitado y se acogía a la ternura de mi hermana, que tocaba para él en el clavicémbalo las sonatas aprendidas en sus tiempos de melancolía, como si ensayaran juntos la tristeza de una orfandad presentida. Mi padre rehuía la compasión de nuestra madre y a mí me ignoraba con la misma ceguera voluntaria que antes y, si acaso, con mayor evidencia, como si le avergonzara el recuerdo de aquella vuelta del infierno del que yo le había rescatado.

Ni siquiera mi tío Ricardo, que había aumentado su satisfacción de estar vivo odiando a los franceses, conseguía sacarlo de aquella hosca marginación que nos hería a todos. Empezaba a descuidar su atuendo, las vueltas de su corbata se aflojaban en la indiferencia y se olvidaba de poner orden en la furiosa dispersión de sus patillas encanecidas y voraces; había dejado de hablar y su estatura había mermado hasta la insignificancia, sus levitas le colgaban de los hombros como de una percha y sus guantes, que habían perdido la blancura de otros tiempos, se le arrugaban en los dedos como bolsas vacías. Se estaba quedando más solo que nunca; algunos de sus amigos afrancesados se habían pasado a un sospechoso patriotismo exaltado, como una compensación pendular por los antiguos excesos de su celo francés; pero mi padre no parecía que estuviera dispuesto a seguirlos en aquella traición a sus anteriores entusiasmos; ni siquiera la noticia del sometimiento de los reyes y del príncipe de Asturias a la voluntad de Napoleón en Bayona le devolvió el gusto por sus viejas fidelidades. Porque, aunque nos costara creerlo, Francia había desaparecido del escaso vocabulario que continuaba utilizando y su empedernida proclividad a citar la trinidad mágica de «la libertad, la igualdad y la fraternidad», que mi tío Ricardo traducía por *«banalité, rapacité et brutalité»*, se había extinguido como el eco dormido de una fiesta, que hubiera sido dorada.

Por el contrario, Augusto, que olía la sangre en medio de las anticipadas señales de la catástrofe que parecía inminente, conservaba su pasión y aquella extraña lucidez que yo nunca me explicaba y que ahora le llevaba a odiar al príncipe Fernando, cuando la gente estaba enloqueciendo con su culto; como si lo conociera, le hacía culpable de todo lo que había de venir, mientras paseábamos por las rondas exteriores de la muralla, rodeando una ciudad que se disponía a morir por aquel Fernando, del que a mí sólo me molestaba su gran nariz desconsiderada y su ofensivo prognatismo en los retratos que lucían las escarapelas amarillas, que empezaban a lucir las casacas y los levitones de los patriotas más exaltados y que no podían ocultar, a pesar de la evidente adulación del dibujo, la violenta retracción del labio superior y la huida de su oscura mirada; yo pensaba que con aquella barbilla carnosa era difícil ser honrado y que, si aquel rostro encarnaba a la patria, yo no era español. Pero Augusto volvió a repetirme, como un profeta de sucesos ya previsibles en el aire de la calle, que ahora vendrían los franceses y tendríamos que molestarnos en matarlos uno a uno, hasta rectificar los errores de los reyes: «¿Por qué los reyes siempre acaban traicionando a sus pueblos?». No creo que a Augusto le importaran mucho los reyes, ni los pueblos; pero sí le importaban las traiciones, que contravenían uno de los pocos principios de su moral, que tan libremente se había elaborado para la tranquila posesión de su mundo y la conciencia de su conducta.

Una vez más, Augusto y yo estábamos aislados en una ciudad que con la prudencia y la parsimonia que le eran habituales iba entrando en la idea de levantarse contra los franceses, aunque de momento se contenía entre la molicie primaveral y la lejanía de los acontecimientos. Porque una vez pasados el fervor de la indignación por los sucesos de Madrid, la violencia sonora de las campanas y el placer pulmonar de los gritos, la rebeldía ciudadana se había refugiado en la imaginación de los discursos y en la descarga doméstica de algunos puños irritados sobre la inocente mesa de las reuniones familiares. Los calores de mayo, con olor a flores y a miel, amodorraba la tentación del heroísmo por la patria. Las autoridades mantenían su indiferencia oficial, ajena a los rumores sobre las intenciones francesas de dominación, y la universidad, vacía por las vacaciones anticipadas de los estudiantes, utilizaba el orden académico para ocultar sus inclinaciones afrancesadas; ni siquiera los convoyes franceses, que a mediados de mayo empezaron a cruzar el Puente Romano, ascender por el Paseo de San Bernardo, recorrer las murallas de poniente y perderse entre el polvo y el sol, más allá de las Puertas de Zamora y de Toro, cargados con el botín que les habían robado a los hermanos portugueses, consiguieron mover a la gente y sacarla de sus dudas y de su prudencia boyal.

Pocos días después, se conoció la carta del obispo de Orense a la Junta de Gobierno de Madrid, declinando su nombramiento de diputado en el Congreso convocado en Bayona por Napoleón, que el clero se apresuró a difundir y que se leyó en las barberías, en las tertulias de los salones y en las tabernas, y que llegó hasta los sermones dominicales. Aquello era una llamada a la insubordinación que se quedó en la conciencia de las gentes como un cauterio. Paco, el del Mesón de la Puerta de San Pablo, hacía llover su indignación ensalivada sobre la copia de la carta, que temblaba en sus zarpas de oso pardo, agitadas por la ira y la necesidad de destrucción de su cuerpo sano y violento, regado por el vino, mientras los borrachos del mesón, en la pacífica niebla de sus sueños, asentían con la sonrisa verde de su condescendencia patriótica, felices de poder celebrar algo con un vaso de vino en la mano y el corazón en otra parte. Alodia, que oía la proclama epistolar en la puerta de una barbería de la Plaza del Carbón, reproducía los gestos del hombre que la estaba leyendo y levantaba las cejas de sorpresa y redondeaba los ojos de furor y se agitaba cuando el lector levantaba la voz con los signos de admiración del texto del obispo y respondía con lágrimas a la terminación de la lectura, mientras el grupo se deshacía agitado por la rabia y seguido por los suspiros de Alodia, envuelta en una estela de palabras, de las que muchas no había entendido, sobre todo aquel latinajo con que el obispo coronaba el manifiesto: «*Tangant vulnera sacra nullae manus*», en el que se trabucaba siempre la lengua de sus lectores callejeros.

Sólo mi tía Adela estaba serena, y algo parecido a la felicidad le distendía el rostro cuando leía aquella proclama episcopal, como si también aquellos acontecimientos que todos parecían estar esperando y rechazando al mismo tiempo trajeran la confirmación de sus deseos y el final de sus angustias arrastradas durante tantos años. Aquellos franceses, que nos estaban invadiendo, podían ser la mano armada de su furor, que haría posible su sueño de la destrucción de la ciudad. Sólo ella en toda Salamanca aguardaba con impaciencia el principio de aquella hecatombe y me lo decía sin pudor, en medio de su tranquila borrachera que, como la luz del día, crecía sin remedio y culminaba al anochecer, cuando se preparaba, como una cortesana ávida y hermosa, a recibir a los muertos futuros de su tertulia nocturna, con la historia de sus vidas, la sangre de sus heridas mortales todavía reciente y su conformidad de víctimas de lo inevitable. Y ensayaba sus frases de bienvenida y sus gestos de consuelo, inquieta por la afluencia y recelosa de que su generosidad no diera para tantos.

Pero sólo cuando llegaron las noticias de los levantamientos de Asturias, Santander y Galicia, y después de Cartagena, Valencia, Murcia y Zaragoza, y Sevilla, Córdoba, Granada y Badajoz y Cádiz, y, allí al lado, de Zamora y Valladolid, por fin Salamanca reventó a primeros de junio y se echó a la calle y reclamó las armas que los estudiantes habíamos pedido a gritos hacía un mes, y volvieron a pedirlas del mismo modo, en el mismo sitio y al mismo que podía dárselas, al marqués de Zayas, que ante la revuelta ciudadana, huyó de su palacio y se refugió en el del obispo, entre la rechifla de los castizos, que decían: «Dios los cría y ellos se juntan». Después, cuando mi padre supo que el guardián de los Franciscanos, en medio de una multitud delirante, había salido a la calle con el estandarte de la Cruzada para pasearlo como un pendón de guerra por la Plaza Mayor, en la que cabalgó entre los cuerpos apezuñados de los fieles un caballo blanco, que había surgido por el Arco del Prior, como el anuncio de una estampa medieval, mientras tremolaba el estandarte dorado y blanco, que refulgía en el sol bendito de la plaza; cuando mi padre supo que aquella procesión bélica, encabezada por el signo cristiano de la cruz y sostenida por los gritos de aquella caterva de fieles que exigían la muerte de los franceses y removían el aire, ya caliente, de junio, con sus brazos feroces y vengativos, que ensayaban el cumplimiento de aquella sentencia compartida, mi padre humanizó su soledad con una callada sonrisa de conmiseración en su mirada de patricio atemorizado, y cuando le dijeron que los padres dominicos también se habían echado a la calle, rezando el santo rosario como un reclamo de muerte, rodeados de una multitud sudorosa que contestaba con furor la letanía sagrada, fue la última vez que le vi sonreír con su rostro derrotado.

Y esta vez sí, esta vez intervino una Junta Militar para reconducir al pueblo a la obediencia institucional; los soldados de don Fernando de Aguilera, marqués de Cerralbo, devolvieron aquel desorden callejero al orden de la disciplina y de la normalidad. Se abrieron listas de voluntarios para ir a la guerra; el Claustro universitario nos concedió a los estudiantes el permiso, que le habíamos solicitado un mes antes, para formar una compañía que luchara en nombre de la universidad, con la heroica decisión de ir hacia la muerte matando franceses. Lo habíamos estado discutiendo en las tabernas, en las aulas y en medio de la Plaza Mayor, entre movimientos de cólera y gusto a pólvora bajo la lengua, mientras la ciudad fatigaba su irritación y se estremecía asustada con los primeros síntomas de su locura.

Augusto había estrellado el tintero en que mojaban su pluma los que estaban redactando un pliego de solicitudes a la universidad, porque pensaba que no teníamos nada que pedirle, ni hacer ninguna lista de voluntarios, ni ponernos ningún uniforme, como algunos reclamaban y que los usos militares imponían como norma, porque creía que los uniformes nos degradaban al nivel de los soldados. Pero los uniformes, defendidos por casi todos, entraron en el folio de las solicitudes, lo mismo que el escudo con la bandera escolar, que acabó de irritar a Augusto, subido en un banco de la taberna y agitando su cabellera ensortijada y rubia, como una razón que apoyara sus opiniones, mientras gritaba:

«¡Los uniformes son para los franceses! ¡Nosotros, a pelo!».

Pero ni sus voces, ni el tintero estrellado fueron suficientes para convencer a nadie. Nos apuntamos noventa y dos estudiantes, en aquella primera compañía de héroes y acabamos vestidos de paño azul, como los franceses, botines y una canana. El 22 de junio, a las cuatro de una tarde sofocante, que dificultaba la respiración y ponía a prueba nuestra capacidad de heroísmo, en la plazuela del Colegio Mayor de Cuenca, junto al convento de San Agustín, cerca de los lugares de nuestras aventuras infantiles, celebradas ahora por toda la ciudad, orgullosa de nuestra valentía, el alcalde mayor de la ciudad, don José María Puente, acompañado de don Diego Ramos Aparicio, catedrático de Cánones, y don Miguel de la Mata, catedrático de Leyes, nos arengó con un discurso que me esforcé por no escuchar para que no me quitara las ganas de ir a la guerra contra los franceses: «Señores, la universidad ha manifestado hacia ustedes en la Junta Militar de esta ciudad, creada con motivo de las hostilidades que experimenta la nación y de la necesidad en que ésta se halla de defenderse y sacudir el yugo con que intenta subyugarla la Francia, ha manifestado la universidad sus deseos de que unos jóvenes destinados a la carrera de las letras y que saben hacer éstas compatibles con las armas, a las que hoy están entregados en defensa de la nación, sean distinguidos y que conozcan que van a pelear nada menos que por el honor, por la religión y por la libertad de la patria...».

Me daban asco aquellas palabras, porque yo le había dicho a Augusto, distanciado y hostil por mi decisión: «Tengo que demostrarle a mi padre que está equivocado, ¿entiendes? Si no fuera a esta guerra es como si le diera la razón». Sentía en mi cogote recalentado la picadura irónica de la mirada de Augusto, que estaba oyendo todo aquello, retraído sobre una ventana baja del Colegio de San Agustín, mientras los héroes sudábamos bajo el grueso paño de los uniformes, mal adaptados a nuestros cuerpos, deseosos de que terminara el discurso, cayera el sol y aparecieran los franceses delante de nuestros torpes fusiles de soldados bisoños. El alcalde nos fue prendiendo el escudo bordado de la universidad sobre nuestros pechos comprimidos por dificultades respiratorias y agobiados por el sudor contagioso de la tropa apelotonada. La gente a nuestro alrededor aplaudió y mi padre se ensombreció todavía más cuando me vio con aquel uniforme; a mí también me desagradaba, pero endosarme aquella tela gregaria y áspera me parecía la mejor forma de darme la razón y luchar contra los franceses, como había querido hacer toda mi vida, y me faltaba el valor, la imaginación o la cabezonería de Augusto, que seguía insistiendo en su disidencia y en su orgullo:

«Yo lucharé por mi cuenta, sin más uniforme que mis calzones sucios, ni más arma que mi faca cabritera».

Mi hermana Manuela ni quiso abrir los ojos para verme vestido de soldado, como si mi aspecto la ofendiera o viniera a destruir los lazos que todavía podían quedar entre nuestro pasado feliz y aquella desgraciada manera que teníamos de vivir el presente. Cuando me dio la espalda para reintegrarse a la ternura con que seguía preservando a mi padre de la desesperación, empecé a medir la distancia que me separaba de ella y que crecía al tiempo que me abandonaba. La figura, que se alejaba dejándome solo, tenía como un gesto de rencor contenido y como el anuncio de un vacío que ya estaba empezando a crecer. Y la rapidez de sus pasos y la tiesura de su cuerpo adorable hacia la puerta de sus rupturas, me hicieron ver la inmensidad, la sequedad y la monotonía del desierto, en el que me quedaba a este lado de la puerta cerrada.

Mi tío Ricardo, antes de irme a la guerra, quiso reforzar mi desprecio a los franceses recordándome lo que había leído en un libro de un oscuro escritor del siglo XVII, que conocía bien a los franceses por haber convivido con ellos muchos años: «Un francés no parece hombre, en los ojos de un español», «un francés es un español al revés» y «no hay liebre más cobarde que un francés, en faltándole la comida». Después, me decía: «¿Tú sabes que los franceses son ladrones natos? A Francisco I, cuando le hicieron prisionero los españoles en Pavía, le encontraron en su poder varios manuscritos de Petrarca que había robado, y que nosotros devolvimos a la ciudad de Parma, donde todavía se conservan. Y además son gente de mal gusto, incapaces de crear nada original; el alabado gótico francés es tudesco, y Luis XIV prefirió, para el palacio del Louvre, el insulso proyecto de un arquitecto francés, un tal Le Vau, al espléndido barroco presentado por Bernini. Y su Voltaire, ese Voltaire de que tanto presumen, como le oí decir el otro día a un canónigo en la taberna, no es más que un vulgar imitador de Shakespeare en su teatro, y su filosofía de segunda mano no es más que una copia de Herbert, Collins, Shaftesbury, Swift, Addison, Locke, y no sé cuantos ingleses más, sobre todo de Locke. Y, además, era un aprovechado, ¿tú sabes que le regaló a nuestro conde de Aranda un reloj de oro con el fin de introducir en España su producción de relojes, que le salían mejor que sus libros y que, por supuesto, le proporcionaban buenos beneficios?».

Me fui a despedir de mi tía Adela, que me descubrió delante de ella en la penumbra de su cuarto, entre las nieblas bajas de su borrachera, que a aquellas horas del día ya le impedían levantarse del diván, hablar con coherencia y soportar la presencia de alguien que fuera extraño a las fulguraciones de su genio irritable, a la selección natural de sus caprichos. En la atmósfera cálida, silenciosa y quieta de su feminidad intacta, tenía los ojos cerrados y las piernas recogidas sobre el diván rayado de su soledad permanente y nunca me había parecido tan hermosa en sus cuarenta años, levantados como un desafío. Por la forma de mirarme comprendí que había bebido lo justo para entender mi necesidad de diálogo. Volvió a cerrar los ojos, como si no resistiera el desamparo de mi ansiedad, y se hundió en aquel distanciamiento suyo que hacía aflorar la plenitud de la belleza de su vejez prematura.

Cuando abrió los ojos, me miró sobrecogida por mis ropas militares, como tratando de explicarse la incongruencia de mi aspecto y reclamó más vino para hundirse definitivamente en la aceptación de sus fantasmas, en la espera de sus muertos, para sentirse a gusto. La vi beber, tragar el alcohol sin degustarlo, sin tiempo para el placer, derecha a la inconsciencia de su anulación, y volví a admirar la indestructible perfección de sus rasgos, la tristeza de sus ojos apagados que no aguantaban la luz, bajo la media asta de sus párpados, y el cerco de sus ojeras, excavadas en su cráneo. Me volvió a mirar todavía desde más lejos en su camino sin retorno y la sentí debatirse entre la protesta y la resignación, entre el amor y la rabia, para terminar diciéndome, con la escasa claridad oral que le permitía su obnubilación y las pocas fuerzas que le quedaban después de haber recuperado momentáneamente una dudosa y efímera verticalidad de tótem familiar, usado por el tiempo:

«Muchacho, espero que seas indigno del uniforme que llevas».

Y volvió a recostarse sobre los almohadones, que tenían ya la forma de su cadáver, y cerró los ojos para excluirme, también ella, del mundo de los vivos, mientras me obligaba, con la insistencia de su silencio y la inerte inmovilidad de su recogimiento, a continuar mirándola y poder demorarme en las arrugas de su frente, que no conseguían ocultar ni su serenidad antigua, ni su belleza intacta, y seguir con los ojos el contorno de sus mejillas, vencidas por la intemperie de los años, y quedarme absorto en la perfección invulnerable de su barbilla, que mantenía su tersura adolescente, su carnosidad frutal y su inverosímil cisura central, apenas insinuada. Me acerqué para besarla, después de unos instantes de indecisión, pero me rechazó sin brusquedad, para decirme como despedida, casi animada por mi marcha:

«¡Vete, muchacho, que hueles a tienda de tela pobre!».

En la calle, los ciegos, recostados en las esquinas de la Plaza del Carbón, en la Puerta del Sol y frente a la iglesia de Santo Tomé, cantaban los viejos romances de la memoria popular sobre Bernardo del Carpio:

> Aguardando que amanezca,
> para conocer la entrada,
> estaba el fuerte Bernardo
> en los mojones de Francia,
>
> con trescientos compañeros,
> que es la costumbre que usaba,
> que diz bastan para mil,
> cuando son hijos de España.
>
> «Bien veis, leales amigos,
> los que sois de sangre hidalga,
> que esta empresa a que venimos
> es digna de buenas lanzas...
>
> »Porque mi lanza no teme
> toda Francia cara a cara...».

Una fiebre de guerra incendió la ciudad y arremolinó las calles con una euforia inusitada de gritos y de exaltaciones viriles de banderas desplegadas. Había una extendida dilatación arterial que hacía sonreír a la gente, entre sofocos nerviosos y optimismo de pasos apresurados hacia una decisión que se demoraba. La palabra patriotismo se puso de moda. Durante aquellos días de junio, se habían formado varios batallones de civiles; además de nuestra compañía universitaria, se formó un Regimiento de la Bigornia de más de tres mil hombres, según las cuentas de Terenciano, que había reforzado su gusto por los números con aquella guerra inminente que se le ofrecía como una imprevista tarea para su voracidad estadística.

También se constituyó otro batallón, bautizado con el nombre glorioso de Voluntarios de Salamanca, cuyos componentes coincidían únicamente en la ciega voluntad de exterminio de los franceses. Las calles de Salamanca eran un revuelo de soldados novatos y de armamentos improvisados, de carretas y de caballos, lo que no impedía que Merceditas se colocara delante de la fachada de la universidad, con su tosco caballete casero y sus pinturas, como venía haciendo desde años atrás, cuando un día Donato la abandonó al pie del altar y alguien le aconsejó que para olvidar se dedicara a algo que la distrajera y ella encontró en la pintura, para la que había demostrado alguna habilidad desde niña, la distracción de sus penas de amores y de la humillación de su abandono. Y desde entonces no había faltado ni un solo día a sentarse en el Patio de Escuelas Menores, ante la puerta de la universidad, después de haber buscado otros motivos monumentales para sus cuadros que no le produjeron el entusiasmo pictórico que le producía aquella fachada plateresca, cubierta de figuras, símbolos, medallones, hojarasca ornamental y flores de piedra, que la subyugaban con una especie de mareo estético transportada en éxtasis hacia el ensueño y el gozo, que no dejaba de repetirse cada vez que abría los ojos delante de aquella perseverante colonización del espacio y de aquella orfebrería obsesionante del color de la piedra de las canteras de Villamayor.

La gente decía que estaba loca y no entendía aquella fidelidad de enamorada, ni aquella resistencia ciega de iluminada, que le urgía cada mañana a ir a las puertas de la universidad, entre las ironías larvadas de los estudiantes, la curiosidad sorprendida de los niños y el asombro de los viejos que no tenían ni su fuerza de voluntad para emprender nada, ni una causa a la que dedicarse con aquella urgencia feliz e indomable, que la atravesaba como un sueño inmarcesible. En aquel junio tormentoso y bélico, le decían al pasar: «Merceditas, ¿qué haces aquí perdiendo el tiempo, cuando la patria está en peligro?». Ella ni los miraba y continuaba su esfuerzo por trasladar al lienzo los colores y las formas de aquella floración gloriosa de relieves dorados y de tenues sombras azules, mientras les contestaba: «Lo que está en peligro no es la patria, sino esta fachada», mientras se oía un lejano fondo de ardorosas marchas militares y de rodar de cureñas.

Los preparativos de la guerra acrecentaron la clientela de Paulina, como si el furor patriótico necesitara manifestarse también de aquella manera, lo que hacía que se formaran largas colas en las escaleras de su casa, que amenazaban ruina con aquel peso de hombres apremiados por el deseo antes de morir, que permanecían allí durante horas, golpeando los escalones con impaciencia de caballos nerviosos y arremolinándose cada vez que había que decidir quién entraba al santuario de Paulina, dedicada toda la noche a la caridad de su oficio, que Augusto calificaba de patriótico y que no tenía límites, ni daba señales de agotamiento, a pesar de su apasionada dedicación al trabajo. Terenciano, asombrado, dudaba de la fidelidad de sus cálculos, pues no le cabía en la cabeza que la muchacha pudiera entregarse al número de hombres diarios que, según los testigos, pasaban por su cama. Porque, como él decía con la conciencia de su labor bien hecha, las cifras no mienten.

Pero la clientela no mermaba e incluso, ante el anuncio de la próxima marcha de los voluntarios, integrados en el ejército de Castilla, se acrecentó hasta las primeras horas de la mañana. Hubo algunos que, cuando el día 23 salimos, camino de Valladolid a matar franceses, todavía no habían podido templar su patriotismo en la entrepierna de Paulina y tuvieron que ir al encuentro de la muerte con aquella pena en la mochila y el sueño de la muchacha entre el redoble de los tambores, las arengas militares, la aclamación de la multitud que los despedía, como si ya fueran héroes, y el volteo de las campanas, que los empujaban hacia el campo de batalla prometido, que les esperaba como el pedestal de una admiración universal y eterna, al que le faltaría para siempre la referencia a la última hazaña gloriosa en la cama de la muchacha.

Cuando salíamos de la ciudad, por la Puerta de Toro, algunos cantaban, coreados por la gente que nos despedía; pero las canciones se fueron apagando a medida que nos internábamos en el sol devastador de La Armuña, que nos hacía aumentar nuestro odio a los franceses; los segadores desde lejos nos saludaban con las hoces levantadas, pero poco a poco fuimos dejando de devolverles el saludo, preocupados únicamente por sobrevivir en aquel piélago de sed y poder llegar hasta donde estuvieran los franceses para acabar con ellos. Al atardecer, repuestos por una frugal dieta de campaña y con los pies liberados de la tortura de las botas, nuestro heroísmo se derrumbó y, antes de dormirnos, sólo la sucia memoria de los franceses nos devolvió las ganas de continuar. Los centinelas de las avanzadillas se quedaron dormidos y se despertaron por las blasfemias de los oficiales, desesperados por mantener en aquel ejército improvisado la sombra de una imposible disciplina castrense. Al amanecer, hasta los oficiales estaban dormidos y todos nos despertamos con el espejismo de un sol benigno sobre los campos de Toro.

Yo me acordaba de la salida de la ciudad, con Eduwigis repartiendo varias hornadas de sus famosas rosquillas entre los héroes que íbamos a morir, como para anticiparnos los gozos del Paraíso. Los perros nos olisqueaban como oliendo a muerto, mientras una bandada de bobaliconas palomas, de cuerpos cebados, ternurismo de vejez y monogamia celestial, se abatía sobre la silueta de las catedrales. San José me había abrazado casi llorando, como si fuera el padre que yo me negaba, y me había dicho con su gran nariz sarracena, el porte de un califa destronado y la sabiduría de un filósofo estoico, que estuviera de vuelta de todo, menos del valor de sus palabras: «Seorito, er debé ante tó; naide se lo va a pagá; pero er debé é lo primero y prinsipá», mientras repetía un abrazo, como si yo lo necesitara, feliz en el bochorno del verano que le traía la traspiración de su Andalucía natal. «Y duro con er Napoleó eze, qué un cruse de abehorro y pavo.» Su alta estatura me obligaba a verlo cada vez que volvía a mirar la gente que íbamos dejando atrás y que continuaba agitando sus pañuelos en la distancia. San José no tenía pañuelo, porque no lo necesitaba, pero seguía allí, tieso y fijo, como para preservarme de cualquier desgracia que pudiera amenazarme. Creo que todos se fueron y San José quedó allí, a la vera del camino, como si tuviera raíces como los chopos.

Don Porfirio me había encargado que a la vuelta le contara todo, pues había decidido, con la erudición de sus maestros griegos y latinos y algunos viejos castellanos, escribir una crónica de aquella guerra, que estaba empezando ante sus ojos; quería que yo le trajese las noticias de las batallas, el nombre de los generales, los movimientos de las tropas y, si era posible, el número de los muertos y de los heridos. «¿Y si no quedo para contarlo?» «Dios no lo quiera.» Recordaba el pudor de su mirada, escondida detrás de sus anteojos y asustada ante la posibilidad de que sus testigos le fallaran por fuerza mayor. Había encontrado en aquel proyecto de cronista su manera de servir a la patria, puesto que de otra manera no se atrevía, y Dios no podía permitir que se quedara sin testigos de primera mano; después le vi merodeando entre los grupos de los voluntarios, haciéndoles probablemente a otros el mismo encargo que a mí para asegurarse. Tan negros presagios me estremecieron, cuando pasó Blasillo, con su lengua roja asomando entre los labios abultados y las encías secas, salmodiando su cantinela de «Dios aprieta, pero no ahoga».

Valladolid está más lejos de lo que parece y nuestras jornadas de marcha se fueron acortando con el paso de los días; la densidad de nuestro heroísmo sólo se reconstruyó cuando pudimos dormir de nuevo bajo un techado digno, aunque fuera el de una iglesia, volver a pisar losas ciudadanas y ver bajo las indulgentes sombrillas del verano a mujeres blancas, aunque fueran vallisoletanas. Volvimos a oír muchas veces los mismos discursos, al borde del vómito, sobre nuestros uniformes, que empezaban a oler a cuadra y a sudor. Y volvimos a cruzar campos de trigo, en los que se perdían los hombres de la siega. Y volvimos a beber de bruces en los arroyos y a envidiar a los pájaros, que volaban hacia las sombras propicias de los árboles lejanos de un horizonte que no se acababa nunca y que se repetía cada mañana, como si estuviéramos siempre en el primer día de aquella marcha que habíamos emprendido hacia la gloria.

Y, por fin, los vi, no de visita como en Salamanca el año anterior, ni como los verdugos imaginados del 2 de mayo en Madrid y ni mucho menos como los eternos habitantes de los sermones de mi padre, sino como enemigos al alcance de mi fusil, agrupados y anónimos frente a nosotros, demasiado lejos para identificar sus caras, pero no tanto como para no saber que eran ellos, extendidos en la llanura pedregosa de Valdecuevas, entre Palacios y Medina de Rioseco, en el paraje denominado El Moclin, con el sol a sus espaldas que silueteaba la ferocidad de la oscura amenaza de sus escuadrones alineados e inmóviles. Reconocí en la distancia sus pesados caballos y sus bravucones caracoleos de dominadores; eran menos que nosotros, según se corrió la voz de nuestros espías, lo que facilitaba nuestra sanguinaria voluntad de exterminio y disminuía nuestros temores de novatos. Y, además, eran franceses, lo que hacía presumir su cobardía de conejos y su extrema flojedad de cornudos consentidos.

Los temblores inexplicables de nuestros brazos, que se transmitían a nuestros fusiles, cargados ya para la gloria, y a las puntas de las bayonetas, afiladas como guadañas, fueron calmándose en aquella agobiante espera bajo el sol de julio, que fortalecía nuestra confianza de vencedores. El día estaba ya creciendo para la certificación de nuestra victoria; mi padre sabría que los franceses no eran invulnerables y que distaban mucho de ser dioses. Antes de que iniciáramos la matanza de franceses, el fusil empezaba a pesarme demasiado y el gorro peludo me hacía sudar sobre mi entusiasmo; pero había entrado en una ingravidez vacía, que me había separado del suelo recalentado y me hacía levitar de pasmo y de gozo. A mi lado, mis compañeros estaban verdes de miedo, con los ojos más abiertos que de costumbre y los labios apretados como para tragar una saliva que parecía faltarles; probablemente, estarían también levitando; quizás estuvieran repasando la arenga del general don Gregorio de la Cuesta, con sus gritos quebrados de viejo cascarrabias y ordenancista, que nos había repetido las razones de nuestro deber en el campo de batalla, que eran el amor a la patria, el recuerdo de nuestras santas madres y el nombre sacralizado de Santiago Matamoros, patrón de España. Pero nada de esto me concernía; sólo la imagen de mi padre, encerrado en su gabinete de Salamanca, bastaba para hacerme soportar aquel calor, el excesivo peso del fusil y el trámite de matar a unos cuantos franceses. Y hasta me olvidaba del orden de combate, para avanzar entre reglas y sargentos.

Pero la batalla empezó sin nosotros; la oímos antes de verla. Porque el general Cuesta nos había dejado en reserva, por si en algún momento nos necesitara, lo que dada nuestra superioridad numérica, debía de parecerle improbable. El ruido de los cañones nos advirtió que por fin aquello había empezado. Una colina, justo enfrente de nosotros, nos impedía ver lo que estaba ocurriendo; la fusilería era apenas perceptible debajo de la gravedad sonora de los cañonazos. Como una tormenta lejana que se fuera aproximando, el murmullo de la batalla fue creciendo hasta convertirse en un sordo zumbido en el que se mezclaban sonidos distintos. Después de oírla, empezamos a oler la batalla; el olor de la pólvora quemada empezó a llegarnos en oleadas, porque había levante, como una incitación a la guerra, antes de que un humo turbio y blanquecino asomara por encima del requemado teso que nos ocultaba el combate. Oímos relinchar a los caballos aterrados y un crujir de goznes abiertos de pronto, que cayó sobre nuestras líneas indisciplinadas, varadas en la espera impaciente. Debajo de aquel estruendo, como si una montaña se derrumbara, era imposible oír los gritos de los combatientes, como si la guerra se hiciera sin hombres y sólo fuera un ruido y el humo de una hoguera, que ascendía en un cielo blanco, a fuerza de ser azul.

El campo se había quedado sin pájaros y yo tenía sed y miedo, flotando sobre un paisaje que me era extraño, con el pensamiento en los ojos y reducido a una sola idea: matar a un francés; con eso me bastaba, con eso podía volver a casa. Pero nadie sabía lo que teníamos que hacer y vimos crecer hasta el pánico la humareda en aquel espacio purísimo y vacío, alterado por la intermitente majestad de los cañones y la carrera enloquecida de mi corazón desbordado. Poniendo mucha atención, se podía oír el crepitar de los fusiles, como una traca mal trabada; nos mirábamos para medir y compartir nuestros temores y apuntalar los inesperados desfallecimientos de nuestro furor bélico, mientras nos interrogábamos qué debíamos hacer. Un caballo sin jinete atravesó el horizonte entre la masa oscura de los árboles, como si corriera, descabalgado y soberbio, hacia la locura, y todos le seguimos con la mirada, sin saber si era de los nuestros o de los otros. Porque el calor y la inquietud habían empezado a empañar nuestra conciencia y nuestros pensamientos confusos se convertían en imágenes fijas, en consignas repetidas de una exaltación pueril. Los generales se habían olvidado de nosotros y seguíamos sin movernos, con el calor creciendo sobre nuestros gruesos uniformes de paño y el polvo del suelo recalentándose todavía más con nuestra impaciencia de abandonados a la perplejidad.

La orden de atacar se confundió con los gritos de nuestros soldados, que aparecieron huyendo por el monte hacia nosotros; la sorpresa nos paralizó y, cuando rompimos la inercia del estupor, los caballos franceses se nos echaron encima y empezaron a pisotearnos con la brutalidad y la contundencia de su animalidad desenfrenada. Antes de ver a los franceses, vi a sus enormes caballos lanzarse contra mí, deshaciendo nuestra formación, cortando nuestro intento de avance, sin dejar que nos defendiéramos, atónitos y flojos de repente; apenas pudimos hacer un disparo sobre las poderosas barrigas, que nos arrollaron y nos volvieron a arrollar, sin dejarnos huir siquiera, porque los caballos nos cogían siempre de frente. Sólo pude tratar de hundirle la bayoneta en las partes blandas de una bestia, que se echó sobre mí, me arrebató el fusil en un vuelo gigantesco y me derribó de paso con sus pezuñas como mazas; después esquivé un sablazo y caí de nuevo al suelo, revuelto con un caballo, que resopló en mi cara un aliento caliente y tormentoso, y el cadáver de un francés que me arrastró contra las patas de otro animal, que me golpeó en la cabeza y me impidió seguir viendo aquello que se parecía tan poco a lo que había imaginado. Desde el suelo, tragando polvo, continué escuchando gritos, resoplidos, caídas, golpes, lamentos, carreras de caballos y la fusilería francesa, que parecía avanzar rematando a los heridos con disparos aislados y rápidos. No vi a nadie que pudiera reconocer entre aquellos gestos de rostros frenéticos y contorsionados por el dolor que yacían a mi alrededor, y me arrastré hacia el río, por donde menos caballos había, rodando varias veces entre los cadáveres de los hombres y las bestias y respirando contra el suelo la agonía de mis esfuerzos y de mi desesperación despavorida, y por fin me escondí entre unos cañaverales indiferentes, que se hundían en un lodo viscoso y sin fondo, que me fue tragando, como en una pesadilla. Y cerré los ojos, para defenderme de mi miedo, pensando lo poco que podría contarle a don Porfirio, sin que me hubieran dado la oportunidad de matar a un solo francés.

Las campanas de un convento del pueblo empezaron a tocar a rebato y muchos de los nuestros huyeron hacia aquella llamada, perseguidos a sablazos por la caballería francesa, que se agrupaba y volvía a atacar, degollando sobre la marcha a los que alcanzaba en su carrera loca; se oyeron fusiles y voces del lado de Medina de Rioseco y, al cabo de un rato, cesaron las campanas y el silencio fue sólo interrumpido por las carreras de los caballos y algunos gritos aterrados de los agonizantes llamando a sus madres, que se prolongaban en el vacío del cielo y en la insoportable nitidez de la memoria. Los cadáveres desnudos flotaban sobre las escasas aguas del río en una macabra procesión fluvial, lentos en su inmovilidad de muertos; no sé por qué empecé a contarlos, pero enseguida me horroricé de lo que estaba haciendo y los dejé ir sin abandonarlos con la mirada, turbada por las vergüenzas de algunos, que erizaban la mansa superficie del agua. Aquella corriente fúnebre prosiguió su marcha y busqué entre aquellos despojos a mis compañeros de la universidad, pero no pude reconocer a ninguno, porque se deslizaban con inerte mansedumbre a la deriva con el rostro hundido en las aguas, de espaldas a un cielo que iniciaba el crepúsculo, y además muchos iban decapitados.

Las fusiladas siguieron oyéndose por las calles del pueblo, mientras aquellos siniestros troncos humanos continuaban pasando, cada vez más espaciados, delante del cañaveral, donde yo escondía mi miedo y mis ganas de gritar. Pronto se vio levantarse por encima del pueblo el humo de los incendios en un crepúsculo turbio y caliente. Los tambores de los franceses comenzaron a festejar la victoria, mientras Medina de Rioseco ardía por los cuatro costados. Yo no sabía qué hacer, pero permanecí agazapado, esperando la noche para huir; tres hombres aparecieron junto a mí, tan asustados como yo, y decidieron arrastrarse hacia el pueblo en llamas ante la proximidad de los rastreadores franceses, que venían castigando las orillas del río; tuve la tentación de desnudarme y echarme a flotar entre los muertos; pero me disuadieron, porque los tiradores franceses, apostados en un puente que había a pocos metros, disparaban contra los cadáveres sospechosos, a los que delataba el miedo.

«Para ser estudiante, poco has aprendido», me dijo uno.

Cuando nos cogieron los franceses, pensé que nos matarían allí mismo. Atravesamos el pueblo de casas de adobes y entramados de madera, que todavía seguía ardiendo, entre cadáveres y gentes que trataban de salvar sus casas del fuego, mientras los franceses empujaban a sus prisioneros por las oscuras calles alumbradas por los incendios. A empujones nos metieron en un corral, con montones de estiércol y cuadras a los lados, por donde asomaban algunos muertos y una mujer desnuda que sangraba entre las piernas y gemía debajo de un pelo largo y revuelto, que no ocultaba la blancura de su cuerpo en la anochecida inminente. Pero lo peor era el cadáver de un niño, doblado sobre las bardas, como si la muerte lo hubiera sorprendido saltando la pared, con la sangre ya negra sobre los tirabuzones lacios por los que se había escurrido hasta el estiércol del suelo. Los aperos de la labranza nos sirvieron de cabezales para acomodar nuestro cansancio y nuestra humillación; de las cuadras negras salían unos quejidos intermitentes. Un hombre cubrió con su casaca destrozada el cuerpo de la muchacha, que no había dejado de llorar, mientras la noche nos iba devolviendo los miedos infantiles agazapados en la memoria y el vacío de todas las gallardías abandonadas durante el día.

Los centinelas franceses aparecían y desaparecían de las puertas del corral, abiertas de par en par hacia la noche iluminada por las hogueras. Las ganas de escapar me vinieron del hambre y de la pegajosa proximidad de los otros prisioneros, que dormitaban su resignación o rezaban esperando un milagro. Cerré los ojos para librarme de aquella confusa masa de recuerdos y de cuerpos derrengados y sucios, que se movían en la penumbra de mi miedo. La noche agrandaba el espesor de las sombras y los franceses volvían a las puertas del corral cada vez más borrachos. Cuando la oscuridad de la puerta, menos negra que el resto de la noche, se vació una vez más, varios prisioneros salieron corriendo y fueron segados a pocos metros por los fusiles de los imperiales; fue entonces cuando salté las tapias, encaramándome a la pértiga de un carro y envuelto en una manta parda, ajada por el tiempo, y corrí hacia el campo, mientras oía el tiroteo de los guardianes contra los que intentaron seguirme. Me llené del recuerdo de aquella muchacha que había quedado atrás mientras seguía huyendo de aquel infierno que me rodeaba, incorporado al repetido paisaje de mi carrera por un campo que me sobrecogía con su silencio y la amenaza de sus trampas desconocidas, en el que había caballos sueltos, débiles hogueras y cuerpos locos, que corrían como el mío, contra las tinieblas, sin más orientación que la de alejarse.

2

Vi a sir John Moore en la Cuesta de San Bernardo, subiendo del río y rodeado de una muchedumbre enloquecida que le aplaudía hasta el delirio. Era un hombre de mediana edad, rubio, pálido y melancólico; el pelo empezaba a escasearle sobre la frente y, como una compensación capilar, las patillas generosas le avanzaban triunfales por las mejillas rellenas, alargándole el rostro que tendía a la redondez satisfecha de la obesidad, a poco que se descuidara; después lo vería muchas veces, pero en aquel momento me pareció un pacífico comerciante, al que los balances de fin de año proporcionaban el optimismo de una risueña seguridad. Cuando Alodia, con las pupilas agrandadas por el agradecimiento y la admiración, lo vio por primera vez, al salir del Puente Romano y ascender hacia la ciudad en su carroza enfática y brillante, tuvo para él una de aquellas sonrisas que con tanta frecuencia iluminaban su cara chata de fea pobre, siempre que la gente era feliz a su alrededor, como si ella sintiera la necesidad de sumar su alegría a la felicidad universal que la arrastraba.

La ciudad había estado esperando a los ingleses como agua de mayo desde que se había perdido la euforia del triunfo de Bailén por los desastres del general Cuesta, jefe del cuerpo de ejército de Castilla, que, mejorando cada día la marca de su torpeza, había permitido que los franceses dominaran nuestra región. Todos sabíamos que los ingleses nos ayudarían a expulsar a los franceses más allá de la frontera de nuestra tierra. Por eso, al ver pasar a sir John Moore, erguido y silencioso, con un mohín de desdén en su cara de pan reciente, Alodia le sonrió como a un dios que se le hubiera aparecido entre los aplausos de una multitud aliviada de sus temores y entregada ruidosamente a la expresión de su alegría. Y Alodia mantuvo su sonrisa mucho después de que el general inglés, sin una señal de reconocimiento, ni una mirada de curiosidad, ni de perplejidad al menos, hubiera pasado de largo, con su séquito de caballos airosos y las premuras disciplinares de sus edecanes.

Con una obscena sinceridad, rompieron a cantar las campanas por la entrada en nuestra ciudad de aquellos herejes amigos y, junto a Alodia, un pordiosero agarabatado, como un peregrino con un bordón de hinojo y una larga capa, deslucida por un invierno que le había durado toda la vida, dijo con una mirada adusta que contrastaba con el júbilo de todos: «A ese tío estirao, le importamos un bledo». Y, al oírlo Alodia, una sombra le cruzó la cara, aunque enseguida se le pasó y continuó agitando su pañuelo en el aire y vitoreando a los ingleses, que seguían entrando en Salamanca, soberbios en su apostura de liberadores. El mendigo se encorvaba sobre su tosco cayado de caminante y los veía pasar como un pájaro de mal agüero, que enfriaba el relente que subía del río, aunque no era capaz de templar los gritos de aquella muchedumbre acalorada.

Los primeros que vieron a los ingleses fueron los niños del Arrabal, que salieron corriendo al oír de lejos un rumor creciente de gaitas y tambores, que mejoraban el recuerdo de los titiriteros, y se acercaron a ver aquel desfile de gigantes con faldas y serios como badiles, entre los que algunos eran sorprendentemente rubios; varios muchachos incluso se tiraron al suelo para ver lo que descubrían debajo de las faldas de aquellos extraños soldados, vestidos de mujer, que ni siquiera se molestaban en mirar a la gente y de los que sus padres habían estado hablando desde el verano, con una sonrisa que hacía tiempo tenían olvidada. Era el 13 de noviembre del año 8 y aquellos gaiteros escoceses le dieron un aire de fiesta popular a la entrada del ejército angloportugués en Salamanca.

Alodia casi bailaba al son de las gaitas, sin dejar de sonreír ante aquellos hombres tan grandes, tan marciales y tan dóciles al ritmo de aquella música campestre que hacía mover los pies y daba ganas de reír. Después de los meses pasados entre amenazas y zozobras, arengas y marchas militares, la llegada de aquellos soldados evitaba por primera vez la remontada del miedo. Con sus uniformes rojos, sus finos caballos de mejor raza que los percherones franceses y las banderolas de su tradición conquistadora, nos vino Dios a ver, porque era el final de una larga espera, angustiados por la tardanza de los ingleses, demorados en un Portugal interminable, en el que habían desembarcado a primeros de agosto.

Ni la sonrisa de Alodia, ni el entusiasmo de la gente se perdió durante los días que continuaron entrando las tropas aliadas en Salamanca, de las que Terenciano contó hasta veinte mil infantes, de los que tres mil continuaron camino de Alba de Tormes, quince cañones y tres obuses. Pero lo que más sorprendió a Terenciano, y que no dejó de anotar como cosa notable, fueron los veinte mil pares de botas que acompañaban al ejército inglés y las doscientas mil libras de queso, que al parecer necesitaban los soldados para hacer la guerra y que nunca se habían visto juntas en nuestra ciudad. Todos se acercaban a palmear en el hombro a aquellos ángeles salvadores; pero ni las efusiones, ni los abrazos intentados, de los que se zafaban como quien se sacude la caspa de los hombros, consiguieron deshacer su geométrica formación disciplinada, ni los incitaron a desviar sus rígidas miradas azules del cogote rubio que les precedía en aquellas columnas inacababless, a las que ni las gaitas escocesas, ni los coloridos calcetines de los gaiteros, ni sus gorras inimaginables mermaban su impavidez castrense. Pero los salmantinos, apenas salidos del terror francés, les perdonaron aquella desdeñosa actitud.

Les perdonamos todo, inclusive cuando se entregaron a idéntica rapiña que los franceses, después de acantonarse en nuestra ciudad y en los pueblos de los alrededores. Los sargentos exigieron piensos y forrajes para sus caballos y, el primer día, unos soldados decapitaron de un seguro sablazo a un cerdo que se les cruzó en la calle, después de haberlo martirizado con las picas de sus lanzas y las espuelas de sus botas, sin hacer caso de los gritos de su dueño, ni de la airada sorpresa de los transeúntes. Sus contadores solicitaron de las autoridades el pago de una cuantiosa suma de dinero, como contribución de guerra, para alimentar a aquel ejército de gigantes, que devoraba treinta vacas diarias y que estaba mejor comido que nosotros.

Sus aliados portugueses se dedicaban al discreto saqueo de sus menores posibilidades y al enamoramiento furtivo de fámulas y lavanderas del río, que quedaron preñadas con la probada eficacia de los hombres del Alemtejo y Trás-os-Montes. Por lo demás, los caballos ingleses, almohazados todos los días, no fueron con nuestras calles más respetuosos que los franceses. Las lamentaciones inglesas por el exagerado clima salmantino, que mantenía la ciudad bajo cero grados desde mediados de noviembre, no fueron menos abusivas y sonoras que las de sus enemigos, aunque expresadas con menos efusión y frecuencia. La única disparidad verdaderamente reseñable entre unos y otros estuvo en que las mujeres quedaron más a salvo que con los franceses, a expensas de los mayores peligros a los que estuvieron expuestos los adolescentes; pero, en general, se diferenciaron poco en su comportamiento de invasores y en su actitud de dominantes. Los franceses iban contra nosotros, nosotros íbamos contra los franceses y los ingleses iban contra todos, pues su orgullo no les permitía menos, como decía mi tío Ricardo, que había luchado contra ellos en el 72.

Augusto, ocupado en misteriosas intrigas y servicios privados a los ingleses, con los que se entendía en una lengua improvisada y antigua, mezcla de latinismos escolares y restos de sus lecturas de Richardson y Sterne, había desertado de las tabernas del Corrillo y de las solaneras de la Plaza Mayor, pero siempre que me veía, apresurado por sus nuevas obligaciones, me hacía la misma advertencia: «No olvides ponerte el cinturón de castidad todos los días, porque con estos ingleses nunca se sabe», como si hablara por experiencia, y desaparecía, aventurero y triunfal, hacia los palacios donde los generales ingleses se encerraban a preparar sus planes de campaña y a emborracharse en cuanto se ponía el sol detrás de las catedrales, con la disculpa de combatir el frío de las heladas nocturnas de noviembre, que sólo se atemperaban con las nieblas que subían del Tormes, como velos misericordiosos que las divinidades del río enviaran para evitar la huida de los ingleses y permitirles cumplir su compromiso de hacer la guerra a los franceses. Aquellas orgías inconfesables, que tenían asustada a la clerecía y subyugada la imaginación de las gentes del pueblo llano, permanecían veladas por los postigos de las ventanas y el silencio de los protagonistas, y sólo se podían valorar por el número de botellas rotas que al día siguiente aparecían en la calle, las putas expedidas como sacos inoportunos al amanecer y los rostros pálidos y ojerosos con que los ingleses afrontaban la nueva luz de cada día.

A pesar de sus borracheras, de sus desdenes y de sus otros desmanes menores, los ingleses eran nuestros ángeles tutelares y nos resignamos a que, también ellos, invadieran nuestra ciudad, incomodaran nuestras calles y nos disputaran los bancos de nuestras tabernas. Uno de ellos empezó a seguirme con sospechosa insistencia y me hizo recordar las alegres advertencias de Augusto, que no parecían vanas ante aquel impúdico acoso y que demostraban una vez más la lucidez de adivino de mi amigo y su sabiduría de profeta. Pero, pasados unos días, se descubrió que no era a mí a quien iba dirigida aquella persecución, sino a mi hermana, a la que había entrevisto en una de sus escasas bajadas del cielo y que, naturalmente, le había hecho hervir la sangre, aunque fuera de horchata, como decía mi tío Ricardo, y le había deslumbrado, como la figura de un cuadro que se hubiera echado a andar por la calle. Aquella aventura insólita, que llevó al inglés a merodear por nuestra calle, sobornar a nuestros criados, según nos contaba San José con el gesto adusto de su celosa admiración por Manuela, y enviar obsequios de príncipe, fue breve y turbulenta, pues el inglés era menos frígido de lo que su apariencia hacía suponer y su apasionamiento, transcurridos unos días de paciente espera, resultó ser más cálido de lo que cabría esperar de la tradición boreal de su país. Mi hermana ya no pudo salir de casa, asediada por las premuras sexuales del inglés, que no tenía ni el pudor, ni la contención de las buenas formas a las que su grado de oficial y la responsabilidad ejemplar de sus funciones castrenses le obligaban. La única vez que pudo acercarse a mi hermana, probablemente borracho, casi la desflora en plena calle y sólo la intervención de la gente la pudo librar de aquel ataque de macho encelado por la belleza de Manuela, que arrebataba hasta a los ingleses.

Los curas habían olvidado sus antiguas reticencias contra aquellos herejes anglicanos y rumiaban su desconcierto cuando los domingos, en la explanada que hay delante de los Mínimos, celebraban sus oficios religiosos con dos tambores, uno encima de otro, como altar sobre el que el pastor colocaba el libro de las Sagradas Escrituras, comido del sol y de las campañas de medio mundo, y cantaba los versículos bíblicos con una unción que nada se parecía a la rutinaria entonación de nuestros sacerdotes en las misas dominicales. Y los soldados, salidos indemnes de sus bacanales nocturnas, acompañaban al oficiante con una seriedad de creyentes y una intensidad de voz que hacía olvidar sus notas falsas y sus apuros para terminar las estrofas litúrgicas, demasiado largas para el aire de sus pulmones e iniciadas en un tono más alto de lo que sus gargantas de fumadores y de libertinos trasnochadores les toleraban.

Una multitud interesada y probablemente envidiosa rodeaba de curiosidad aquellas reuniones religiosas a cielo abierto, en las que no había ni Cristos, ni santos, ni púlpitos, ni inciensos azules para comunicarse con Dios. Y era la misma gente que asistía al espectáculo de los castigos ejemplares que, en presencia de sus jefes y de los batallones en formación, se les aplicaban a los culpables de faltas de honor o de disciplina; les quitaban la casaca, les ataban a la cureña de un cañón y los tambores eran los encargados de darles zurriagazos hasta que se desvanecían y eran arrastrados a los calabozos, a los que algunos no llegaban vivos y donde otros morían desangrados, para ser después enterrados con una breve ceremonia fuera de los cementerios católicos, vedados por las autoridades eclesiásticas españolas, que no permitían que aquellos herejes se mezclaran con los cristianos después de muertos, aunque les parecía bien que mientras estuvieran vivos nos defendieran.

Uno de aquellos borrachos, que había desobedecido a su sargento y le había golpeado hasta la saciedad, fue juzgado y condenado a muerte y fustigado hasta que por tres veces su cabeza exánime cayó sobre el pecho desnudo, salpicado de sangre y con un vello amarillento que brillaba en el indeciso sol de noviembre; después, cuando ya no fue capaz de levantar la cabeza ni de responder a las preguntas protocolarias, un médico certificó su muerte, lo vistieron con el uniforme de gala, del que habían arrancado sus insignias y todos sus botones, y lo enterraron de tapadillo al anochecer, con el gusto macabro de los ingleses por las ceremonias fúnebres. Al día siguiente, con gran asombro de sus jefes y de sus compañeros, que no acababan de sorprenderse de los españoles, el uniforme del muerto, sin haber terminado de limpiarle la tierra que se le había pegado en su efímera bajada a los infiernos, apareció en el mercado de ropavejeros de la Plaza del Carbón a buen precio y en buenas condiciones.

La ciudad se acomodó mal a aquellas presencias intrusas, que no olvidaban nunca ni su distanciamiento, ni la conciencia del valor que les concedíamos, como si fuéramos sus prisioneros. Su altanera grosería fue creciendo con los días y fueron conociéndose las anécdotas de sus abusos y de sus insolencias. Sólo Piñoncito parecía estar en la gloria con aquella masculinización de la ciudad, que le permitía experimentar las delicias del Paraíso e imaginárselo como una Salamanca celestial, poblada de anglosajones rubios, permanentemente dispuestos al amor heterodoxo e interracial. Pero mi tío Ricardo, que había empezado compadreando con los nuevos invasores, a los que concedía la deferencia de su igualdad, impulsado por su odio a los franceses y su Revolución más que por amor a los ingleses, acabó rehuyéndolos y criticándolos, cuando diez veces seguidas lo derrotaron en sus concursos de beber cerveza y lo dejaron en ridículo ante sus paisanos, que habían apostado por él, en las tabernas de sus baladronadas.

Las peleas fueron creciendo y propagándose en los pueblos de los alrededores y en los suburbios de la ciudad, sobre todo en los mesones de la ribera del Tormes; pocas noches quedaron sin que mi padre no tuviera que acudir a vendar las cabezas abiertas de los camorristas españoles o a certificar la muerte de algunos, que perdían la vida por un pundonoroso patriotismo de taberna. Los celos exacerbaron la furia de la comunidad y los ingleses se encerraron en su orgullo y atemorizaron las calles con su lejana altivez y sus imprevisibles bromas cuarteleras a costa de sangre indígena. Las cestas del mercado rodaban con frecuencia ante su irritada osadía y los perros solitarios eran alanceados con ferocidad de cacería, sin que intentaran una convivencia cívica con el personal, que hasta los franceses habían intentado. Sólo se humanizaban un poco cuando veían a Merceditas, con su bastón de caña de Indias y contera dorada, llovida de pecas y embalsamada en arrugas, cruzar por la calle delante de ellos sin mirarlos, ni concederles más atención que a los ociosos pobres habituales de las puertas de las iglesias o a las gallinas escapadas de los corrales, a las que sorteaba sin fijarse en ellas, camino del Patio de Escuelas Menores, cargada con sus pinturas, envuelta en lavanda inglesa y con las cordovenas de su papada, sobre la que las cuatro vueltas de su collar eran más contención de sus pellejos que adorno de la flaccidez de su cuello de pajarito. Debía de parecerles, con sus andares tiesos y las distancias que establecía con su bastón extendido sobre el mundo, uno de los suyos.

Con la venida de los ingleses, mi tía Adela tenía otra catástrofe que recordar y estaba siempre dispuesta, por aquellos días aciagos y tenebrosos, a resucitar a los muertos salmantinos en el infructuoso cerco de Gibraltar y la indignación colectiva, no hacía tantos años, cuando se supo la derrota de Trafalgar, donde no murió nadie de la ciudad, porque éramos gente de secano. Pero tía Adela, con la exaltación de la segunda botella de orujo, hacía suyos aquellos muertos, a los que invitaba por la noche a su tertulia y reabría las heridas de aquella humillación, que todos, menos ella, parecían haber olvidado, como a los cadáveres que se habían quedado para siempre en los bajos de la bahía de Cádiz. Faltaba poco para que se asomara a las ventanas de su casa a insultarlos, y sólo su horror a la luz del día le impidió enfrentarse a las patrullas inglesas, que hacían todos los días una ominosa ronda por la ciudad, con la mirada peleona del brandy español que los enloquecía.

Supe entonces que aquella vez mi tía Adela tenía verdaderos motivos, en el supuesto de que otras veces no los tuviera, para enfurecerse contra los nuevos intrusos y para seleccionar, con su ejercitada habilidad para la blasfemia, los más envenenados y desmedidos improperios contra aquella tropa de bellacos prepotentes que nos aplastaban con su poder y su incombustible altanería de témpanos escapados de un zoológico. Porque uno de aquellos amores juveniles y desesperados, con los que mi tía había puesto a prueba su capacidad de tragedia y los arrebatos de la insaciable voracidad de su útero, había muerto en Gibraltar como un héroe inútil, como un oficial anónimo, que había esperado hacer carrera en el ejército y arrastrar a mi tía a una vida de banderas desplegadas, desfiles gloriosos, conquistas, entorchados y medallas, brillos de uniformes siempre nuevos y una interminable y ardiente sucesión de orgasmos en las geografías más disparatadas del planeta, con tempestades andinas, bohíos cubanos o refinamientos filipinos como fondo de las fantasías eróticas puestas en práctica en las noches cuajadas o en las siestas luminosas del basto y heterogéneo imperio español. Y mi tía Adela, casada caprichosa y apresuradamente la víspera de la marcha de su novio, cuando ya los clarines tocaban a diana y sin tiempo para consumar su matrimonio, bramaba la frustración de su viudedad de soltera, sin acordarse de que no había tardado mucho tiempo en sustituir el amor eterno del semental castrense por un joven estudiante menesteroso y locuaz, del que podía ser su madre y que había encontrado, náufrago, en un bochornoso crepúsculo de mayo en las alamedas del Tormes, suspendido en los exámenes de licenciatura y necesitado de consuelo adecuado e inmediato. Durante un corto tiempo se amaron con la frenética y estremecida vehemencia que tía Adela ponía en todo, hasta que un día de particular exaltación, dentro de sus excesos, le dijo sin dejar de mirarle a los ojos enamorados: «Te amaré hasta los cien años; pero no me pidas que te siga amando después, porque no soy de las que son fieles durante mucho tiempo». El estudiante salió corriendo, sin volver la vista atrás, y la dejó con otra soledad que añadir a las muchas que doblegaban su memoria.

Pero, a pesar de todo, nada podía impedir nuestro agradecimiento a los ingleses, para el que estábamos predispuestos desde que supimos que venían en nuestra ayuda. «Vienen a lo suyo», había dicho mi padre, en uno de los pocos momentos en que volvía a la tierra desde su marginación huraña y desvalida; pero el *Correo Político y Literario de Salamanca* que, en el Mesón de la Puerta de San Pablo, Paco leía en voz alta tres veces por semana y sobre el que llovía su entusiasmo patriótico y su excesiva salivación incontrolada, había mantenido nuestra ilimitada esperanza en los ingleses. Cuando a primeros de agosto, el periódico, que sufría la apasionada sudoración de las manos de Paco, había publicado la noticia de que el día 1 de julio habían salido de los puertos ingleses diez millones de cartuchos con bala y otras municiones con destino a los patriotas españoles y un millón de duros enviados a La Coruña, lo que provocó que los parroquianos aceleraran el consumo de vino, que se desbordó cuando supimos que habían desembarcado en Cádiz diez mil irlandeses, Paco, reventando las costuras de su camisa con la generosidad expansiva de sus diez arrobas de peso, salió a la calle gritando la muerte para todos los franceses y para todos los afrancesados, en la solanera agobiada de calor y vacía de gente en la que un perro desenroscó su sopor de mediodía y huyó ante aquella sonora e intempestiva declaración de patriotismo, en busca de otra sombra lejana a la que no llegara el vozarrón de aquel gigante borracho.

Mientras tanto, la ciudad preparaba su guerra particular y las monjas llenaron sus ocios religiosos cosiendo casi mil quinientos uniformes para los soldados; las más diligentes fueron las de Santo Domingo que prepararon ellas solas cien uniformes y las de San Agustín, que hicieron ochenta. Y los ciudadanos contribuyeron a las acciones bélicas entregando tambores de guerra, que nadie se explicó cómo los habían fabricado en sus casas pacíficas y silenciosas. Don Antonio de la Peña fue el máximo donador de tambores, pues entregó seis, a cuya confección debió de dedicar sus habilidades de artesano, y don Manuel Puyol, que le dio a la causa cuatro, lo que también sorprendió mucho, pues nadie conocía ni su pericia manual, ni sus nostalgias castrenses, como también sorprendió, aunque menos, que el prior de Alcántara contribuyera con dos tambores, y con uno, robando tiempo a su molicie estival y a sus deberes eclesiásticos, otros priores, abades, canónigos y curas. Que don Pablo Reyrruard diera dos tambores pareció natural en quien tenía que hacerse perdonar, en aquel furibundo ambiente de odio a los franceses, sus antepasados familiares. Y que don Vicente Blanco, el librero, entregara otro, también pareció previsible en quien había vendido tantos libros franceses que habían descarriado a muchas conciencias españolas. Los pañeros de Béjar entregaron dos mil trescientas setenta y nueve varas de paño para uniformes y doscientas de estameña para mantas y otros usos menos dignos, y los bejaranos colectaron setenta y ocho mil cuatrocientos setenta y siete reales y un montón de alhajas para los gastos de la guerra, entre las que había un dije dorado y sentimental con una leyenda efímera que decía: «No me olvides».

Y a mí me resultaba irritantemente ingenua aquella pueril militarización de la ciudad, después de haber asistido a la derrota de Medina de Rioseco. Por aquellos días se presentó en Salamanca un oficial inglés, que venía de Castelbranco y confirmó el desembarco de quince mil ingleses en la costa atlántica, a dos pasos de nuestra ciudad, porque para nuestra satisfacción Dios había querido a Portugal estrecho. Mi tío Ricardo empezó a comentar por los mentideros que frecuentaba que había que aprender inglés para entenderse con Dios en el otro mundo.

Aquellos refuerzos en camino fortalecieron los ánimos y la ciudad se entregó a una limpia de afrancesados, que llenó la cárcel y provocó la huida de los más precavidos; temí por mi padre, pero nadie le molestó. En la Plaza Mayor se quemó un pelele que quería ser el rey José con una botella en la mano, los papeles de su Constitución debajo del brazo y a sus pies montones de libros franceses, cogidos en las casas de los presos, junto a las proclamas de guerra de su ejército. El día 19 de agosto se celebraron en el convento de los Carmelitas unas solemnes exequias por las víctimas del 2 de mayo en Madrid. El 20 de agosto, que tenía un aire sucio de desván, llegó a Salamanca el general inglés Doyle y se trasladó a Alba de Tormes, donde el general Cuesta había recogido su ineptitud y su irritación de viejo cascarrabias; a primeros de septiembre, el obispo de Ciudad Rodrigo recibió una carta del obispo portugués de Guarda, en la que le contaba la derrota del mariscal Junot y el general Delaborde a manos de los ingleses; esta carta, reproducida por el *Correo,* elevó el belicismo y la confianza de los salmantinos en los ingleses, agotó de paso las cubas de vino del Mesón de la Puerta de San Pablo y llevó hasta la cama de Paulina una clientela que necesitaba desfogar su entusiasmo patriótico entre las piernas de la muchacha, a las que iban a parar todos los acontecimientos de la ciudad, como si fuera la Plaza Mayor.

Ni el frío, ni los ingleses habían impedido a Merceditas sentarse todos los días delante de la fachada de la universidad y trasladarla a sus acuarelas, que a los ingleses, cuando las vieron, les recordaban el arte de Thomas Girtin, aunque más sutil y menos acabado. Si hacía mucho frío, se cobijaba en el arco de la entrada del antiguo Hospital del Estudio; la gente se paraba a mirar su trabajo y a contemplar aquellas viejas manos pecosas, por las que pasaba la luz como a través de un papel; pero ella estaba ajena a aquella curiosidad, recogida su atención en las minuciosas filigranas de aquellas piedras labradas de un amarillo rehogado indefinible; su mirada octogenaria se resistía a veces a deshacer el misterio de aquellos nervios de piedra, entrelazados sorprendentemente, convertidos en una inverosímil floración de grutescos, dragones de colas florales, vegetales insólitos y figuras simbólicas, que se negaban a su interpretación y a la habilidad de su mano, que quería abarcar el conjunto más que los detalles y que nunca se daba por vencida, a pesar de que venía copiando aquellas piedras milagrosas desde que un día en su juventud, buscando motivos para sus acuarelas, descubrió su perfección ornamental y la esplendorosa maravilla de su luz, que en vano trató de conseguir con sus pinceles.

Cuando la vista le falló con los años, acudió a unos espejuelos que llevaba colgados al cuello y que le permitían aumentar su sorpresa cada vez que se los calaba para acercarse más a la perfección artesanal de aquellas labores de encaje en la piedra, que nunca acababan de maravillarla, perdida en aquella ordenada sucesión de encantamientos, que pacientemente trataba de reproducir; pero nunca quedaba satisfecha de su obra, porque siempre se le quedaba muy lejos del modelo, y volvía a empezar sin un desmayo, inaugurando lienzo, pinceles, acuarelas y voluntad, echándole la culpa de su fracaso, nunca a su falta de habilidad pictórica o a la dificultad de su empeño, sino al prodigio cambiante de aquella pared recubierta de adornos hasta la obsesión y con un color que se hurtaba a todas las imaginaciones cromáticas de su paleta, que nunca acertaba, por muchas mezclas de colores que ensayara para reproducir fielmente y como ella la veía aquella fachada luminosa, que resplandecía inclusive con el mal tiempo y que sólo se iluminaba totalmente algunos días del mes de junio, con un sol glorioso que hacía resaltar sus encendidos relieves y les sacaba a las piedras dorados matices que sus pinceles inútilmente se afanaban por copiar. Se pasaba del amarillo, no llegaba con el rojo, se perdía en el ocre tierra, se olvidaba del negro, se entusiasmaba con el albayalde y volvía a ensayar otra mezcla, cuando era evidente la insuficiencia del resultado, mientras su mano decrépita y enjoyada insistía en el acabamiento de los detalles, sin cansarse nunca, como si debajo de aquellos frágiles tendones y aquellos huesos gastados por el tiempo hubiera una vertebración geológica indestructible.

El corazón se nos había parado cuando corrió la voz de que Napoleón, cruzados los Pirineos, estaba en suelo español y los ingleses, lentos y precavidos, no acababan de llegar. Yo no me podía imaginar al general Cuesta enfrentándose a Napoleón cuando hasta el general Bessières lo había derrotado en Medina de Rioseco; las zozobras de aquel otoño, lleno de *Te Deum,* colectas patrióticas, alistamientos, canciones enardecidas, generosidades conmovedoras y aprendices de héroes, iban a terminarse a manos de aquel corso rapaz, que avanzaba ya por los campos de Castilla arrasándolo todo con el fuego de su ambición y su tenacidad de loco. Y fue entonces cuando llegaron los ingleses. Con aquellos mocetones rubios, que campeaban por Salamanca con la soberbia de los conquistadores, nada deberíamos temer. Eran muchos, estaban bien alimentados, tenían buenas armas y lucían unos rostros inteligentes de vencedores. Yo recordaba a los franceses que había visto en Medina de Rioseco, veteranos grasientos y bigotudos, con la crueldad de los torpes en la mirada y el gesto hosco de los indisciplinados; inclusive sus uniformes estaban descoloridos y sus caballos eran toscos y peludos, más propios para tirar de un carro de labranza que para ganar una batalla. Después de las angustias de las últimas semanas, la serena autoridad de los ingleses nos devolvió la tranquilidad y volvimos a pensar que podríamos expulsar a los franceses de nuestra tierra para siempre; porque, después de Bailén, sabíamos que los franceses eran vencibles, aunque no por el general Cuesta.

Don Porfirio, a la hora de reseñar los acontecimientos, estaba perplejo por la conducta de los ingleses, pues su honradez profesional no podía echar en saco roto los desmanes que a diario cometían, ni la desdeñosa cerrazón con que nos abrumaban, como si estuviéramos apestados. No eran los salvadores que nos habíamos imaginado y sobre todo le extrañaba su indiferencia por nuestra suerte, que parecía tenerles sin cuidado, atentos sólo a sus cuarteles y al provecho de sus estómagos. Pero tampoco podía olvidar lo que nuestro patriotismo tenía que agradecerles por la ayuda que habían venido a darnos y por la seguridad que su presencia había proporcionado a nuestra ciudad inquieta y desolada. Si su crónica tenía que reflejar con exactitud los hechos, no podía eludir el fortalecimiento que su llegada había infundido en nuestros ánimos desvalidos; pero su grosero comportamiento no parecía presagiar una gran ayuda. Los héroes de sus libros de historia no eran así; ayudaban a los pueblos oprimidos y les concedían la gracia de su buen trato. En su cabeza no cabían estos héroes buenos y malos, generosos y mezquinos a la vez. El no podía conceder sus adjetivos a una gente tan soez.

Y entonces empezaron a llegar las noticias de los triunfos de Napoleón en Burgos, Gamonal, Espinosa de los Monteros, Tudela y, más cerca, casi a las puertas de casa, Somosierra y después Madrid, y simultáneamente llegó la Real Orden de la Junta Central, de Aranjuez, mandando el alistamiento de todos los hombres solteros desde los dieciséis años hasta los cuarenta y de los viudos sin hijos. La ciudad se hizo un revuelo y se corrió la voz de que sir John Moore se volvía a Portugal y nos dejaba solos frente a Napoleón. Don Porfirio recibió la noticia con un presentido estupor, que paralizó su pluma sobre el inmaculado papel de su crónica. Yo no me lo creí y se lo pregunté a un oficial inglés, con el que había hecho alguna amistad, entre curioso y agradecido, más que nada por ir contra mi padre y su fervor francés. Pero no me supo decir nada, aunque desde aquel día ya no me hizo falta ninguna confidencia, porque a primeros de diciembre todos supimos que los ingleses estaban preparando su salida de nuestra ciudad o su huida, como dijo mi padre, emergiendo del silencio de su infierno de solitario, comido de remordimientos y de dudas. «Quien tiene a los ingleses de amigos, no necesita peor enemigo.»

Augusto, que seguía enredado con los ingleses en extrañas operaciones de enlace con algunos patriotas que se habían echado al campo a luchar contra los franceses, me lo venía advirtiendo: «Estos tíos nos van a dejar en la estacada». Oía a los oficiales, que hablaban en su presencia confiados en su falta de conocimiento del inglés y en las limitaciones de su mente. Y lo que oía no le gustaba; apenas llegados a Salamanca, habían tenido que pedir dinero a Londres, pues las cuotas impuestas a los salmantinos eran insuficientes para mantener a aquel ejército de gigantes y de comilones, y poco después Augusto oyó a dos ingleses que comentaban las opiniones de sir John Moore sobre la incompetencia del Gobierno español y sus temores de que, si las cosas seguían así, la derrota de sus ejércitos sería inevitable, por mucha buena voluntad que pusiera el pueblo, y añadían las palabras de sir John de que «su deber no era más que salvar al ejército inglés».

Pero, a pesar de todo, yo creía que Augusto exageraba; no era posible pensar que nos iban a abandonar, después de haber hecho tan largo camino para venir en nuestra ayuda. Ni siquiera cuando se supo que Napoleón andaba por tierras de Burgos, a últimos de noviembre, podíamos pensarlo. Pero un día Augusto le oyó decir al general David Baird, jefe del cuerpo del ejército inglés del norte: «¿Qué hacemos en España?». Según él, la retirada a Portugal era cosa de días. A primeros de diciembre, llegaron a Salamanca los viejos generales don Ventura Escalante y don Agustín Bueno. Augusto parodiaba con gestos gotosos su bajada del carruaje que los había traído de Madrid, con su forzada prestancia y sus arrugados rostros cansados, que no desmentían ni su dignidad militar, ni su vejez escandalosa. Uno de ellos, sin saber exactamente cuál, se llevó las manos a los riñones en un insospechado y delator ademán de agotamiento, impropio de las muchas medallas que agobiaban su casaca y del fajín que ponía en evidencia la plenitud de su barriga.

Los viejos generales habían venido a Salamanca a proponerle a sir John que asegurara la defensa de Madrid con su ejército y con la ayuda de las tropas españolas, que el general Castaños había conseguido salvar del desastre de Tudela frente a Napoleón; pero sir John sabía lo que nuestros generales, arrebujados en sus capotes y sorprendidos por el frío de Salamanca, no sabían: que Napoleón estaba ya a las puertas de Madrid y que era tarde para ir en su defensa. Las nieblas de diciembre hicieron más opaco el diálogo entre los militares ingleses y los españoles; la ciudad escondía sus esplendores bajo una niebla insistente, que ponía una duda de incertidumbre en las conversaciones y un color violáceo en los rostros despigmentados de los ingleses y de los viejos generales, mientras en las tabernas del Corrillo los soldados lamentaban su tedio de desterrados en aquel diciembre británico que les resucitaba los recuerdos de su país y les devolvía las ganas de emborracharse de nuevo. La noche del 9 al 10 se supo en Salamanca que los madrileños habían capitulado hacía unos días.

A la mañana siguiente, ante nuestros ojos asombrados y nuestra furia desesperada, los ingleses empezaron a abandonarnos, pero no hacia Portugal, por el Puente Romano, como se había dicho, sino camino de Valladolid, por la Puerta de Zamora. Los ingleses nos dejaban solos, frente a Napoleón; al principio, me había resistido a creerlo, porque me parecía excesivo para nuestra debilidad, pero los preparativos de la marcha contradecían mi optimismo y la inocencia de mis presunciones. Había que buscar otros dioses en quienes confiar, porque Salamanca no merecía una gota de sangre inglesa, y pensé, con una cierta resignación envenenada, que a lo mejor mi padre tenía razón cuando despotricaba contra los ingleses. Augusto quiso convencerme a última hora de que no huían, como había pensado la semana anterior, sino que marchaban a cortarle el camino a Napoleón en los campos de Castilla; pero no lo creí, porque estaba convencido, después de haberlos visto, que no se atreverían a enfrentarse con él; simplemente nos abandonaban y ya no podíamos contar con ellos; volvíamos a estar solos, a merced de los franceses de mi padre; era otra salida que se nos cegaba en aquel laberinto de esperanzas perdidas y de entusiasmos baldíos. Los afrancesados volvían a salir de sus covachas y se atrevían a sonreír atravesando la calle sin precauciones. Mi tía Adela iba a tener otras muchas desgracias que añadir a su interminable relación de calamidades salmantinas y su tertulia nocturna se vería frecuentada por nuevas gentes, que arrastrarían hasta sus salones vacíos la decepción de haber confiado en los ingleses y los recuerdos de su paso por Salamanca.

Como para que los ingleses se fueran sin pena, si es que tenían corazón para sentirla, la ciudad estaba hosca y fea aquellos días, con las nubes bajas de la llanura ahogando aquel cielo que necesitaba para respirar y oscureciendo el esplendor de sus piedras doradas, que se entenebrecían como un temido presagio que empezaba a cumplirse. Los manteos de los curas revoloteaban en un aire negro, que ponía lutos insospechados en las calles abandonadas por los pocos estudiantes que quedaban en la ciudad y que se encerraban a jugar sus partidas de naipes y a ahumarse en los estrechos cuartos de sus pupilajes miserables. La ciudad era un recinto por el que campeaban los perros hambrientos y los hombres solitarios de los crepúsculos invernales. Los uniformes rojos de los ingleses, cada vez menos numerosos, iban vaciando la ciudad de sus débiles esperanzas y las horas lentas de la Mariblanca, que volvían a oírse con nitidez de funeral, caían desde la torre de la catedral sobre los oídos de los salmantinos, que empezaban a experimentar otra vez la proximidad del miedo.

Casi nadie salió a despedir a los ingleses, que tampoco demostraron ninguna emoción al dejarnos; se llevaron las mismas caras herméticas que habían traído al llegar, la misma lejanía de sus miradas y la misma tiesura de sus cuerpos erguidos como mástiles. Tuvieron el buen gusto de no tocar sus gaitas mientras se alejaban, lo que les dio a sus desfiles de despedida, que se prolongaron durante varios días, un tono de entierro de tercera. Alodia salió a verlos, con su cara desilusionada, en la que los hoyuelos de sus frecuentes risas habían desaparecido bajo la amenaza de las lágrimas. Como una obligación ciudadana, fue todos los días que duró la salida del ejército inglés para comprobar la inexorabilidad de aquella retirada y para volver a ver, si le fuera posible, el rostro pálido de sir John, al que no hacía un mes había recibido con tanto júbilo. Pero no pudo verlo, porque debió escapar de noche, como si temiera exponerse a la luz de sus dudas y de sus indecisiones. Sin embargo, Alodia permaneció inmóvil, a la vera del camino, como contagiada por la inmovilidad de la ciudad que cargaba con otra de las históricas equivocaciones de su sabiduría. A su lado, el mendigo agarabatado sonreía con una mueca de profeta que ve cumplirse sin sorpresas las catástrofes anunciadas.

Don Porfirio, aquejado de un ataque de gota y temeroso del frío que se colaba por los entresijos de las ventanas, no pudo comprobar la salida de los ingleses, pero el silencio que se abatió sobre la ciudad, como una ola, le advirtió que algo había ocurrido, que necesitaba de su erudición para perpetuarse en la memoria de los libros. Aquel silencio que volvió a invadir su cuarto de trabajo le sorprendió con la pluma levantada sobre el papel blanco y la tinta secándose sobre las puntas de su ingenio, sin saber qué escribir sobre aquellos extranjeros, que habían venido a salvarnos y que ahora se iban sin haberlo hecho; su perplejidad histórica se demoraba en los ejemplos de heroísmo que abrumaban la comba repleta de los anaqueles de su gabinete y levantaban los furores pacíficos de su indignación. Los ingleses habían sido los hombres buenos de aquella leyenda que estaba por escribir; había ya preparado sus adjetivos laudatorios y los signos de admiración de su agradecimiento; la historia de Roma era un venero inagotable de comparaciones gloriosas para los vencedores que habían venido a Salamanca a humillar el vuelo soberbio del águila imperial. Pero todo aquello, como el bocado que se pierde entre el plato y la boca, se había frustrado y no encontraba antecedentes con los que adornar su desilusión y sustituir los párrafos de su retórica por la evidencia de aquella cobardía y de aquella deslealtad. Así es que escribió sobre el papel, que chirrió ante su embate y rasgó la serenidad de su escritura, estas palabras que le parecieron suficientes para reflejar los acontecimientos que Salamanca estaba viviendo y que me enseñó con cierto orgullo infantil: «Ante la proximidad de Napoleón, los ingleses salieron huyendo de la ciudad con bagajes e impedimentos».

La desolación de Piñoncito era patética, con la retina todavía encandilada por los cuerpos de los efebos rubios y sonrosados que, aunque no le habían tocado un pelo, habían sido durante un mes un sueño posible, aunque momentáneamente inalcanzable, lo que hacía más efusivo el encantamiento; casi lloraba por los rincones por donde el milagro de su vida se hubiera podido hacer realidad de carne y hueso. Con desolada resignación había recorrido la ciudad vacía para ver si algún rezagado o algún desertor le podía devolver la intensidad del deseo y la felicidad entrevista en una mirada de aceptación. Pero ya no había nadie, porque los ingleses acabaron por irse y las roderas de sus carros se endurecieron con los hielos de diciembre, mientras Salamanca se recogía ante su futuro imprevisible, del que lo único cierto es que sería con toda seguridad doloroso. Las primeras nevadas del año cayeron sobre una ciudad inmóvil, sobrecogida y fantasmagóricamente hueca. No recuerdo unas Navidades más apesadumbradas que aquellas Navidades del año 8.

Sólo Merceditas, indiferente, orgullosa y terca, ignoró la marcha del ejército inglés y ni siquiera advirtió el silencio que cubrió la ciudad, a medida que los caballos, los cañones y los carros de la intendencia abandonaban la ciudad. Envuelta en una manta que le tapaba la cabeza y le dejaba fuera únicamente la punta de la nariz y las manos temblorosas, calzadas con unos mitones negros, de los que sobresalían sus viejos dedos blancos y transparentes, como las patitas de un pájaro aterido, Merceditas había seguido pintando la fachada de la universidad, con la vencida espalda apoyada en el quicio de la puerta del antiguo Hospital del Estudio y amparada en el parco cobijo de una sombrilla de colores, de la que goteaba la humedad de aquel diciembre desabrido. Los tonos de la piedra de la fachada se habían aplacado, pero no vencido con las lluvias y las nieblas, y parecía más posible encontrar la combinación de matices que traduciría la pasmosa belleza de aquel lienzo de pared cubierto de sorpresas. Había que rebajar los ocres de la tierra con la neutralidad del negro, para lograr aquel oro enroñado que el invierno ponía sobre aquellas piedras; pero a poco que la luz cambiara y un golpe de viento espabilara las nubes, permitiendo que un leve resol aclarara el cielo, aquel color se desvanecía y el oro se limpiaba, sin alcanzar no obstante la luminosidad del verano. Merceditas no se desesperaba, pero se entristecía y volvía a empezar.

Hubiera podido darse cuenta de la marcha de los ingleses, porque a primera hora, apenas instalada en aquel sucinto refugio del Hospital del Estudio, vio a un oficial inglés, al que conocía porque le había querido comprar una de sus acuarelas, a su lado, vestido con el uniforme de campaña, que, a pesar de su cromatismo exaltado, a ella no le interesaba. El inglés volvió a ofrecerle dinero por la acuarela que estaba haciendo y cuyo abocetamiento le daba una ligereza de cosa soñada que a Merceditas le parecía inconclusa y al inglés le resultaba fascinante; pero ella volvió a negarse, porque, le dijo, no lo hacía por dinero y por nada del mundo le vendería aquella pintura, que además no estaba terminada. El inglés, que tenía prisa, insistió sin convencimiento, y ante la nueva negativa, a pesar de haber doblado su oferta, se fue no sin antes besarle la mano a Merceditas y decirle adiós. Merceditas, que ni siquiera sospechó que aquel adiós era definitivo, se dijo para sí: «Estos ingleses, ¡qué finolis!». Un tropel de caballos, arrastrando una cureña, cruzó por delante de la fachada de la universidad, que Merceditas estaba mirando atentamente, sirviéndose de sus anteojos, sin que advirtiera aquella tromba animal, ni el ruido de los herrajes por la calle Libreros adelante; acababa de descubrir que el hielo nocturno había puesto un casquete blanco, apenas perceptible, sobre las cabezas de las figuras de la fachada y tenía que repetir toda la acuarela.

Sólo dos personas en toda la ciudad, salvo los afrancesados como mi padre, se alegraron de la ida de los ingleses: mi hermana Manuela y mi tía Adela. Mi hermana porque odiaba a los ingleses y su alejamiento abría la vuelta de los franceses, a los que su corazón de lectora, su debilidad filial por nuestro padre y una confusa premonición de simpatía y libertad habían convertido en sus héroes de leyenda, con lo que al mismo tiempo mantenía su soberbio distanciamiento de diosa respecto a la ciudad, que la aburría y le repugnaba por la mediocre cerrazón de sus cominerías, su aldeana vulgaridad y la suciedad de sus calles. Cuando se supo que los franceses estaban en Valladolid amagó un gesto de alegría, como si aquellos invasores le prometieran la felicidad, que la Salamanca cicatera y alicorta le negaba insistentemente. Los franceses, a los que yo ahora tenía nuevos motivos para odiar, ocupaban su cabeza, su vocabulario y aquellos sueños que los ingleses habían estado a punto de frustrar.

Mi tía Adela había temido, por un momento, que aquellos mocetones rubios, que parecían invulnerables, impidieran la destrucción de la ciudad, que tanto deseaba, y retrasaran el castigo que se merecía por las muchas heridas que le había infligido; pero ahora con su marcha desaparecía el obstáculo para que se cumplieran sus deseos. Cada soldado inglés que se iba, y pudo prolongar su gozo durante varios días, era un enemigo menos de sus previsiones, y los oía cruzar delante de su casa con la secreta satisfacción de quien sabe que sus diferidas esperanzas estaban empezando a cumplirse. El fin de su calvario y de sus humillaciones estaba próximo, y esto le producía una molicie y un desasimiento de las cuestiones cotidianas que el vino exaltaba con delectación. Ahora sólo había que esperar que llegaran los franceses, para que empezara la destrucción de la ciudad y la muerte de sus envilecidos habitantes.

3

Los franceses volvieron a Salamanca por tercera vez, a mediados de enero, con el propio Napoleón a sus espaldas por las tierras de Medina del Campo y Valladolid. Después de varias alarmas falsas, llegó corriendo el espía, que las autoridades salmantinas habían enviado a Calzada de Valdunciel con la noticia de la llegada del enemigo. La proximidad de los franceses amedrentó a la población, porque ahora ya no era yo solo el que los odiaba, aunque la mayoría se limitaba a temerlos y a lamentarse por el futuro que nos esperaba, a juzgar por lo que se sabía de otras ciudades, donde la barbarie francesa había dado muestras de su brutalidad y de su villanía. Sin embargo, no faltaban los que estaban deseando la venida de los gabachos y se alegraron de su vuelta. Cuando alguien le dijo a mi padre que Napoleón iba a venir a Salamanca, para desde aquí invadir Portugal y echar a los ingleses al mar, no pudo evitar, a pesar de su ruina taciturna y de la vigilancia que ponía en no delatarse, un súbito brillo que cruzó sus ojos, como una esperanza no desaparecida del todo; pareció animarse, y sus pasos de ciervo herido se entonaron algo y se atrevió a cruzar la Plaza Mayor sin la pesadumbre visible de una implícita condena, que agobiaba sus hombros desvalidos por la preocupación y desnivelados por el mucho estudio.

Pero la desgracia del ejército napoleónico no vino sola, pues aquella noticia, que alertó a la ciudad hasta el pánico, me hizo sospechar que mi hermana lo esperaba con una alegría que no se explicaba sólo por el afrancesamiento que mi padre le había contagiado, ni por los novelones franceses de sus lecturas. Porque cuando supo que venían los franceses una sonrisa inesperada y luminosa volvió a encender su cara y le devolvió la belleza de sus mejores días del pasado. Como siempre, Manuela estaba en desacuerdo con la ciudad, y cuando todos corrían, temblaban y se exaltaban con su miedo, ella se llenaba de júbilo y adquiría una serenidad expectativa, que la hacía parecer feliz, mientras los franceses, portadores de la destrucción y la muerte, se acercaban por el norte de Salamanca y arrasaban con su sola proximidad las defensas interiores de la ciudad. Por eso pensé que este distanciamiento no venía sólo de su marginación perpetua, sino de algo más íntimo que salía a la luz con el anuncio de la venida de los franceses. Entonces caí en la cuenta, como en una súbita iluminación, que aquel sospechoso fervor francés de mi hermana, que me descorazonaba hasta la ceguera, sólo podía ser el amor en quien hacía tanto tiempo que había dejado de reír. No obstante, el fulgor de su sonrisa, que había vuelto a la incandescencia de antaño, arrebató de nuevo mi devoción intacta, como si me compensara por el mal que me estaba haciendo, sin saberlo.

Era la primera vez que los franceses venían como enemigos y la ciudad se retrajo hasta los últimos reductos de sus alcobas; pero no hizo nada por defenderse y ni siquiera para protestar. Augusto vino a buscarme para urgir mi ayuda en el levantamiento de la ciudad y nos echamos a la calle para excitar los ánimos y allegar voluntarios que se opusieran a la entrada de los imperiales; recorrimos las tabernas y el mercado, los cuarteles y las sacristías; pero nadie quiso defender nada. «Ya se irán, muchachos; otras torres más altas han caído.» «Estamos buenos para esos cirios.» «¿Qué podemos hacer?» Cuando el 16 de enero del año 9, por la mañana, con el frío quieto en el aire como un cuchillo, los franceses enviaron una delegación para que la ciudad se rindiera, nadie tuvo el coraje, la ofuscación desesperada o la fuerza suficiente para resistir a aquella intimidación, aparentemente pacífica, y provocar una reacción colectiva que se opusiera a la entrada de los franceses en las calles de nuestra ciudad.

Porque no fue Napoleón, como se había temido, el que se presentó en la Puerta de Zamora a exigir la entrega de la ciudad, sino un escuadrón de lanceros, mandados por un brigadier, que tuvo dificultades para hacerse entender por las autoridades salmantinas, quienes entre la precipitación y el susto no consiguieron descifrar el decir gangoso del oficial francés, duro e impertinente sobre su caballo ruano, y tuvieron que acudir a un inglés, que convalecía de sus heridas y no había podido irse con el ejército de sir John Moore, para que hiciera de intérprete. El alcalde-corregidor, don José María Puente, rindió la ciudad con los ojos cerrados y con más presteza de la que cabía esperar del ardor de sus discursos pasados y de la unanimidad de los alborotos callejeros que habían mantenido a la ciudad en candente estado de guerra desde la primavera. Pero la verdad es que, cuando a la mañana siguiente el general Montpetit, bretón, católico y atildado, entró en Salamanca, acompañado de quinientos jinetes según las cuentas de Terenciano, hubo gentes que salieron a la calle a recibirlos y algunos, como imprudentemente hizo mi padre, emergiendo de aquel huraño letargo que le tenía anclado en casa, acudieron a la recepción que el Ayuntamiento sin esperar mucho les ofreció a los extranjeros. Ni siquiera las torres de la catedral se ruborizaron.

Habían bajado por la calle de Zamora, con los sables desenvainados y las plurales miradas atentas a las ventanas de las casas y a los esquinazos de las bocacalles, erizados como gatos en ataque y feroces en sus caballos sonoros, apiñados en torno a su general y con las bocas apretadas de las decisiones homicidas, y no se les vio sonreír en todo el trayecto hasta llegar a las Casas Consistoriales, ni siquiera de desprecio. Nadie se movió y la curiosidad y el miedo los acompañaron en su camino. Alodia estaba seria y asustada, con una cesta de hortalizas al brazo y los ojos empañados por el frío y la tristeza; no se inmutó durante el tiempo que tardaron en pasar frente a ella, como temiendo que la mataran si se movía, y los vio alejarse con el aliento contenido, como preservando una catástrofe. La ciudad parecía prolongar su gesto de eternidad ante la llegada de aquellos intrusos, como si quisiera evadirse de su presencia adensando su silencio y acrecentando la indiferencia de sus piedras. Poco a poco, los afrancesados fueron saliendo de sus madrigueras y apresurándose gozosos hacia el Ayuntamiento en la Plaza Mayor, donde habían plantado una bandera francesa, que unos imperiales a caballo vigilaban en las cuatro esquinas de aquel recinto sagrado de la ciudad.

La primera noche, herida por la frialdad de las estrellas lejanas de un cielo despejado del que caía una helada invisible, no ocurrió nada. Augusto intentó quemar por tres veces la bandera francesa del Ayuntamiento, pero los centinelas que seguían apostados en la plaza le hicieron desistir. Don Porfirio anotó la fecha para la historia y Eduwigis agotó el arrope navideño, descubierto por los hambrones imperiales con delectación creciente. La ciudad ocultó su terror alrededor de los precarios braseros hasta las altas horas de la madrugada y debajo de las triples mantas de sus insomnios patrióticos, aunque probablemente muchos, como mi padre, soñarían con el advenimiento del Paraíso. A la mañana siguiente por la Puerta de Zamora entraron mil quinientos soldados de infantería, que Terenciano contó con escrúpulos de memorialista, con un cañón y dos obuses. El general Montpetit se instaló en el palacio del marqués de Castellanos, en la calle de San Pablo, frente a los Dominicos, y después de gritar al introducirse en la cama, según dijeron sus criados: «*Sacrébleu! Il fait un froid norvégien dans ce pays du diable*», se quedó dormido apaciblemente. Porque Salamanca pareció acomodarse a la invasión francesa, sin demasiada crispación, ni excesivo celo patriótico.

Los campesinos, como todos los días poco después del amanecer, fueron descargando sus frutos en las plazas del Carbón y del Corrillo, donde las viejas vendedoras levantaron el tinglado de sus enormes cestas y de sus escabeles y sillas bajas con la parsimonia de su costumbre y los frioleros resoplidos sobre los mitones escarchados de la temporada, dejando sobre las mantas extendidas en el suelo y sobre los inestables trípodes de sus tabladillos las verduras de la vega del Tormes, mientras se oían los berridos indecisos de los cabritos dispuestos para el matadero y se extendía un hedor a queso rancio y a fritangas mañaneras, que envolvía el olor de la paja que abrigaba los cestos repletos de huevos, defendidos por mantones de lana y ramas secas. Y cuando varios soldados franceses aparecieron en el Corrillo y recorrieron los puestos con una mirada ávida y los fusiles al hombro, para coger finalmente algunas manzanas al pasar, sin pagar nada a cambio, en medio de un silencio helado, alterado únicamente por el roznar de los pollinos aldeanos, nadie dijo nada, como si aquel hurto inocente fuera una corta satisfacción a cambio de que nos hubieran dejado seguir vivos.

Por la calle de San Justo subía un grupo de soldados franceses riendo y bromeando entre ellos, probablemente a nuestra costa. Eran fornidos e iban armados, con unos grandes capotones que hacían su presencia más detonante y de los que sobresalían sus grandes narices enrojecidas por algo más que por el frío. Al reír enseñaban sus dientes de hiena y sus perfiles de rata se movían hacia todas partes, como buscando testigos para su alegría o víctimas para sus fusiles. Hablaban un francés duro y nasal, que yo me esforzaba por no entender; porque no quería siquiera saber lo que decían en su lengua del Imperio. Para mí no eran más que animales que nos habían invadido, salidos de las esguevas medievales para dominar la ciudad con la amenaza de sus zarpazos y de sus colmillos. Huí de ellos, bajando hacia la calle del Hospital, donde pensé que no me los encontraría; pero volví a verlos a espaldas de los Dominicos, por donde avanzaba una compañía de soldados en formación, camino de la Puerta de Santo Tomás, por donde salieron, dejando allí un retén de vigilancia, con los fusiles a punto y las bayonetas caladas; comprendí que era imposible evitarlos y que fuera donde fuera me toparía con ellos, porque a eso habían venido y estaban por todas partes.

Después de recorrer las puertas de San Pablo, del Río, de los Milagros, San Vicente, San Bernardo, Villamayor, Zamora, Toro, Sancti-Spíritu y Santo Tomás, en las que fui comprobando la presencia de los centinelas franceses y su grosera intimidación, bajo sus capotones de campaña, siniestros y largos hasta los pies, como los fantasmas de una pesadilla, entré en la ciudad y me refugié en el Patio Chico, a espaldas de las catedrales, donde el sol se acumulaba desde la mañana y el silencio incluso se oía en una ciudad de suyo silenciosa. En la portada escalonada del poniente se estaba bien y cerrando los ojos uno podía creerse fuera del tiempo y del espacio, en un lugar y un momento que nadie podía encontrar, en un paraíso que hubiera existido antes de la Creación y que se perpetuaría después del fin del universo. Contra las puertas de la Catedral Vieja, un mendigo feliz se despiojaba hacendosamente sin perder su aire de estampa antigua y tranquila. Tenía una barba blanca y generosa y ponía el esmero de un niño juicioso en descubrir los piojos entre las costuras recónditas de sus harapos mugrientos. Nada parecía importarle, salvo perseguir pacientemente aquellos insensibles movimientos de los piojos, abundantes a juzgar por la insistencia de su sonrisa beatífica cada vez que encontraba uno y lo lanzaba con júbilo a una pequeña hoguera, casi extinguida, de la que se elevaba un hilillo de humo blanco, delicado, tenue en el aire transparente de la mañana, ascendiendo como el tallo mimoso de la flor de un sueño. Cuando me descubrió, me envió un saludo de complicidad con la cabeza por encima de la distancia y desde entonces cada vez que cazaba un animalito me lo brindaba antes de lanzarlo a las brasas humeantes, con una especie de regocijo infantil.

Podíamos haber estado allí toda la eternidad, como dos ángeles que cumplieran el mandato divino de ser felices, hasta que un puerco soldado francés irrumpió en aquel paraíso, viniendo de la calle del Acre. Pero, a pesar del acercamiento del gabacho, todavía se estaba bien en aquella solanera; veíamos venir al francés, y el mendigo tuvo todavía tiempo de arrojar otro piojo al fuego y de insistir en la busca de otra víctima, aunque quizá sus movimientos fueran más lentos, como si escondiera sus intenciones; yo me negaba a ver cómo el soldado seguía acercándose y lamenté no tener allí un arma con la que ensayar mi odio, en aquella apacible soledad, a la vera de la Torre del Gallo, cuyas escamas orientales me puse a contemplar con el inusitado interés de sabérmelas de memoria. Cuando bajé los ojos, el francés se estaba desabrochando el capotón y aflojándose la bragueta contra la pared. Ni siquiera en aquel rincón excusado podíamos librarnos de su presencia y nadie podía evitar que los franceses, como los perros, se mearan en la catedral.

Pero no ocurrió nada; la ciudad usó con ellos la displicente reserva con que habitualmente recibía a los forasteros, y no hubo calle de Salamanca ni día de la semana que los invasores no ultrajaran con sus botas, ni mancharan con sus voces guturales. Muy pronto descubrieron el placer de nuestra Plaza Mayor, que se convirtió en el lugar de encuentro de soldados y oficiales; por la calle Libreros volvían una y otra vez hacia el centro de la ciudad y sus caballos hacían resonar sus herraduras con impertinencia, rompiendo el silencio de las losas del Patio de Escuelas Menores, donde algunos de ellos se habían aposentado y donde todos los días veían a Merceditas sentada frente a la fachada de la universidad, insistiendo en sus acuarelas, ajena a la guerra y a la invasión, reproduciendo incesantemente, matizando día a día los detalles, dejando su mirada extraviada durante horas en aquella magnificencia dorada, que le parecía la obra de un orfebre celestial, antes de mover su tímido pincel, un poco tembloroso por los años y dejar una mancha sutil de un amarillo aguado, reforzado con un poco de negro, un esbozo de forma, que intentaba acercarse a la ostentosa vibración de aquel conjunto plateresco que le fascinaba hasta el éxtasis. Los franceses debían de pensar que estaba loca y pasaban junto a ella burlándose de las torpezas de su mano y de las diferencias de color entre aquella esplendorosa realidad, que incluso en aquellos sombríos días de invierno exhibía un extraño brillo indefiniblemente cobrizo, y la pobre traslación de Merceditas, que mezclaba colores en la paleta, después de mucho pensárselo, sin llegar nunca al asombro cromático del modelo.

Después tuvimos la esperanza de que se fueran pronto; pero no se movieron, inclusive vinieron más y ya no cabían en los colegios mayores abandonados, ni en los conventos, de los que habían sido expulsados los frailes, ni en las aulas en desuso de las Escuelas Menores, y tuvieron que alojarse en los pueblos de los alrededores y en las iglesias de la periferia, aunque para emborracharse y buscar mujeres venían al centro. Como todos iban vestidos de azul, se veían desde lejos y podíamos empezar a odiarlos antes de que se acercaran, como si reconociéramos el sentimiento de la venganza de muchos fracasos repetidos. Pero no todos los salmantinos los odiaban; algunos se atrevían a pasear con ellos, acompasando su andar civil al de las descomunales botas de los oficiales franceses, que fueron perdiendo el temor a dejarse ver y se introdujeron en algunas casas, como la del afrancesado Casaseca, iniciando discretas relaciones con nuestra gente y embarcándose en algunos escarceos amorosos, mientras la soldadesca irrumpía ruidosamente en los mesones y en los prostíbulos.

Los robos de los conventos empezaron pronto con la disculpa de rebeldes escondidos y alijos de armas para los patriotas. Las puertas conventuales se abrieron ante la impaciente violencia de los imperiales, que avasallaban los claustros por donde nunca había pasado un hombre, salvo el viejo recadero, tonto a fuerza de obedecer a las abadesas, y el médico en las casos urgentes. Entraban con la brutal altanería de sus gritos y la acuciosa necesidad de su avaricia; olía a húmedo y a mujer soltera y las zancadas presurosas de los invasores retumbaban en las bóvedas de los rezos y de las caras mancilladas por la abstinencia. El oficial se encontraba con una bella muchacha oculta tras los velos de novicia en la penumbra secular de las escaleras de piedra, la mirada en el suelo y las mejillas encendidas de la vergüenza sobresaltada; pero también había visto un cuadro de vagas reminiscencias renacentistas, donde una Virgen dorada y sonriente era la disculpa para un paisaje de árboles y de arroyos azules y blancos, y se llevaba la pintura, puesto que la novicia podía esperar.

Y así fue como inevitablemente sor María de los Angeles se les apareció a los franceses, que tardaron algún tiempo, quizás unos segundos, en darse cuenta del milagro femenino que tenían delante, con el que ningún cuadro podía rivalizar y al que magnificaban el olor de los geranios y el vaho de la tierra húmeda que venía de la huerta. Sor María de los Angeles fue violada concienzudamente por un escuadrón de dragones a los treinta y dos años; tenía la piel más blanca de la ciudad y en el agua de sus ojos nadaban una permanente sorpresa, la primera ingenuidad del mundo y la belleza más inconcebiblemente perfecta que podía encerrarse en una clausura que le duraba desde los quince años. Su candidez era tan grande que no se dio cuenta de lo que estaba pasando hasta que ya era tarde, no para gritar, que no le hubiera servido de nada, sino para defenderse al menos de algún modo. Cuando la desnudaron ofreció su espalda inmaculada a los azotes, como había visto en las representaciones del *Ecce homo* de la Semana Santa, pero los violadores no le dieron tiempo siquiera a rectificar la postura; durante la insistente y repetida violación lloró tan mansamente como un joven animal desgarrado, sin fuerzas para rebelarse y sin tiempo para salir de su asombro entre las feroces acometidas de los franceses. Ninguna hermana recordaba haber leído nada parecido en los libros del martirologio.

Aquello revolvió a la ciudad, porque todos en cierta manera estábamos enamorados de sor María de los Angeles, a la que asignábamos el papel de vestal, que representaba la pureza, la bondad y la hermosura que nadie tenía en Salamanca. Porque podíamos hacer lo que quisiéramos, sabiendo que había una monja que era quizás aquel justo que Dios buscó en vano en Sodoma antes de descargar el peso de su irritación ofendida sobre la inmundicia moral de la ciudad. Sor María de los Angeles era la asunción de nuestros buenos deseos, la encarnación de todos nuestros incumplidos proyectos de honradez, benevolencia, sinceridad y desprendimiento; era la parte intacta de nuestro corazón impuro. Y sobre todo era la criatura más hermosa que había crecido sobre la Tierra, cuya belleza servía sólo para soñarla y que agotaba su perfección en su propia existencia, sin perpetuar la especie, sin satisfacer los instintos, algo que se apartaba del común de los mortales, algo que no era de este mundo, pero que estaba en él, entre las paredes del convento de clausura de las Clarisas, de la orden franciscana, en la cuesta de la calle de los Mártires.

La violación de sor María de los Angeles nos golpeó como el anuncio de una tragedia sin remedio; después, vinieron las cuotas de guerra, los pasquines de las órdenes militares pegados con engrudo en las piedras sagradas de nuestros monumentos, las prohibiciones y los registros de los sospechosos en las puertas de la ciudad. El Ayuntamiento, el cabildo catedralicio, la universidad y los sexmeros tuvieron dificultades para reunir la cantidad exigida por los franceses, después de un año de guerra, malas cosechas y falta de brazos para labrar la tierra. Salamanca se fue dando cuenta, con la lentitud habitual de sus reacciones, de que estábamos sometidos a un poder extranjero y que no podíamos hacer nada sin su consentimiento. El general Montpetit hizo publicar un bando prohibiendo llevar armas y amenazando con graves castigos a los infractores. La guerra se había instalado en Salamanca. Los franceses se apoderaron del dinero de la tesorería y de los conventos, confiscando calzados y cueros, telas y colchones, sábanas y mantas; durante los primeros días, según las cuentas de Terenciano, se apoderaron de dos mil colchones y de otras tantas varas de paño, material para botas y zapatos y de todas las armas que había en la ciudad.

El día 21 de enero hubo una fiesta en la catedral, con sermón y juramento de fidelidad al rey José, y en el palacio del obispo se puso para los eclesiásticos un pliego de firmas de adhesión a los intrusos, que, para nuestro estupor y nuestra ira, se llenó pronto y tuvieron que añadirle nuevos pliegos. Y en el Ayuntamiento pusieron otro pliego para los seglares, que, también para nuestra sorpresa y nuestra rabia, se llenó de firmas y hubo que añadirle más papel para que muchos salmantinos, entre los que supongo estaría mi padre, siguieran reconociendo por escrito su lealtad al rey José y su sometimiento al general Montpetit, reyezuelo de la ciudad. El Claustro universitario se reunió para oír al doctor don Miguel Mota, que en nombre de la universidad, había hecho una visita de cortesía a los generales extranjeros y que traía el encargo de elegir cuatro comisionados para que fueran a cumplimentar al rey francés, como emisarios de la más antigua y célebre universidad del reino. Fueron elegidos don José Mintegui, por la Facultad de Derecho, don Tomás González por la de Teología, don José Espaillat por la de Medicina, y don Juan Justo García por la de Filosofía.

Mi padre, en el limbo de su retiro, se alegró de aquella embajada de sumisión, y Manuela, que había entrado en una euforia insólita desde la vuelta de los franceses, habló de aquel viaje a Madrid de los profesores universitarios como de un acto de heroísmo. Pero aquello formaba parte de la nueva situación de nuestra casa, que se había hecho más inhabitable que nunca, encendida de gritos y portazos, porque nuestra madre soportaba mal el apocamiento resignado de mi padre y los retozos desvergonzados de mi hermana. San José me contaba lo que yo no veía y temía las disputas domésticas, que crecían sin control como una enfermedad incurable; mi padre callaba más que nunca, nuestra madre vivía un enardecimiento tormentoso como si saliera de un baño de aceite hirviendo, que daba rienda suelta a su agresividad y a su soberbia asargentada, y Manuela abandonaba la casa a las horas más intempestivas, con gran escándalo. San José bajaba los ojos para hacerme estas confidencias y lamentarse de los malos tiempos que estábamos viviendo, que eran peores que los malos tiempos de siempre.

«Y la niña, una perdisió.»

Los apremios de las cuotas de guerra acabaron de irritar a todos, con lo que cada vez era mayor el número de salmantinos que se oponían a los franceses, que se hacían más odiosos cada día con sus vejaciones y con los robos de las iglesias, en los que participaban tanto la soldadesca como los oficiales. Muchos de los objetos robados aparecían a la venta en el mercado al día siguiente. Los curas seguían llamando a la rebelión y denunciaban públicamente a los afrancesados como los culpables de todo, porque habían pecado en su corazón y en su cerebro, y con su condescendencia alentaban y sostenían la fuerza de los extranjeros.

Fray Bernardino se arrebataba en el púlpito como un profeta bíblico, con el iluminado convencimiento de que lo que decía era la verdad; sus mejillas cebadas de arreboles y los vuelos de su puño indignado, que sobresalía de la manga ancha de sus hábitos pardos, sobre las cabezas inclinadas de los fieles, tenían la plenitud formal, el eco nunca desaparecido del todo de una guerra santa contra los infieles, que ahora sufría a los enemigos en su propia casa y en la que nunca faltaba una alusión a Santiago Matamoros y a la virginidad maternal de Santa María, como último recurso retórico contra la violencia extranjera. El flujo de la exacerbación y el patetismo encendía y atropellaba sus palabras de ira y de apocalipsis. Fray Bernardino anunciaba el fin de los tiempos y, en su exceso de sinceridad, no dudaba en llamar a Napoleón el Anticristo anunciado por las Sagradas Escrituras; desde lo alto, como las llamas levitantes de Pentecostés, caían las incitaciones a la guerra y los expeditivos salvoconductos para el Paraíso celestial, una vez pasado el trámite insignificante de la muerte en el campo de batalla.

Nuestra madre reproducía en casa las arengas del fraile y les añadía los refranes inagotables de su repertorio, ante mi padre, que no parecía oírla, entregado a la devastación de sus esperanzas frente a aquellas marrullerías eclesiásticas que su mujer exhibía como un bandera victoriosa. Pero la gente no se decidía a actuar, entre aquellas lejanas promesas religiosas y la proximidad contundente de los fusiles franceses, que vigilaban los tumultos callejeros y los excesos verbales de los patriotas, pasados por el vino de la exaltación gregaria y la sangre caliente de los braseros reconcentrados; algunos culatazos de fusil y algunas detenciones habían diferido el destino histórico de Salamanca, que no acababa de entrar ni en el heroísmo de los manuales, ni en las recompensas celestiales del martirio, ni siquiera compartido. Pero algunos iniciaron una protesta.

El 22 de enero los imperiales encarcelaron a Francisco Lluch, cabo de Rentas, acusado de repartir letrillas y coplas contra los franceses, y al mancebo del comerciante señor Puyol, Domingo Estrada, de quien decían que había estado animando a unos dragones franceses a la deserción y que fue denunciado por ellos. Ese mismo día prendieron también a don Francisco Nieto Bonal, señor de Iñigo, porque un grupo de personas le habían aplaudido y vitoreado en la calle. Lluch era un tipo magro y esquinado, que miraba de través y reía poco, punto fuerte en broncas y desafíos. Estrada sufría un ligero estrabismo, pecaba de ingenuidad y parecía un santo anacoreta por su mirada encendida y su extrema delgadez, con oscuras ambiciones y tercas decisiones de una voluntad caprichosa y ciega. Nieto Bonal era alto y decidido, con labia fecunda y planta de patriarca, al que le gustaban las mujeres casadas y el aguardiente mañanero, acostumbrado a mandar y dispuesto a figurar en las procesiones y a salirse siempre con la suya. A los tres los juzgaron los franceses por sus leyes de guerra, y a Lluch lo dejaron libre, a

Nieto lo desterraron a Zamora, y a Estrada lo condenaron a muerte. La ciudad se conmovió con la condena y en su primer acto colectivo de protesta solicitaron su perdón a las autoridades francesas, que se negaron a conceder el indulto; el obispo intercedió por él, pero tampoco le hicieron caso.

Con extrema lentitud, la idea de la guerra fue creciendo en una Salamanca ofendida y prudente, que empezaba a sufrir a diario la humillación de los imperiales. Cuando el día 23 continuaron las fiestas en honor del rey José, con *Te Deum* y función teatral, el obispo en la catedral y los actores en el Teatro Liceo se encontraron con la sala vacía, pues los salmantinos se negaron a ir, aterrorizados por la condena al pobre Estrada, que nadie sabía quién era. Su fusilamiento iba a echar la primera sangre sobre la ciudad; mi tía Adela tendría otro muerto en su tertulia y Terenciano, el primer cadáver de un patriota para sus estadísticas. La sombra de aquel muchacho que esperaba el fusilamiento ennegrecía la ciudad y ponía un fondo de reflexión desesperada en las miradas de los que andaban por la calle, recelosos de que se les vieran los pensamientos en la cara. Augusto quería organizar una quema de cuarteles franceses y había pensado lanzar contra los invasores una manada de toros con los cuernos envueltos en trapos ardiendo, como había leído en un libro antiguo; pero nadie se atrevió a seguir sus planes; quiso entonces que Paulina y sus compañeras envenenaran a los franceses que todas las noches las visitaban; pero no encontraron veneno para tantos clientes, ni tantas putas dispuestas a hacerlo.

El procurador don José García de la Cruz, que había ido a Madrid a pedir clemencia para Estrada, volvió con el indulto y la ciudad retornó a la condescendencia; los afrancesados volvieron a salir a la calle y a nuestra casa, como a otras muchas de las buenas familias salmantinas, llegó una invitación adornada con el aguilucho napoleónico en la que, en el redundante francés de Racine, se comunicaba que el general Montpetit, que acababa de trasladar su residencia al más amplio y más confortable Palacio de Garcigrande, en la Plaza de Santo Tomé, se sentiría muy complacido si el destinatario tuviera la amabilidad de honrar con su presencia el baile, con ambigú, que los franceses querían ofrecer a sus amigos españoles, en prueba de buena voluntad y de amistad y en honor de Su Majestad el rey Joseph con motivo de la jura de su coronación. Mi hermana recibió la invitación con regocijo y sacó a mi padre de su marginación para que la acompañara a aquella fiesta.

Después de mucho insistirles, en el momento de subir al carruaje, todavía les dije: «No vayáis; sólo van a ir los traidores», pero a mi padre no le impresionaban las frases, probablemente porque siempre las estaba empleando, y se dejó arrastrar por la vehemencia de mi hermana, que no quiso ni mirarme mientras subía al coche, tirando de aquel anciano titubeante, que envejecía un poco más cada vez que lo mirabas de cerca. Manuela había gastado el día en la complejidad imperial de su peinado y en la reiterada comprobación de su belleza delante del espejo. Nunca había alcanzado tal grado de esplendor femenino, del que habían desaparecido las huellas de los pasados sufrimientos. Sus altos pómulos panónicos estaban encendidos debajo de sus ojos enfebrecidos de alcohol y de entusiasmo; los rizos de su pelo sobre sus sienes de diosa eran una tentación al desorden, a punto de desmoronamiento, y el talle alto de la moda le daba a su cuerpo la flexibilidad de los juncos atormentados por la corriente de un agua invisible; iba vestida de rojo, con una cinta negra que le alzaba más todavía sus pechos transparentes, entre la muselina del vestido y el escote indiscreto de las galas. Mi padre, taciturno pero decidido, probablemente sin saber qué hacer entre la deflagración de sus ideas y los caprichos de su hija, se había hecho sacar su levitón verde y había obligado a la planchadora, con un inesperado afán de pulcritud y elegancia, a repasar los cuellos vueltos de su camisa y la perfección vertical de sus pantalones.

Mi insistencia sólo provocó un «Tengámosla en paz», que mi padre me dirigió sin mirarme, interceptando el fuego de mi rostro crispado por aquella vergonzosa claudicación. Había estrellas en un hosco cielo alejado y la oscuridad aumentaba el silencio absoluto de la ciudad nocturna, en la que nada parecía moverse, salvo mi hermana y los caballos impacientes del carruaje que presentían la marcha. En mi arrebato, llegué inclusive a sujetar a mi hermana por un brazo, sobre el que quedó la huella de mi furiosa desesperación, para gritar otra vez: «No irá nadie»; pero Manuela, llenándome de luz con la tranquilidad acuosa de su mirada en niebla, me rechazó con aquella dulzura que no conocía resistencias para decirme: «Quiero ir». Y la historia del mundo se conmovió por aquella voluntad, que yo sabía irrebatible.

Cuando se fueron, entre el ruido de los herrajes y el piafar anheloso de los caballos, San José vino a completar mi desolación con unas palabras que me echaron a los leones: «Eztá enamorá», que creo le dolía tanto pronunciarlas como a mí oírlas. La había visto ir, moviéndose hacia el coche como una estatua que ensayara su posición definitiva, con la impaciencia de acabar pronto. Y seguía sonriendo mientras se dejó caer en el oscuro hueco del carruaje y siguió haciéndolo mientras los caballos arrancaban, sin una condescendencia para mi abandono. Y ahora San José, con su débil brazo respetuoso sobre mi camisa, me hacía conocer la verdadera distancia hacia la que se encaminaba el coche, sin atreverse a mirarme, como si su compasión aumentara aquella distancia.

Pero no pude evitarme el deseo de correr detrás de la berlina, que se perdía en las tinieblas de la Rúa de Francos, agrandadas por el silencio y la ausencia de gente, única masa móvil que condensaba en su movimiento la oscura amenaza de la noche. Atravesé corriendo la Plaza Mayor, agobiado por mi propia impotencia y avergonzado de aquel espionaje a que me obligaba sin quererlo, y llegué a tiempo de ver, con el aire de la carrera zumbándome en los oídos y casi sin resuello, cómo Manuela descendía del coche y cómo penetraba en el Palacio de Garcigrande, sin que nadie les precediera, ni nadie les siguiera en la plazuela de Santo Tomé, con las ruinas de la iglesia en medio, como una concesión imprevista a mi desamparo, apenas velado por unos pobres faroles de reverbero. Los soldados franceses, con ciertos arreos de gala en sus uniformes, custodiaban las puertas del palacio, iluminadas por unas antorchas de pino sujetas a la pared, que me permitieron seguir los pasos de mi hermana en aquel territorio enemigo en el que se perdió la fulguración roja de su vestido, que se movía con la majestad cortesana de una reina y el apresuramiento de una muchacha que acudiera a su primera cita de amor, mientras ascendía por la escalinata alfombrada.

Todavía pude ver cómo el general Montpetit bajaba presuroso, con una reverencia palaciega iniciada varios escalones más arriba, a besarle la mano; después me quedé anclado en mis rencores y esperé inútilmente a que vinieran más invitados; pero nadie vino y sufrí imaginándome a Manuela en aquel inmenso salón, sin más compañía que la de mi padre, el general Montpetit y naturalmente aquel oficial francés del que ella estaba enamorada, según San José, y en cuya existencia yo empezaba a creer, con todos los candelabros encendidos, con las casacas de los ujieres de calzón corto y las pelucas empolvadas al antiguo estilo, brillando en las discretas sombras de la escalinata o atravesando el gran salón para despabilar los velones de las repisas de las paredes, mientras los músicos ociosos, esperando el rigodón, la mazurca, la polca y el vals, afinaban una y otra vez sus instrumentos, ocultando algún bostezo y mirando impacientes hacia la puerta por donde nadie aparecía, salvo aquel hombre viejo y aquella muchacha ojerosa y elegante, para la que sobraban los bruñidos ornamentales de los dorados, en los que las banderas española y francesa alternaban sus colores brillantes para darle un aire de fiesta al salón agrandado por el vacío.

Después supe, porque me lo contó Manuela en una madrugada lenta, llena de confidencias dolorosas, que el general, cuando ya no era posible esperar más, cuando ya no podía engañarse sobre el rechazo de la ciudad a su invitación, salvo aquella media docena de afrancesados que habían acudido con sus mujeres envejecidas, que ya parecían viudas, y algunos carcamales de la universidad, se acercó a ella y con un gesto que no me supo explicar, pero que le había llamado la atención, la invitó a bailar cuando los músicos con timidez y una cierta desgana habían iniciado un vals protocolario, que alguien les había ordenado. Cuando ya la incipiente luz del día empezaba a dejarme ver los estragos de la vigilia en el rostro de Manuela, me contó que poco a poco los músicos en aquel salón tan grande como el crucero de la Catedral Nueva, demasiado extenso para una sola pareja de bailarines, fueron mejorando su música y tocaron con ímpetu y decoro y llenaron el espacio de una frondosa melancolía rítmica, que resonaba en la oquedad de los altos techos y en la desnuda vastedad de las paredes.

Y el general y mi hermana bailaron sin entenderse, sin aproximarse, como si sus movimientos obedecieran a contrapuestas intenciones. Debió de ser patético aquel vals de compromiso y de humillación, entre un viejo general, rejuvenecido por sus obligaciones de anfitrión y furioso porque la ciudad le había vuelto la espalda, y una muchacha con ganas de bailar con el joven oficial que la estaría mirando y deseándola, en medio de aquellas luces que un criado seguiría despabilando para evitar sus parpadeos. Y los músicos no sabrían qué hacer, si acompasar su ritmo a la gozosa agilidad de mi hermana o a la decrépita lentitud del general y probablemente por eso tocaron tan mal, según me dijo Manuela con la claridad del día apareciendo por las rendijas de las ventanas, en el silencio que precede al amanecer, devastada y tirada sobre la colcha blanca de su cama, desceñida y feliz, con la alegría del cansancio satisfecho y sus pies desnudos de mármol antiguo, enrojecidos levemente por el baile.

Mi padre, a aquellas horas de la noche, debía de estar confirmando su aislamiento en la ciudad, que recordaría siempre su asistencia a aquel baile de los franceses, como otra vuelta de tuerca de su marginación permanente; pero siguió allí, no sé si por una especie de desafío o haciéndose razonamientos que le permitieran continuar sin abochornarse. No me explico qué cabezonería le mantuvo allí, oponiéndose a la ciudad entera, cuando supo que nadie más iba a asistir al baile. No sé por qué no huyó de aquel salón, avergonzado y arrepentido, después de que la ciudad le había perdonado ya una vez en mayo, mientras su hija continuaba bailando con aquel intruso, en aquel ambiente de fiesta y de lujo que nunca le había gustado y que rechazaba desde la sobriedad de su racionalismo crítico. Pero no se movió, ni cuando el general francés se cansó de bailar con Manuela y le dejó su lugar a un oficial, que junto a los otros oficiales habían llegado con su sable y su casaca azul y dorada, sus entorchados y sus hombreras y cordones, y habían estado mirando los movimientos de mi hermana y las torpezas del general Montpetit.

Y mi padre dejó que Manuela bailara también con aquel hombre, que seguramente era el que ella quería en secreto desde hacía tiempo, aunque no me lo dijo, pero me lo dejó creer, sin contestar a mi pregunta, sin inquietarse por mi curiosidad con la primera luz del alba que iluminaba mi desilusión, en aquel cuarto blanco, revuelto y cálido después de la fiesta. Y los músicos se entonaron, o al menos eso creyó ella, olvidada en su nuevo arrebato, y los criados repartieron bebidas en bandejas brillantes y los oficiales se fueron emborrachando en un círculo de lujuria y de nostalgia, alrededor de los dos únicos bailarines en el centro del salón, demasiado grande para aquella sola pareja, y fueron poco a poco levantando sus voces y engallándose con las bebidas, con la espalda cansada de los ejercicios militares, que les obligaba a estirarse para olvidar la presión de sus músculos forzados, y la huella de la montura de sus caballos entre las piernas, más abiertas de lo normal y con una cierta rigidez de palo, que trataban de evitar flexionándolas discretamente, mientras reían las gracias aladas de mi hermana y envidiaban al feliz camarada, que había encontrado a una hermosa muchacha para las horas muertas de aquel poblachón castellano, levítico y aburrido. Y siguieron bailando, como en un acto de amor ensayado, repetido y demorado en el último momento, cuando los cuerpos casi se tocaban y se separaban de nuevo para volver a empezar, delante de toda aquella comparsería uniformada y entre las groseras anécdotas cuarteleras de los mirones que debieron llegar a oídos de mi padre, que se había sentado en un canapé de listas color turquesa en un rincón con el general, quien finalmente también lo abandonó, reclamado urgentemente por su ayudante, y le dejó solo, sin ni siquiera la condescendencia que su traición se merecía.

Mi hermana, que salvaba la tentación del sueño contándomelo todo, con una inconsciente perversión de diosa, en aquella lenta madrugada de mi segunda destrucción, no dejó de bailar en toda la noche, al principio en brazos de aquel oficial, del que creía estar enamorada, aunque yo pensaba que era únicamente un capricho pasajero de su aburrimiento provinciano y de su propensión a las novedades; pero después bailó con los otros oficiales, a los que les fue tocando el turno y que se le acercaban, según me contó ella, educados y presuntuosos, en distintos grados de embriaguez y de euforia, exaltados o melancólicos, dicharacheros o sombríos, deslumbrados unánimemente por la belleza de Manuela, cuya mano recogían con cierta avidez controlada y cuyo talle oprimían con la delicadeza respetuosa de sus modales parisinos, para ir pasando después a la rudeza atrevida de sus vulgaridades gasconas, dentro de sus uniformes de invierno y de gala que los hacían sudar, ayudados por los licores y por su virilidad de dominadores.

Los valses se sucedían con la empalagosa dulzura de sus melodías deshuesadas, mientras las parejas de mi hermana cambiaban como los relevos de la guardia, entre crujidos de sedas interiores y remotas y chasquidos de botas militares, sobre el entarimado lustroso del salón, que evitaba el frío de la noche exterior, en la que seguía creciendo el odio contra los franceses. No lo vi, pero por lo que me dijo mi hermana, cuando me lo fue contando en una noche que no acababa de irse, con sus mejillas arreboladas por la agitación del baile y su figura descompuesta por el cansancio, debía de parecer una soldadera, cogida a la cola del caballo de su amante, por los caminos perdidos de una guerra y con la fatiga ansiosa de una hembra entregada al amor y nunca colmada, que conservaba la mirada caliente y los pies deshechos, sin que mi padre interviniera, entregado una vez más al gusto de la marginación y probablemente al recurso del monólogo interior, en el que se hundirían sus razonamientos, ajenos a lo que estaba viendo, al baile, a su hija, a la invasión francesa y a su propio destino.

Nadie volvió a acercársele para hablar con él en toda la noche, nadie le hizo más soportable el pensamiento de su terca traición, ni siquiera aquel oficial aparentemente enamorado de su hija fue a aliviar su soledad de apestado, en medio de aquellos franceses que lo ignoraron, lo aislaron también ellos, con una involuntaria repetición de lo que había sido toda su vida, en las afueras siempre de la colectividad, acostumbrado al vértigo de la indiferencia, viendo aquel baile, que quería ser del Trianon y no era más que un pobre espectáculo provinciano, asistiendo y consintiendo la exhibición de su hija, permitiendo el crecimiento de aquel amor necesariamente engañoso y que con toda seguridad acabaría mal, y esperando, no sé si con valor o con cobardía, que lo inevitable ocurriera.

Manuela me dijo que dos o tres veces se había levantado para llevársela, impelido quizá por el rubor del amor paternal, por los restos de su educación puritana o por una oscura sospecha instintiva del peligro en que estaba cayendo, con más rápidez de la que él había supuesto en sus cavilaciones razonables; pero ella, ruidosa y enloquecida, más ansiosa de hombre cuanto más crecía la noche y más se estrechaban los abrazos fugaces de los desconocidos franceses en el baile, no quiso irse, se negó a la sensatez de la rectificación a tiempo, a la disculpa de su arrepentimiento, y él no quiso dejarla más en aquel salón tormentoso, rodeado de la noche salmantina, que seguramente estaría preparando en las tinieblas las represalias de su odio. Y mi padre hubiera seguido allí hasta el amanecer, incómodo consigo mismo, sin saber qué hacer, si aquel súbito y estrepitoso ruido de cristales rotos no hubiera interrumpido la música, sus meditaciones, el baile y los latidos de un mundo que se quedó quieto, silencioso y amenazado.

Pero cuando todos vieron rodar por el salón iluminado y casi vacío aquella piedra enorme, que conservaba en su abrupta geología algo del frío y de la oscuridad de la ciudad que permanecía allí afuera, donde estaban los otros, atrevidos, fuertes y próximos, todos se sobresaltaron trágicamente afectados por aquella irrupción inesperada y ni siquiera sospechada, inverosímil en su altanería y en su impudor, y algunos sonrieron airados, y los músicos, pasada la sorpresa, no se atrevieron a reanudar el vals, descolgado en el aire como la mandíbula rebelde de un muerto, y se oyeron los apresurados pasos de los oficiales en un salón hueco de repente, en el que Manuela se había quedado paralizada por la incomprensión y el cansancio que se le echó sobre los pies, como un cepo, mientras mi padre recogía lo que quedaba de su hija, iluminada por los inútiles candelabros, que brillaron con el fulgor de una provocación cuando se oyeron las primeras descargas de la fusilería.

Mi padre salió de allí corriendo y arrastrando el inminente desmayo de Manuela, que se negaba a entender aquel abandono precipitado, que suprimía de golpe su felicidad, tan largamente esperada. Algunos oficiales franceses acompañaron a caballo la berlina de mi padre a través de una ciudad más vacía y más silenciosa que de costumbre, que prolongaba en sus calles tenebrosas, como una amenaza, el reconocimiento de la traición. Mi hermana pudo ver, entre las cambiantes sombras del camino de vuelta a casa, por una Plaza Mayor desierta hasta los rincones, por un Corrillo de la Yerba donde ni los perros husmeaban entre las basuras del mercado, la silueta galante del oficial enamorado, que no abandonó la ventanilla del carruaje durante aquella travesía nocturna, ahuecada de malos presagios en las hendiduras de las tinieblas que el coche dejaba a su paso y por las que cruzaban sombras siniestras y apresuradas.

Después me lo contó todo, sin que en realidad me contara nada o por lo menos lo que yo quería saber, en el santuario blanco de su cuarto, previsoramente caldeado hasta la asfixia por San José, y lloraba sin dejar de sonreír; le duraba la agitación del baile, el miedo de la piedra, la tristeza de la despedida y el recuerdo de los últimos labios que habían besado su mano en el umbral de nuestra casa. La espalda de su vestido rojo conservaba unas tenues arrugas donde las manos de los oficiales franceses habían tomado sucesivamente posesión de su cintura, apremiando la proximidad con atrevimientos tenaces durante toda la noche. En los frecuentes silencios de su narración, nos quedábamos mirando la palmatoria que agonizaba lentamente en la oscuridad; varias veces, en aquel duermevela confidencial que nos había devuelto el gusto por los susurros de los secretos compartidos de nuestra infancia, quiso decirme el nombre de aquel oficial, pero me negué a escucharla; me bastaba con saber que existía.

«Quiero morirme sin conocer su nombre.»

Cuando Manuela, antes de acostarse, con el cuarto invadido ya por una lenta luz lechosa, que hacía irreal los gestos y distanciaba las palabras con lejanía de sueño, se lavó la cara y los brazos, dejando el agua olvidada en el aguamanil, yo introduje mi mano en la frescura bendita de aquella agua sagrada y estuve un buen rato con la mano enamorada sumergida en el recuerdo de su piel, en la tibieza sonrosada de su cuello, en la sedosa plenitud de sus brazos y de sus hombros, en la gravitante insularidad de sus pechos, como para purificarme de mis resentimientos, y después, recuperando una costumbre perdida, sintiendo la necesidad de un alivio en aquella penumbra y de un culto, de una liberación y de un exorcismo, saqué mi mano húmeda y goteante de aquella agua viva que había tocado su piel y, sin saber lo que hacía, me persigné con la unción recordada de un devoto, sobrecogido por el misterio de aquella diosa, que dormía ya con la placidez de su inocencia perdida.

Abrí la ventana para respirar otra luz y la ciudad apareció blanca bajo la nieve, que estaba cayendo con la mansedumbre de una caricia femenina y que recibía un resplandor sesgado desde oriente. Manuela, dormida y sonriente, no se daba cuenta del frío que invadía su cuarto y que aventaba los fantasmas de la noche; le arreglé el embozo de sus sábanas y la dejé recogida sobre sí misma; el nacimiento del nuevo día se demoraba.

4

Recuerdo aquellos días como un tiempo de exaltación, de gloria y de cansancio, cuando sentía el corazón ruidoso de los caballos entre las piernas y la muerte cabalgando a nuestro lado, como si nos siguiera. Recorríamos la provincia de punta a punta y los paisajes cruzaban ante nuestros ojos, sin tiempo para fijarlos en la memoria; cada noche dormíamos en un lugar distinto; amamos a mujeres desconocidas, que se entregaban a nosotros con una especie de furia desatada, como si hubieran estado deseándonos y quisieran quemar rápidamente la ansiedad de la espera; lo único que se repetía en aquellos tiempos de ira incontenible eran los cadáveres de los franceses, que dejábamos tendidos en los barbechos manchados de sangre o entre los encinares yertos del verano. Los crepúsculos rojos parecían prolongar el luto de los campos. Siempre había viento en nuestros oídos y horizontes nuevos en los que esconder la fatiga de nuestros cuerpos y el resuello ansioso de nuestros caballos. Comíamos el pan de los pobres, bebíamos el vino ácido de la última cosecha y enterrábamos a nuestros compañeros en miserables cementerios de bardales derruidos y malezas exuberantes, donde nos sorprendían sobre las borrosas cruces de las sepulturas nombres iguales a los nuestros. A veces, teníamos que refugiarnos en húmedas cuevas, ocultas en las laderas de los montes agrestes, que nadie conocía salvo los pastores que nos guiaban hasta ellas con una fidelidad muda y mazorral. Durante aquellos meses, siempre tuve la conciencia de que estaba realizando un acto de amor.

No sé si aquel tiempo loco y furioso fue el más feliz de mi vida, pero lo recuerdo con gusto, envuelto en una serenidad interior que contrastaba con la violencia permanente en que vivíamos. La fiebre no me abandonó durante el medio año que estuve en la guerrilla. Habíamos aprendido a sobrevivir, como habíamos aprendido a saltar del caballo en marcha, a fabricar la pólvora que necesitábamos, majando horas y horas un polvo plomizo que nos picaba en los ojos y se nos agarraba a la garganta, y a limpiar y reparar nuestros viejos trabucos, nuestras pistolas enroñadas y hasta nuestras inocentes escopetas de caza, que nos servían en aquella lucha salvaje, desigual y perentoria, aunque la verdad es que confiábamos más en nuestras facas prontas y conocidas que en nuestras armas de fuego, que eran impersonales e intercambiables, mientras que nuestras navajas, hechas a nuestra mano, tenían un brillo que reconocíamos en la oscuridad y que tranquilizaba nuestro miedo, como si almacenaran nuestra experiencia y pudieran salvarnos de cualquier peligro; eran primitivas y condescendientes como una mujer, y estábamos ya acostumbrados a sus caprichos y a sus verdades tajantes y definitivas.

También aprendimos a olvidar el rostro de nuestros compañeros muertos, a los que no teníamos tiempo de recordar y a los que despedíamos con un adiós provisional, que nunca llegaba a ser definitivo del todo. Se llamaban Claudio, Teótimo, Acacio, Manuel, el de las verrugas, y Manolito, el Fino, Nazario o Pascual, casi todos eran serios y profundos, como ríos oscuros, y tenían una valentía tenaz, que ellos mismos ignoraban; también los había reidores y bulliciosos, aunque eran los menos, como Emerenciano, que estaba siempre haciendo bromas con las rimas de su nombre, se movía como las abubillas y murió con los dientes al aire y los labios quietos en una última sonrisa indescifrable. Eran gentes de otro mundo, con otros rostros y otras palabras, que me eran ajenas; hablaban sólo con las vocales, alargando las oes y las aes, para hacerse entender, y eran capaces de estarse sin comer una semana, sin que su furia desapareciese, ni su brazo perdiera su fuerza ni su prontitud de choto.

La cuadrilla se había formado poco a poco, en sucesivos aluviones de victimarios y desesperados, desertores que no aguantaban las costuras del uniforme, mozos a los que le reventaba la sangre pletórica por sus cuellos de semental, idealistas ceñudos que desafiaban a la muerte como un deber, muchachos ariscos que huían de las casas de sus padres en busca de aventuras y del dudoso honor del heroísmo, seminaristas cachondos, que colgaban sus hábitos con alivio y se entregaban al desenfreno de la guerra y del sexo, como si quisieran recuperar el tiempo perdido, oscuros menestrales sin pasado que sentían la necesidad incontenible e inexplicable de matar franceses, como si les fuera en ello la vida, y adolescentes atemorizados y tozudos, que se aguantaban el miedo y que habían sido empujados al monte por padres fanáticos que los habían llorado de antemano y a los que habían bendecido con su odio antes de partir a la guerra.

No siempre éramos los mismos, porque a veces algunos se iban a su pueblo a ver a su novia, a enterrar a su abuelo o a dormir en los camastros de su casa y reponer las razones de su lucha en los paisajes de su niñez ultrajados por los franceses; algunos se iban para no volver y otros desaparecían para ayudar en la siega y en la trilla, para retornar después con más ganas de sangre francesa y más fuerzas en sus manos robustecidas por las tornaderas y los bieldos. Augusto y yo éramos de los fijos, sin cosechas que recoger, ni viejos que despedir, ni novias que calentar, aunque a veces Augusto tenía que aguantarse las ganas de ir a ver a Paulina, que seguiría aliviando cristianos hasta la extremaunción, y a mí me obsesionaba el recuerdo de Manuela.

Era como si la vida estuviera hecha de retazos de pesadillas, de despertares súbitos en parajes desconocidos; teníamos siempre hambre, teníamos siempre sueño, teníamos siempre rabia. Con frecuencia ignorábamos el lugar donde estábamos y nos orientábamos por la posición de las estrellas y a veces por la humedad norteña de los troncos de los árboles; habíamos recuperado el instinto del peligro y, antes de que las orejas de nuestros caballos se engallaran por la proximidad de los franceses, ya estaban amartilladas nuestras armas y preparada la huida después de los sangrientos combates, a los que nos entregábamos con delirios ciegos de desesperadas y anónimas heroicidades de manual de párvulos. Otras veces seguíamos el rastro de los franceses y hasta los olíamos, como perros perdigueros, para caer sobre ellos por sorpresa y destazar a cuantos se nos pusieran por delante. Llovía sangre sobre nuestras manos, que se nos secaba con el viento de la huida. Siempre había gritos en nuestras bocas y unas desbordadas ganas de beber, que nunca saciábamos del todo, con el estómago ávido y la cabeza en demanda de olvido y de descanso.

Almacenábamos recuerdos, que nos encenagaban la memoria; rostros entrevistos en el momento de la agonía, manos cogiéndose vanamente a la vida, cuerpos destrozados que mantenían todavía un vago parecido humano, hundidos en el polvo ensangrentado o flotando en las aguas negras de un horror interminable. No eran siquiera pesadillas; eran como cuadros fijados en un gesto eterno que desafiaba el olvido, como el cadáver de aquella mujer quemada agarrada al cuerpo calcinado de su marido, atado a un tronco en una casa incendiada o el pecho de aquel hombre, atravesado por los cuernos de un toro y encerrados ambos en una cuadra estrecha y atrancada a la que los franceses habían prendido fuego.

Unos días después del baile del Palacio de Garcigrande, había decidido echarme al monte con la guerrilla, que venía luchando desde finales de año por los campos de Salamanca. Hacía tiempo que Augusto me había dicho: «Me voy con don Julián Sánchez». Yo nunca había oído aquel nombre, que me pareció más propio de un notario que de un héroe. Augusto me dijo que era un tipo con redaños, que combatía a los franceses en el campo, sin tácticas ni estrategias de academia, al albur de su inspiración del momento, sin uniformes y sin medallas. Yo sabía que sus entusiasmos no siempre se justificaban, pero le conocía aquel brillo en los ojos que preludiaba sus grandes locuras y que le había visto tantas veces desde niño cuando se enfrentaba a un profesor, o capitaneaba una trampa contra los alguaciles de la ronda nocturna; en aquellos momentos, como ahora, sus ojos dejaban de mirar, para lucir únicamente, como si su función no fuera ver, sino expresar lo que llevaba dentro y que crujía en su mirada. Así es que le dije:

—¿No será otro general Cuesta, vestido de patán?

—No —me contestó Augusto, con la tenacidad de su impaciencia—, éste es otra cosa y no ha estudiado las artes de la guerra.

—¿Qué ha hecho hasta ahora en la vida?

—Es un labrador de tierras de pan llevar.

—Entonces, no es de fiar.

—Mira —me contestó, mientras se alejaba, abandonándome a mis dudas—, si vas a contarle los pelos del culo a todo el mundo, vas dado.

No le hice caso, pero la llamada de su locura se me quedó dentro, porque sería el modo de luchar contra mi padre y contra el amor de mi hermana al mismo tiempo. Y fue así como me uní a los lanceros de don Julián, impulsado hacia lo desconocido por algo que no tenía muy claro y huyendo de lo que no sabía muy bien. No tenía otra cosa que hacer, con el optimismo mañanero de mi decisión, que seguir amando a Manuela en la distancia y hacerme matar en el anónimo decorado de una aventura sin gloria. Porque me había instalado en el gusto de la nada, como la única posibilidad de mantenerme vivo, aunque fuera en la espera de una muerte probable.

Un atardecer, cambiadas mis ropas de ciudad por las de un campesino, que me delataban más que me escondían, salí de Salamanca, como un fardo más en un carro de aperos de labranza y mantas de Béjar, odres de vino y repollos amontonados, que ocultaban varios fusiles, robados a los ingleses, y dos cajas de municiones, camino de Ledesma, por donde andaba don Julián con sus lanceros, sin querer pensar en el peligro que viajaba conmigo en el carro. Las mulas eran lentas y el recuero silencioso y concentrado me ignoraba de tal modo que me hubiera podido morir sin que se enterara; arreaba las mulas con serenidad de rito y ni volvía la cabeza para comprobar la seguridad de su carga, ni para descubrir la presencia de posibles perseguidores; ni tenía miedo, ni probablemente alma; era sólido, oscuro y taciturno, como un campesino que acaba pareciéndose a la tierra que labra. Las roderas del carro sobre la nieve reciente marcaban con su profundidad y su evidencia la terca decisión de mi suicidio.

Toda la noche no fue suficiente para que me arrepintiera. Lamenté, en aquella oscuridad en la que lentamente íbamos entrando, conducidos por la débil claridad que se desprendía del camino y oyendo los resoplidos intermitentes de las mulas, no haberle dicho nada a mi tía Adela, aunque en verdad no había querido hacerlo, porque estaba seguro de que esta vez me despedía para siempre. Pensé que algún día, en medio de la bruma de su lucidez de alcohólica, me echaría de menos antes de que le anunciaran que había muerto en el campo, luchando contra los franceses, lo que le provocaría el llanto nocturno por otra desgracia familiar que añadir a todas aquellas otras desgracias que almacenaba en su cruel memoria. Sería otro muerto con el que pudiera dialogar en sus largas noches de insomnio, sin prisas, consolada por aquellos fantasmas que le contaban sus penas, desde el otro lado de la vida, con la experiencia de la muerte. La noche acabó cerrándose sobre la cansina andadura del carro, que se movía pausadamente en un paisaje adormecido, igual y opaco que repetía sus sombras.

Pero mi odio dividido entre ingleses y franceses, el recuerdo de la última Manuela en la madrugada del baile, y la certeza de la muerte que me esperaba, no me dejaron dormir, a pesar de mi cansancio y del rítmico traqueteo del carro, que me atontecía como una cuna; las estrellas de marzo rodaron sobre mi cabeza con la seguridad de una predestinación. Pueblos desconocidos y lunarmente deshabitados fueron marcando las etapas de mi insomnio, y cuando nos detuvimos a cambiar las mulas, sin ruido y sin palabras, ayudados por gentes de movimientos lentos y manos hábiles, en una alquería fantasmal de Florida de Liébana, me di cuenta de lo absurdo que era aquel viaje, que me llevaba probablemente a la muerte. La cinta del Tormes, sobre el que flotaban unas neblinas desmelenadas, entre las espesuras vegetales y las alucinaciones de la noche, era como un cordón umbilical que me uniera a Salamanca, es decir, a Manuela, que me obligaba a seguir a contracorriente en aquel camino perdido, que no iba a ninguna parte.

A media mañana, después de un duermevela de súbitas claridades, en una chopera junto al río, sin dirigirme una sola palabra el carretero me indicó con un gesto la arboleda y se fue con sus mulas que llevaban las orejas levantadas y la mirada atenta como si presintieran el peligro. Busqué a Augusto con la mirada, pero no vi a nadie, como si hubiera vuelto a la soledad de mi estado natural, después de aquel largo viaje a través de la noche, que empezaba a parecerme inútil. El recuero había desaparecido y el mundo estaba vacío, como cuando los pájaros se marchan y el campo se prepara para recibir una tormenta; me encontré perdido en un paisaje descolorido por el amanecer y por un momento me creí engañado y traicionado, con sueño y con hambre y con una sensación de abandono, que hostigaba los remordimientos de mi imprudencia.

Volví a dar otra vuelta por la arboleda, maldiciendo a don Julián Sánchez y a su caterva de paletos, decidido a marcharme de allí, cuando vi un fusil que me estaba apuntando desde detrás de un árbol y después un hombre salió de la maleza a mis espaldas, sin intención de acercarse; poco a poco estuve rodeado de miradas hoscas y de rostros hostiles, hasta que se me acercó un tipo robusto y no muy alto, con aspecto enérgico, bigote caído y descuidado, que tenía el mismo aire huraño y desconfiado que los otros, aunque parecía mejor comido y con gesto de estar acostumbrado a mandar. Era don Julián, al que lo primero que le dije fue que me devolviera mis ropas para poder quitarme aquellas prendas campesinas que me habían dado en Salamanca y que tan mal me sentaban y tan mal olían. Un hombre comentó en voz alta: «Joder con el estudiante», y don Julián me miró con cierta dureza, sin entenderme, con el estupor de un hombre del campo que desconfía de los hombres de la ciudad y más si es estudiante, protagonista de viejos cuentos de burla y camino, de trapacerías y atrevimientos, que han habitado ancestralmente la imaginación de los campesinos de la región, para los que la Universidad de Salamanca sigue siendo la cueva del diablo y de los engaños; me volvió a mirar con desconfianza y sólo se tranquilizó con la llegada de Augusto, jinete en un caballo descomunal, marrón avellana, vestido de oficial francés y con un extravagante gorro sobre su sonrisa azul.

«Quiero matar a un francés, vestido de mí mismo», tuve que repetir para que don Julián me entendiera, con la inevitable tentación de las frases solemnes que había heredado de mi padre.

Pero creo que tampoco me entendió o le tuvo sin cuidado lo que le dijera, aunque me devolvieron mis ropas por intercesión de Augusto y pude entrar en la guerrilla con la misma indumentaria con que había ido a estudiar a la universidad, pasear mi indolencia por la Plaza o sentarme a escuchar el clavicémbalo de Manuela en la semipenumbra encantada de su cuarto. Mi habilidad de jinete, que me venía de aquel pueblo del oeste donde había nacido mi padre y al que, al menos una vez al año, volvíamos a rehacer la memoria de su infancia, me ganó la admiración de la partida y probó mi utilidad en las acciones contra los franceses, frente a la torpe manera de montar de los otros lanceros, patanes de labrantío que ignoraban lo que era un caballo y lo confundían con sus mulos de carga o sus burros de noria. Cuando, por fin, salimos del bosquecillo al sol ventoso y anubarrado del invierno, mi gabán rojo se destacaba como un reclamo entre los pardos y los grises sudados de los tapabocas de los otros lanceros, incluido don Julián, que en su aspecto por aquellos días se diferenciaba poco de sus hombres; sólo el extravagante sombrero alto de Augusto, que mezclaba en su atuendo las prendas francesas de sus disfraces y los chalecos y tabardos aldeanos, con un pañuelo amarillo al cuello, se acomodaba a la extrañeza de mi ropa ciudadana de buen corte, aunque destrozada y deslucida por mis descuidos. Marzo era también desapacible en aquella lejana orilla del Tormes.

Nuestros caballos nos llevaron muy lejos, a través de una geografía que yo desconocía, por tierras de Zamora y Toro, donde había una pista francesa que seguir y un correo militar que asaltar. Desde aquella primera acción lo único que tuve que hacer fue correr, vigilar, preparar celadas a los convoyes enemigos, perseguir a los franceses, atacarlos, degollarlos, robarles los correos y los aprovisionamientos y huir hacia los lugares convenidos de antemano, a leguas de distancia, con el corazón jubiloso y la cabeza vacía. Daba gusto correr de aquel modo, más ligero que el caballo que me llevaba y rodeado por el ruido de las otras cabalgaduras, que duplicaban la confianza y la alegría en medio de las tinieblas que nos amparaban. No había nada que pensar, salvo llegar pronto a la comida que nos esperaba, envuelta en aquella complicidad que nos recibía en cada pueblo, en forma de un escondite precavido o de una cálida cama femenina.

Recuerdo mi primer muerto. Habían entrado algunas tropas inglesas desde Portugal y estaban atacando a las guarniciones de los franceses de la división del general Lapisse, asentada entre Salamanca y Ledesma, al noroeste de la ciudad, a la vera del Tormes, y amagaban alguna incursión hacia Ciudad Rodrigo, donde había también tropas imperiales. Unos días antes habíamos interceptado un convoy de armas y dinero, cerca de Vitigudino, un poblachón extendido en la llanura, y habíamos hecho quince prisioneros en el puente de Yecla, después de un breve y furibundo combate; luego nos fuimos a merodear por los campos de Ledesma, preocupados por los ingleses. El día 22 de marzo del año 1809 maté a mi primer hombre cuando sorprendimos a una avanzadilla francesa y, tras una corta lucha, hicimos prisioneros a treinta y dos soldados y a un oficial; hubo dos muertos y uno fue el mío. Tenía los ojos azules y una pelusilla por bigote; mi arcabuzazo le hizo un boquete en el vientre y le dejó la casaca y los calzones llenos de sangre; sin embargo el capote, que se lo había desabrochado probablemente para maniobrar mejor, estaba intacto, recién cepillado y como nuevo. Se lo llevó un lancero, diciendo: «Ya no le hace falta y dentro de un rato tendrá más frío que yo». Nuestra acción fue violenta y breve, porque aquella mañana habíamos sabido que los franceses habían ahorcado el día anterior a dos dragones de la reina, que se habían quedado enfermos en Salamanca y a los que tuvieron que arrastrar hasta la horca y levantarlos a pulso hasta la soga, porque ellos no se tenían en pie. Después de mi primer muerto la cosa fue más fácil.

Nuestro ataque no impidió que las tropas de Lapisse se movieran hacia Ciudad Rodrigo, adonde fuimos a parar después de toda una noche cabalgando por caminos excusados. Aquel terreno lo conocía bien don Julián, pues había nacido en Muñoz. La cabalgada nocturna me dejó cansado y enfebrecido, pero el estruendo de los primeros fusiles al amanecer me espabiló enseguida y ya no volví a dormir durante varios días, pues los franceses insistieron y sus arremetidas no acababan nunca, avanzando sobre Ciudad Rodrigo por encima de nuestros muertos. Con Andrés García, de Belvis, un muchacho fuerte e ingenuo, corto de luces y de planta de toro, nos mandó don Julián a Salamanca a recoger noticias de los movimientos de los franceses; llegamos delante del Puente entre dos luces, al clarear el día 24, y vimos a los guardias y oímos los tambores de la tropa, que bajaban por el Paseo de San Bernardo hacia el río. Tuvimos que salir corriendo; pero antes, con los primeros soldados entrando ya por la otra parte del Puente, disparamos contra los centinelas y uno cayó herido junto al pretil, donde se había refugiado al vernos correr hacia ellos. Lo único que pudimos averiguar en Salamanca, por unos paisanos, fue que al general Cuesta lo habían derrotado de nuevo, esta vez en Medellín.

Por aquellas tierras, que eran las suyas, don Julián aflojó un poco su gesto adusto y hasta se humanizó con una lágrima cuando entramos en su casa, deshabitada y fría como un mausoleo. No quiso dormir en su cama, para no tentar a los codiciosos, que lo denunciarían para cobrar su cabeza puesta a precio, y nos echamos al monte al atardecer, por los vericuetos que habían sido los de su infancia y los de su rabia; don Julián llevaba los ojos rojos, no sé si de pena o de odio. Me enteré de que los imperiales habían violado a su hija de quince años, habían azotado y violado delante de él a su mujer y a él lo habían apaleado, atado, arrastrado y tirado al pilón donde abrevaban los animales y pateado por las carreras salvajes de los caballos contra las piedras calientes de la era. Aquel suplicio permanecía detrás de sus silencios, de su mirada inmóvil y de sus fuerzas descomunales en los combates y en las cabalgadas, que no le cansaban nunca; todo estaba concentrado en él, sus palabras, sus gestos, sus labios y su odio; tenía las piernas duras de los caballistas y unos brazos robustos habituados a la garrocha y a la tralla, que prolongaban la fortaleza de los hombros y de las espaldas, hechas a cargar costales de trigo. Le mantenía en pie la densidad de su rencor y era capaz de dormir sobre el caballo en marcha, sin descuidar la vigilancia ni dejar de hacer planes contra los franceses; se contaba que había partido a dos gabachos de un tajo sin rectificar la trayectoria de su espadón; con Augusto tenía la admiración del tuteo, que nos negaba a los demás, tratados con el «vuesa merced» campesino.

Pero otros decían que aquella historia de violaciones y castigos era mentira, porque ni había tenido una hija, ni su mujer merecía la pena de ser violada y, en cuanto a las heridas del cuerpo, no eran de ahora, sino de cuando sirvió en la guerra del Rosellón, en la que había luchado en el regimiento de Mallorca contra los franceses, que le hicieron siete heridas y se lo llevaron prisionero, cuando la retirada de Le Boulou. Y había sido entonces cuando había nacido su odio a los franceses, a los que tuvo que soportar durante dieciocho meses, sin que nunca se le olvidaran aquellos días. Otros decían que los franceses habían matado a sus padres y a una hermana pequeña. Pero lo cierto es que en cuanto empezaron a organizarse los primeros cuerpos de ejército contra los invasores en el verano del año 8, don Julián se había presentado con su caballo y sus armas, vestido con el viejo uniforme de su juventud, resucitado por el odio de la invasión, en el regimiento de caballería de Ciudad Rodrigo, donde en poco tiempo ascendió a sargento, con una terca vocación castrense que anunciaba al héroe que había de ser, a poco que los hechos ayudaran.

Los primeros golpes de don Julián, que iban haciéndose leyenda y agrandándose con el tiempo, habían sido audaces y, después de un largo noviciado de imprudencias, sus nuevas acciones fueron además inteligentes; esto hizo que sus jefes le permitieran actuar por su cuenta, en una tierra de nadie donde los ejércitos españoles no llegaban y los franceses eludían por temor a las distancias y a las emboscadas de los patriotas. Los imperiales llegaron a pensar que don Julián era el diablo, porque estaba en todas partes y en ocasiones en dos lugares distintos a la vez; pero eran sus cabalgadas nocturnas las que explicaban su ubicuidad y sus apariciones milagrosas en sitios distantes; sabía escoger sus caballos, sus puntos de ataque y sus víctimas; caía sobre los franceses como un aguacero de verano y se retiraba sin apurar su victoria; nunca se equivocaba porque tenía la conciencia de la desesperación; sus arengas eran un largo silencio reconcentrado; no parecía un héroe, sino solamente un hombre que sufría.

Al contrario, la guerrilla le sentaba bien a Augusto, que montaba todos los días los mejores caballos de su vida, cambiaba de mujer cada noche y mataba un francés de vez en cuando. Como si desde que tuvo uso de razón hubiera estado esperando aquello. Se enfurecía cuando le mataban un caballo y durante unos días le oscurecía una tristeza huraña; pero siempre encontraba otro caballo, del que se enamoraba con más fidelidad que de sus mujeres, extasiado con sus remos finos, sus crines revueltas, el poderío de sus ancas y la ternura humana de su mirada, que lo reconocía al acercarse. Había vivido con él desde niño y sabía de lo que era capaz, que era casi todo, menos convertir el agua en vino y levitar como los santos, aunque algunas noches de luna llena lo intentaba sin conseguirlo, aunque él creía que estaba a punto de despegar, por la ingravidez de sus piernas y el vacío que sentía en la cabeza; pero por mucho que se esforzaba, yo no veía que sus pies se alzasen ni siquiera un palmo del suelo.

Con frecuencia y hasta que lo descubrieron, Augusto se hacía pasar por un oficial francés en misión secreta, sin que nadie advirtiera el engaño por la perfección de su pronunciación francesa y su exótica mirada azul, ajena a toda la región. Y los imperiales caían en sus trampas, en sus denuncias de guaridas de guerrilleros, en sus ocasionales confidencias de alijos de armas y en sus consejos de asaltos a reuniones donde se conspiraba contra los invasores; su tendencia a la crueldad y a la exageración facilitaba la enormidad de sus mentiras. Una vez llevó a galope tendido a un escuadrón de húsares hacia un precipicio oculto por el terreno, con el señuelo de una emboscada, y sólo su habilidad de jinete le salvó de caer, también él, por el barranco, revuelto con caballos y franceses, que fueron acuchillados en el fondo de la quebrada por los guerrilleros, con la prontitud de la costumbre y la satisfacción de la carnicería. Otra vez cruzó un río al frente de un destacamento francés y en medio de la corriente se dejó llevar aguas abajo, mientras nuestros fusileros, apostados en la orilla, fueron acabando con las cabezas que sobresalían fuera del agua y que milagrosamente no fue la suya, irreconocible en la distancia y confundida con las cabezas de los coraceros que flotaban a la deriva.

Augusto había nacido para la guerrilla; le ardía la sangre con un heroísmo de domingo, que le hacía parecerse a los caballos que montaba, por la fogosidad de su apostura y la furia con que reaccionaba ante la presencia de los franceses, con los ollares abiertos y las crines al viento de su locura. Tenía todo el campo para caer en todas las tentaciones de la imprudencia y había descubierto con satisfacción que los espacios libres eran su ambiente natural. La lluvia y el viento le exaltaban y las carreras desenfrenadas, perseguido por los húsares imperiales, le llenaban de un gozo que le hacía repetir todos los peligros y probar todas las audacias. Se había vuelto un jinete experto y era como un dios endemoniado, cuando desafiaba a la caballería francesa desde los oteros pelados o en los mediodías ahogados de infinito del campo charro. Por fin había encontrado algo que hacer con lo que se sentía a gusto; su mirada azul era un constante desafío a la muerte, que parecía respetarlo.

Un día nos acercamos a Salamanca y les quitamos a los imperiales ciento veinte reses que cuarenta dragones conducían al matadero; matamos a cuatro soldados y les hicimos veintidós prisioneros, con sus respectivos caballos, algunos de bella estampa, que probablemente ellos le habrían requisado a algún ganadero salmantino; yo cambié mi jamelgo usado por un potro joven y esbelto. Quisimos entrar en la ciudad, pero nos encontramos con el Puente cerrado y custodiado por un numeroso destacamento de centinelas, que nos tirotearon al vernos. Entonces, fuimos a cruzar el río por el vado de Santa Marta, con intención de robarles más caballos; pero los habían encerrado en barracones, rodeados de empalizadas, en el Alto del Rollo, fuera de las murallas, en San Mamés, en el Campo Santo del Hospital, junto al Prado Rico, y en la Cruz de los Pizarrales; era difícil acercarse a las cuadras, y después de un rodeo en torno a la ciudad no pudimos quitarles ni un solo caballo y Andrés García fue herido por un francés, emboscado entre los árboles de la Puerta de San Bernardo. Cuando quisimos vengar la herida de Andrés, se nos echaron encima los dragones que salían hasta de debajo de las piedras y tuvimos que abandonar el campo, arrastrando al herido. Luego nos enteramos de que, unos días antes, un centinela del Puente Romano le había dado el alto a un muchacho que estaba cruzándolo; el muchacho ni contestó ni se detuvo, y el gabacho disparó sobre él a bocajarro y lo dejó muerto; el muchacho, según se supo, era sordomudo. Aquella noche, entre las visitas de la tertulia de mi tía Adela, se presentaría aquel muchacho, todavía con el asombro en la cara, sin saber por qué lo habían matado.

Andrés se pasó la noche quejándose y perdiendo sangre, delirando a gritos y muriéndose poco a poco en el pueblo donde nos habíamos escondido. Nadie sabía hacer nada y los torniquetes y las telarañas de urgencia casera apelmazadas contra las heridas no consiguieron parar la hemorragia, que iba vaciándolo a ojos vistas; entonces a don Julián se le ocurrió que fuera a buscar a mi padre. Todos me miraron asustados cuando dije que mi padre no iría, porque era un afrancesado notorio y no se arriesgaría a aquella aventura, que iba contra sus ideas. Pero don Julián insistió, porque aquel muchacho se moría y mi padre podía salvarlo; les dije que mi padre podría denunciarnos. «¿Tu padre es honrado?», me preguntó. «A su manera», le contesté. «Entonces, ir a por él.» Cuando estábamos montando, apareció Augusto y dijo que iría a buscar a mi padre y que lo traería. Cuando el resto de la cuadrilla se dispersó para confundir a nuestros perseguidores, yo me quedé con Andrés, para comprobar que mi padre no vendría.

Un escuadrón imperial pasó de largo; Andrés siguió quejándose, aunque cada vez más débilmente; la noche se me hizo interminable; pero un poco antes del amanecer oí pisadas de herraduras y vi que Augusto descabalgaba con mi padre. Andrés tenía fiebre y se despertó sobresaltado y temeroso, cuando vio entrar a un hombre desconocido, bien vestido y perfumado; mientras mi padre se disponía a la cura, Augusto me dijo que había venido sin forzarle, con sólo decirle que un guerrillero lo necesitaba. Miré a mi padre con asombro, desde el rincón donde me había ocultado, como si nunca lo hubiera visto. Andrés, que se había vuelto a desvanecer, se despertó gritando que no quería que le curase un afrancesado, porque lo mataría, y se alejó de mi padre arrastrándose sobre el reguero de sangre que dejaba en la paja; pero un vahído de moribundo le permitió a mi padre, a la luz del farolón que las mujerucas habían traído, reconocerlo con detenimiento y sajar la carne herida en las costillas; una recuperación de Andrés le impidió a mi padre seguir trabajando y las brechas abiertas por el escalpelo horrorizaron a Andrés, que se retrajo hacia el rincón más lejano del pajar, donde no llegaba la luz siniestra del farol. Andrés, arrastrando sus mantas manchadas de sangre y los harapos que le colgaban del cuerpo, siguió hurtándose a las manos de mi padre, que por fin me había descubierto, petrificado por mi perplejidad y mi vergüenza. Para salvarse, Andrés prefirió las jaculatorias de las oscuras mujeres que le cuidaban que la ciencia de mi padre, que cuando pudo acercarse otra vez a él, lo encontró muerto con el asombro en la cara, como si antes de morir hubiera visto al diablo que era evidentemente mi padre.

Como no teníamos tiempo de cavarle una fosa, ni podíamos dejarlo allí tirado para que fuera una disculpa de las represalias francesas, lo sacamos fuera del pueblo y lo enterramos en un muladar, como habíamos visto hacer a los compañeros, cubriéndolo con estiércol pisoteado para que se pudriera pronto. Después, sin mirarle ni una vez a la cara, acompañé a mi padre de vuelta a Salamanca, atravesando una mañana luminosa que purificaba los sobresaltos y las tensiones de la noche. Cruzamos el río por el vado de Tejares y lo abandoné sin una palabra, cerca ya de la ciudad; se alejó un poco encorvado, saliendo del recuerdo de sus viejas peroratas. Se adivinaba su cansancio mientras subía los ribazos del Tormes. No se volvió ni una sola vez a mirarme; monté en mi caballo y él siguió andando, ya casi un anciano desde que lo había tenido a mi lado, unos momentos antes; me pareció un desconocido, que se alejaba de mí, por un camino distinto al mío.

Cuando le perdí la vista y tiré de las bridas del caballo para volver, me vi rodeado de soldados franceses, que venían a por mí, salidos del suelo con sus fusiles preparados; me lancé contra ellos, arqueando el cuerpo y descolgándome sobre la montura. Y revolviéndome con un tirón de las bridas, que hizo saltar al caballo sobre los sorprendidos franceses, cuyas bocas abiertas se me quedaron en la memoria de aquella escapada, tragué el aire frío de la mañana con avidez de náufrago y salí corriendo abrazado al cuello del animal encabritado. No sentí el ruido de los disparos entre los árboles, pero supe que me habían alcanzado y noté que mi caballo sangraba no sé por dónde; pero, como tenía tanto miedo como yo y recibía el hostigamiento de mis espuelas y las mordidas desesperadas de mi fusta, corrió por la Chopera, cuyas ramas bajas estuvieron a punto de desnucarme con sus bofetadas vegetales, hasta meternos en el río de un salto ciego y dejarnos llevar por la corriente hacia los vados de Tejares, con los belfos abiertos y los desorbitados ojos fulgurantes, encendidos por la locura animal de su salvajismo, aceleradamente recuperado. Cuando llegamos al otro lado del Tormes, perseguidos por un escuadrón de caballería, que chapoteaba todavía en la otra orilla, el caballo, desfondado y jadeante, se dejó caer desfallecido, probablemente muerto, y me cogió la pierna derecha debajo, con toda la mole caliente de su corpachón derrengado; la brutalidad de su caída y la inercia de su peso me arrastraron sobre las lastras de la orilla; el dolor de la pierna destrozada me devolvió la lucidez y me dejé llevar río abajo, con un revolcón de pelele desgonzado, dejando un rastro de sangre y parte de mi conciencia otra vez perdida sobre las yerbas juncales de la ribera y alejándome de los franceses, que me vieron ir flotando como un tronco sobre aquella lenta corriente, que nunca tuvo mayor tentación de eternidad que entonces.

Cuando me recogieron en la aceña de Tejares, estaba medio muerto y me escondieron entre los sacos de un viejo molino, donde con la pierna atada entre unas tablas y un palo en la boca para contener mis gritos, pasé toda la noche defendiéndome de las pesadillas de la fiebre, mientras me aterrorizaba a la espera de los franceses que vendrían para fusilarme, sobre aquel montón de costales enharinados, convertido en un puro harapo blanquecino, respirando el sano olor del cereal, que me hacía lagrimear y me reconfortaba en medio de las miserias presentes con el recuerdo de los molinos de mi infancia, excitando mis alucinaciones, devolviéndome a una niñez estival de siegas y trillas, de juegos sofocantes entre montones de paja en las eras requemadas del verano, con los tardos bueyes dando vueltas en los mediodías agobiados sobre las parvas aplanadas, cada vez más doradas, concéntricas, obsesivas; veía el grano de trigo aventado contra el cielo inmenso de los atardeceres de las vacaciones de julio. Y cayendo en los remolinos de ríos remotos, zambulléndome involuntariamente en aguas traicioneras, enturbiadas por mi propia sangre y revueltas por los desesperados movimientos de mis piernas descontroladas, prisioneras de trampas invisibles, que me impedían seguir huyendo y me retenían en las sombras de un decorado desconocido, donde seguía desangrándome y acercándome más y más a la muerte, con el sudor de la fiebre y el frío del amanecer, que iba creciendo entre los sacos de harina, todavía oscuros, después de una inmensidad de tiempo, al contraluz tenue de la primera mañana invadida por el agrio olor de una cagada de gato.

Con el frescor inaugural del día me quedé dormido y me despertaron los ruidos rítmicos de la piedra del molino. Cuando empezaron a llegar los primeros campesinos, creí que me habían olvidado y que unos desconocidos me descubrirían para denunciarme. Quizá mi tía me estaría esperando, cuando se enterara de que el Tormes me había llevado aguas abajo, a la deriva sin retorno, aureolado por un heroísmo que no me merecía. Pero entre el estruendo de los carros, los alternativos vaivenes de la piedra de moler, que rezongaba a sobresaltos, ladridos de perros y risas de muchachos, me llegó una canción, de la que al principio sólo oía su vieja melodía, con algo de canto arábigo y de monótona liturgia gregoriana, con un estribillo reiterativo e infantil, entonada por una transparente, virginal y alta voz de mujer joven, que se demoraba en los finales de las estrofas con el mimo de su garganta cálida y la ternura alargada de una nana; después, empecé a entender algunas palabras y me fui llenando de gozo por aquel mensaje musical que, por encima de la algarabía de los gritos del molino y de los ruidos del universo, estaba dirigido a mí, como un acto de amor.

Es mi novio un lancero
de don Julián,
si él me quiere mucho,
yo le quiero más.
        Ea, ea, ea,
        ea, ea, eh.
Es un lancerito
que me viene a ver;
él me quiere mucho,
yo le quiero a él.
        Ea, ea, ea,
        ea, ea, eh.

Durante horas estuve oyendo las voces pendencieras y los insultos burlones de los arrieros y sus risotadas explosivas, el silbido de sus trallas y la monotonía rítmica de la molienda; pasé horas en un duermevela delirante, descansando en la memoria fugaz de aquella canción, retraído como un fardo inútil en un rincón, bajo la fina lluvia de la harina, que se quedaba en mis manos, en mi ropa, en la manta que me envolvía y tenazmente en mis pestañas y que me relegaba a la condición de un despojo, en espera de ser devuelto al río, cuando pasara algún tiempo y demostrara reiteradamente mi inutilidad. El sol se estriaba sobre los costales del fondo y el día iba creciendo agrandado por el vuelo de las blasfemias del molinero, el renquear de los carros sobre un empedrado que yo no había visto y que debía de estar caliente y los ladridos impacientes de los perros furiosos, que se mezclaban con los insistentes dolores de mi pierna y con el piar invisible de un pájaro glorioso y altanero y la mansedumbre blanca de la harina candeal cubriendo el universo, como la nieve falsa de los grabados antiguos, en los que seguía escuchando aquella canción gozosa de una garganta virgen y enamorada, que retornaba en medio de aquel seco asedio de la fiebre, al que el olor a ropa vieja, campesina y sudada hacía más inaguantable.

Don Julián, tus lanceros
parecen soles,
con mangas encarnadas
en los morriones.

El corazón me lleva
puesto en la lanza.
¡Que vivan los lanceros
y muera Francia!

Andamos por los montes
despedazando
águilas imperiales
que van volando.

Cuando el silencio volvió a caer de nuevo, apareció delante de mí una muchacha con una escudilla de leche y una hogaza de pan y me las dejó sobre la manta, con un gesto callado, sin apartar sus ojos asustados de los míos; no era tan hermosa como yo me la había imaginado, pero me enternecí con el ardor de su mirada, que me dañaba de tanto mirarla; después, fugazmente me acarició el pelo, que dejó caer un polvillo que se perdió en la leche, y desapareció en un descuido de mi atención sobre la escudilla. La subida del bochorno a la hora de la siesta, con el mundo otra vez sosegado, me cogió debatiéndome contra la desesperación de mi sangría y la invasora conmoción de los recuerdos de Manuela.

Aquella muchacha no volvía y nunca me había imaginado una muerte tan mezquina, con el pelo empolvado como mi abuelo, deshaciéndome por aquella pierna y terminando en aquella cuadra, donde probablemente las ratas reconocerían mi cadáver antes de que llegaran los hombres a certificar mi muerte. Pero con el primer alivio del atardecer, que se anunció con una brisa que levantó una nubecilla blanca sobre los costales que me protegían, me volvieron las ganas de vivir, con la única finalidad de matar al menos al amante de mi hermana. Y fui casi feliz recordándolo como si ya lo hubiera hecho, cuando la misma voz de la mañana volvió a llegarme, entre los desvaríos de mis alucinaciones y los rumores de la molienda, que volvían a mortificarme con la remontada de la fiebre a la caída de la tarde.

Cuando don Julián Sánchez
monta a caballo,
escapan los franceses
como del diablo.
    Ea, ea, ea
    ea, ea, eh.
Es un lancerito
que me viene a ver;
él me quiere mucho,
yo le quiero a él.
    Ea, ea, ea,
    ea, ea, eh.

Pasé tres semanas delirando, agonizando y esperando aquella voz que me llegaba, mañana y tarde, con la puntualidad de una cita. Un día le pregunté a la muchacha que me traía la comida si era ella la que cantaba y me contestó que era su madre, «que está majareta». Augusto vino a buscarme, con un «bicho malo nunca muere», y me llevó a una alquería por tierras de Ledesma, donde estuve más de un mes convaleciendo de las heridas. Pregunté por la suerte de mi caballo y me dijeron que los campesinos lo habían rematado para comérselo; pregunté por mi hermana y no me quisieron decir nada.

Curada la herida e iniciada la resurrección de la carne, empecé a echar de menos los días pasados de furia y de gloria; pero estaba bien en aquella cama, ancha y soleada, templada y alta, de tres colchones, con sábanas de lino, débil y precario, fluctuando entre la vida y la muerte, con la solicitud de una muchacha asomándose cada hora al borde de mi inmovilidad y de mi necesidad de reposo. No había conseguido derrotar a mi padre, ni había olvidado a Manuela, pero la verdad es que estaba a gusto en aquel limbo confortable, en el que la curación de la herida me había introducido y del que la convalecencia no acababa de sacarme; gozaba de las dudas y de las incertidumbres de mi organismo, indeciso entre la tentación de la nada, la ensoñación fácil y el vacío y el placer del movimiento, el deseo de la acción, el gozo de lo desconocido y el camino de la muerte, que no eran más que dos formas del suicidio. Me quedaba todavía la nostalgia del sueño, con los ojos cerrados, el contacto del embozo de las sábanas sobre mi piel caliente y el silencio oriental de aquel cuarto blanco; pero también sentía las ganas de vivir entre las cosas y entre los hombres, aunque me resistía a volver a entrar en aquel juego de riesgos y seguridades. Y, mientras tanto, prolongaba en una inanición voluntaria aquella convalecencia feliz y letárgica, negándome a estar sano; era como reencontrar la infancia, cuando el tiempo pasaba sin mi participación, cuando no había que hacer nada para seguir viviendo; durante unas semanas había luchado contra la muerte por una decisión de mi organismo que me era ajena; alguien me había defendido por mí; lo que había que hacer se hacía, sin que me diera cuenta, sin que nada realmente mío se comprometiera, preocupado sólo por el paso del tiempo, por los latidos del oído, por una fecha que se resistía, por la posición de la pierna herida, por el opaco y convencional significado de las pocas palabras que oía. Por fin, el problema de la vida estaba resuelto; los días me proporcionaban la tranquilidad de la inercia, venían solos y se iban como habían venido; yo únicamente tenía que estar quieto, seguir el rastro de la luz sobre la pared encalada, respirar y convertir la respiración en un acto voluntario.

Pensé que quizás alguno de los oficiales que había matado, durante aquellos meses de estruendo y frenesí, era el amante de mi hermana, sin yo saberlo y sin haberle dado al acto de su muerte la obligada alegría de mi justicia satisfecha. Quizá la guerra se hubiera acabado y me habían dejado en aquel rincón olvidado y remoto, en el que por fin y para siempre estaría a salvo de la amenaza de los franceses. Quizá Manuela se hubiera ido con aquel francés, impulsada por una de aquellas decisiones imprevistas que le conocía desde niña o arrastrada por la huida de aquel ejército derrotado, al que se habría unido por un amor más fuerte de lo que yo suponía o por una necesidad de salvación, que nunca me hubiera imaginado. Quizá Salamanca habría sido destruida, como quería mi tía Adela, y ya no podría volver a repasarla para encontrarla tal y como estaba en mi memoria, igual a la imagen de mi felicidad infantil, y nada quedaría de su belleza y de su soberbia encantada y del milagro dorado de sus torres en la paz de sus crepúsculos. Quizás hasta Augusto habría muerto y yo estaría doblemente solo sobre las ruinas de mí mismo.

Llegué a pensar que únicamente me quedaría el recuerdo de lo que había vivido, empezando por aquellos días locos de la guerrilla. Volvió

Belisario, que tenía el alma triste y el cuerpo alegre, con el corazón lleno de pájaros y la boca llena de palabras ininteligibles, como de la Sierra de Béjar donde había nacido, y también volvió Ramiro con sus grandes dientes de caballo, que sonreía hasta en sueños y que, cuando los franceses lo alcanzaron, murió con una sonrisa, como si lo estuviera aguardando y se alegrara de que por fin se hubieran cumplido sus esperanzas, y que no se habría atrevido a ir a la casa de mi tía Adela, ni siquiera después de muerto. Y, reiteradas veces, volvió Augusto, jinete siempre, azul como si el cielo del verano se le hubiera aposentado en la cara, imposible en su altanería y en su terquedad, procaz y misterioso, inabarcable, como aquel día en que, después de una matanza de franceses, me hizo la confidencia de la identidad de su padre y me aclaró las raíces de su odio y la explicación de su vida.

Un día llegamos a un pueblo en fiestas, con procesión, campanas, cohetes y capea; las gentes, subidas a los carros del ruedo, aplaudían a uno de los nuestros que había saltado a torear un enorme morlaco astifino y malencarado, al que se le podían contar los costillares y con más resabios que un fraile exclaustrado; el bicho había barrido la plaza y había echado los mozos a los palenques, asustados por aquella bestia, grande como un buey y saltarín como una cabra. Los primeros pases de nuestro compañero le salieron atropelladamente bien y el público aldeano se entusiasmó, presintiendo la tragedia. Los trances de la suerte nos tenían cogidos por el gañote. Augusto fue el único que advirtió la llegada cautelosa de un escuadrón de franceses, que había rodeado la plaza; saltó al ruedo y, al grito de «¡¡Mueran los gabachos!!», abrió el toril para que salieran los mansos, que bufaron en libertad y recorrieron el recinto entre los gritos de la gente, que creyó que aquello era una broma. Pero nosotros nos dimos cuenta del peligro y vimos a los franceses apostados en los esquinazos de las bocacalles y en los tejados de algunas casas; entonces, nos tiramos a la arena y nos confundimos con los cabestros, sin que los franceses supieran qué hacer al principio con los fusiles preparados. Augusto abrió las puertas de la plaza y la manada de toros salió de estampida, arrastrando a los franceses que estaban cubriendo la salida y ocultándonos a nosotros, que corrimos agarrados a sus rabos y a los badajos de sus cencerros bamboleantes. Los disparos de los imperiales abatieron a dos cuatreños, que se quedaron bramando desesperados en el empedrado de la calle; uno de ellos había enganchado por el cuello a un guerrillero, que fue rematado por los franceses.

Las primeras lluvias de septiembre volvieron como la confirmación de la memoria y aquel período de gracia terminó. El estruendo de la guerra y el frío del exterior entraron inesperadamente en mi cuarto con un Augusto soberbiamente saludable, y me eché para atrás; sentí la pérdida de la inconsciencia, me identifiqué con mi cuerpo y afronté el desafío turbulento de la salud; no es que tuviera miedo, es que había vuelto a conocer el Paraíso.

«¡Arriba, lagumán! El duque del Parque les ha zurrado la badana a los franceses en Tamames.»

Con la alegría me tiré de la cama y me di cuenta de que estaba cojo.

5

Estaba condenado desde el primer francés que pisó tierra de Salamanca, en el otoño del año 7, desde el primer grito mercenario de Aranjuez y desde la primera descarga de la fusilería francesa en la madrileña Puerta del Sol del 2 de mayo del año 8, y mucho antes, desde que en su juventud, en aquella juventud dorada que había creído en la transformación del mundo de Carlos III, había leído los mensajes de racionalidad y de liberación de los filósofos franceses, que había descubierto en la universidad; desde el primer libro de Rousseau que cayó en sus manos, comprado furtivamente en la librería de la Cruz, de don Tomás de Toxar, que alimentaba las bibliotecas clandestinas de los afrancesados salmantinos y el *Indice de libros prohibidos* del Santo Oficio; probablemente, desde sus dieciocho años ariscos e intransigentes de muchacho tímido, impulsivo y sensato, que ocultaba su miedo de pueblerino en Salamanca con el gusto por la lectura y la soledad reflexiva de los sueños y que iba entrando en el gozo de la rebeldía y en el plano inclinado de la marginación perpetua, sin entregarse del todo a la ciudad reciente de sus estudios, ni olvidar el pueblo remoto de sus orígenes familiares; con toda seguridad, estaba condenado desde su infancia encantada de niño acomodado, tranquilo y soñador, que había esperado, como si estuvieran al alcance de su mano, todos los paraísos de la Tierra, empezando por el paraíso de aquel pueblo perdido en el oeste, entre naranjos mediterráneos y pitas y chumberas tropicales, limitado por el Agueda, el Duero, el Camaces y el Huebra, como los cuatro ríos que rodeaban el Edén, según las Sagradas Escrituras; desde que su padre, hidalgo de gotera, imprudentemente lo educó para el bien y la comprensión, para el sentido de la justicia y de la solidaridad, para la busca de la verdad y la única pasión de la tolerancia; desde que un preceptor ocasional, desterrado a aquellas tierras olvidadas por sus ideas políticas y tuberculoso desahuciado de hambres y de fracasos, le aficionó al placer de la lectura y a la sobrevida de los libros, entre los restos de una antigua riqueza rústica, que cada año venía de más a menos por la impericia administrativa paterna, las sucesivas catástrofes de las malas cosechas, los bajos precios del trigo y el acoso feroz de administradores, medieros y criados, que abusaban de la generosidad del amo, dejándole a la familia a solas con la bondad de sus sentimientos y una biblioteca inútil para la mejora de los cultivos e incluso para la supervivencia física, a la deriva de las metáforas virgilianas de una recopilación *in folio* para leer en los atardeceres estivales bajo el emparrado exuberante de la cortina, a la trasera de la casa, y la sorna de una edición del *Quijote* de 1756, que ayudaba a ser feliz de momento y mejoraba el vocabulario de las citas, pero que no servía para nada en aquel territorio de zorros y de chacales.

Mi padre estaba condenado de antemano, desde aquella arriesgada asistencia al baile del general Montpetit, cuya invitación no había declinado por fidelidad a sus ideas, por complacer a mi hermana y por su comprobado y empedernido gusto a ir contracorriente, crear sus propios modelos de conducta y sentirse víctima de un martirio inevitable; desde que acudió esperanzado a la primera recepción del Ayuntamiento a los invasores en el mes de enero del año 9, con la ingenua seguridad de sus buenas intenciones y su fe en la necesidad de un revulsivo revolucionario que los franceses traerían en sus bayonetas; desde que fue incapaz, por aquel último rescoldo de aristocrática dignidad pueblerina, de olvidar su pasado y de traicionar sus ideas, como habían hecho el cursi de Meléndez Valdés y tantos otros amigos suyos de la universidad; desde su desprecio al gregarismo de los entusiasmos compartidos; desde la altanería intelectual de su cultura frente a la mediocridad ambiental de la ciudad; desde la frustración de su matrimonio, que lo convirtió al heroísmo de lo cotidiano, al voluntarismo de una acción continuada, obligatoriamente moral, para salvar a su mujer que lo rechazaba violentamente y humillaba su necesidad de ternura; desde sus primeras experiencias del mal en Salamanca, desde las primeras traiciones de sus amigos, ante las que se sintió desvalido, sin razones para entenderlas, ni para justificarlas, desarmado frente a la vida competitiva y brutal, reacio a la violencia y retraído al esmero de aquel jardín interior, a ser posible como el de Versalles, que Voltaire le había enseñado a descubrir y a cultivar; pero no le dejaron ni eso.

Cuando los soldados del duque del Parque, exaltados todavía por su victoria de Tamames contra los franceses, se llevaron a mi padre, denunciado anónimamente y acusado de afrancesamiento y de traición a la patria, no hicieron más que terminar lo que se había estado preparando desde el tiempo de su primera rebeldía, de su primera testarudez de marginado. Cuando se lo llevaron, aquella larga historia de entusiasmos fugaces y de decepciones continuas empezó a cerrarse; no se despidió de mí, como si yo fuera el último eslabón y el más próximo de aquella acusación colectiva y permanente, y este desamor me pareció la señal de su mortal desesperación, pues nunca lo hubiera hecho, si pensaba que aquello tenía remedio; sin embargo, a mi hermana la abrazó largamente, con esa duración excesiva que demuestra la insuficiencia y la inutilidad de las palabras cuando son más necesarias. Se fue como si ya lo esperara y se despidió de San José como si saliera a cumplir una urgencia profesional, a las que tantas veces él lo había acompañado con el farolón grasiento de años y descuidos y el chuzo historiado de las precauciones inútiles y de las anécdotas interminables. Se lo llevaron andando y se fueron por la calle Libreros, a espaldas de la universidad y de las catedrales, hacia el río. Nadie lo defendió en aquella ciudad vergonzosamente hostil, que celebraba todavía la marcha de los franceses con un júbilo que no se merecía. Mi padre cruzó en solitario entre las bayonetas por donde tantas veces lo habían solicitado como a un ángel, por los barrios que más conocían su generosidad y los pobres recursos de su ciencia médica; rodeado de soldados y de ventanas entornadas, por las que se filtraban la curiosidad y no sé si la compasión o el desprecio y seguramente la cobardía, atravesó la expectación de lo inevitable. Porque cuando decidieron venir a buscarlo, ya estaba muerto.

Y a poco de irse, como si no se hubieran ido del todo, como si con llevárselo no hubieran terminado todavía, vino un grupo de gentes desconocidas, con algunos curas y unos pocos soldados, y entraron en casa con jactancia y estruendo, con un odio que ya les iba conociendo y registraron nuestras habitaciones, incluso el santuario blanco de Manuela, descerrajaron nuestras gavetas y revolvieron nuestras ropas y nuestros bargueños y se detuvieron por fin en el gabinete de mi padre, donde estaban ordenados, indefensos y disponibles sus libros, y los tiraron por la ventana al jardín y los amontonaron como si fueran trojes de paja y les prendieron fuego. Y encontraron también su herbolario y su lapidario y destruyeron sus plantas y sus flores y dispersaron sus piedras y se extendió por el cuarto un olor a campo, que fue el último olor de mi padre que se quedaría en el aire, pegado a las paredes y a los muebles, durante mucho tiempo, como si se resistiera a desaparecer, como el recuerdo más tenaz de la completa inutilidad de su vida.

Y se levantó una hoguera que devoraba alegremente los libros y reconocí entre las primeras llamas un ejemplar primorosamente impreso de una edición de las *Species plantorum* de Linneo, con exuberantes dibujos florales, rodeados de una feliz caligrafía, publicado en Uppsala en 1753, que de niños a Manuela y a mí nos gustaba hojear por la belleza de sus dibujos y la rareza de aquella flora que nunca habíamos visto en las correrías de nuestros campos infantiles. Y vi también, en medio de aquel fuego que crecía apresuradamente, un viejo mamotreto sagrado, que por misteriosas razones nuestro padre apreciaba mucho y que nunca pudimos descubrir por qué, un *Dioscórides comentado*, encuadernado en piel de becerro, en cuarto ahuesado y arrugado por una insaciable humedad, con anotaciones en los márgenes hechas hacía siglos por una mano temblorosa y antigua, y las cantoneras humilladas por el tiempo, el uso y el amor por la lectura de probablemente cuatro generaciones de lectores, a juzgar por la fecha de su impresión y el rastro de los dedos dejado sucesivamente por sus gozosos poseedores, y las *Láminas* anatómicas de Vesalio, con los cadáveres impúdicamente abiertos en canal, los músculos y las vísceras a la vista, grotescamente expuestos como en una carnicería, y los brazos de venas pletóricas y los púdicos muñecos asexuados, en los que siempre echábamos algo de menos y en los que tantas veces habíamos detenido nuestra curiosidad infantil, sobrecogidos por aquella insospechada visión de nuestro cuerpo, y una reciente edición de *L'ingénu* de Voltaire, a la que mi padre acudía en noches de insomnio y de tedio, en octavo elegante, diminuto y recogido, apenas sobresaliendo entre las manos de la lectura, y todo se fue consumiendo, aventado por un vientecillo imprevisto y locuelo, que esparció las cenizas y blanqueó el pelo de los que rodeaban aquel auto de fe con evidentes muestras de regocijo, y se quemaron aquellas cubiertas satinadas, aquellos infolios sacralizados por los años, con las esquinas dobladas por los repetidos y coincidentes descuidos de sus dueños, aquellos colofones en espiga, armoniosamente conclusivos en medio de las últimas páginas, que se iban adelgazando como una despedida, bajo la advocación de una fecha santa, la herencia de cuarenta años de avidez lectora.

Todo se fue arrugando con el calor que envolvía aceleradamente aquellas páginas delicadas, cuya delgadez favorecía una combustión rápida y violenta, como de martirio silencioso; aquella embestida ardorosa inclusive alcanzó a un santo Tomás de Aquino, cogido irónicamente entre un Dalembert y un Pierre Bayle por las manazas de un cura, más avezadas a la rudeza de las escopetas de caza que a las guardas del *Misal* canónico, un viejo tomo que mi padre no creo que hubiera leído, pero que conservaba con respeto, según le habíamos oído muchas veces, únicamente por ser un libro, por la belleza de la encuadernación y por su tosco latín de cuestionario, miniado, foliado, con los ladillos de las citas eruditas y las capitulares historiadas y simbólicas, crecidas con la alegría cromática de abrir página, capítulo, párrafo y mundo, como dando ánimos para seguir leyendo y como una recompensa visual para agradecerle a los ojos que hubieran llegado hasta allí, después de atravesar arideces escolásticas y aburridas enumeraciones y distingos, como una introducción mágica al deslumbramiento intelectual que se prometía en las páginas por venir, tan simétricamente ordenadas como las anteriores, tan tercamente abrumadas por un latín abstruso y medieval. Y también lo quemaron, con la misma indiscriminada violencia que a los otros libros.

Y los quemaron todos, un fino *Discours sur l'égalité* de Rousseau, de la primera edición de 1753, y unos hórridos *Principes de politique des souveraines* de Diderot, que en un momento de desesperación yo había intentado leer, y una reciente edición de *De l'homme* de Helvetius, y los libros de Harvey, *Exercitationes anatomicae* y *Exercitationes de generatione*, y fueron formando un brasero, que se reactivaba a sí mismo y en el que de vez en cuando caía un nuevo tomo, encontrado en algún excusado rincón del gabinete o en el dormitorio o en el violado cuarto de mi hermana, mancillado por aquella turba sucia y grosera, y al caer el libro levantaba una nubecilla de polvo, debajo de la que renacía el fuego, como reavivado por el nuevo combustible, del que ascendían unas lenguas rojas y ávidas que envolvían rápidamente a la nueva víctima, que se arrugaba, se oscurecía, se abría como una flor y se enrojecía súbitamente para ir perdiendo sus hojas de dos en dos, en una acelerada consunción que se comía las páginas y las hacía caer sobre el blanquecino lecho de las cenizas, de las que a veces se desprendía una hoja, milagrosa y fugazmente intacta antes de abarquillarse, enroscarse sobre sí misma y desaparecer devorada por el calor invasor de la hoguera, sobre la que agonizaban, cruelmente mantenidas a la vista por un instante revelador, algunas palabras sueltas, que tardaban unos segundos más que el resto en consumirse, un *mon maître,* un *daigné,* un *abîme,* que se resistían a desaparecer en el creciente polvo blanco que las amenazaba por todas partes.

Y aquella página se desprendía del libro, por un misterioso impulso de libertad, propiciado por algún fallo de la encuadernación o alguna invisible fisura del papel, para caer inmediatamente víctima de una voraz llamarada que atajaba su huida, atrapándola, convirtiéndola en ceniza, antes de degradarla hasta polvo blanquecino que las corrientes de aire del jardín hacían levitar festivamente, como dando un espectáculo, sobrevalorando su importancia, glorificándola como en un amago de ascensión a los cielos, desde aquel infierno de tierra calcinada, en el que sobrevolaba la página rebelde, graciosa, mínima, deshecha, desvanecida, transformada en pavesa, en cosa, entre crujidos débiles, como si se quejaran los libros, como si lloraran los troncos de sus orígenes, los bosques lejanos de su nacimiento, vencidos por aquel brazo secular que continuaba arrojando libros a la hoguera con una interminable ferocidad, que asustaba a Manuela que lloraba a mi lado, contra un *Candide ou l'optimisme,* que ella recordaba, en cuarto, encuadernado en tafilete con los cantos dorados y el título grabado a fuego en el lomo exiguo, y las llamas prendieron en sus hojas resecas por los sucesivos veranos salmantinos y retorcieron sus páginas como en los potros de la tortura y devoraron aquel texto en el que, según mi padre, estaba escrito el programa de nuestra liberación: «*Il faut cultiver notre jardin*».

Y cayó arrojado con una especial rabia, que sobresaltó a Manuela, sobre el montón que crecía y se deshacía por momentos, ahuecándose en su interior por el derrumbamiento de los cadáveres de los libros consumidos y la resistencia vencida de las sólidas encuadernaciones de los discípulos de Duseuil, llenas de fantasía y de herrajes suplementarios, las aburridas biografías de hombres ilustres de Perrault, que perecían junto a una *Cosmografía* de Mentelle, que había burlado los controles de la Inquisición y había llegado clandestinamente a las manos de mi padre, tras un azaroso viaje en bodegas de barcos, carros de recuas y mantas ocultas en equipajes inocentes, y un *Emile* de Rousseau, del que Manuela recordaba entre sus lágrimas una máxima pedagógica que le había encantado de niña: «*La grande règle n'est pas de gagner du temps, mais d'en perdre*», y que ya estaba ardiendo en aquel infierno. También estarían ardiendo aquellas palabras de *La religieuse* de Diderot, que tanto la habían excitado de niña y que se sabía de memoria a fuerza de repetírmelas en la penumbra cómplice de su cuarto: «*Jamais vous n'avez pensé à promener vos mains sur cette belle gorge, sur ces cuisses, sur ce ventre, sur ces chairs si fermes, si douces et si blandes?*». Y un hermoso volumen, encuadernado en rojo, con guardas doradas y verduguillos en relieve, de las cartas de *La nouvelle Héloïse,* en las que Manuela había aprendido a suspirar y a llorar de amor y de cuya lectura había salido más hermosa, aunque ella nada tuviera que ver con aquella Julie de caramelo y menta.

Y todo fue a parar a aquel fuego eterno de aquella tarde efímera, lo mismo que un folio laboriosamente caligrafiado y trabajado con placer artesanal con una cuidadosa letra al servicio de una «Declaración de los Derechos del Hombre», cuyos diecisiete principios estaban ordenados con rigor geométrico, en medio de unos espacios blancos que los envolvían en solemnidad, con la pulcritud del respeto y la fe. Y la hoguera siguió ardiendo durante varias horas, atrayendo a los insectos y sofocando el olor de los magnolios, olvidada pronto por una multitud que se fue desflecando hacia el ocaso, mientras Manuela y yo permanecimos mirando aquel brasero inquisitorial que humeaba débilmente en la noche prematura de nuestros recuerdos.

Después fui a ver a mi padre y me dejaron estar con él antes de fusilarlo, porque tenían prisa por hacerlo. Lo mataron al anochecer, después de un crepúsculo otoñal encendido de franjas rojas hacia Portugal; no le dejaron ni la noche para el arrepentimiento. Lo tenían encerrado en una cuadra lóbrega, desde la que se sentía el Tormes, que ponía zócalos de humedad en las paredes y sabor a cieno revuelto en el aire estancado de aquella cárcel improvisada. Me miró por primera vez como a un hombre y me habló pausadamente al principio, como si, además de confesarse conmigo, quisiera convencerme, explicarme su vida, porque una vez más, en la orilla de la muerte, le traicionó su espíritu de apóstol de dudosas verdades universales. Su voz conservaba aquella fatal nasalización que lo delataba; pero me pareció más llena, más grave de lo que nunca se la había oído; su mirada tenía la fijeza de la muerte y sus manos temblaban cada vez que cruzaban la zona de luz del ventanuco, que se empobrecía por momentos; los rasgos de su cara estaban deformados, no sé si por el esfuerzo de concentración que, en aquellas circunstancias, le exigía su discurso, que conservaba el vuelo fugaz del ónice de su mano izquierda, o por el terror de su fin próximo, que intentaba inútilmente ocultar. Se mantuvo alejado de mí y, cuando se acercó, se resistió a tocarme, porque sabía, como efectivamente ocurrió, que en cuanto lo hiciera las lágrimas humedecerían sus pensamientos y aquella racionalidad libresca que quería conservar delante de su tragedia, y delante de mí, se perdería y sería sustituida por la delicuescente versatilidad de los sentimientos, que, estoy seguro, le horrorizaba tanto o más que su propia muerte.

Yo estaba tenso y cansado, mientras mi padre vaciaba sus últimas confidencias. Se había empequeñecido más todavía y mi estatura dominaba sus titubeos y sus postreras exaltaciones de despedida; su rostro se ensombrecía a medida que dictaba aquel inútil testamento que le descargaba la conciencia, que al parecer necesitaba aliviar, y me abrumaba con una debeladora perplejidad, que despertaba mis remordimientos y sobrecargaba mi desolación. Había empezado a hablar mucho antes de que yo pudiera escucharle, preocupado por el ser humano que estaba agonizando delante de mí y que seguía siendo el que yo conocía desde hacía casi veinte años, pero que no se parecía al hombre que había sido mi padre. Se expresaba como un niño que tuviera frío y buscara a su madre a la que nunca hubiera conocido; estaba indefenso, no ante los fusiles que le estaban esperando, sino ante sí mismo, ante su pasado de creyente en la vida y en la razón, afanoso de cultura y de saber, fijado en la idea de la comprensión y de la armonía, deseoso de la felicidad que le había sido tercamente esquiva.

Nunca hubiera esperado que hablara de su mujer, en aquella antesala del infierno, que nos ahogaba como una parte más de la sentencia que lo había condenado. Pero lo cierto es que, cuando empecé a escucharle estaba hablando de ella, que afloraba en aquel reflujo de su interioridad; había vivido acorralado por la insania de nuestra madre, que había ido con tenacidad de sabueso acumulando las más denigrantes anécdotas de su infancia, todos sus errores profesionales, de los que guardaba una memoria obstinada, las más agrias y mordaces opiniones de sus amigos sobre él, todas la viejas, turbias y tristes historias de su familia, todos sus más torpes y descuidados deslices personales, cuyos detalles conservaba con minuciosidad de bordado, sus cobardías más aciagas y las claudicaciones más vergonzosas de su organismo, con todo lo cual había formado una imagen reconocible que le había tirado a la cara en cualquier ocasión y con mayor intensidad y regodeo si había testigos delante, socavando las escasas seguridades de mi padre, hiriendo su intimidad más vulnerable, aguando sus mejores proyectos, condenándolo, también ella, a la culpabilidad perpetua.

Y todavía mi padre, que nunca había recibido de ella la más mínima ternura, la compadecía por su incapacidad de amar, de la que él había sido la víctima más castigada, el más sostenido objeto de su desamor y de su obsesiva violencia de mujer ácida, mezquina, abrasiva y rencorosa. Yo me imaginé su dolor de convivir con aquella mujer que tenía la soberbia de la virtud y el placer diferido de los rencores insatisfechos, de los resentimientos acumulados y de los odios largamente contenidos, ocultando su gusto por el sufrimiento de los demás con la rigurosa imposición de los deberes a los otros, condenando a su marido a una abstinencia matrimonial, rota por amores ocasionales y furtivos que le compensaban parcialmente de la falta de ternura de su mujer, lo que le había añadido otra soledad a sus muchas soledades y frustraciones de niño grande, herido tempranamente por el desencanto y expulsado del Paraíso, habitante de un país que no era el suyo, lector de libros que nadie leía a su alrededor y expuesto a la agresión de un mundo que nunca llegó a entender, del que nunca supo defenderse y que ahora se disponía a liquidarlo, como el final inevitable de un mal entendimiento mutuo, en un ajuste de cuentas que se había diferido demasiado tiempo.

Nunca le había visto tan débil, tan vulnerable y tan condescendiente; quería contármelo todo, en un apresurado repaso de sus ideas y de su vida, como si aspirara, ya que no a mi comprensión, a mi perdón por lo menos, como el último acto de su existencia, mientras las bayonetas de los soldados aparecían y desaparecían por el dintel de la puerta mal ajustada y corroída por la intemperie de los años. Su niñez esplendorosamente feliz me fue desvelada con el lirismo dormido de los primeros recuerdos, donde siempre había una criada sonriente con gruesas toallas para salvarle al salir del baño de agua caliente, que empañaba los cristales de la ventana y hacía llorar los ojos de felicidad. Y siempre había un criado que lo llevaba al campo a la grupa de un caballo y le enseñaba los nidos de las tórtolas, las huellas de las codornices en los sembrados, el vuelo rasante de los rabilargos, el nombre de las yerbas más humildes y el modo de capar ranas.

Me habló de aquel pueblo perdido en el oeste de la provincia, donde en febrero florecían los almendros y saturaban el aire con un sabor dulzón y mareante, en el que volaban los abejorros negros con la opulencia de sus barrigas brillantes y el zumbido persistente de la monotonía a la hora sagrada de la siesta. Como era octubre, se le iluminaron los ojos recordando el otoño de su pueblo: «Estarán quemando los rastrojos». Y un campo hirsuto y amarillo, atravesado por los incendios, con la luz sesgada del sol bajo, creció entre nosotros y los gritos de los niños y las enloquecidas piruetas de los saltamontes, que se precipitaban en las llamas y caían carbonizados, con los élitros luminosos por unos segundos y los cuerpos estallando en el aire como balas, con un chasquido seco de granizo. Todavía se recordaba, en aquella miserable agonía que le habían preparado, de los primeros libros de aventuras que había leído y de sus intentos de trasladar a la vida real aquellas exóticas peripecias de sus héroes, entre los encinares del monte comunal y las rocas graníticas, horadadas y caprichosas, que sustituían con manifiesta desventaja a los paisajes fantásticos de sus lecturas.

Después de la desesperada adolescencia del sexo y las primeras experiencias de la soledad consciente, en medio de la ruina familiar con un padre bondadoso e indolente y una madre enérgica, hasta que con los últimos recursos lo enviaron a estudiar Medicina a Salamanca, porque le gustaba observar la vida de los animales y tenía una malsana proclividad a cuidar a los heridos y a condolerse de las desgracias ajenas. Durante seis años, cuatro veces al año, atravesó la provincia montado en una mula lenta y huesuda, que enfilaba las distancias con la resignación de lo inevitable. Aquellos viajes ponían suavidad en sus palabras, que iban enronqueciéndose con el transcurso del tiempo y la creciente humedad de aquella cuadra fría y ventosa. A veces, después de muchas horas sobre el vaivén soñoliento de la mula, se dormía sobre la albarda, y el animal, como si respetara su sueño y su cansancio, se detenía en medio del camino mordisqueando las yerbas y lo dejaba estar, hasta que un pájaro o un súbito estremecimiento de sus patas lo despertaba y espoleaba la mula, que no perdía ni su resistencia a avanzar, ni su desinterés por llegar.

El campo era infinito y los encinares se sucedían a sí mismos, en una agobiante repetición de formas, olores y colores que le llevaban hacia el amodorramiento y el sueño; cuando se cansaba de ir mirando hacia adelante, se volvía hacia atrás, en sentido inverso al de la marcha, y así devanaba unos cuantos kilómetros más de un camino inacabable, que le permitía ensayar todas las posturas, todas las ideas y todas las maldiciones. Una vez la mula, mientras se había quedado dormido sobre la albarda, cambió de rumbo y estuvo más de una hora desandando el camino, al amor del pesebre, hasta que mi padre se despertó y creyó estar soñando al verse entrando en el mismo pueblo que ya había pasado hacía rato.

La Facultad se le vino encima y reculó hasta sus temores de la infancia; pero se aguantó la tentación de la huida y cultivó el heroísmo diario de adaptarse a un ambiente hostil y sobrevivir en la ciudad con la memoria llena de otros paisajes y de otras gentes. Los libros de estudio acabaron interesándole y fueron sustituyendo a la garrulería pedante de los catedráticos, envueltos en la ignorancia de su vanidad y en los subterfugios verbales de su incompetencia; los cadáveres de las clases de anatomía, que llegaban a sus manos ya descuartizados y con las entrañas revueltas, le apaciguaron con su inerte condescendencia y su resignado impudor de cosa, que conservaba todavía los restos de lo que había sido una vida desconocida y reconocible. Encontró en la Medicina otra manera de soñar y la curación de las enfermedades de los hombres se le convirtió en una consigna moral, que determinó su conducta futura. Los libros franceses, que devoró por entonces, confirmaron la decisión de su apostolado laico y encontró en ellos las palabras que necesitaba para vivir, según las normas de un código de estrictos deberes y de generosas dedicaciones, de un modo confuso al principio y más sosegadamente después; aquellos libros le deslumbraron en su juventud y le mantuvieron vivo entre decepciones y fracasos. Después, le fue fácil entregarse a una impaciencia regeneradora, que, como la de su modelo Carlos III, contaba con asegurar la felicidad y el bienestar del pueblo con el enfarolado de las plazas, la simple limpieza de las calles y la higiene de los cuerpos, amén del aprendizaje del alfabeto de las primeras letras y los rudimentos de las ciencias de la naturaleza.

Sus primeros amores se sucedieron al ritmo de los cursos académicos y las promesas de felicidad eterna nunca sobrepasaron la distancia de las vacaciones estivales, que hacían olvidar los juramentos enamorados y renovaban su paisaje sentimental, en una serie de Arcadias, Blancas, Luisas, Engracias, Lolas y Pepitas, que dejaron la huella de sus rendimientos femeninos y el sabor a pieles distintas e inconfundibles, que permanecían en sus labios mucho después de haber olvidado el nombre de sus dueñas. Las amó a todas con la misma intensidad y con el mismo vocabulario y se acordó de todas con la misma delicuescente nostalgia, que se hacía tristeza en los crepúsculos otoñales y en las celebraciones de fin de año y cuando en un libro saltaba un recuerdo que le devolvía la felicidad perdida y las esperanzas siempre defraudadas.

Todo parecía sucederse según las repetidas alternativas de la ilusión y el desencanto, hasta que, al poco tiempo de terminar sus estudios, cuando empezaban a insinuarse sus proyectos definitivos de vida, creyó por fin que la eternidad tenía un nombre, el de la que sería nuestra madre, y pensó que aquella vez la eternidad duraría e inclusive que duraría por lo menos toda la vida. Un día de verano, en la solanera de la casa de su pueblo, mientras leía un poema bucólico, con todo el campo delante de sus ojos y las metáforas virgilianas hechas realidad en aquella tarde ancha y bochornosa, aplanada por el calor, levantó la mirada y creyó estar viendo un mundo desconocido, como si se hubiera producido un milagro; se sentía trasplantado a otro paisaje, que era el de todos los días, pero como si lo hubieran lavado y recompuesto, pintado de nuevo e iluminado con una luz de paraíso.

Fortunate senex, ergo tua rura manebunt.
Et tibi magna satis, quamvis lapis omnia nudus
limosoque palus obducat pascua iunco.
Non insueta graves temptabunt pabula fetas
nec mala vicini pecoris contagia laedent...

El esplendor de aquella belleza evocada se derramaba sobre aquel campo, que se extendía hasta un horizonte al que no llegaba Virgilio, y le dejaba en una especie de éxtasis, que se resistía a desaparecer, como una experiencia de inusitada felicidad, como una revelación que le acompañaría para siempre y a la que siempre querría volver, como en aquel desgraciado momento en espera de que lo fusilaran.

Finalmente, toda la familia se trasladó a la ciudad; Ricardo, el hermano mayor, guapo como un semental y fornido como un alabardero, casó con la hija de un famoso ganadero de la región, de la que nuestra madre decía que era la única novia fea que había visto en el día de su boda, y dejó el ejército, en el que se encontraba a gusto, y siguió sin trabajar toda su vida, sin más preocupaciones, una vez cumplidas sus parvas obligaciones matrimoniales, que renovar periódicamente su harem de moro ocioso y bien dotado por la naturaleza. La evocación de su hermano consiguió remover los labios de mi padre hacia una sonrisa, deshecha antes de haberse formado, que humanizó por un instante su máscara funeral, comida por las sombras de aquel anticipado nicho de su consunción. Pero cuando quiso hablar de su hermana Adela, las lágrimas del recuerdo coincidieron con las de su propio velatorio adelantado y la confusa relación de las desdichas de la muchacha, de sus calamitosas rebeldías y los escándalos de sus amores furibundos deshicieron todavía más la tortuosa expresión de su rostro desencajado e irreconocible; en su lenguaje desflecado era «la niña», a la que nadie había podido dominar y que sólo consiguió convivir pacíficamente con el alcohol, al que fue entregándose con la determinación incontenible de una necesidad, cuando su altanería montaraz, su lucidez de privilegiada y su incontinencia uterina la aislaron de su gente y de su mundo.

Las palabras de mi padre tenían la decepción acumulada de toda la historia de la humanidad y su voz se le adelgazaba, se le enronquecía, se le rompía y tenía que callarse de vez en cuando para poder seguir pidiendo mi atención, porque se le notaba que necesitaba hablarme para sentirse todavía vivo; aquel silencio que le concedí fue el único favor que me permitió hacerle en toda su vida. Cuando me moví para acercarme a él y evitarle el esfuerzo de hablarme con voz alta, se dio cuenta de mi cojera y me preguntó las causas y las circunstancias y quiso verme la herida y me la tocó con el mimo de un niño y protestó por aquel costurón informe que me habían dejado y que me devoraba la pierna y me atenazaba la rodilla y noté sus manos tímidas, expertas y maternales recorriendo las rugosidades todavía dolorosas de aquella cresta endurecida y la torsión de los tendones en el calcañar y en las corvas deformadas como un sarmiento y acarició aquella piel encrespada, como propiciando un milagro que me librara de aquellas rigideces que me impedían andar normalmente, y utilizó la última memoria de sus conocimientos para darme consejos, aliviar la desesperanza de mi futuro de inválido y lamentar su falta de tiempo para remediar aquel desaguisado que me habían hecho, palpando de nuevo mis músculos heridos y penetrando con sus sabios dedos en la intimidad de aquellas costras y de aquellas venas hinchadas que violentaban mi pierna, como buscando con su minuciosa y paciente exploración la mágica desaparición del dolor, del agarrotamiento y de la cojera, para terminar reconociendo su impotencia y dándome la muestra final de su tentación predicadora.

«Tendrás que aprender a ser cojo, y no creas que es fácil.»

Después, sus frases fueron distanciándose, emergiendo con dificultad del silencio, como las palabras de un monólogo que siguiera devanándose en su interior, pero sin fuerzas para mantenerse audible en su totalidad, de tal manera que los trozos de su discurso, sueltos, deshilachados y confusos, me parecían enigmas que yo tenía que descifrar. Probablemente se esforzaba por hacerme llegar las partes que deberían interesarme o que él pensaba que me gustaría oír; después de un «qué es la libertad» o «lo único que de verdad importa es la bondad del corazón» o «ni siquiera la sangre lo resuelve», dejaba de oírle, aunque continuaba moviendo los labios, como si memorizara sus afirmaciones, y de pronto me llegaba otra frase que parecía la última y que se quedaba durante un instante en mi memoria, como una verdad magnificada por el silencio; después, de aquella musitación de rezo sobresalía otra frase, que me sentía en la obligación de pensar, para no dejarle también yo abandonado en aquellos minutos que le quedaban de vida y que tomó la súbita decisión de gastarlos en dar vueltas de creciente furor en torno a mí, arrimado a las cuatro paredes, en círculos desesperados e infatigables. Un centinela, avisado por el ruido de los pasos, se asomó a las rendijas de la puerta y estuvo espiando aquella carrera encadenada y perentoria, azuzada por la fatigosa respiración de mi padre, cuyo organismo se rebelaba en aquel último cansancio hacia el agotamiento y la inconsciencia. Su casaca azul, ribeteada de oro, pasaba a intervalos regulares delante de mí, milagrosamente impoluta en medio de las telarañas polvorientas, las oscuras paredes húmedas y los sucios aperos desfondados, que colgaban de las vigas del techo; aquel azul inmaculado era el único color que había en el universo.

«... bergante... Napoleón... ninguna esperanza... cansado...»

La impertinente mirada del centinela de la puerta aumentaba el agobio del encierro y la inexorable huida del tiempo; pero no me atreví a detener aquella obsesionante marcha de mi padre, porque debía de proporcionarle una cierta sensación de libertad, un dominio sobre la realidad que estaba condenado a terminar dentro de poco tiempo. «Se esté quieto, coño», le gritó el soldado de la puerta, que probablemente le hubiera gustado matar a una cosa inerte y no a un hombre que todavía conservaba la ilusión del movimiento. Pero mi padre no le hizo caso y siguió dando vueltas a la zahúrda, como si no lo hubiera oído; el soldado repitió la orden urgente y yo tuve que advertirle: «No le oye», porque seguramente estaba atravesando los campos de su pueblo, bajando hacia el Duero de sus tentaciones infantiles, siguiendo con la mirada el vuelo indeciso de las abubillas o el lento paso de los bueyes hacia la laguna que había a la salida del pueblo, camino de la ermita de Nuestra Señora, en los ardientes atardeceres de los días de la trilla.

«... nunca... nunca... la guerra...»

El soldado entró en la cuadra, con el fusil preparado para hacer fuego sobre aquella casaca azul que continuaba dando vueltas, cada vez más lentas, como si ya estuviera llegando, mientras otro soldado cegaba con su cuerpo el vano de la puerta. Tuve que agarrarle el fusil y gritar: «Déjalo andar; es lo único que puede hacer». Mi padre se había detenido y se iba en un llanto menudo de derrotado, que le empujaba hacia el suelo de paja y estiércol, donde por primera vez se le manchó la casaca, como una involuntaria aceptación del final. Cuando los soldados volvieron a dejarnos solos, empecé a escuchar aterrado los tormentosos latidos del corazón de mi padre, que aceleraban su respiración hacia el ocaso y el olor a perro muerto que delataba su miedo. Tenía los ojos cerrados y húmedos y se arrugaba cada vez más en aquel suelo de bestias, como para evitar el fusilamiento que ya no tardaría en llegar.

«Cuida de tu hermana.»

Lo último que me dijo, antes de que la muerte abriera de un golpe la puerta con una brutal satisfacción y un crujido de correajes y olor a vino rancio, fue: «No pierdas la costumbre de la ternura», con los ojos muy abiertos y mirándome, aunque ya sin verme.

Lo mataron allí mismo, en los antiguos fosos de San Nicolás, recubiertos de maleza y de musgo. Su cuerpo cayó hacia atrás, golpeado por la descarga de los fusiles, que le obligaron a hacer un grosero ademán de la pelvis hacia adelante, como un último desafío, que en vida nunca se hubiera atrevido a hacer. Las bayonetas de los soldados estaban a seis cuartas de su pecho; no podían fallar. Yo lo vi desde el pretil del Puente Romano, por el que a aquellas horas ya no pasaba nadie. Lo mataron, como quizás era previsible, los propios españoles, por algo de lo que sus libros no le habían dado explicación y ni siquiera sospecha. Lloré el llanto nocturno que no le quisieron conceder a mi padre y me pregunté varias veces el tiempo que tardaría en acudir aquella noche a la tertulia funeral de mi tía Adela, con el pantalón manchado de la meada póstuma y el vocabulario fresco de sus recientes confesiones.

Me figuré la escena del encuentro; mi tía lo recibiría sin asombro y con aquella ternura que guardaba para los animalitos desvalidos; debió de reconocerle enseguida entre los muertos de aquella noche, a pesar del gran agujero en el pecho y de la cara destrozada por las balas y las salpicaduras de sangre seca por todo el traje; pero se acercaría a ella con su timidez, con aquella voz un poco nasal que lo identificaba entre todos los mortales, para decirle: «Aquí estoy». Mi tía no se sorprendería, porque una vez más se confirmaban sus previsiones, y acariciaría aquella casaca azul desgarrada, que ella le había regalado, y recordarían los tiempos fugaces en que habían sido felices juntos, en aquel pueblo de la frontera portuguesa, cuando ella no conocía todavía el desamor y él no conocía la decepción. Alrededor de ellos, se habría instalado un silencio cortés, debido a que mi padre había sido el último que había llegado y a ser el hermano de la dueña de la casa. Todos querrían conocer las circunstancias de su muerte y mi padre acabaría contándolo todo, con su impenitente manía de hablar, que no habría perdido en su tránsito al otro mundo.

Probablemente, tía Adela, en un gesto muy suyo, le ofrecería vino y quizás él bebiera, aunque el vino siempre le había sentado mal, pero por un día no importaba y además sus viejas precauciones de médico prudente con el débil estómago familiar estaban fuera de lugar y de tiempo, y no podía desairar a su hermana, que lo estaría mirando a través de las lágrimas como si lo viera por primera vez, sin más frontera entre la vida y la muerte que sus párpados cerrados, por donde fluiría el agua del llanto como un río infantil.

Tercera parte

1

Finalmente, todos sabían lo que tenían que hacer menos yo. La ciudad había descubierto que tenía que odiar a los franceses; Augusto sabía que tenía que matarlos; Manuela los amaba y mi tía Adela esperaba el fin del mundo. Sólo yo, después de la muerte de mi padre, no sabía qué hacer y me encontraba marginado dentro de aquella colectividad segura y decidida, que no tenía dudas ni remordimientos; hasta aquella muchacha, torpe y pastosa, que sudaba y que donde ponía la mano dejaba una mancha de humedad, que se evaporaba enseguida, había decidido ya lo que iba a hacer. Augusto le había pedido que matara a su señor, un afrancesado, dedicado a proveer de carne al ejército francés, y ella lo escuchaba, sin oponer más resistencia que el entumecido silencio de su gordura y una sonrisa blanda de complacida tozudez. Aquella sentencia era el modo que tenía Augusto de hacer la guerra por su cuenta, en vista de que la ciudad después de casi un año de ocupación no se levantaba contra los invasores con la furia y la unanimidad que él quisiera.

Pero el odio ancilar no era suficiente para mover a aquella masa de carne desamparada, llena de grasa y de supersticiones, a la que el amo había degradado hasta la garganta; la Revolución francesa no le había servido para gran cosa, porque seguía haciendo lo que durante siglos habían hecho todas las muchachas pobres de la Sierra, que bajaban a la ciudad a servir de criadas y que nada parecía indicar que fuera a ser distinto de ahora en adelante, a pesar del apasionamiento que Augusto ponía en convencerla de sus derechos, proponiéndole la forma de tomárselos por su mano. Pero ella con su terquedad vacuna estaba dispuesta a matar, pero no al señor, cuyos abusos nocturnos no parecían afectarla demasiado, sino a la señora, que la mantenía humillada de sol a sol y a veces incluso con la luna. Cuando después de un día de trabajo, volvía a la cama del desván, derrengada, no tenía fuerzas ni para oponerse a las furiosas embestidas sexuales del señor, que no lograba despertarla ni con la insistencia de sus requerimientos imaginativos, y menos para degollarlo, por un abstracto y lejano principio de libertad, igualdad y fraternidad.

La ciudad había entrado en un estado de resignación estancada, de la que no la sacaban algunas acciones aisladas de rebeldía, que no conseguían nada. Habíamos aprendido lo que era la guerra y la violencia permanente había entrado ya en nuestras costumbres. Salamanca parecía fascinada por la muerte; lo que antes había sido un acontecimiento excepcional, vivido en el silencio de cada intimidad, ahora se repetía todos los días y a pleno sol. El viejo respeto a la idea de la muerte, que había obsesionado la conciencia de la ciudad durante siglos, se había perdido; el espectáculo de los cadáveres había pasado del temor reverencial a la indiferencia, como si todos estuviéramos, después de unos meses, saturados de horror. Proponerle a aquella muchacha que matara a su señor le parecía a Augusto algo natural.

El tiempo avanzaba lentamente y los tenues ocres de la ciudad aumentaban hasta el delirio; en medio de aquella glorificación otoñal, los primeros fríos agudizaban el odio a los invasores; pero aquella muchacha, bajada de la Sierra, sin más obligaciones que obedecer a la señora y permitir al señor el gozo de su rollizo cuerpo inerte, se resistía a asesinar a su amo. Apaleada por su padre borracho desde el tiempo al que le llegaba la memoria, aquel pedazo de carne, vulnerada repetidas veces por una larga sucesión de machos que habían pasado por ella sin detenerse más que el tiempo justo para comprobar su desalentadora frigidez y la ardiente plenitud de su feminidad, no acababa de entender por qué tenía que matar a su señor y no a su señora, que era mucho peor.

—¡Porque es un afrancesado! —insistía Augusto.

—¿Y eso qué es, señorito? —contestaba ella otra vez.

Pero un suceso vino a darle la razón a Augusto y a estimular su guerra solitaria y clandestina, que alternaba con sus acciones guerrilleras. En el Tejar de San Bernardo, a principios de enero del año 10, apareció un oficial francés acuchillado en una cama, a la que había acudido probablemente para gozar el amor de una muchacha que vivía con su padre en la miseria de una casa llena de sombras y de pobreza, para la que evidentemente no habían nacido y que hacía sospechosa la necesidad de un criado, que convivía con ellos aunque con respetuoso distanciamiento.

Aquella muerte llamó la atención sobre aquella extraña familia, que había venido de lejos, como un avatar de la guerra que lo iba llenando todo, atosigando las conciencias y exacerbando las pasiones. Pero con tantos odios a los que atender, los salmantinos no habían reparado en aquellos forasteros y los habían dejado vivir al aire de sus apuros económicos y de su soberbio aislamiento social. Al padre se le veía envuelto en una capa deslucida y en una hosca soledad de desdenes y lejanías nostálgicas, con un vocabulario impropio de las ropas que vestía y de la casa que habitaba; la muchacha escondía su tímida belleza de novicia cogida en falta, un poco ansiosa, bordando interminables labores junto a una ventana siempre escasa de luz y paseando su melancolía de soltera del brazo de su padre, en los buenos días del sol del invierno, como una joven esposa que se hubiera casado con su abuelo, seguidos, discretamente dos pasos atrás, por el criado al que nadie había oído hablar nunca y que había hecho algunas fortuitas demostraciones de fuerza muscular, que habían desalentado cualquier intento de burla o cualquier provocación de competencia entre los jayanes salmantinos. La guerra los había dejado varados en Salamanca, sin apellido conocido y sin más señas de identidad que su dignidad herida y su oscuro pasado, que, no obstante, parecía exhalar un perfume de venerable antigüedad y de nobleza arruinada. Comían, por lo que se sabía, con obligada frugalidad, no se les conocía oficio, ni rentas, reían poco y vestían con una onerosa sobriedad de telas olvidadas y sombreros envejecidos. A Augusto y a mí nos encantaba su orgullosa marginación y la belleza pálida y claustral de la muchacha, que podría parecerse a mi hermana Manuela, si esto fuera posible.

«Estas gentes, cualquier día darán que hablar», comentábamos en una ciudad enfurecida por las nuevas contribuciones que el mariscal Ney acababa de imponer a los curas y a las monjas. Los curas se negaron a contribuir, amparados en sus privilegios, y fueron encerrados a empujones en la biblioteca de la universidad hasta que se decidieran a pagar, porque eran los únicos a los que les quedaba dinero, en toda la ciudad. Durante los días del encierro, rodeados de libros, de los que no abrieron ni uno solo, estuvieron a punto de quemar la biblioteca, preocupados solamente del frío y de las comidas, que todos los días les traían sus amas asustadas y quejicas; el domingo no hubo en las cien iglesias de Salamanca más que una misa, pues a los prisioneros no se les permitió salir a cumplir sus deberes sacerdotales, lo que al parecer les afectó menos que encontrar la forma de eludir aquella contribución de guerra.

Lo de las monjas fue peor; todas pagaron, menos las Agustinas de Monterrey, que fueron exclaustradas y llevadas al convento de las Carmelitas hasta finales de mes, cuando fueron devueltas a su casa, asaltada en el entretanto por los franceses, destripada y esquilmada hasta los devocionarios. Fue de ver aquellas mujeres que hacía, en algunos casos, más de cincuenta años que no salían a la calle, deslumbradas por la luz de la ciudad, apelotonadas y agarrándose unas a otras, aterrorizadas por los espacios abiertos y rodeadas de fusiles enemigos, que encarecían su rigor y sus amenazas. Y además, con las piernas agarrotadas por la distancia, que sobrepasaba en mucho sus cerrados itinerarios claustrales. Las vimos pasar acongojadas, tratando de descubrir entre ellas a la culpable de aquel gesto de rebeldía que las enaltecía a nuestros ojos; porque aquella mansa procesión de monjas parecía incapaz de un enfrentamiento con los franceses y tenía que haber una que las arrastrara a la desobediencia ante las demandas del mariscal Ney; pero todas parecían iguales, todas humillaban su cabeza hacia un suelo repetido, todas tenían las manos blanquísimas, cuando salían como cervatillos presurosos a arreglar la toca o a levantar sus hábitos del polvo del camino, y todas parecían tener la edad de su miedo, encogidas e indecisas, perdidas en la cruenta luz de la mañana invernal.

Pero lo que de verdad sobrecogió a las conciencias salmantinas, ensangrentadas ya sin remedio por la guerra, fue el descubrimiento de aquel oficial muerto en la casa solitaria del Tejar de San Bernardo, de la que desaparecieron de la noche a la mañana sus extraños habitantes, sin que, al parecer, nadie los viera marchar, lo mismo que meses antes nadie los había visto venir. El mariscal Ney en su Palacio de Garcigrande se enfureció con aquel crimen y formó un tribunal de guerra para encontrar y juzgar a los culpables, pero nada pudieron averiguar, después de largos interrogatorios y prolijas rebuscas. Los testigos coincidieron en que el oficial muerto había logrado romper el aislamiento de la casa, nadie sabía cómo, y hablar con aquella muchacha, bajo la hirsuta benevolencia del padre y la discreta y perenne vigilancia del criado huraño; algunos los habían visto junto a la ventana y habían pensado al principio que aquella intimidad podría ocultar unas sospechosas relaciones con el enemigo; pero las largas conversaciones con la muchacha, sus rubores escondidos en las sedas de los bordados y la contenida fogosidad del oficial francés, adivinada a través de la distancia de lo que había sido un jardín y que ahora no era más que un terreno baldío, que acumulaba restos de muebles desvencijados y cardos agrestes, orientaron las sospechas hacia unas relaciones amorosas, que evidentemente iban contra natura.

Entonces, la gente empezó a mirar a la muchacha y descubrió que, además de traidora, como todo hacía suponer, era guapa. Después se conoció la declaración del oficial francés, amigo del muerto, que, sabedor de sus amores con la muchacha, fue a buscarlo a la casa de ella ante la tardanza en presentarse en el cuartel de Trilingüe; se asomó a la verja que rodeaba la casa en las afueras de San Bernardo y descubrió en aquel cuarto, donde un espejo reflejaba el horror, el cuerpo de su amigo apuñalado en la cama, con más de una docena de heridas, todas mortales, producidas por una fuerte mano de hombre, sin que nadie hubiera tenido la precaución de ocultar el cadáver o al menos apagar el velón que favorecía su descubrimiento desde la calle, como si voluntariamente se hubiera querido exhibir el crimen y dejar constancia pública de sus circunstancias para escarmiento de la oficialidad francesa.

El mariscal Ney, cuando comprendió la inutilidad de sus pesquisas y necesitando un culpable y un castigo, mandó quemar la casa, como si cumpliera una condena, para borrar la memoria de aquel ultraje a su soberbia y a la gloria de las armas francesas; pero aquella hoguera, pregonada como una pena capital contra un reo, convocó a muchos salmantinos, que nunca se habían acercado a aquel lugar y se sintieron conmovidos por aquel anónimo heroísmo y admiraron retrospectivamente, mientras el fuego iba consumiendo las paredes de la casa y los pobres enseres que se veían caer ante la voracidad de las llamas, a aquella muchacha que, nadie lo puso en duda, había preparado el apuñalamiento del francés, a la vez que fingía ceder ante sus pretensiones amorosas, en una larga simulación alevosa sobre las sedas brillantes y polícromas del bastidor de su bordado, en las lentas tardes de aquel otoño, que habían pasado juntos, interrumpidas únicamente por la llegada de las tropas del marqués del Parque, que habían estado a punto de impedir que la muchacha pudiera realizar su proyecto, que pudo volver a recuperar cuando la caballería del general Kellerman volvió a entrar en Salamanca a mediados de noviembre.

Como si lo supieran, las gentes se imaginaron que se trataba de una venganza familiar por algún pasado atropello francés y llegaron a pensar que la víctima había sido la madre de la muchacha y por tanto esposa del hombre taciturno y elegante, a pesar de sus harapos, que habría participado en la preparación del asesinato, lo mismo que el criado oscuro y reconcentrado, a quien se achacaba la responsabilidad de aquellas brutales puñaladas de carnicero. Pero yo sabía que las cosas no habían sido así, porque, escondido en las sombras de mi admiración por aquella muchacha, la había visto llorar sobre el cadáver del francés y había asistido a la huida de los tres en la noche, en la que se destacaban los ojos húmedos de la muchacha, que me quiso decir algo y a la que vi desaparecer acuciada por las prisas de su padre y casi arrastrada por el criado gigantesco, sombrío como siempre y dispuesto a saltar sobre mí y estrangularme allí mismo. Iban disfrazados con ropas elegantes, que nadie les había visto, lo que acrecentaba la hermosura de la muchacha, que llevaba las mejillas arreboladas por el llanto y no podía ocultar sus andares de garza herida; me miró con una tristeza que se llevó hacia la oscuridad donde se perdieron y que era ya la del recuerdo.

Este ejemplo era el que Augusto quería que aquella muchacha serrana repitiera con su amo; pero ella se resistía y quería una vez más sustituir al señor por la señora; Augusto se irritaba con aquella inamovible terquedad y la aleccionaba contra los afrancesados, como a un niño, diciéndole que eran malos y que había que castigarlos; pero la muchacha, con los rubores de su oronda negativa inerte, no lo entendía y yo tampoco, porque pensaba en mi padre, afrancesado de pies a cabeza, agonizando delante de mí, lleno de dudas y de buena voluntad, iluminado por una postrera luz de profeta y verdaderamente bueno, como se me había aparecido en el momento de su muerte.

—Hay que matarlo por cerdo; pero no por afrancesado —dije para ser fiel de algún modo y tardíamente a la memoria de mi padre.

—Bueno, el caso es matarlo, ¿qué más da? —me contestó Augusto, que difícilmente se desviaba de sus propósitos.

Probablemente fue en ese momento cuando Augusto empezó a derramar sobre la muchacha el azul intenso de su mirada, que la hizo despertar de su letargo, presagiando el final de su frigidez; los dejé solos, para que Augusto pudiera convencer a su manera a aquel pedazo de carne con los métodos infalibles de su magnetismo, que también en esta ocasión demostró su eficacia. Porque después supe que en la cama la había convencido, sin más esfuerzos que los de su imaginación sexual y sin más contrapartida que las promesas de una dudosa fidelidad al recuerdo de aquella noche. Augusto había seguido practicando con ella su original modo de ejercer el patriotismo, que venía ya empleando con Paulina, la chica de la Puerta del Río, que le proporcionaba, a cambio de la plenitud de sus orgasmos, que echaba de menos en el habitual ejercicio de su profesión, informaciones sobre sus clientes franceses que servían para preparar emboscadas y atentados, que enardecían los ánimos de los patriotas, que no se imaginaban lo tortuosos que pueden ser a veces los caminos del Señor.

Salido de la casa de Augusto, entré en el horror de la ciudad, que primero no había querido creerlo, pero que acabó aceptando el embarazo de sor María de los Angeles como otra turbia consecuencia de la invasión francesa. Porque, como hubiera sido fácil de suponer, aunque nadie pensó en ello, el paso de aquel escuadrón de gabachos por el convento de las Clarisas había dejado embarazada a sor María de los Angeles. Resultaba imposible aceptar que alguien se hubiera atrevido a profanarla de aquel modo; pero las evidencias demostraban lo contrario, como si alguien hubiera vomitado sobre los albos manteles de un banquete celestial. Las tapias del convento fueron insuficientes para guardar el secreto, que ya no se podía ocultar y que la ciudad recibió como la noticia de una tragedia familiar. Era verdad, y los conciliábulos en el obispado y las idas y venidas del capellán de las monjas y las consultas canónicas a los profesores de la universidad y el llanto que los trasnochadores creían oír detrás de las rejas del convento en las noches de luna llena, confirmaban los rumores de aquel embarazo sacrílego, que nos afectaba a todos y hacía que el horror de la ciudad ascendiera a otro nivel de desesperación.

El vientre inmaculado de sor María de los Angeles había empezado a engordar debajo de los hábitos y nadie sabía qué hacer para impedirlo; unos proponían el aborto y otros la salida del convento, que no parecía el lugar más adecuado para aquella monja preñada, que tenía que cruzar los corredores, rezar en la capilla y solazarse en el huerto con su barriga inevitablemente creciendo. Menudearon los curiosos que se esforzaron por verla y comprobar con los ojos la inmensidad de la infamia cometida; pero nadie la pudo ver, ni siquiera el galeno que había sustituido a mi padre y que, llamado discretamente, diagnosticó por el torno, sin verla, el mal que padecía sor María de los Angeles, arriesgando algunos consejos de su experiencia y diciéndoles a la comunidad, alterada y pesarosa, que lo mejor que se podía hacer era dejar que la naturaleza hiciera su trabajo.

Algunos, más prudentes, confiaban en que la misericordia divina evitaría aquel embarazo escandaloso o al menos evitaría el trance del parto en el convento; otros, menos prudentes, esperaban el milagro de la desaparición del feto y la lenta retracción de aquel vientre delator hasta sus dimensiones normales, y algunos, más inspirados por sus devociones, pensaban que lo mejor que podía ocurrir es que Dios, con su infinita sabiduría, se llevase con él a la monja y a su criatura incipiente, para borrar toda huella de pecado en el convento y toda memoria de aquel sacrilegio en la Salamanca tradicional que había defendido siempre el dogma sagrado de la inmaculada concepción. Se filtraron algunos testimonios de que la monja se pasaba el día llorando y acariciando su propio vientre con una ternura de madre primeriza. Pero ni aquello se resolvía, ni la monja dejaba de llorar, ni su barriga dejaba de crecer, ante la diaria sorpresa de la comunidad, que había incluido entre sus rezos obligatorios la petición de que Dios decidiera lo que más agradara a Su Divina Majestad, que por lo visto era que el embarazo continuara a término para Su mayor gloria, porque la belleza de sor María de los Angeles aumentaba y la maternidad inminente derivaba hacia el milagro de una perfección inimaginable.

Pero la monja estaba bien en el convento y yo me apresuraba hacia mi casa, porque eran más de las seis y había finalizado el plazo que el mariscal Ney nos concedía a los salmantinos para andar por la calle. Porque, furioso después del asesinato del Tejar de San Bernardo, había publicado un bando, que languidecía desgarrado en las esquinas y humillado a la puerta de las tabernas por los vómitos de los borrachos, prohibiendo salir de casa a partir de aquella hora, bajo pena de muerte. La ciudad reposaba su miedo y su indignación, que en ningún momento llegaba hasta la cólera; mi cojera, a la que todavía no me había acostumbrado, me hacía aumentar las precauciones de la marcha, punteada por la asimetría sonora de mis talones, que tanto me agriaba. Cerradas las ventanas y apagados muchos de los faroles de la calle, atravesaba las sombras de la ciudad dormida con la conciencia de mi furtiva soledad. Estaba fuera; una vez más a la intemperie de mi marginación; todos estaban dentro, encerrados en los cónclaves de sus conspiraciones ineficaces, abatidos por los desánimos de su impotencia, amparados por las paredes de su miedo, entre sus muebles y la costumbre de su debilidad. Porque los franceses, a fuerza de bandos y de fusilamientos, habían terminado por parecer invulnerables.

Yo caminaba solo, entre las tinieblas de mi desorientación, obligado a ir deprisa, frenado por el doloroso aprendizaje de mi cojera, con la muerte en cada bocacalle y un peligro inconcreto en cada ruido agrandado por el misterio de la noche. Un rumor de pasos me empujó contra la oscuridad de una puerta y sentí dos ojos a mi espalda y oí una invitación a entrar en aquella casa desconocida, que compartía mi miedo; pero la rechacé, porque aquella ayuda inesperada corrompía el gusto de mi soledad, retrasaba la hora de mi vuelta a casa y me lanzaba el envite de mi arrojo en medio de la noche, que se ceñía a las catedrales como un cerco de ahogo. Todos estaban en sus casas, con un día más vencido, aguantando a los franceses, sobreviviendo a su ferocidad, sin saber si se iban a ir pronto o se quedaban para siempre, compartiendo el vocabulario de sus esperanzas, seguros de tener razón a la indecisa luz de sus velones, quizás ya dormidos y soñando que los franceses por fin se habían ido, mientras que yo los veía avanzar hacia mí por la calle Libreros, iluminados por el fulgor de sus fusiles, compactos dentro de sus capotones más oscuros que las tinieblas de donde salían, haciendo sonar su autoridad en el lóbrego hermetismo de las cancelas cerradas, invencibles y confiados en sus armas y en su número.

Eran extraños entre aquellas piedras sacralizadas por el tiempo; como si las ratas hubieran subido del río, no podíamos andar por ninguna calle sin arriesgarnos a tropezar con ellos. Y en la oscuridad se agrandaba su extrañeza, porque entonces adquirían con más evidencia su carácter de intrusos, su aspecto fantasmal. Tuve que esconderme para que los soldados franceses no me vieran y crucé de nuevo las sombras de las catedrales, que se elevaban por encima de mis precauciones como gigantescas jorobas contra el cielo aborrascado y a punto de llover. Pero volví a encontrármelos, porque llenaban la noche salmantina con su vigilante presencia de carceleros, subiendo por la Cuesta de Carvajal y metiéndome por la calle del Arcediano. Estaba solo frente a ellos; todo el odio de la ciudad estaba fuera de mí y aquel vacío me exaltaba hasta la alucinación, lo que en aquel lugar y a aquella hora era peligroso.

No sé si me vieron, pues todo era posible con aquella luz y en aquel laberinto de calles, que dormían a la vera de las catedrales; pero dejé de oír sus pasos marciales y fanfarrones que amenazaban el silencio de la ciudad y hacían crecer la oscuridad en la distancia. Y en su lugar empecé a sentir, como una tímida marea que viniera del hueco tenebroso de la nada, otros pasos inestables y precavidos, que tanteaban la dirección de su camino y punteaban mi angustia, bajando por la calle del Espejo. Era como si alguien relevara mi imprudencia y me sustituyera delante de los fusiles franceses, que debían también ellos estar esperando, agazapados en aquella soledad dormida, para añadir un muerto más a su cuenta. Apreté mi miedo contra los muros de la Hospedería del Colegio Viejo de San Bartolomé y los vi apostados, amartillando sus armas, como si se prepararan a defenderse de alguien; pero aquellos débiles tacones de colibrí desorientado no justificaban aquella fiereza. Aquellos pasos no se detenían, como si estuvieran ciegos y no se dieran cuenta de los franceses, que dispararon contra aquel pobre hombre desprevenido, que subía desde San Pablo y que, como yo, había desoído el bando del mariscal Ney. Aquel hombre hubiera podido ser yo y, cuando el eco de los fogonazos de la ronda francesa se perdió retumbando en la oquedad de aquel recinto nocturno, me acerqué al caído, que yacía boca arriba con los ojos nublados por una ceguera anterior a su muerte; quise arrastrarlo, pero nuevos disparos vinieron a por mí, inclinado sobre el cadáver del ciego y al descubierto bajo un farol delator; probablemente, la lluvia que empezó a caer como un fino orvallo me salvara de otra descarga, mientras el muerto estaría llegando a la tertulia de mi tía Adela, que lo conduciría hasta el mejor diván de su salón, cogiéndolo de las manos para que no tropezara con los muebles y preguntándole cómo había muerto, con aquella ternura que guardaba para los desvalidos y que seguramente le haría pensar al pobre ciego que había llegado al Paraíso.

Corrí hacia las ruinas de San Cebrián y me metí por la boca tapiada de su famosa cueva medieval, ocultándome en la oscura humedad de sus profundidades y perdiéndome en los recovecos de sus brujerías, que habían amparado viejas correrías estudiantiles y francachelas sacrílegas a la luz de las candelas y con la lúbrica complicidad del diablo, que desde hacía siglos, y según algunos desde el nacimiento de la ciudad, frecuentaba aquel lugar ominoso que tanto había irritado las iras eclesiásticas. Pocos conocían aquella entrada, temida como la puerta del infierno, y menos los franceses, que siguieron merodeando por allí hasta el amanecer, mientras yo me hundía en las tinieblas de aquel túnel mágico, bajo la costra de la ciudad histórica y la opresión de los franceses, sintiendo en aquel precario refugio la confirmación de mi soledad, que mi cojera hacía más dolorosa, sin nadie que supiera que estaba allí encerrado, a merced de los fusiles extranjeros, porque el único que podría echarme de menos era Augusto, que en aquellos momentos estaría con Paulina, entregado a otros gozos que nada tenían que ver con los de la amistad.

Yo sabía que no había escapatoria y que tendría que seguir allí hasta que los franceses se fueran, en aquella espelunca, donde durante toda la Edad Media el diablo había enseñado a los estudiantes aburridos del *trivium* y el *quadrivium* y ávidos de otros conocimientos, la ciencia de la nigromancia, hasta que la católica reina Isabel la condenó *caementis saxisque*. Me aventuré por la cueva, tanteando las paredes y rogándole al diablo que me hiciera desaparecer, como había hecho con el marqués de Villena siglos atrás, para evitarme los fusiles franceses; pero no debí de merecer su valimiento, porque al asomarme, después de una noche de fríos y pesadillas, a la mañana siguiente, apenas vislumbrada la tenue claridad filtrada por la lluvia, que no había dejado de caer, me prendieron los franceses y me metieron en la cárcel que tenían en las bodegas abandonadas del Colegio del Rey, entre furiosos patriotas, encendidos de entusiasmo, que esperaban la hora de su fusilamiento, y otros reos que reclamaban el conocimiento de su condena para morir en paz con su conciencia.

Fueron sacándolos a todos para fusilarlos y a mí me dejaron solo, una vez más. El improvisado calabozo estaba oscuro y oía correr las ratas por los rincones de mi asco y sentía la lluvia que seguía cayendo como un recuerdo y que mortificaba mi pierna herida, alcanzada por el aliento húmedo y congelado de un ventanuco, que dejaba entrar un rumor de gotas, como pisadas tenaces que se apresuraban hacia el silencio. En aquella larga espera de mi miedo, ensayé el heroico comportamiento que me vería obligado a representar delante del tribunal que me condenaría a muerte y que sería como el retorno de mi padre, que volvía para confirmar mi condena, sin saber que había empezado a creer que él tenía razón y que ya no era el mismo que se le había enfrentado en vida.

Era una macabra ironía comparecer ante mi padre ahora, cuando ya no estaba seguro de nada, y afrontar la muerte como una equivocación, imaginando que quizá se conmoverían con mi cojera, que descubrirían, cuando arrastrase mi falsa gallardía de patriota, camino del pelotón de fusilamiento, que estaba ya esperándome. Me aterraba la idea de morir joven y me exasperaba la frustración de no haber podido matar al oficial francés que había enamorado a mi hermana; por lo demás, la muerte me parecía justa, aunque absurda, como un castigo diferido por mi antiguo odio, como si fueran a matar al muchacho que yo había sido; pero me parecía estúpido morir por el simple delito de haber desobedecido el bando del mariscal Ney. Si tenía que morir, me hubiera gustado hacerlo por algo que se pudiera recordar, convertido en ejemplar, como otro más de los heroísmos que los salmantinos necesitaban para alimentar su odio a los franceses. Ni siquiera podrían decir que me dirigía a realizar una acción gloriosa o a transmitir una información que hubiera terminado con la dominación francesa para siempre. No estaba muy seguro de que pudiera subir a los altares de la veneración ciudadana por las repajoleras ganas de transgredir una simple prohibición.

Desconfiarían de aquel heroísmo interior, que nadie apreciaba, porque lo que les gustaba era el espectáculo, la camisa abierta de par en par frente a las bayonetas, el delirio imprudente de la audacia; querían héroes con pedestal y signos para la emulación: un puñal, un caballo, una tea, un grito; algo que pudieran poner en un cuadro, contar con las pobres palabras de sus discursos, algo inhumano que pudieran exhibir como una razón. Pero yo no tenía nada que ofrecer al panteón de los héroes, salvo el inconcreto pensamiento de mi resistencia anterior; moriría como un renacuajo aplastado, tronchado como una flor sin perfume. Y además tenía miedo en aquella mazmorra apestosa que compartía con las asustadas ratas, que me sobrevivirían. Tenía miedo, en una ciudad que fanfarroneaba de valor y premiaba a los valientes. Los últimos héroes, con los que había convivido unas horas antes, habían salido para morir con la cabeza alta de los elegidos, como si fueran ya estatuas, serenos en su apostura y casi sonrientes, como los viejos mártires del catecismo parvular, de los que tantas veces nos habíamos burlado. Pero ahora, aquello era verdad. Tenían ya el conocimiento de su muerte y avanzaban hacia ella con la serenidad de la confianza; antes de morir parecía que estuvieran más allá de la muerte, pero yo estaba más acá y no tenía ningún motivo para morir; en aquella larga noche pensé que la vida era tener miedo y que los franceses lo único que habían hecho era sacar fuera el miedo que teníamos dentro.

Además, era un mal día para morir, con aquella lluvia destemplada, en un amanecer que nunca había conocido. A la hora de los murciélagos, metieron en mi bodega a unos cuantos patriotas ensopados y ruidosos, que no me vieron, perdido en las tinieblas del rincón más alejado de la puerta y oculto por una gruesa columna que se perdía en la oscuridad del techo; trajeron con ellos el aire frío de la noche exterior y una frescura de relente en un prado verde; durante un rato permanecieron callados, hundidos en el silencio de sus respiraciones, escindido por lamentos y blasfemias, que repetían sin imaginación; permanecí inmóvil en mi aislamiento, porque no tenía nada que compartir con ellos, ni patriotismo, ni esperanzas, ni siquiera miedo, pues al parecer ellos no lo tenían. Después arrancaron a hablar y se contaron sus hazañas bélicas, de las que, en vísperas de su muerte, se sentían orgullosos; en la oquedad de aquella caverna parecía que hablaban sólo con vocales, que retumbaban en la oscuridad, para recordar los franceses empalados, los polvorines inutilizados con sus meadas patrióticas, los correos degollados y la utilidad de las tornaderas para desventrar caballos enemigos. Tenían buena fe y confiaban en la pronta llegada de los ingleses de Wellington, que los rumores hacían cerca de Ciudad Rodrigo.

Después empezaron a hablar, con el entusiasmo que les permitía su pesadumbre, de una patriota que se había ganado la admiración de la ciudad por haber matado la noche anterior a un hombre y a su mujer, afrancesados conocidos, en cuya casa servía de criada. La muchacha estaba presa y Salamanca esperaba que fuera liberada por patriota, aunque las autoridades consideraban que había sido un crimen que merecía la horca. Aquellos hombres hablaban con envidia de aquel acto patriótico y yo pensaba, por haber reconocido con estupor de quién se trataba, en la heroína de la historia que entusiasmaba a aquellos condenados a muerte, que encontraban fuerzas en su decaimiento para alabar aquel gesto sanguinario, que había empezado a formarse en la mente de Augusto, se había decidido en su cama y se habría consumado en un momento de furia incontrolada de aquella muchacha vacuna, que accedería a las páginas de las efemérides salmantinas y para la que probablemente don Porfirio encontraría un antecedente en las valerosas mujeres de la Salamanca prerromana que se opusieron al ejército de Aníbal, en el siglo III antes de Cristo, mientras yo sería fusilado al amanecer, convertido en un número en los estadillos de Terenciano.

No pude terminar de pensar en aquella serrana oronda y en su aventura patriótica, porque los tipos, con voces cada vez más roncas por la humedad y quizá por la angustia de su porvenir, interrumpieron su nuevo silencio para contar otra historia, que me fue llenando de horror y de algo parecido a la desesperación, que temí me hiciera gritar y me delatara. Se trataba de un tipo que los franceses habían cogido para fusilarlo por no haber respetado el bando del mariscal Ney, pero no lo habían fusilado, por la intercesión de un oficial francés que andaba liado con su hermana, una furcia afrancesada que había pasado por la cama de todos los oficiales gabachos de guarnición en Salamanca y parte de la soldadesca. Se me cayó encima toda la mole del Colegio del Rey y casi no podía respirar; no les veía el rostro, pero me imaginaba sus gestos, corroídos por el terror y la rabia, tensos por la indignación del recuerdo, incluso con las manos crispadas por la violencia y el desprecio. «Es la ventaja de tener una hermana puta.» «De todas maneras, no es una gloria para la familia.» «Alguien le ajustará las cuentas.» Había dejado de oír la lluvia y el frío del ventanuco no conseguía quitarme el calor que me crecía como una fiebre en la cara, que se me deshacía de sorpresa. «A mí me han dicho que para salvar a su hermano, la zorra ésa se ha acostado hasta con el general francés, que tiene lo menos ochenta años.» «A ese precio...» Los comentarios iban y venían en un silencio agrandado por mi horror; no se callaban, como si estuvieran provocándome; pero uno de aquellos silencios se prolongó y volvieron a oírse las ratas sueltas y las respiraciones ahogadas de los hombres; poco a poco, volvió el sonido de la lluvia que arreciaba en golpes intermitentes y el ventanuco volvió a dejar entrar un aire frío, que me llegaba hasta la carne después de atravesar la casaca rota y la chupa sucia; en medio de la oscuridad, un prisionero alivió su vejiga en un chorro de caballo, que se prolongó mucho más allá de cualquier previsión razonable.

Pasamos la noche juntos, sin vernos, en aquel tufo de bodega, enrarecido por los orines y el olor a perro del miedo, que crecía a pesar del patriotismo; uno empezó a roncar y todos se fueron callando. Yo me quedé despierto contra aquella pared húmeda, que simulaba un paisaje de montaña y rezumaba agua entre las grietas de las piedras mal ajustadas y revocadas torpemente de cal, que dejaban pasar un frío que me llegaba hasta la pierna dolorida. Al amanecer, despertaron a golpes a mis compañeros de celda y los empujaron hacia la muerte; no me atreví a mirarlos, mientras los arrastraban hacia la puerta; uno se resistía, perdida la serenidad de la noche, y otro le afeó aquel ataque de cobardía, diciéndole: «No des la nota, Marcelo»; pero él siguió gritando y babeando su deseo de vivir, mientras un soldado vino a por mí y el oficial le cortó diciéndole: *«Non, laissez-le, pas lui»*, lo que me descubrió a los condenados, que se volvieron a mirarme, incrédulos.

Me volvieron a dejar solo, porque todavía tuve que esperar a que me soltaran, naufragando en las dudas sobre aquella sucia historia de mi hermana. Cuando me soltaron, sin que nadie me confirmara, ni me desmintiera, los motivos del perdón, entré en una luz nueva que agrandaba las calles de mi camino y me vi metido de golpe, por unas palabras oídas al pasar, en el asombro de los comentarios del caso de aquella muchacha de servir que había matado a sus amos en una misma noche, a la misma hora y con la misma arma que había utilizado al mediodía para descuartizar un cabrito; al parecer, lo había hecho de una manera tan carnicera que nadie se atrevía a justificar su doble crimen, ni con la coartada del patriotismo, que empezó a comentarse por la ciudad, ni por la defensa de su honra, que muchos testigos anónimos pusieron en entredicho. Ante esta historia, a nadie le importaba que yo estuviera libre, ni por qué los franceses no me habían fusilado.

La muchacha había acuchillado primero al señor, durante su habitual visita nocturna, sin darle tiempo a quitarse los calzones y de un modo tan torpe que el moribundo pudo todavía bajar las escaleras del desván, donde dormía la criada, y entrar gritando y desangrándose en la habitación matrimonial, donde su mujer reposaba su conciencia tranquila de buena esposa y su candidez de mujer engañada; detrás de él entró la muchacha desgreñada y en camisón y lo remató en el suelo, mientras se revolvía con sus veinte arrobas de peso contra la mujer, que sólo tuvo un instante de lucidez entre su despertar horrorizado y su agonía espasmódica, alanceada por cuatro tajos profundos y alocados de la robusta serrana, ciega en su locura de vaca enfurecida, que, como le dijo a Augusto cuando se la dejaron ver, creía estar sirviendo al mismo tiempo a la patria y a su novio.

Cuando la detuvieron, todavía tenía sangre en las manos y en la cara, con el camisón ensangrentado debajo de la manta que le echaron por los hombros, sin que hiciera ninguna resistencia, ni abandonara una sonrisa de iluminada, que parecía perpetuar el agradecimiento a los recuerdos que Augusto había dejado en ella. Cuando atravesó la ciudad, encadenada a los justicias, en un carro desvencijado y roñoso, la gente no supo qué hacer ante aquella desvergonzada que parecía haber gozado su crimen, a juzgar por su plácido rostro feliz; la vieron pasar con espanto y conmiseración, con su aire de carnicera satisfecha que volviera de su trabajo diario; pero todos sospechaban, incluso aunque les pareciera bien aquella heroicidad salvaje, que la culpa era de los franceses que le habían hecho creer a la gente que todos somos iguales y habían despertado injustificadas y peligrosas ilusiones en los pobres, que se lo habían creído y empezaban a atreverse a todo, incluso a matar a sus amos que les daban pan y cobijo; los afrancesados propalaron la especie de que el patriotismo de los pobres siempre es dudoso y el de una muchacha pobre y guapa, más dudoso todavía.

La muchacha golpeada y engrillada fue llevada a la cárcel municipal, en espera del juicio y la sentencia. «Es puta y gorda, ¿cómo quieres que nos arriesguemos por ella?», le contestábamos a Augusto, cuando venía a solicitar nuestra ayuda para sacarla de la cárcel, de donde se temía que los franceses la llevaran para ahorcarla, sin más dilaciones que las necesarias para dar tiempo a montar la horca y sin más propósitos que salvaguardar a sus amigos afrancesados frente a sus criados, que podían empezar a tomarse la justicia por su mano. Aquel crimen dividió, durante unas semanas, a la ciudad en dos bandos, pues hubo algunos que, pasados los primeros días de la sorpresa, se fueron convenciendo de las buenas intenciones de la muchacha y, aunque temían el contagio del ejemplo, llegaron a perdonar aquel gesto brutal por el bien de la patria, mientras que otros volvían soliviantados sobre el recuerdo macabro de los dos cadáveres, que, incluso siendo él afrancesado, eran intolerables; porque, si hubieran sido franceses, sería otra cosa; pero aceptar aquel horror era meter la cizaña en casa, que era lo que querían los franceses. Además, era inconcebible que aquella criada guarrona, a la que habían visto arrastrar sus chanclas y sus refajos sucios, riendo a los piropos procaces de los chamarileros y moviendo su carne pecadora, demasiado gorda para ser inocente, detrás del ama por la Plaza del Carbón y por los tenderetes del Corrillo de la Yerba, fuera una heroína, de la que a lo mejor acababan hablando los libros de historia, con el homenaje añadido de las ilustraciones.

«Y eso no, don Porfirio, eso de ninguna manera; las putas no entran en la Historia. Faltaría más.»

Y don Porfirio, otra vez, no sabía qué hacer, excedido por sus funciones de historiador espontáneo, dispensador de glorias futuras, abrumado por los ejemplos del pasado y reacio a que aquella muchacha pudiera merecer sus elogios, a los que le apremiaban sus amigos que conocían la tarea de cronista que se había impuesto y que le recordaban sus deberes de honestidad y patriotismo. Pero don Porfirio se resistía a glorificar aquel pedazo de carne, aparentemente humana, que había degollado en un santiamén a dos salmantinos, que, aunque el hombre estuviera descarriado por las doctrinas francesas y las utilizara para engrosar su bolsa, no merecían aquel trato de cerdos de San Martín. Pero los otros le aconsejaban lo contrario: «Ni se le ocurra, don Porfirio, olvidarse de este acto heroico de esta pobre sirvienta, que se ha atrevido a hacer lo que muchos de nosotros no somos capaces. Honor a los valientes». La pluma le temblaba en la mano de historiador novato y dudaba sobre el papel inmaculado, temeroso de mancharlo con una mentira, con una inexactitud o con una tontería, que podía afear el trabajo que estaba cumpliendo con la imparcialidad de un reloj y la tenacidad de un río. Porque no podía menos de consignar aquel suceso que, estaba claro, se relacionaba con la invasión francesa, porque se preguntaba, con la pluma en ristre y la cabeza como un volcán: «Esto, ¿hubiera ocurrido antes de venir los franceses?». Y se empantanaba en las dudas, sin saber qué responder y volvía a sus libros para resolver aquella cuestión, que obsesionaba sus insomnios de célibe recalentado.

Otra perplejidad atravesó por aquellos días la ciudad, que no terminaba de medir su asombro. Porque con los dedos de la mano contaba los meses del presumible embarazo de sor María de los Angeles y no le salían las cuentas. Hacía casi un año que la monja había sido violada y su vientre abultado no parecía dispuesto a desinflarse; eso sí, había detenido su creciente marcha y se había estabilizado en una redondez lunar de plenilunio. Para todos era un secreto lo que ocurría detrás de las tapias del convento, pero lo cierto, según todos los testimonios, era que la monja seguía preñada, suspirando por las noches, rezando por el día, arrastrándose como una apestada por los corredores claustrales, que siempre eran demasido largos para las fuerzas de sus piernas, cuyas debilidades la obligaban a reposar en cualquier sitio donde le cogieran las ganas de morir y la dejaran exhausta en las fronteras del desmayo; lloraba como si hubiera sido culpable y la ciudad asistía a aquella lucha que repetía el heroísmo de la calle, aunque de otra manera. Algunos imaginaron que se resistía a parir al hijo de un francés, para no añadir más mierda al mundo.

Otros pensaron que los cilicios y las oraciones, los madrugones y los fríos del convento habían matado a la criatura, que estaría muerta y enterrada en el vientre purísimo de sor María de los Angeles, convertida en el peso de su conciencia. Se le aconsejaron la resina de nueza o las hierbas de la mandrágora para que abortara aquel feto muerto, que le estaría envenando la sangre; pero la comunidad se negó a aquel remedio que iba contra las leyes de Dios y esperaron a que por donde había entrado saliera el pecado y descargara el cuerpo y el alma de la monja, a la que rodearon de cuidados y de vigilancias, como si fuera la portadora de un milagro. Porque un embarazo que iba ya camino de un año no era algo natural y contravenía la experiencia de las mujeres y la ciencia de los hombres. Incluso confiaron en que sor María de los Angeles, que por tantos motivos se salía del común, llevara un prodigio en sus entrañas que asombraría al mundo, aunque no sabían si sería el Anticristo o el Angel Justiciero que acabaría con los franceses.

Hasta que un día el milagro se produjo; pero no fue una criatura lo que parió la monja después de aquella larga espera. Porque lo que parió la monja fue aire; el vientre se le desinfló, como un globo cautivo, y el embarazo desapareció como si nunca hubiera existido. Todos convinieron en que había sido un verdadero milagro, que Dios había tolerado para salvar de la vergüenza al convento y para impedir que aquellas semillas francesas fructificaran en algo que no fuera el vacío, un soplo etéreo, la absoluta inconsistencia de la nada. Las monjas celebraron el acontecimiento con júbilo, la ciudad respiró tranquila con sor María de los Angeles repuesta en la adoración de todos y los sabios estudiaron el caso con estupor e incredulidad, mientras la monja, nadie sabía por qué, no dejó de llorar con un desconsuelo sin fin, como si el milagro a su costa le hubiera frustrado una maternidad, que probablemente deseaba a juzgar por su desencanto.

Pero, mientras la ciudad quemaba su curiosidad y su asombro en el caso de la monja, que había parido aire, yo no tenía más preocupaciones entonces, como siempre, que Manuela, de la que, cuando le conté mi aventura carcelaria y le pregunté si lo había hecho, no conseguí ninguna respuesta, porque a su vez me preguntó: «¿Hacer qué?», y me dejó como estaba, escurriéndose con sus sonrisas y el revuelo de sus faldas que se alejaban de mí irremediablemente, con su olor a hembra que me enloquecía. Y yo tampoco me atrevía con mi insistencia a alterar aquella belleza, que los días hacían crecer desde que habían vuelto los franceses, mientras la ciudad se ensombrecía como si hubiera perdido la luz de otros tiempos, filtrada por unas nubes negras que no abandonaban nunca nuestro cielo. Salamanca ensayaba sus ruinas futuras y atravesaba el invierno entre lluvias tenebrosas y vientos insistentes, que planeaban sobre la majestad herida de sus torres, que parecían empequeñecidas desde que los franceses ultrajaban sus cimientos con sus pasos y utilizaban sus alturas para vigilar los campos y prevenir los ataques. Pero, en aquel hundimiento general, en el que nos movíamos como peces sin agua, Manuela había logrado la más acabada perfección de su belleza, como una flor que hubiera nacido en un desierto después de una tormenta. El amor había afinado sus rasgos y le había agrandado los ojos, despejado la frente de sus antiguas nieblas y desarrollado los pechos, que le florecían como los bulbos de los tulipanes en los jardines recoletos de las monjas. Debía de ser la única mujer que se atrevía a sonreír en toda la ciudad, como si quisiera apartarse también entonces de la conducta general, como había hecho siempre. Y yo no podía sustraerme a la contemplación de aquella efusión primaveral en pleno invierno. Probablemente fuera cierto que se había acostado con el general para salvarme de la muerte, pero la verdad es que ni en la piel, ni en la mirada, ni en su sonrisa de ángel le había quedado ningún estigma de aquel sacrificio.

Aquella esplendorosa salud de mi hermana, que contrastaba con la enferma languidez de la ciudad, no parecía importarle a nadie, a pesar de mis temores, y nadie parecía darse cuenta de aquella escandalosa belleza en medio de una fealdad generalizada, pues era como si todas las mujeres hubieran perdido su gracia femenina. Sólo Manuela seguía haciéndose vestidos y luciéndolos entre la creciente pobretería de Salamanca, que volvía a retroceder a una sosería vestimentaria medieval; sólo ella experimentaba todas las muselinas, todos los organdíes y todas las hopalandas que llegaban escasamente a los comercios salmantinos, como un desafío al permanente luto de la ciudad. Porque los colores de las calles se habían apagado y sin fiestas, ni celebraciones, ni paseos, ni saraos, Salamanca entera se había convertido en un inmenso patio de novicias; no se oía una canción por la calle y las ventanas y los balcones permanecían cerrados todo el día, sin un rostro femenino mirando tras los visillos, ni un olor de mujer deslizándose por las ranuras de una puerta entornada y prometedora.

Sólo Manuela alardeaba su felicidad y, cuando iba a ver al oficial francés que la cortejaba, se ponía los vestidos más luminosos, sus peinados más enrevesados a la última moda del imperio, y sus afeites más agresivos, que dejaban en las umbrías calles de la miseria un rastro de perfume, que se quedaba en el aire como un desafío que ofendía la grisalla funeral de los rincones y el hedor de las casas cerradas y de las calles retorcidas, que se despertaban a su paso para caer después en la eternidad vulgar de su pasado, congelándose en aquel invierno cruel, que no se iba, mientras Blasillo cruzaba corriendo sobre los desmontes nevados, con la cola de su balandrán al viento helado, y repitiendo su estúpido mensaje de resignación y de esperanza de que «Dios aprieta, pero no ahoga».

2

Los muertos llenaban los salones de la casa de mi tía Adela y ella los atendía a todos con idéntica solicitud, con la misma bondadosa sonrisa desvirtuada por el horror; llegaban cansados, arrastrando sus heridas y sus harapos manchados, con el asombro último todavía en sus rostros ultrajados por la sangre y los ojos relucientes por los recuerdos finales de su vida; algunos eran pobres hombres, agobiados todavía por el gesto altanero que habían puesto ante la muerte, otros eran militares, sorprendidos por aquel destino que los había apartado de la guerra, de los honores y de las medallas, que ya nunca conseguirían; había algunas mujeres violadas, que no podían ocultar la vergonzosa sangre delatora sobre sus haldas desgarradas, ni las huellas amoratadas de las manos de los franceses sobre sus cuellos estrangulados; había muchachos que llamaban señora a mi tía Adela y que la miraban con respeto, encandilados por su belleza y sobrecogidos por el lujo de la casa; algunos estaban irreconocibles con la frente saltada y el pelo chamuscado por las balas. Se sentaban por todas partes y adoptaban las posturas más insólitas, como muñecos descoyuntados que no acabaran de encontrar la posición definitiva para hacer descansar los molidos huesos de sus cadáveres. Algunos entornaban los ojos, deslumbrados por la luz de los muchos velones con que mi tía Adela iluminaba el salón versallesco donde los recibía, porque deseaba verles la cara a todos y quería que se encontraran a gusto en medio de aquel ambiente esplendoroso, que nunca en su vida habían conocido.

Una noche se presentó un francés y nadie supo qué hacer, porque todos pensaron que se había equivocado y que el último golpe lo habría trastornado. Iba desarmado, una pierna le sangraba todavía y tenía la barba crecida de los muertos; estaba pálido sobre los restos azules de su uniforme, que apenas le cubrían las carnes rasgadas por los sablazos mortales, cruzadas por negros costurones de sangre cuajada y los pespuntes de viejas heridas cicatrizadas. Todos enmudecieron al verlo, porque incluso más allá de la vida lo seguían odiando, y sólo tía Adela se acercó a él con la niebla de su mirada acogedora y le invitó a sentarse junto a ella, pasándole su mano por la casaca rota y embarrada de sangre, como si acariciara su propia vida desperdiciada. Y, ante el estupor molesto de los otros muertos, le habló en su idioma, en un francés de libros que parecía la página de una antología escolar y que el otro le agradeció con el abatimiento de su rostro humillado y deformado por la muerte. Cuando me lo contaba me decía: «¿Por qué no?», y sus ojos tenían la sabiduría antigua de las sacerdotisas de una religión desconocida y la ternura de todo el amor que no había podido utilizar, a pesar del mucho tiempo que le había dedicado y de los muchos amantes en los que lo había buscado.

«Por lo que me dijo, debió de matarlo ese amigo tuyo de los ojos azules.»

Era uno de aquellos muertos franceses, de los que Terenciano llevaba la cuenta en sus estadillos, que todos los días repasaba. Había empezado contando los vivos, sin más finalidad que la de saber a qué atenerse si alguien, en las frecuentes discusiones sobre el tema con que los salmantinos alimentaban su odio, requería su parecer: «Ayer había en Salamanca catorce mil doscientos gabachos, cuatrocientos pencos de caballos y dos docenas de cañones». Lo decía con orgullo, como si fuera una manera de ejercer sus deberes patrióticos y de hacer olvidar su pequeña talla. Nadie comprobaba sus cifras, que favorecían el optimismo, porque según Terenciano el número de franceses disminuía con una rapidez que hacía soñar con la posibilidad de una pronta revancha.

Pero se descubrió que sus datos estaban con frecuencia equivocados, porque hacía sus sumas y sus restas contabilizando escuadrones, compañías y batallones enteros, que, como se supo, nunca estaban compuestos por el mismo número de soldados. Y fue entonces cuando empezó a llevar la cuenta macabra de los muertos, que era más comprobable e igualmente patriótica. La suma de los muertos franceses le mantenía en un estado de permanente júbilo y, lo que nunca había ocurrido antes con sus estadísticas del tiempo y de los niños muertos por el garrotillo, se hizo famoso por ser portador de noticias que alegraban a todos; porque siempre le habían despreciado y habían tachado de inútiles sus manías y sus guarismos, pero desde que se dio a contar los muertos franceses la gente empezó a apreciarlo y a admirar su habilidad para la aritmética.

—¿Cuántos van este mes, Terenciano?

—Veinticuatro —contestaba él, con las cejas altas y el tono doctoral, como si hiciera un diagnóstico médico, fruto de la sabiduría y de la experiencia.

—No está mal, ¿eh?

—Pero piense voacé que son menos que el mes pasado, que llegamos a veintiséis, si mal no recuerdo.

—Allá se van y da lo mismo galgo que podenco.

—No crea, voacé; en estas cantidades pequeñas, uno o dos, arriba o abajo, hacen mucho. Mayormente...

—A ver si sigue la buena racha. Condiós, Terenciano, que llevo prisa.

—Tras ello andamos. Que El le acompañe.

Terenciano sacaba su información de los hospitales que los franceses habían instalado en los antiguos Jesuitas, en el Fonseca y en San Bernardo; unas veces, se acercaba con disimulo a las porterías y otras veces mandaba a sus amigos e incluso a niños que se enteraban del número de muertos del día, que él anotaba con su buena caligrafía de pendolista y el regodeo ornamental de su satisfacción irreprimible, que le estallaba en las volutas imaginativas de los doses y en las feroces tildes de los sietes, marcadas como un zarpazo; después, comprobaba los resultados, comparándolos con el número de los enterrados, que le proporcionaba el enterrador, del que se había hecho amigo con buenas palabras y unos cuantos tragos del buen vino de Zamora y, de este modo, evitaba los errores que había cometido con los vivos, que habían estado a punto de hacerle perder su credibilidad y la honorabilidad de su ciudadanía de bien.

Pero aquí también descubrió, desolado, errores en sus cuentas, porque algunas veces los muertos de los hospitales no coincidían con los muertos del cementerio y pensó que alguien le mentía o que los muertos se le perdían en el camino, sin contar con que muchos iban directamente al cementerio desde el cuartel o desde el oscuro callejón donde al amanecer los encontraban tirados, con un navajazo en el vientre. No obstante, sus balances mensuales seguían alimentando el optimismo de los patriotas; las gentes le preguntaban y él, con una cierta picardía bobalicona y cómplice, contestaba con la cifra preparada a flor de labios y mezclada a su media sonrisa, que anticipaba la buena acogida de la noticia.

—Terenciano, ¿has apuntado el muerto de Tejares de ayer?

—No, porque ése es de otro municipio y yo sólo apunto los de Salamanca, nada más que los de Salamanca.

—Ya sabemos, pero a ése lo encontraron a medio camino entre Salamanca y Tejares, pasado el Zurguén, un poquito más allá.

—Ya lo sé, que me lo dijo un pajarito; pero, ¿dónde lo enterraron?

—En ningún sitio, porque lo echaron al río.

—Entonces, la cuenta ya la han hecho los peces.

Algunos no se creían sus exageradas estadísticas, porque, de creerle, decían, ya no quedarían franceses en el mundo; pero Terenciano discutía con furia y apelaba a los testigos de sus confidencias y a la justicia divina, como si le fuera en ello su vida y la salvación eterna de su alma. Con los calores del verano el número de muertos franceses empezó a aumentar; una extraña epidemia los tumbaba, sin más síntomas que una ligera diarrea y un difuso dolor de cabeza, que al principio los médicos achacaron al aire enrarecido de la canícula. La epidemia hizo subir las estadísticas y Terenciano no pudo ocultar su gozo. Primero, subieron a cincuenta el primer mes y luego sobrepasaron los cien y, cuando llegaron a ciento veinte, la alegría no le cabía a Terenciano en la cara y se le desbordaba por todo el cuerpo, que expedía una especie de jolgorio luminoso que la gente veía de lejos. Era tanta la evidencia de su júbilo que sorprendía hasta a las patrullas francesas que vigilaban nuestras calles y que no entendían las sonrisas de aquel tipo pequeño y anodino, que confirmaba el juicio, que tantas veces habían oído en Francia, de que los españoles estaban colectivamente locos, como en muchas ocasiones habían podido comprobar.

Un día le dijeron: «Apunta, Terenciano, apunta dos que ya no necesitan hospital»; pero él ya lo sabía. La cosa había empezado unos días antes. Un escuadrón de caballería había bajado al Tormes a darles de beber a los caballos y, según dijo un hombre que lo había visto, ni se inmutaron cuando vieron pasar, flotando en las aguas, a un niño que se debatía con desesperación en medio de la corriente, agitando los brazos y hundiéndose repetidas veces, buscando agónicamente un asidero al que agarrarse. Había más de veinte franceses mirando y lo vieron pasar, debatirse, hundirse y flotar de nuevo, mientras hasta los caballos levantaron la cabeza, aguzaron las orejas y patearon el barro de la orilla, sobresaltados por la muerte que cruzaba delante de ellos. Cuando, por fin, los franceses se movieron ya era tarde y los caballos se resistieron a entrar en el río, chapoteando en la orilla y reculando con los ojos desorbitados y las cabezas levantadas. El Tormes es lento y el cadáver del niño tardó en desaparecer más allá del Puente, al que rozó en su trágica travesía, exánime, antes de hundirse para siempre. Los caballos terminaron de abrevar y guiados por sus jinetes volvieron dóciles a sus cuadras, con la parsimonia del atardecer en sus andares majestuosos. Según otros testigos, la sombra del Puente a contraluz no dejaba ver bien y los franceses pudieron confundir el cadáver del niño, que flotaba inmóvil en las aguas, con los troncos y los arbustos que la corriente arrastraba y, aunque lo hubieran visto, no hubieran podido hacer nada, porque el niño venía ya muerto desde aguas arriba. Pero aquello bastó para enardecer a la gente y revolver los cienos del odio antifrancés. Las tertulias se exaltaron con aquella historia, que recorrió la ciudad aletargada del verano como un veneno y la atravesó de iras contenidas.

Al otro día, en la canícula solemne de las torres de la catedral, que se levantaban penosamente en el cielo blanquecino de las tres de la tarde, abrumadas de siglos de calor y de un polvo invisible que deslucía el amarillo de su soberbia, dos franceses bajaron hasta el río a bañarse a la sagrada hora de la siesta española, cuando el silencio se materializaba en el aire y las distancias luminosas desaparecían bajo el reverbero insoportable del sol, sin nadie a la redonda que los viera deslizarse por el filo de las solaneras adelgazadas por la claridad onerosa de la ciudad dormida, en un mundo a punto de ebullición, deformado por el sudor de los párpados y la sequedad de la boca.

No encontraron a nadie en el camino de bajada, no vieron a nadie en la alameda de San Nicolás, como si Salamanca se hubiera despoblado, súbitamente vacía delante de aquellos dos únicos habitantes de una tierra tórrida y adormecida. Se desnudaron detrás de unas cuadras, que ocultaban el remanso del río, antes de entrar en la mansa corriente perezosa de las aceñas exhaustas del verano, y se metieron en el agua, presurosos, agachados y atentos, escurriéndose rápidamente entre los árboles, sin dejar de mirar a los alrededores, vigilando desde lejos sus ropas escondidas en el hueco tronco de un álamo, tapadas con ramas secas y unos puñados de hojas caídas, que conservaban en su envés fibroso y descompuesto la humedad del río.

No se movían ni las hojas de los árboles, y ni siquiera los pájaros se atrevían a volar entre las ramas de los álamos; el ceño desconfiado de los franceses fue desapareciendo poco a poco, a medida que la apacibilidad abrumadora de aquel cielo incandescente, la umbría amenidad del lugar y la soledad del paraje fueron aquietando sus temores y reblandeciendo sus defensas, mientras se dejaban ganar por la frescura del agua, a pesar de todo fría, que se les escurría por las cabezas de pelos lacios y rizos pegados a sus sienes tostadas; entornaron los ojos de molicie y de felicidad y se atrevieron a sonreír con la placidez recuperada de la infancia; no obstante, estaban atentos a cualquier ruido que se hiciera notar sobre el continuo murmullo del río y que les hacía engallarse y aprestarse a la huida y a la lucha; pero nada ocurrió en la asfixia ascendente de las cuatro de la tarde, como si la ciudad se hubiera olvidado de ellos y la guerra hubiera marginado aquel lugar edénico, lo que no impedía que ni siquiera se permitieran mover sus cabezas emergentes y felices, sobre un agua que no delataba su presencia, lejos de sus cuarteles.

Cuando salieron encogidos con las precauciones de su miedo y con el buen humor de los cuerpos refrescados por el baño, que les producía la satisfacción de haber logrado, contra las advertencias de sus compañeros de escuadrón, cruzar la ciudad, tomarse un baño y seguir vivos, se deslizaron entre los árboles con la precavida seguridad de su astucia y se dirigieron en línea recta hacia el tronco donde habían dejado la ropa, del que no habían quitado ojo durante todo el tiempo que habían estado en el agua. Pero allí no encontraron nada; miraron alrededor, registraron los álamos próximos, todos iguales y casi unánimes, y siguieron sin encontrar nada, con sus vergüenzas colgando y la piel tibia sobre la que todavía se deslizaban las últimas gotas del baño; siguieron buscando, en medio de una quietud universal, en la que no se movían ni las sombras de las ramas más altas. Los reflejos del río acuchillaban el aire como llamaradas; retrocedieron hacia la orilla y reconstruyeron el camino hasta el lugar donde estaban seguros habían dejado los uniformes y las espadas; pero tampoco consiguieron localizarlo y la carne se les empezó a erizar y el frío les subió desde las piernas, atravesándoles el vientre, vacío de golpe y tormentoso.

Por primera vez, se miraron asustados y se ampararon mutuamente con el mismo miedo, compartido hasta su desnudez. El río, como siempre, vacilaba mansamente entre la modorra y la eternidad; seguía sin haber pájaros a las cinco de la tarde y la sombra de los álamos se inclinaba sobre sus espaldas como los latigazos de un frío en aumento, que sorprendía su inmovilidad de desesperados; el mundo mantenía su temperatura de horno y los franceses temblaban como argadillos. Penosamente, volvieron a mirar uno por uno, siguiendo las hileras de la plantación, los troncos de todos los árboles, los bajos de todos los arbustos, los montones de hojas podridas, que conservaban todavía un poco del lejano ocre otoñal entre las desvalidas nervaturas del invierno; volvieron una y otra vez, mientras el sol de las cinco de la tarde empezaba a decaer con lentitud agonizante, a revisar toda la alameda, a hurgar en todos los rincones, sin ningún resultado, como si nunca hubiera habido un hueco junto a un árbol donde ocultar disimuladamente la ropa militar y los precarios adornos de la guerra de paseo, como si nadie hubiera pasado por allí en la vida. Y se quedaron inmóviles y vigilantes, con el sexo flácido entre la maraña del pubis, adosados a un álamo, que verdeaba por encima de sus caras pálidas y descompuestas, mientras a lo lejos, a la caída del sol, la vida había vuelto a reanudarse por el Puente Romano.

Todavía, con el atardecer oscureciendo las distancias entre los árboles, intentaron encontrar la ropa tres veces más, sin que nada apareciera por los alrededores, a los que se asomaron con vergüenza por su desnudez, sin que ningún hombre, ni mujer, ni siquiera un niño se dejara ver en la umbría creciente de la tarde, como si alguien los estuviera manteniendo más allá del horizonte de su mirada; pero no descubrieron ni el tronco donde habían ocultado sus casacas y sus botas, sus camisas y sus calzones, sus correajes y sus espadas y el resto de su impedimenta, ni tampoco encontraron ningún rastro, ninguna huella apresurada que les diera una pista de los ladrones de su ropa. Al anochecer, desamparados y friolentos, emprendieron el regreso al cuartel de Trilingüe y fueron apuñalados cuando doblaban la esquina de Santiago el Blanco; sus uniformes cayeron precipitadamente sobre sus cuerpos desnudos y ni les cubrieron piadosamente el rostro paralizado por la muerte, ni pudorosamente sus vergüenzas inútiles; al caer las prendas militares, sólo el pecho de uno hasta el ombligo y los pies del otro hasta las rodillas quedaron a salvo de la agresión de la noche, que poco a poco se fue cerrando, adensándose y cayendo sobre los dos cadáveres, a los que las patrullas francesas no encontraron hasta dos días después, recorridos por las hormigas voraces y habitados por un enjambre de moscas negras con barrigas doradas, que se destacaban sobre la palidez verdosa de sus pieles ajadas y retraídas.

Acostumbrados a la idea de la muerte cotidiana, próxima y súbita, estas historias empezaban a dejarnos indiferentes, convertidas en datos para las cuentas de Terenciano. Pero las muertes españolas nunca perdían el dolor de su tragedia y nadie llevaba sus cuentas, probablemente porque no hacía falta, puesto que todos las conservaban en la memoria y era difícil equivocarse. La muerte del padre Cándamo, mercedario y bondadoso, nos afligió más que ninguna otra de aquel tiempo funesto en que las noticias de nuestros muertos nos llegaban a diario y habían sustituido a los banales comentarios sobre el tiempo de nuestras antiguas conversaciones. Cuando nos encontrábamos con alguien por la calle y nos decía un nombre, se nos arrugaba el corazón y el muerto se nos quedaba en el oído como el anuncio de una sentencia diferida.

El nombre del padre Cándamo me lo dijo Augusto. Cuando lo mataron, estaba reclutando gentes para la guerrilla de don Julián; andaba por los pueblos y su retórica florida, mejorada por su fervor patriótico y la tranquilizadora blancura de sus canas, le servía para convencer a los dudosos; pero los franceses le seguían el rastro y él no tuvo ni siquiera la prudente picardía de detener su patriótica leva en nombre de Dios, ni de ocultarse, mientras sus perseguidores pasaran de largo. Así es que un día lo alcanzaron y él, avisado del peligro por algunos fieles, intentó escapar, y lo hubiera conseguido si sus conocimientos de la monta de los caballos no hubieran sido tan escasos o si, al menos, hubiera estado familiarizado con sus aperos, en lugar de saber un mal latín de andar por casa y su ilimitada confianza en la Virgen de la Peña de Francia. Cuando supo que los franceses le caían encima, colocó apresuradamente la montura y apretó la cincha del caballo cuanto pudo con sus menguadas fuerzas de fraile ayunante y místico, mientras los franceses estaban entrando ya por la otra parte del pueblo; de un salto torpe montó y arreó al jamelgo con todas sus ganas y las prisas de sus miedos, y lo hubiera hecho todo bien, si la cincha del caballo, mal atada, no se le hubiera aflojado y no diera con él de mala manera en el suelo, de donde lo recogieron sus perseguidores, lleno de magulladuras y de polvo, beatífico con una sonrisa de disculpa, que no conmovió a los gabachos, que no se detuvieron ni ante sus ropas talares, lustrosas a fuerza de años y de precariedades heroicas, ni ante su incipiente ancianidad y ni mucho menos ante su inocente cara de niño grande, que ponía en práctica sus creencias religiosas, ayudando al prójimo, que por supuesto no eran los franceses, que lo fusilaron allí mismo.

Peor fue lo de Eduwigis, a la que la ciudad lloró por el doble motivo de su patriotismo y de sus habilidades de confitera. Era la única persona a la que de verdad los franceses respetaban. Golosos por naturaleza y hambrientos por nación, acudían a su tienda con avidez de adolescentes para satisfacer sus estómagos sin fondo, atraídos por sus hojaldres, sus pasteles pirenaicos, sus almendras garrapiñadas y sus perronillas de costra dorada y crujidos de paraíso, que les llenaban la boca de dulzuras desconocidas para sus toscos paladares de campesinos y les compensaban en parte de las nostalgias de su destierro y de las punzadas del odio que sentían como cuchillos en la nuca.

Eduwigis los atendía con su falsa sonrisa de tendera y la untuosidad de su soltería pobre y avara, para la que los ochavos y los reales de los franceses eran iguales que los de los patriotas. A veces intentaba desairar su glotonería y se negaba a venderles más dulces; pero ellos se hacían los sordos y continuaban devorando las bandejas de pasteles con voracidad. Y lo peor era que no siempre pagaban, sin atender a razones, dando grandes golpes sobre la mesa y empujándose unos a otros con torpes remedos de lucha, entre carcajadas soeces y toses atragantadas, que hacían explotar en el aire los últimos restos de los dulces, a medio masticar, envueltos en una fina lluvia de saliva aguardentosa.

Como se acercaban las fiestas de Todos los Santos, Eduwigis empezó a preparar los buñuelos de viento, que guardaban en sus entrañas cremosas el secreto de viejas reposterías medievales, que hacían olvidar los primeros fríos y se esperaban como un regalo anual de Dios Nuestro Señor, aceptado hasta por los ateos, agradecidos a la bondad divina. Un francés, más glotón que los otros, se pasaba las horas muertas viendo cómo Eduwigis batía aquella crema amarilla, que se iba engrosando bajo la magia de sus expertos dedos y esperando el momento glorioso de su enterramiento en la harina grasienta de huevo y aceite, y moldeaba con primores de caricia por una Eduwigis sofocada por la proximidad del horno y los mudos requerimientos del francés, que la miraba como ningún hombre la había mirado en la vida. La asiduidad de sus visitas y el reconocimiento de su mirada hicieron olvidar a Eduwigis el odio a los franceses y, una tarde otoñal de fuertes vientos desapacibles, sustituyó sus inocentes embates a la tabla de amasar por los cálidos empujones del sexo del francés, allí mismo, bajo el horno caliente que aumentaba el ardor de los abrazos y ponía a sus espaldas el testimonio de su ojo encendido, como una anticipación del infierno que se estaban ganando con aquel apresurado acto de amor. Pero el francés, después de aquel episodio de su glotonería sexual, no volvió al obrador y Eduwigis tuvo que retomar su desesperada costumbre de ser feliz con la única complicidad de su solitaria tabla de amasar, a la que dedicaba los amorosos embates de su pelvis al ritmo de su trabajo.

Hasta que un día llegó al final de su desesperación y le puso unos gramos de estramonio a uno de los buñuelos que devoraban los franceses y esperó el resultado de aquella lotería trágica, que ella consideraba un acto patriótico, sazonado por el rencor y el despecho. Pasados unos días, en que la ciudad iba entrando en su máxima belleza otoñal, que hacía más odiosa la presencia de los franceses, no ocurrió nada y

Eduwigis aventuró el envenenamiento de dos buñuelos, que tampoco tuvieron más efecto que enviar al cementerio a dos gabachos más, perdidos en los estadillos de Terenciano y en las cuentas de la intendencia francesa. Eduwigis se sintió feliz e invulnerable y fue aumentando el número de los buñuelos envenenados, hasta que llegó al límite de las sospechas, que guiaron las investigaciones a su tienda, y aunque lo negó todo, le encontraron en el obrador cuatro docenas de buñuelos envenenados y fue condenada a morir fusilada. La ciudad le perdonó a la pastelera sus antiguas y promiscuas complicidades y se dispuso a concederle el homenaje de su admiración por su noble comportamiento patriótico.

Pero no la mataron y estuvo encerrada más de dos meses en la cárcel, el tiempo en que la ciudad cambió el dorado otoñal de sus cúpulas por el oro viejo de sus colores invernales, que resaltaban más todavía sobre la blancura ocasional de la nieve. Nadie sabía los motivos de aquella dilación en el cumplimiento de la condena, conociendo la diligencia de los franceses a la hora de fusilar a los españoles. Incluso se llegó a pensar que habría encandilado a sus verdugos con la promesa de algún virgo en sazón, que estaba deseando perderse a los catorce años en honor de los extranjeros. Sin embargo, poco a poco se fue sabiendo, por otros prisioneros y por las confidencias de algunos franceses, que el general le había prometido perdonarle la vida si le decía la fórmula de sus perronillas, que le habían encadenado la imaginación hasta la locura; pero Eduwigis, desconfiada de las promesas del francés, se resistió la tentación y se llevó con ella los secretos de sus dulces, que fueron una de las mayores pérdidas que Salamanca sufrió durante aquella nefasta guerra.

Una noche, cuando ya mi tía Adela creía que Eduwigis no se presentaría en su casa, apareció en la tertulia con el pecho atravesado por las balas y una especie de sonrisa iluminada que hacía olvidar su fealdad innoble y las huellas de la viruela sobre su cara. Mi tía Adela, aunque se resistía a olvidarse del sucio oficio de su vida, la perdonó, acordándose de las muchas veces que había sucumbido a sus rosquillas bañadas y al insípido dulzor de sus grandes obleas eucarísticas, que le salían de sus inspiradas manos como a nadie y que recordaban con ventaja el gusto consagrado de las hostias de la comunión, multiplicado por el enorme tamaño de las obleas, que aseguraban una hora de nostalgias sacramentales, cuando por fin la reconoció debajo de las costras de la sangre reciente, que le manchaban la cara, pero respetaban la siniestra piel volcánica de sus mejillas.

No la había mirado una sola vez en su vida, cuando se cruzaba con ella por la calle en los tiempos de su juventud; no obstante, la dejó entrar sin hacerle más caso que el que concedía a los muertos anónimos que llegaban a su tertulia, con la tímida esperanza de que fueran por un par de horas más felices de lo que habían sido en vida.

Pero Eduwigis tuvo un sitio donde sentarse a descansar, junto al alféizar de una ventana, condenada desde hacía más de veinte años, y contar la triste historia de su muerte, que describía con una especie de satisfacción y casi de orgullo, que acabó de conmover a mi tía Adela, tan blanda como era a pesar de las tremendas cóleras de sus borracheras. También los otros muertos se acercaron a oírla y a compadecerla, por lo que Eduwigis nunca había tenido a su alrededor tantas miradas cariñosas, que valía la pena haber muerto para estar así tan contenta y tan tranquila, en aquella habitación tan elegante, con aquella estrepitosa iluminación, que nunca había gozado y que no le preocupaba, incluso sabiendo que los agujeros delatores de su piel se verían más con la crueldad de aquella luz y no podría ocultarlos de ninguna manera. Por un momento pensó que para eso había muerto, para poder soportar la fealdad de su cara.

Los franceses muertos de Eduwigis se mezclaron con los de la epidemia, que debió de empezar en el verano, pero que los médicos no descubrieron hasta el otoño, cuando el calor estival ya no fue una explicación de las diarreas, ni los vómitos una consecuencia de los buñuelos de Eduwigis. En el mes de octubre murieron mil sesenta y ocho franceses, que hicieron subir al mismo tiempo las estadísticas de Terenciano y la plenitud de su sonrisa. Fue una cifra inigualada durante toda aquella desgraciada guerra, que obligó al barón Thiébault, que era gobernador de la provincia desde el mes de febrero, a tomar medidas urgentes. Los cadáveres eran amontonados delante del Colegio del Arzobispo, envueltos en las sábanas y en los colchones que los habían amparado en vida, y luego les prendían fuego; el hedor de la hoguera era insoportable y con el viento gallego la ciudad se ahogaba bajo aquella otra desagradable forma de marea francesa, que tampoco se podía evitar; después de la incineración quedó una mancha de grasa que tardó muchos meses en desaparecer. En el mes de noviembre, sólo tuvieron que quemar a setecientos treinta y seis franceses, lo que aguó un poco la alegría de Terenciano.

La epidemia, con la ciudad rehogada por los crepúsculos de un otoño inimaginable, que encendía los chopos del río y purificaba los dorados de las torres hasta el grito, había cesado casi por completo; pero los franceses siguieron cayendo, por muertes menos naturales, porque el odio de la gente suplió las debilidades de la epidemia, aunque nunca llegaron a las esperanzadoras cifras del verano. La habilitación del Prado del Obispo, a la salida de la Puerta de San Bernardo, para enterrar exclusivamente a los soldados franceses, fue una necesidad, obligada por el número de los fallecidos. La preparación de los primeros enterramientos hizo pensar a todos que los gabachos no pensaban irse nunca, pero facilitó el trabajo de Terenciano, que no tenía más que asomarse a las tapias del nuevo cementerio para verificar el número de muertos por los túmulos de tierra recién removida. Pero tuvo que rectificar varias veces sus apreciaciones y sus sumas, cuando un día, casualmente, comprobó el origen de los errores, que los críticos de sus cifras le habían afeado con insistencia. Porque los franceses enterraban a veces dos o tres soldados en la misma sepultura, quizá por comodidad o quizá por ahorrar un terreno, que, si las cosas continuaban así, les iba a faltar. Sólo los oficiales tuvieron derecho a sepultura individual y, como decía el enterrador, más honda, según la graduación militar, que los simples soldados que, amontonados en el mismo agujero, el último quedaba a media vara de la superficie, a merced de cualquier perro sarnoso que, empujado por el hambre, se pusiera a escarbar allí. Este peligro, tan real como la imaginación del sepulturero, fue advertido también por las autoridades francesas, que montaron una guardia permanente para ahuyentar a los perros que se acercaban a husmear; aunque, de todos modos, las precauciones debieron de ser inútiles, pues, a pesar del hambre de la ciudad, nunca se vieron tantos perros gordos por Salamanca.

Por aquel entonces, la gente empezó a echar de menos a Merceditas frente a la universidad y, como cualquier ausencia imprevista significaba la muerte, alguien corrió a su casa para comprobar lo que podía ser una tragedia. Nadie contestó a las llamadas y las ventanas y balcones permanecieron cerrados ante la insistencia perentoria de sus familiares y amigos. Como la casa tenía un corral a la trasera, fueron allí para tratar de descubrir alguna señal de que la anciana seguía viva, pero se encontraron con el mismo silencio repetido de las puertas delanteras, que confirmaba la sospecha de que algo le había ocurrido a Merceditas, hasta que inesperadamente tuvieron una súbita contestación a sus preguntas en forma de una aleatoria mezcla de mierda y orines, lanzada con furia a través de la gatera del corral hacia el albañal, que corría a cielo abierto por en medio de la calle en cuesta. Nadie respondió a las exclamaciones de los que se agolpaban frente a la puerta, pero a nadie le quedó la menor duda de que Merceditas estaba viva y no había perdido nada de su mal carácter y de la terca altanería de siempre. Desde aquel día, todos supieron que seguía viva por la fuerza con que salían a hora fija aquellos proyectiles nauseabundos y abundantes por la gatera.

Después se supo que un día Merceditas había decidido encerrarse en casa y no salir más. Había visto cómo los franceses mataban a un hombre delante de ella y había sacado dos conclusiones; primera, que si aquel hombre no hubiera salido a la calle, no lo hubieran matado, y segunda, que si ella no hubiera estado allí, no lo habría visto y el crimen de los franceses no tendría testigos que es lo que ellos querían. Si las calles estuvieran vacías, los franceses se volverían locos, sin nadie ante quien exhibir su ferocidad, condenados a moverse por una ciudad fantasmal, de puertas cerradas y habitada por un permanente silencio acusador. Y tendrían que irse. Ventanas ciegas, jardines abandonados, plazas desiertas, paseos solitarios, la Plaza Mayor para ellos solos. Como si la peste hubiera caído sobre la ciudad.

Cada casa sería un refugio del patriotismo, que no se perdería en charlas de café, ni en alardes de mesa camilla; los franceses no podrían hablar con nadie, vivirían como perros rabiosos, sin ni siquiera tener sobre ellos la mirada del odio que los enaltecía; dominarían una ciudad sin gente, sin mujeres a las que desear, sin niños con los que enternecerse, sin viejos a los que perdonar la vida. No sonarían ni las campanas, y sólo los pájaros, si es que se atrevían, les acompañarían en su soledad apestosa. Las vecinas decían: «Está loca», y los franceses, que habían llegado a conocer su desafío, iban a trompear a su casa para probar su resistencia y reírse de su extraño modo de hacer la guerra. Pero nadie la oyó responderles nunca, ni protestar después, ni siquiera hablar, ni hacer algún ruido. Si no fuera porque las deyecciones seguían saliendo disparadas al amanecer por la gatera, con una energía que parecía imposible en sus ochenta años, se hubiera pensado que estaba muerta.

Y, borrada la ciudad de sus ojos, por fin se quedó sola con su fachada de la universidad y siguió repitiéndola, según se supo más tarde, una y otra vez con los fragmentos dudosos de su memoria. Para ella nada existía, ni siquiera los franceses, salvo aquella pared afiligranada, que seguía pintando con sus acuarelas pastosas, rememorando en aquel encierro, entre sus oscuros muebles asaltados por la vejez, con aquel polvo antiguo que tenía transparencias de sacristía, los detalles de aquella arquitectura, e impacientándose con irritación de anciana por la pérdida parcial de sus recuerdos de aquel conjunto al que había estado mirando durante sesenta años y que ahora se resistía a aparecérsele en la memoria con todo su esplendor. Probablemente era, de toda Salamanca, la persona que más esperanzas conservaba, a pesar de sus años, porque estaba convencida de que los franceses se irían y de que ella volvería a salir desde la penumbra de su enclaustramiento a la luminosidad de la calle para correr a la universidad a comprobar los fallos de su memoria y rellenar los trozos vacíos de sus cuadros, que tenían la perfección del abocetamiento y el misterio de lo inacabado y de lo sugerido.

En aquellos días perdidos, en la soledad tenebrosa de su casa, en la que sonaban los crujidos de la carcoma como una advertencia, Merceditas desesperaba su memoria con la persecución de un relieve, con la reconstrucción dudosa de un esguince de la piedra; todo se le confundía y dejaba su pincel en el aire, incapaz de tomar una decisión, mientras en el bochorno de aquel encierro el agua se le secaba en los cacillos de sus acuarelas, que yacían sobre la mesa que estaba a su lado, manchada con las huellas de sus titubeos y de sus olvidos. No se acordaba de nada y los lienzos sufrían las agresiones de su irritación. Poco a poco sus cuadros, que fechaba con honradez de memorialista, iban deshaciéndose en manchas difusas, en incontrolados vacíos blancos que fueron creciendo con el tiempo. Ya no había ni una sola línea recta y las curvas se perdían en meandros inútiles, en quebradas imprecisas que cada vez se parecían más a paisajes inventados, a fantasías cromáticas que cercaban el amarillo original, el ocre huidizo, el dorado inmenso. Las pupilas de Merceditas, como las de los gatos en la oscuridad, se agrandaban para ver en su interior los restos de aquellas imágenes a las que había sido fiel durante sesenta años y a las que había cortejado con el apasionamiento que se le había negado en el amor, como descubrí un día en que me llamó para que le comprobara un detalle que escapaba al cerco de su memoria. Pero todo era inútil, la memoria se le volvía más y más blanca y al final la fachada de la universidad se había convertido en una acumulación de manchas informes, que tenían el atractivo de una realidad soñada, vagamente relacionada por su color con la paja llovida.

Pero los muertos no se acababan nunca y nadie le veía el final a aquella guerra, que cada día añadía nuevas víctimas a nuestra capacidad de horror y a la que yo asistía como si estuviera viviendo una alucinación ajena, de la que no participaba, pero de la que tampoco podía huir. Los rumores de que Wellington había otra vez cruzado la frontera portuguesa y se había entrevistado con el general Cuesta en Miravete permitieron durante algún tiempo mitigar el desaliento y reanimar la belicosidad de nuestros vengadores colectivos, de los que Augusto formaba parte con fruición de catecúmeno. Pero cada francés muerto multiplicaba la fuerza de los invasores, que cada día se hacían más precavidos, sin aquel desdeñoso descuido que nos humillaba al principio; los convoyes de armas y de aprovisionamientos cruzaban ante nuestros rastreadores con guardias más numerosas, las acciones de reconocimiento las llevaban a cabo escuadrones completos, armados y alertas, los traslados de tropas eran precedidos por grandes batidas de caballería, que abortaban las emboscadas y hacían imposibles las sorpresas. El trabajo de los guerrilleros era cada vez más arriesgado y las represalias en los pueblos que los ayudaban eran cada vez más feroces.

Pero, a pesar de todo, los muertos siguieron. Porque ya que no podían matarlos a todos de una vez, con un único acto de voluntad, los iban matando de uno en uno, allí donde los encontraban indefensos, sin más motivos que ser franceses y estar en Salamanca; perdonarlos hubiera sido una debilidad y no estaban los tiempos para cultivar la pequeña virtud de la condescendencia. No hacía falta una orden o una advertencia; la hora era también lo de menos; el arcabuzazo imprevisto, en el recodo cómplice de una calle o en la impunidad del campo abierto, era siempre posible, lo mismo que el navajazo a traición, que podía saltar a cualquier hora, en el mediodía cenital o en la declinante penumbra del crepúsculo, en las sórdidas calles de la antigua judería o bajo los gloriosos soportales de la Plaza Mayor, a la vista de la ciudad entera y muda. Hacer el amor era para los franceses exponerse a ser acuchillado por la espalda y la sonrisa de un niño podía ser el principio de un asesinato y una taberna pacífica y solitaria podía convertirse, con la primera jarra de la sed apremiante, en el lugar de un crimen anónimo, que no dejaba ni el olor de los muertos en el aire avinagrado de las bodegas. Un día aparecieron dos cadáveres franceses, desnudos, en el Tormes, en el lugar llamado de La Serna; estaban sumergidos en el agua, metidos de cabeza hasta la cintura, con sus ropas en la orilla, y cuando tiraron de los pies para sacarlos del río descubrieron que estaban decapitados, con algunas voraces sanguijuelas culebreando en los muñones de sus cuellos sanguinolentos.

En aquellos tiempos confusos podía ocurrir lo más insólito y por eso aquella historia de la duquesa de Abrantes, mujer del mariscal Junot, dejó un rastro de deleznables sentimentalismos y de rabias indecisas. La duquesa, apasionada como buena corsa y descendiente de griegos, mantenía su tertulia de oficiales franceses y de afrancesados españoles en los salones del palacio del marqués de Scala, en la calle de Zamora, donde residía con su pequeña corte provinciana. Por la tertulia, pasaban todos los chismes del ejército, y todas las intrigas amorosas, en las que con frecuencia participaba la duquesa, con sus veintiséis años desbocados y el prestigio de la alta graduación de su marido, que no era un obstáculo para los galanteos de los oficiales, que se disputaban algo más que sus sonrisas. Las prolongadas ausencias del marido ponían calientes los pasillos del palacio y abrasaban las telas rayadas de los canapés del salón de la tertulia, como en aquella víspera de San Juan, cuando los milagros de aquella noche mágica recorren el mundo; los ensalmos y las plegarias poblaban las orillas del río, las encrucijadas de los montes y los rincones oscuros de las traseras de las iglesias, donde un brujerío emergente y excitado recitaba sus conjuros y ejercitaba los misteriosos ritos de sus poderes ancestrales.

Junot se había ido con Masséna a ayudar al malnacido de Ney a rendir a Ciudad Rodrigo, que se resistía a los cañones y a la vanidad de los franceses. Aquella noche, entre los contertulios estaba don Antonio Casaseca, el corregidor de Salamanca, nombrado por los invasores, doctor por la universidad y afrancesado hasta las ligas de sus calzones. La tertulia languidecía de madrugada, cuando la magia de la noche de San Juan se había esfumado entre ironías filosóficas, polvos de rapé y desdenes aristocráticos. El silencio después de las sonrisas había dominado las ganas de seguir hablando, sustituidas por las miradas al generoso escote de la duquesa, agrandado por el calor de la noche y los descuidos de la familiaridad.

El bullicio de las hogueras se oía lejos, como en otro mundo, y aquí cerca la respiración asmática de un viejo general era el único ruido que agrandaba la noche y ponía una especie de expectativas en el paso del tiempo. La duquesa debía de estar calculando sus posibilidades, más bien escasas, de encontrar compañía que llevarse a la cama hasta las todavía remotas horas del amanecer. Se desesperaba, con sus héroes favoritos en el asedio de Ciudad Rodrigo y el corregidor Casaseca, disponible, pero demasiado viejo, demasiado tonto y demasiado francés para que pudiera sorprenderla con alguna novedad que mereciera la pena; además, no había más que verlo, debía de ser torpe como un fraile. Un primer bostezo, velado por su mano blanca, advirtió a todos que ya era la hora de retirarse y que había llegado el momento supremo de la elección del amante para aquella noche, que la duquesa daría a entender con una seña invisible, que nadie vería sino el elegido. Pero San Juan tenía previsto algo inesperado para entretener la noche.

Cuando todos empezaban a levantarse, se oyó lo que nadie hubiera podido imaginar en aquel instante enardecido; una criatura lloraba en alguna parte del palacio. El llanto venía de las tinieblas inferiores, de aquel mundo que quedaba fuera de los devaneos de los contertulios y de la elegancia de sus encajes. Nadie supo qué hacer con aquel llanto impertinente, que no entraba en sus proyectos, y se miraron unos a otros, sorprendidos por la inoportunidad de aquella irrupción en el silencio de espera de la elección de la anfitriona. Pero el berrido se repitió y la duquesa, desengañada de encontrar un adecuado amante ocasional, que le ayudara a llegar viva hasta el amanecer, mandó buscar a la criatura y ella misma salió del salón, seguida de sus fieles y de sus criados, para animarlos a encontrar el origen de aquel ruido milagroso que había venido a salvar el aburrimiento final de la tertulia. Los candelabros encendidos recorrieron salones opulentos y pasillos desangelados, paredes desnudas y aposentos atiborrados de muebles inútiles y quincallas arrumbadas y registraron alacenas y baúles y recámaras olvidadas con olor a humedad y aire estancado, sin que apareciera nada que no se supiera de antemano que estaba allí. La busca se convirtió en un juego de salón y los contertulios rivalizaron en agudezas ante los descubrimientos y las sorpresas del envés del palacio que recorrían, jubilosos y dicharacheros.

Los criados, que después contaron la historia, despertados de su sopor servil o arrancados de sus camastros por las voces de la duquesa, levantaron cortinas, trasladaron muebles y pusieron la casa patas arriba, hasta que un nuevo berrido orientó la investigación hacia los sótanos, donde entre cornucopias desvencijadas, baúles amontonados, espejos rotos y ropas en desuso apareció un envoltorio de lujosos pañales, que nadie sabía cómo había llegado hasta allí y que abrigaba a una niña de pocas horas, con una nota prendida en el pecho con un alfiler de oro y escrita con una pasable caligrafía, en la que la madre rogaba a la duquesa que se hiciera cargo de la recién nacida, hija de un desliz vergonzoso. «O sea que es una hija de mala madre», comentó alegremente alguien del séquito de la duquesa, quien le regañó con la mirada, porque empezaba a enternecerse con aquella criatura, roja de llorar y debilitada por la falta de amor.

Lo inmediato hubiera sido tirarla a la basura, siendo hija de una española; pero nadie a aquellas horas de la madrugada se atrevía a llevar la racionalidad tan lejos. Alguien propuso dejarla abandonada en la catedral, en la puerta del Nacimiento, como era costumbre ancestral entre las madres solteras de Salamanca; pero con el bullicio callejero de la noche de San Juan y la ciudad espiando a los franceses, se descubriría el manejo y acabarían acusando a la duquesa, a la que no le faltaba más que eso. Los criados, excluidos de las decisiones, se fueron a dormir, y se quedaron solos, alrededor de la niña, los fieles más íntimos, entre los que el corregidor Casaseca, estirado y solemne como un huso, encontró el modo de decir lo que la duquesa, encandilada por las manos de la criatura y afligida por el recuerdo de la madre, quería oír para salir de sus dudas y no exponerse a las iras de la confiada madre traicionada o del pueblo exaltado:

«Señora, vuestro marido mata demasiados españoles, para que vos podáis permitiros el lujo de salvar a uno».

Al día siguiente, la niña fue bautizada en la pequeña iglesia de San Marcos, cercana al palacio, y le pusieron los nombres de Laura, como la duquesa, Juana, por haberla encontrado la noche de San Juan, y María, porque según dijo la duquesa todas las españolas se llaman María, y el día 27 Casaseca era nombrado Prefecto de Salamanca, para cubrir una de las dos prefecturas en que había quedado dividida la provincia, probablemente no como pago agradecido a su acertado consejo nocturno, sino como recompensa a su servidumbre francesa, de la que aquellas miserables palabras no eran más que una pequeña prueba.

Lo que decía Casaseca con cinismo era verdad. Junot mataba españoles todos los días, con cualquier disculpa; pero los españoles hacían lo mismo. Cuando el día 11 de julio se supo en Salamanca que Ciudad Rodrigo se había rendido, las cuentas de Terenciano se dispararon, después de algunas dudas sobre si eran muertos de Salamanca o de Ciudad Rodrigo. Aquel mismo día, al atardecer, empezaron a llegar los heridos del ejército francés del asedio. En los carros de campaña se arracimaban los cadáveres del camino, que no habían resistido el traqueteo del viaje bajo el sol de julio, una vez repletos los hospitales de Ciudad Rodrigo y por el temor de dejar a los heridos en las iglesias de los pueblos, utilizadas como perentorios hospitales de sangre. Se contaba que un soldado herido se había arrastrado hasta un confesonario de una iglesuca rural, donde quedó olvidado cuando los otros heridos fueron recogidos por los camilleros franceses, y allí fue encontrado, desangrado y muerto, por el párroco cuando al otro día fue a entrar en el confesonario, a ejercer sus deberes sacramentales.

El día 13 llegó a Salamanca Masséna, más viejo que cuando se marchó, con su joven amante francesa, que era la envidia de todo el VII Cuerpo de Ejército, incluidos sus mariscales, y ochocientos prisioneros, que venían andando desde Ciudad Rodrigo, y algunos heridos franceses, que fueron dejados en el antiguo Colegio del Arzobispo, del que salieron pocos días después, camino del cementerio de las afueras de San Bernardo. Masséna y Ney se volvieron a Portugal en persecución de los ingleses, que se retiraban hacia Lisboa sin oponer resistencia, mientras en Salamanca el día 1 de agosto los franceses fusilaron a un lancero de don Julián, que curaba sus heridas en una casa de la Cuesta de Sancti-Spíritu y al que descubrieron por casualidad, cuando vieron salir de la casa una muchacha con unas hilas manchadas de sangre, aunque también se dijo que lo habían denunciado por un antiguo asunto de faldas y de envidias. Cuando lo fusilaron, apenas se podía tener en pie por la fiebre y se volvió delirando hacia la pared en busca de arrimo; pero los franceses querían matarlo de frente y tuvieron que darle la vuelta varias veces hasta que pudieron agujerearle el pecho como un buraco negro. En represalia, los lanceros de don Julián, durante un mes, empalaron a todos los franceses que cogieron y dejaron por donde pasaban un siniestro rastro de cuerpos atravesados por estacas, que le entraban por el trasero y le salían por donde podían, por la espalda, por la garganta e inclusive por la boca, quedándose a la vera de los caminos con un gesto de asombro y de terror, que nadie se atrevía a mirar de cerca.

Don Porfirio apuntaba todos estos horrores con su menuda letra indiferenciada, asustado de las palabras que tenía que buscar en su memoria lingüística para traducir el espanto de aquellos cuadros de la guerra, que llenaban ya varios cientos de folios, amontonados sobre su mesa de trabajo, agobiada por los años, el peso de los papeles y la corpulencia de don Porfirio, que sujetaba su cabeza con pesadumbre de siglos y de perplejidades. Había empezado a no entender nada y se preguntaba para qué servían aquellas matanzas, pero seguía escribiendo hasta desojarse, alumbrado por un velón de cuatro brazos que aumentaba sus temores a ser descubierto por los franceses y que temblaba cada vez que las tomas de rapé le hacían estornudar con estrépito en medio de la noche y echar a volar las hojas manuscritas de su historia.

Se interrogaba, para darle sentido a su escritura, por qué se mataban unos a otros. La razón no le daba luz a sus dudas. A mí también me lo preguntó un día que lo encontré con sus redondos ojos cobardes sobre la plenitud dorada de la Plaza Mayor y no supe qué contestarle, porque no sabía lo que era el patriotismo y los extranjeros no me parecían peores que mis compatriotas. Pero, por fin, alguien le dio la respuesta que esperaba. Don Porfirio me lo contó, aligerado de sus dudas y feliz de haber encontrado una explicación a la matanza de los franceses. Me dijo que aquel hombre joven, al que había abordado en la calle, se sorprendió de que don Porfirio, tan sabio como todos suponían que era, no supiera la respuesta que cualquier gañán sin tantas luces le hubiera dado de inmediato.

«¿Que por qué los matamos? Porque esos cabrones están ahí.»

3

Ni la invasión francesa, ni el amor de Manuela por aquel oficial francés llevaban trazas de acabar; cada mañana, con la ciudad saliendo del sueño y el sol primerizo encendiendo las torres de las catedrales, los salmantinos descubrían que los franceses no se habían marchado y se lo hacían saber con el estruendo de sus tambores y las estridencias de sus trompetas llamando a diana, como si desde las primeras horas del día quisieran imponer su presencia y hacer alarde de su fuerza y de su poder. Y cada tarde, con el crepúsculo creciendo sobre el río y ensombreciendo las siluetas de las catedrales, que se reflejaban en el agua quieta del anochecer, Manuela atravesaba la Rúa de Francos, cruzaba la Puerta del Sol y corría por las calles del arroyo de la Magdalena a perderse en los brazos de aquel francés, que no tendría más trabajo que esperarla con los besos preparados y la cama abierta. Augusto me lo advertía, con sus ojos entornados, que habían perdido el azul del cielo para tomar el azul del acero:

«¿Estás seguro de que siempre se ve con el mismo oficial?».

Pero yo no quería creerlo y la veía salir de casa todos los días y a veces hasta la seguía de lejos, para impedir que los patriotas la mataran, porque tenía el presentimiento de que iba a morir como aquella muchacha que amaba a un francés y a la que su padre había matado para no sufrir aquel deshonor familiar. Pero Manuela cruzaba el peligro sin darse cuenta ni ocultar el destino de aquella carrera crepuscular, que no sólo iba contra las costumbres de la época, sino que además reavivaba el odio que, por fin, nadie disimulaba.

«¡La culpa es de estos malditos franceses!», clamaba mi tío Ricardo, mientras paseaba sus manazas velludas, como raíces de arbustos silvestres, por su cara irritada, haciendo nacer al paso de sus grandes dedos arrugas insospechadas y sombras ocultas en su frente y en sus mejillas y doblando peligrosamente su nariz magnífica, que milagrosamente afloraba intacta después de aquel terremoto manual. Aquéllos fueron los primeros síntomas de vejez que le vi en su piel curtida de cazador y el primer desfallecimiento de su euforia de amante contumaz y satisfecho. Como si la guerra le hubiera adelantado la ancianidad, que hasta entonces había conseguido mantener a raya, o le hubiera sacado a la luz los rastros delatores de una fragilidad encubierta, que ignoraba hasta él mismo. Poco a poco fuimos conociendo sus males, por los temas recurrentes de sus conversaciones, veladas alusiones y confesiones vergonzantes a sus amigos; lo que le preocupaba, como a un adolescente, eran los premonitorios fallos de su exuberante sexualidad, que le asaltaban de improviso, mientras se rendía a la vieja costumbre de sus amores furtivos y a los encantos de sus jornaleras montaraces. Su humor cambió súbitamente y crecieron sus insultos a los franceses, a los que hasta entonces había despreciado como a mercenarios que luchaban por el pan y no por la gloria, como hacían los hombres.

Porque estaba convencido de que ellos eran los culpables de aquellos amagos de impotencia senil, que le mantenían en un infierno perpetuo. Creía que las mujeres vivían atemorizadas por los franceses y habían perdido, según él, aquella ingrávida inconsciencia que antes las hacía cariñosas y atrevidas, obligándolas a retraerse hacia los oscuros terrores de su infancia, acosada por la idea del pecado. «Y así no hay manera», concluía mi tío, corroído por el desaliento, con los ojos llenos de razones y las manos vacías caídas a los lados de su corpachón afligido. Después, se pasó los días consultando con desesperación de náufrago los libros de medicina, en busca de un remedio o por lo menos de una explicación más racional que sus arrebatadas justificaciones. Porque aquellas bochornosas traiciones de su sexo lo sumergían en un sudor de acabamiento y deshonor, al que no se resignaba de ninguna manera, herido en su orgullo de propietario y en la conciencia de su virilidad de privilegiado.

Pero no encontraba el remedio, ni una razón mejor que la presencia de los franceses, que habían trastocado nuestra vida colectiva y nuestras buenas costumbres y que amenazaban con atentar contra nuestro ser nacional, obligándonos a ser como no éramos, como nunca habíamos sido y como de ninguna manera queríamos ser. Y siempre salía de sus consultas a los libros con un airado y fúnebre «son esos malditos franceses», que le reponía en la seguridad de su soberbia masculina, que siempre había encontrado el modo de sostenerse y que resumía en aquellos principios morales que había repetido durante su vida con su risa de gigante: «Se tiene la edad de la mujer con la que se hace el amor y si, como el chocolate, está caliente, mejor, y si es gorda, mucho mejor todavía, porque dos delgadas nunca son iguales a una gorda». Pero aquel descubrimiento no mejoraba sus posibilidades y tenía que conformarse con sus tres asaltos nocturnos diarios, herido por el recuerdo de sus antiguas noches gloriosas, cuando media docena de asaltos no le bastaban y pensaba que habría que decírselo a Terenciano para que lo pusiera en sus estadillos.

Sin embargo aquello no era cierto, porque nunca se había hecho tanto el amor en Salamanca como entonces, con aquel calor de la primavera del año 10, que había caído sobre la ciudad como una liberación y no había consentido límites, ni frenos. Todo empezó con una viuda amortajada, a la que aquella primavera hizo olvidar el luto y la entregó a una alocada carrera amorosa, como si temiera morir antes de haber acabado de correr. El ejemplo cundió y otras muchas viudas salieron de sus tumbas prematuras para hacer lo que no habían hecho en sus largas y honestas vidas matrimoniales; después, siguieron las solteras y finalmente las casadas y Salamanca se convirtió en un inmenso campo de amor, en el que se resarcieron siglos de castidad y recoletas costumbres. Con el temor de la guerra y de la muerte todo pareció permitido.

Lo de Paulina parecía natural; pero incluso ella fue excesiva dentro de sus excesos. Porque se encoñó con un oficial francés, que la visitaba todas las noches y se quedaba con ella hasta las primeras luces y no quiso saber nada de ningún otro hombre, ni siquiera de Augusto, al que había concedido siempre un trato especial. Con riesgo de la disciplina militar y aun de la salud, el francés se estuvo dejando la vida en aquellas inacabables veladas de amor. Estaba naciendo una leyenda que se extendería por la ciudad y ocuparía el tiempo que les dejaban a los salmantinos las cuentas de los muertos y el odio a los franceses. A Terenciano le hubiera gustado contabilizar aquellos excesos; pero era un secreto que las puertas de la casa de Paulina guardaban con la opaca indiferencia de sus cuarterones cerrados y su cerrojo echado, que recibían impávidos la curiosidad colectiva. Las paredes de piedra dejaban oír, de tarde en tarde, unos gritos exaltados que excitaban los celos patrióticos de los salmantinos, que conocían aquella casa mejor que su alcoba matrimonial y que no habían conseguido, a pesar de sus múltiples intentos y de sus denodados esfuerzos, hacer gritar de aquel modo a la muchacha.

También se sabía, porque se espiaba su paso hacia sus cuarteles a primeras horas de la mañana, la progresiva ruina de aquel oficial francés, cuya marcialidad iba desapareciendo a medida que pasaba el tiempo de sus relaciones con Paulina. Cada día salía de la casa de la Puerta del Río más derrengado, con el uniforme a medio poner y el cansancio violeta de sus ojeras, que le iban comiendo la cara en una creciente delgadez, que auguraba su próximo final, al que tan voluntariamente contribuía cada noche. Unos patriotas quisieron matarlo a la salida de sus citas de amor; pero un viejo los contuvo diciéndoles: «Dejadlo, que ya tiene lo suyo». Porque se moría a ojos vistas, como un candil sin aceite; se arrastraba hasta Trilingüe como podía, con una expresión de agonizante iluminado, con la mirada cada vez más hundida en una decisión que empezaba a parecer suicida; pero que no parecía importarle, a juzgar por las prisas y la alegría con que cada noche, con un gesto alucinado culebreando sobre sus labios, humedecidos ya por el deseo, volvía a encerrarse con Paulina, mientras los otros oficiales se daban al juego o a la bebida o corrían detrás de cualquier trasero femenino o masculino por las calles de una Salamanca hostil y divinizada por un cromatismo de ensueño, que junio ponía a punto.

Se contaba que un día, cuando saludaba al general en posición de firme, se había dejado la mano olvidada sobre el morrión del gorro, con los ojos abiertos, la rigidez corporal exigida por el reglamento y la cabeza erguida del orgullo profesional, sin perder un milímetro de su austera verticalidad de autómata, hasta que el general comprendió que tenía delante una estatua viva y lo dejó allí, saludando al vacío, en medio del ajetreo del pasillo del cuartel, al que estaba tan ajeno como a la ausencia del general, que se había ido moviendo la cabeza de estupor y de pena.

La ciudad asistía a aquel duelo a muerte y todos suponían que aquella extravagante aventura contaba con la complicidad del Cuartel General, que vería en aquel enfrentamiento amoroso un combate más de la guerra, que el oficial tendría que ganar, entre la invencible Francia y la pobre España emputecida; debía de irles el orgullo en el desenlace de aquella historia, que la población seguía con patriótico interés apasionado, aunque nadie conocía los detalles, pero se los imaginaban. Los salmantinos apostaban naturalmente por la muchacha y recibían con alegría las noticias del visible agotamiento acelerado del oficial francés, cuya pronta consunción todos deseaban, confiados en las reservas campesinas de Paulina, bien conocidas por los hombres y envidiadas por las mujeres. La muchacha, ajena a la expectación y a las apuestas, continuaba sin saberlo su trabajo destructor, poniendo en juego la abundante experiencia de su memoria profesional y la sabiduría inagotable de su cuerpo joven. Todos esperaban que el francés reventara de una vez en brazos de Paulina, a la que la ciudad había perdonado los muchos agravios a sus lechos matrimoniales.

Augusto, que estaba metido en otras aventuras que tenían también a los franceses como víctimas, no se preocupaba por los episodios de aquella guerra y decía: «Ya escampará», como quien comprueba el nivel de la crecida del río antes de que vuelva a su cauce; pero aquello no parecía acabarse nunca y Paulina seguía metida con el francés, mientras Salamanca recorría toda la gama de sus amarillos prodigiosos y las torres de sus catedrales se ahogaban de calor, bajo un ocre blanquecino que soportaba el sol acérrimo del verano, o relucían con una capa de nieve, como un manto de armiño de su real y merecida majestad. La ciudad no salía de su asombro, mientras Paulina iba devorando al francés, con una dedicación que desbordaba las exigencias de su oficio y que no tenía nada que ver, como ella misma confesó, con sus deberes patrióticos.

Porque la muchacha había vuelto a las locuras de su juventud en el pueblo de sus primeros amores desatados, que asustaban a los muchachos de su edad, enfurecían a las mujeres y ascendían hasta los sermones cuaresmales, como un ejemplo reprobable de la pérdida de las buenas costumbres, antes de caer en las manos pecadoras de aquel canónigo aprovechado, que supo apreciar a primera vista, con olfato de experto, el valor en oro de aquella criatura montaraz, excepcionalmente dotada para el sexo, escueta de carnes como un sarmiento y quemante como una calentura, cuando la descubrió en aquel pueblo, al que había ido a predicar la novena de la Inmaculada Concepción y del que se la trajo a Salamanca, probablemente después de oírla en confesión y quedar atónito de la cantidad, la variedad y la imaginación de sus pecados, todos contra el sexto mandamiento, que desbordarían en mucho las previsiones más pervertidas de su *Manual* de confesor puesto al día. Pero el gozo del descubrimiento no le duró mucho, pues Paulina, que se vanagloriaba de ello, se lo llevó a la tumba, después de dos meses, víctima de las exquisitas artes felatorias de la muchacha y una larga noche de agonía en sus brazos incansables, sin haber conseguido escalar el último orgasmo, que le tenía obsesionado, ante la frescura, la disponibilidad y la avidez de su amante.

La leyenda de Paulina no sorprendió a nadie; pero lo que extrañó a todos fue aquella plaga de sexualidad desbordada que se desató sobre Salamanca y que nadie hubiera podido imaginar no más que seis meses antes, porque alcanzó lo mismo a hombres que a mujeres; se dio suelta a los deseos reprimidos, como si quisieran olvidar con el sexo el espectáculo diario de la muerte; la ciudad entera se entregó a un frenético holocausto sexual, que arrasaba las resistencias de los propios protagonistas, que no se paraban a elegir sus parejas en un batiburrillo que envolvió a jóvenes y a viejos, guapas y feas, curas y tullidos, que se mezclaron en aquella tempestad de la fornicación, en cualquier lugar y a cualquier hora, como si todos tuvieran prisa por hacerlo y no pudieran esperar a encontrar la pareja, el sitio o el tiempo adecuados y se entregaran a la satisfacción de sus instintos con prisas de despedida y ceguera de moribundos.

Inclusive la duquesa de Abrantes, que hasta entonces había ocultado discretamente sus aventuras, perdió la continencia formal de su rango y atacó a los españoles que se le pusieron delante con el impudor propio de su nación. Entre otras historias, se le olvidó contar en sus *Memorias* la persecución procaz a que sometió a un jayán salmantino que se resistió a sus ruegos y a sus dádivas. Un día de verano lo había visto, juncal en un potro altanero, moreno de soles y prieto de carnes, con la coleta airosa prolongando su pelo desnudo y la dentadura blanca de comer manzanas a dentelladas. A la señora duquesa se le encendió la sangre y quiso gozárselo allí mismo; pero el jinete se zafó con gracia cortés y buenas palabras, mirándola con el reproche de sus ojos garzos, como el señor que elige a sus víctimas. Al día siguiente, la francesa le mandó recados urgentes y regalos generosos, viejas alcahuetas sabias y experimentadas y un par de pistolas de oro, con el encargo de que la matara con ellas, si no quería compartir su lecho matrimonial. El muchacho agitanado le devolvió los presentes y se negó a las celestinas, que no salían de su asombro, pues rindieron su imaginación describiendo el cuerpo desnudo de la duquesa y alabando los secretos recursos de su ciencia erótica francesa, que dejaron indiferente al mozo, que las despachó con toda la anchura de su sonrisa, extendida en su maja cara de Luzbel patriota:

«Decille a eza zeñora, u lo que zea, que le pida a zu marío que la mate de una corná, que sho no me manscho colla sangre de una vieha, manque zea franzesa».

El asedio duró varios meses, casi tantos como el sitio de Ciudad Rodrigo, y sólo cesó cuando, rendida esta ciudad, volvió el marido de la duquesa, que mantuvo un odio despechado contra Salamanca hasta que volvió a Francia, sin saber que el jayán pinturero, que la había enamorado, había muerto fusilado por su marido, que no supo lo que había hecho, ni siquiera cuando, en el momento del fusilamiento, al que por casualidad asistió, el muchacho le lanzó estentóreamente con el último aire de sus pulmones el insulto de «tu muhé é una puta», que el mariscal creyó que era un desahogo protocolario, al que no hizo caso, ni siquiera cuando, mientras disparaban, vio la sonrisa de los soldados en la culata de sus fusiles, conocedores de la razón que asistía al patriota, deshecho a tiros, para morir insultando, y que el mariscal creyó que era una prueba del excesivo celo militar de sus subordinados.

Nuestra madre, con otras arpías de su cuerda, organizó unas batidas de decencia que recorrían los oscuros rincones cómplices con calderos de agua bendita, con la que rociaban a las parejas que encontraban en situación de evidente desenfreno, como habíamos hecho de muchachos con los perros engaleados, y las refrescaban con la gracia de Dios, a la vez que rezaban en voz alta, invocando a la Purísima Concepción, y cantaban himnos eucarísticos y marianos de apasionadas estrofas celestiales. Otras veces, aporreaban las puertas sospechosas y lanzaban sus gritos misioneros contra los cuarterones cerrados de las ventanas, que al principio de la cruzada se abrían con susto inocente y precavido, para dejar ver a un hombre o a una mujer con evidentes signos de contrariedad y apresurados chales o mantas de emergencia sobre los hombros, que recibían de sopetón un caldero de agua fría sobre sus sorprendidos cuerpos, expulsados tan intempestivamente del Paraíso. Pero, después, cuando aquellas fieras fueron menudeando sus asaltos penitenciales, nadie les hizo caso y las urgentes llamadas a la virtud y las tétricas alusiones al fuego eterno chocaban contra la indiferencia de los cerrojos y la muralla impenetrable de las paredes, que albergaban la perentoria felicidad de los amantes ocasionales, que se enardecían con aquellas advertencias sermoneadoras mientras murmuraban entre jadeos:

«Ya están ahí las del agua bendita».

Aquellas rondas purificadoras, incansables en el ejercicio de su piedad, eran la ayuda seglar a los intentos del clero por atajar los males de aquella ola de pecados, que había caído sobre Salamanca y a la que naturalmente habían sucumbido algunos de sus miembros. Los sermones dominicales y las plegarias de los novenarios compartieron aquel vendaval contra los pecadores del sexo con las exhortaciones al odio contra los franceses y las consignas de la guerra santa, que predicaban con afanosa tenacidad. Pero aquellas palabras sagradas, lanzadas desde los púlpitos capitulares, tenían más efecto sobre las conciencias patrióticas de sus feligreses que sobre las inclinaciones de su sexo, que no desaprovechaba ocasión de ejercer sus derechos. Porque eran inútiles las admoniciones clericales, y algunos pasaban del lecho de sus delicias al paredón de fusilamiento sin haber perdido la memoria de la felicidad, ni la buena conciencia del deber cumplido. Muchas mujeres parecían haber establecido una combativa competencia con Paulina, que seguía emperrada con el francés como un ejemplo inaccesible, pero estimulante y provechoso, que todas se esforzaban por imitar, con diversos grados de éxito.

Era inevitable que los franceses, ante tal desmadre, no dejaran de participar también en aquella avasalladora necesidad y, como las mujeres que tenían más a mano eran las españolas, proliferaron las parejas mixtas que sucumbieron a la tentación enardecida del ambiente, a pesar de los prejuicios patrióticos y de las dificultades del idioma. Estas parejas mixtas, que desagradaban a todos, extremaban las precauciones a la hora de la coyunda, pues a los ataques del agua bendita había que añadir los temores a las represalias de los patriotas, que castigaban aquellas relaciones, consideradas contra natura, con la violencia de una exaltación sanguinaria. Se dieron casos de pobres chicas apaleadas, sin más delito que el de haber compartido efímeramente con algún francés el huerto de sus intimidades; pero estos castigos, doblados por las heridas de las miradas y los insultos del desprecio, no impidieron que las historias entre franceses y españolas continuaran, con una pasión que las ausencias hacían crecer.

Una noche de aquéllas, tan agobiadas de calor que ni los muertos podían descansar a gusto, se presentó en casa de mi tía Adela una muchacha pálida y hermosa, con la cara sufriente y la espalda hundida con un enorme agujero, del que manaba la sangre hasta la alfombra sin mancharla, ni humedecerla siquiera. La muchacha, con la débil voz que se podía esperar de su lastimoso estado, contó ante la curiosidad de los muertos que le habían dado un fuerte golpe en la espalda, que se había desvanecido y que finalmente había vagado por un paisaje desconocido, hasta que había visto gente que entraba en casa de mi tía y ahora se encontraba bien en aquel salón tan elegante, con tantos candelabros encendidos y tantas personas amables que la trataban con una solicitud y una complacencia como nunca había conocido en sus veinte años de vida mortal.

Mi tía, que barruntó en ella a una hermana en el dolor y en el amor desgraciado, pues sólo el amor y el dolor podían haberla dejado en un estado semejante, la agasajó como solía, la sentó en el diván de sus preferencias y le miró la herida de la espalda, de la que seguía fluyendo aquel líquido oscuro, que ya no parecía sangre y que se perdía entre los nudos de la alfombra y desaparecía sin dejar rastro, como el agua en las arenas de una playa. La muchacha estaba cansada, lo que aumentaba su belleza, y cerraba los ojos para dormir sin conseguirlo, mirando sin ver, pero con la atención puesta en lo que estaba viendo. Después de un rato, ante los repetidos ruegos de los invitados, que estaban muertos de curiosidad, y la condescendencia de mi tía, la muchacha contó su triste historia, rodeada al principio de expectación y de misericordiosa complicidad y al final con desprecio e irritación mal disimulada.

«Yo tenía un hermano gemelo, que era el hombre más arrogante del mundo y un padre que era el más severo de Salamanca. Mi madre sobrevivía al rigor de su marido y a su mal carácter con mansedumbre y resignación cristianas, no levantando nunca la voz para no irritarle y calzando en casa zapatillas de fieltro para no hacer ningún ruido que pudiera molestarle; en la calle, se había acostumbrado a ir con los ojos bajos y el gesto recogido, lo que la gente creía que era una demostración de hipocresía, pero que no era más que una precaución para que nadie le notara la desesperación en que vivía. La voz de mi padre era la única que se oía en casa y su tos desgarrada, que hacía retemblar las jícaras en la alacena, arrasaba el silencio de los corredores. Administrador de las tierras de un conde, que vivía en Madrid, era temido por los aparceros, a los que no perdonaba ni un ochavo, ni les permitía la menor demora en el pago de sus deudas. Yo creo que todos le odiaban y deseaban su muerte.

»Todavía recuerdo la sucia manera que tenía mi padre de contar el dinero, pues su miopía le obligaba a acercar mucho su cara a los montoncitos de monedas, a los que acariciaba con refrenada codicia. Pero nunca se quedó con un real de las aparcerías y de las otras gabelas, ni le pidió al conde un solo favor de los muchos que podría haberle concedido como personaje influyente en la corte del rey Carlos IV. Cuando los aparceros le traían corderos y perdices para ablandar el rigor de sus exigencias, les devolvía todo para que nadie pudiera pensar que no desempeñaba con honestidad sus obligaciones de administrador. Se llamaba Fernando y le llamaban Fernando el Católico, por la escrupulosidad con que cumplía sus deberes religiosos, la unción con que se acercaba siempre a la sagrada mesa de la comunión diaria y la infatigable actividad con que dirigía la marcha de los pasos procesionales de la

Semana Santa, a lo que dedicaba un ardor que no demostraba en ningún otro acto de su vida, salvo a la hora de echarle las cuentas a los aparceros. Porque era parsimonioso y escueto en su vida cotidiana y no podía ocultar la lacerante penetración de su mirada, a la que la miopía daba una especial crueldad. Pero era mi padre.

»Un día casi se murió del berrón que le dio al enterarse de que mi hermano, fogoso y libertino, era un afrancesado, leía libros prohibidos y andaba metido en historias de sexo y vino de tabernas y lupanares. Todavía recuerdo la última vez que lo vi en casa, afrontando las iras de mi padre que, además de todo, era monárquico, abstemio y casto; mi madre intentó interceder por su hijo, pero fue callada por un manotazo al aire, que le hizo temblar las pestañas y abrir la boca con el asombro del miedo. Mi hermano se fue de casa con la altivez de su juventud y la cabeza destocada, como un desafío a la empolvada peluca de mi padre, que en el entretanto se le había descompuesto con los arrebatos de su rabia y la rapidez con que se revolvía entre la insolencia irreductible de su hijo y los sollozos ahogados de su mujer.

»Mi madre, con la marcha de mi hermano, sucumbió a la melancolía y se dejó ir a la tumba sin resistencia, entregada a la voluntad de Dios, y con un llanto irrefrenable, que fue lo único en su vida que mi padre no pudo cortar con una orden. Una noche abandonó este mundo, quiero decir el mundo, apretando en el puño la miniatura del retrato de mi hermano, que se había hecho pintar tomándome como modelo, por lo mucho que nos parecíamos, y que llevaba siempre colgada al cuello en un camafeo, y dejándose ir con una sonrisa de liberación, que parecía de felicidad. Pero antes de morir, cuando la cabeza empezaba a no regirle, llamó con insistencia a su hijo a la cabecera de su cama y lloró desconsoladamente por este último deseo que también se le negaba; entonces, me acerqué para acariciarla y me miró agradecida y me confundió con mi hermano y me tocó la cara y recorrió con sus dedos, afilados ya por la muerte, mi perfil que se fue dibujando en la piel de su mano y me sonrió antes de irse definitivamente con la misma sonrisa con que poco después alumbraría su tránsito.

»Yo encerré mi dolor en el parque de nuestra casa, que era del conde y que estaba lleno de árboles frondosos, con un estanque muerto de hojas amarillas y los restos de un cenador abandonado en la espesura, que no se había vuelto a usar desde que el conde se había ido y que mi padre se negaba a reparar, porque no quería gastar un real en algo tan superfluo como la belleza. Allí me encontraba a veces mi padre llorando y me obligaba a volver a casa; pero, en cuanto podía, me escapaba al parque a pasear mi desorientación de sonámbula entre aquellas alamedas, que estaban habitadas por los recuerdos de los juegos infantiles que había compartido con mi hermano y donde había oído las únicas risas de mi madre, cuando mi padre estaba ausente, arreglando los asuntos del señor conde, a los que dedicaba más tiempo y atención que a los de su propia casa.

»En uno de aquellos paseos a hurtadillas, me encontré con un húsar francés, que corría hacia mí con los brazos abiertos para abrazarme y una sonrisa morena que desconocía, hasta que me di cuenta de que era mi hermano, cambiado por la guerra y los vientos y los soles del campo. Me cogió entre sus brazos poderosos, que también habían crecido, y me besó con la fuerza y la sinceridad de los muchos días de su ausencia. El uniforme de oficial francés le sentaba muy bien y parecía gozar de su traición a la patria. Aquella casaca azul con botones plateados y el chaleco blanco le hacían más gallardo, más alto y más robusto; yo me perdí con los ojos cerrados de sorpresa y de felicidad en el olor a cuero y a tela limpia y áspera de su pecho inmenso, aunque inmediatamente recobré el sentido para advertirle que huyera, pues si lo encontraba mi padre vestido de aquella manera, lo mataría allí mismo; pero a él no pareció preocuparle aquella posibilidad, aunque no me dejó ser feliz mucho tiempo en aquel refugio azul, que crecía con su respiración y calentaba el frío de mis temores, porque cambió la luz de su cara para pedirme que cuidara de un amigo suyo francés, herido de gravedad, al que había escondido en las ruinas del cenador.

»Fuimos a ver al herido y lo encontramos con los ojos cerrados, pálido como un cirio y siniestramente hermoso, como si ya estuviera muerto, con el cuello flexionado y la boca abierta. Tenía toda la pernera del pantalón ensangrentada y la camisa pegada a las heridas del pecho. Yo no supe qué hacer y cuando abrió los ojos ante el discreto apremio de mi hermano, que le llamaba por su nombre, comprendí que estaba perdida y salí corriendo hacia la casa para evitar el peligro de caer desmayada; en mi vida había visto nada más hermoso, ni más infantilmente desamparado que aquellos ojos que me inundaron de felicidad antes de cerrarse de nuevo, con un gesto de dolor y de agradecimiento, como si mi visión le hubiera traído agradables recuerdos. Las campanas tocaron a gloria, en un día de eterna primavera, oreada por las alas de miles de ángeles invisibles. Me sentí sofocada, mientras corría y temí perder las fuerzas para volver a morir a los pies de aquel dios herido, que parecía reconocerme. En aquellos momentos de agobiada turbación ni me di cuenta de que había visto de cerca por primera vez a un francés, al que, según los discursos de mi padre, debía odiar y, si me atrevía a tanto, debía matar o denunciar para que otros lo mataran.

»Pero volví con una jofaina de agua caliente y unas toallas inmaculadas, con las que le limpié las heridas y le lavé la cara sin atreverme a mirarle a los ojos por temor a no poder terminar aquella torpe cura de urgencia; pero no pude menos de ir descubriendo la infinita hermosura de aquel rostro, que ya empezaba a amar y que tenía la perfección máxima que pueda salir de las manos de Dios. Dichosamente, el oficial francés permaneció todo aquel tiempo con los ojos cerrados; ni se movió y llegué a pensar que habría muerto; pero mi hermano continuaba afanándose sobre el cuerpo inerte de su amigo, enjugándole el sudor, taponándole las llagas que más sangraban y humedeciéndole los labios con mi pañuelo, que el francés besaba casi imperceptiblemente, como si rezara. Mis manos temblaban de miedo y de gozo, retorciendo las toallas empapadas, que habían perdido su blancura para tornarse sanguinolentas y sucias. Tuve que volver a la casa a buscar más agua, con el temor de que mi padre hubiera vuelto y tuviera que mentir para explicarle el destino de la jofaina de agua caliente y unos pañuelos de encaje que me llevé al cenador.

»Mi padre no volvió en mucho tiempo y nunca bendije tanto sus tareas de administrador, que lo mantenían alejado de casa, y la puntillosidad con que las cumplía. Me di cuenta, mientras corría de vuelta al cenador, de que mis apresurados pasos habían dejado de ser los de la buena samaritana, que mi hermano había requerido, para convertirse en los de María de Magdala, con los que me iba identificando con un placer y con un calor que desconocía hasta entonces. Con la ayuda de mi hermano le hicimos al herido un lecho con unas albardas, que el hombre que en otros tiempos cuidaba el parque había dejado en el cenador, convertido en almacén de aperos de labranza, con azadones, colleras de mulas, yugos de bueyes y mantas arratonadas. Y lo depositamos allí con el mimo que mis escasas fuerzas, debilitadas por la emoción y el cansancio de las carreras y de los apuros, me permitieron. Mi hermano se fue, porque no quería que lo descubrieran con aquel uniforme que lo condenaba a muerte, y yo quise retenerlo cuanto pude; pero finalmente se marchó, después de haber estado mirando un buen rato al herido, y me dejó sola con aquella tentación desfallecida, hermosa como un dios vestido de francés.

»Al principio no supe qué hacer entre el temor a ser descubierta por mi padre y el deseo de permanecer junto al moribundo, pensando que si lo abandonaba se me podría morir. Con los primeros fríos de la noche empezó a quejarse débilmente y a moverse intranquilo. Le eché por encima del cuerpo el chal que me había puesto para el paseo y velé sus lamentos con lágrimas de dolor y de alegría y una creciente admiración por su belleza, que me invadía como una fiebre que no podía vencer. De pronto recordé una creencia popular sobre los poderes de las telarañas para sanar las heridas y a fuerza de tantear las paredes y a costa de algunos pinchazos, recogí una buena cantidad de aquella masa sutil de tejidos húmedos y curativos, con los que taponé las heridas del francés, a las que cubrí con trozos de mi vestido azul, ya manchado de sangre. Después, como los temblores siguieran agitando el cuerpo del moribundo, me recosté a su lado, vencido mi pudor, para transmitirle un calor que no necesitaba, pues su piel ardía y el sudor humedecía los restos de su ropa; con mi proximidad no conseguí calmar sus escalofríos, pero sí corté sus quejas, que se fueron espaciando al tímido contacto de mi cuerpo, que fue contagiándose de su calor y de su profusa sudoración enfebrecida.

»Sentí volver a mi padre y corrí a ocultarme en mi cuarto, sin poder pegar un ojo en toda la noche, yendo y viniendo a ver al herido, tocarle la frente calenturienta y abrazarle con cuidado por si le servía de algo, mientras mi padre dormía el cansancio del viaje y su buena conciencia del deber cumplido. Así empezó una aventura, a espaldas de mi padre, que no se atrevió a preguntarme el origen de unas manchas de sangre que advirtió en mi ropa, ni echó de menos la comida que le llevaba al francés, a pesar de sus manías de contar los mendrugos de pan que sobraban a la hora de comer y que guardaba para dárselos, endurecidos, a los pobres que llamaban a la puerta, ni descubrió los cambios de nivel de las jarras de leche que tomábamos para desayunar. Tuve que aguar mis tazones de leche, reducir mi consumo de pan, recortar la carne de mis comidas y renunciar a mis postres de frutas para atender a la alimentación de aquel ángel herido, que se fue recuperando poco a poco y que me fue extraviando en un amor que me hacía perder el sentido por primera vez en mi vida de muchacha honesta. Mi padre no sospechó nada y sólo se extrañó de la asiduidad de mis paseos por el parque y el crecimiento voraz de mis ojeras, que delataban mis noches en vela, mis ayunos y el amor que me estaba devorando. Fingí una enfermedad para explicar mi lamentable estado y mi padre llamó a un médico, que no me encontró nada, como si el amor no fuera nada, aunque algo debió de sospecharse, porque le dijo a mi padre: "Cásela, que la fruta en sazón hay que cogerla antes de que se estropee"; después me diagnosticó un mal que llamó *spleen* y que comentó que era la enfermedad de moda, que había venido de Inglaterra, con lo que mi padre se quedó más tranquilo.

»En cuanto el francés pudo incorporarse y reconocerme vagamente entre los delirios de la fiebre y el agotamiento de sus ojos, me echó los brazos al cuello y me besó con un largo agradecimiento que me hizo estremecer y me perdí para siempre en aquel abrazo, que me dejó tan herida como él y tan cerca de la muerte como él había estado. Así que, él viviendo y yo muriendo, cruzamos nuestras vidas y repetimos aquel primer beso, que ya no fue de agradecimiento y que terminó en un amor frenético, que mi debilidad hacía más sabroso y su convalecencia, más tierno. Yo perdí mi virginidad con una mezcla de pudor y de gozo y él demostró estar de nuevo apto para la guerra. Pero no se fue, porque debió de preferir nuestros fogosos encuentros en el cenador polvoriento a los combates de una guerra que no parecía interesarle demasiado. Nos amamos larga e intensamente, con la frecuencia que las ausencias de mi padre nos permitían, y no hubo hora del día, ni día de la semana que no sacralizáramos con nuestros arrebatados choques amorosos, que se fueron convirtiendo en una necesidad imperativa, que nos hizo atrevidos y salvajes.»

Desde que empezó a contar sus amores, los muertos la miraron con recelo y acabaron despreciándola con un odio que la muerte no había podido aplacar, como si vivieran todavía para odiar a los franceses; la miraban con la fijeza de la incomprensión y algunos dejaron de interesarse por su historia, pensando sin duda que era otra furcia afrancesada, a la que en vida hubieran matado sin miramientos y a la que ahora ya no podían volver a matar. Pero mi tía Adela la defendió de aquel cerco de enemigos irritados y hasta soeces y reconoció en sus palabras muchas de las experiencias amorosas de su juventud, lo que la hacía ser indulgente con aquella muchacha desvalida, que después de muerta seguía enamorada, igual que ella. Sin embargo, los otros no podían olvidar su rencor, al que debían el haber perdido la vida y que era lo único que les quedaba, y sus oídos se negaron a seguir escuchando aquel poema de amor, que la muchacha recitaba con la voz apasionada y dulce, con la mirada encendida y una sonrisa apaciguada en sus labios exangües, a los que el morado de la muerte había añadido una tristeza funeral y una belleza nueva.

«Se llamaba Paul y era rubio», prosiguió la muchacha; «nunca había sido yo tan feliz; sabía que mi hermano estaba vivo y, tan cerca como lo que podían abarcar mis brazos, tenía al primer hombre que había amado en mi vida y que me demostraba un amor que me abrasaba las entrañas. No podía evitarlo y, cuando pensábamos en las posibles sospechas de mi padre o temíamos cualquier otro peligro que nos pudiera sobrevenir, creía experimentar el infierno en vida, imaginando que lo más prudente sería la separación hasta que las circunstancias nos permitieran volver a estar juntos; lloraba sólo de pensar que tendría que pasar días enteros sin verlo y muchas horas sin hacer el amor. Porque debo confesar, pues ya no me importa nada de nada, que había perdido el pudor aquella noche que pasé de las oraciones nocturnas, antes de irme a la cama, a la pasión del sexo más desenfrenado, como si algo lejano a mí me empujara a la fornicación y a la locura. Por eso, cuando hablábamos de separarnos, creía morir, aunque siempre encontrábamos la manera de eludir la obligación de la marcha y reanudábamos el amor interrumpido por nuestros temores con un deseo más frenético y una entrega tan absoluta que abría todos los poros de mi cuerpo para que hasta su olor me penetrara.

»Entonces decidimos decírselo a mi padre. Paul no podía creer que se opusiera a un amor tan sincero como el nuestro, que estaba destinado a consagrarse en el altar del matrimonio. Yo intenté convencerle de que mi padre no sólo no accedería, sino que lo mataría en cuanto lo viera y que, si no lo mataba, nunca daría su consentimiento para que nos casáramos, pues preferiría verme muerta antes que casada con un francés, que además era amigo de mi hermano. Pero Paul insistió en su deseo de presentarse ante mi padre y correr el riesgo de su repudio o de su denuncia. Recuerdo que la noche tejía con más impenetrabilidad que nunca los misterios de su oscuridad y Paul se enfrentaba a las amenazas de su destino como un mártir camino del sacrificio. Todavía encontré el modo de advertirle, porque el amor me daba ánimos:

»"No puedes imaginarte lo bruto que es mi padre".

»Pero todo fue inútil y le pedí una tregua para preparar aquel primer encuentro y ganar tiempo para un milagro improbable. Había notado que mi padre estaba eufórico porque las cosas en aquel entonces le iban mal a los franceses y decía que la guerra podía terminar pronto con el triunfo de la sacrosanta España, como una revancha histórica, concedida por Dios después de dos siglos de descalabros y de humillaciones. Pensé que era la mejor ocasión para hablarle; pero cuando estuve delante de él, inclusive viendo la obscena alegría de su semblante, de suyo agrio y malencarado, no me atreví a hablarle de nuestro encuentro, ni de nuestro amor y mucho menos de nuestro matrimonio, porque lo que yo había creído un momento favorable era el peor para pedirle indulgencia y un poco de caridad, dada la vergonzosa satisfacción de sus instintos de venganza que sus palabras delataban. Así es que, pesarosa por mi cobardía, al atardecer volví al cenador a contarle a Paul la frustrada conversación con mi padre, demorándome entre los árboles para ocultar mi turbación, y me lo encontré besándose con mi hermano en la boca con un apasionamiento que era más que amistad y que iba mucho más allá de la alegría del reencuentro, después de unas pocas semanas de separación. Súbitamente, con la lucidez de la locura, lo comprendí todo y salí huyendo con unas apretadas ganas de vomitar y un llanto que ya no me cabía en el pecho, como un trueno de verano que no llegara a estallar. Ellos no me vieron y me refugié en la espesura del parque para gritar de desilusión y caer finalmente en un pozo de pesadillas, en el que me rozaban las altas yerbas de la tierra descuidada y el sabor a mantillo de los árboles. Con un padre brutal, un hermano sodomita y un amante ambidextro, me sentí la mujer más desgraciada del mundo y la más sola.»

Los muertos, con el descubrimiento de la sodomía del francés, se volvieron a animar y por el movimiento reprobatorio de sus cabezas y la curiosa detención de los abanicos improvisados, con que intentaban aliviarse del calor, parecieron confirmar sus viejas sospechas y aumentaron las razones de su odio, que se mantenía intacto a pesar de su evidente inutilidad actual. Volvieron a compadecer a la muchacha y la rodearon de nuevo con la solicitud de sus miradas huecas. Mi tía Adela, que no había soltado las manos de la muerta en ningún momento mientras hablaba, se las apretó con fuerza para transmitirle su solidaridad de mujer y notó, según me dijo después, como un puñado de ceniza fría en los dedos, lo que le produjo la impresión de no tener nada entre las manos, sino una inasequible blandura de vacío desvanecida, como un trozo de hielo que se hubiera derretido sin convertirse en agua, como si se estuviera tocando a sí misma, transformada en la víctima de otra tragedia ciudadana, de las que frecuentaban su tiempo y su soledad. Hubo un momento en que el silencio se adensó todavía más y los muertos cambiaron sus descoyuntadas posturas, sin hacer ruido, como si sus pies no rozaran el suelo, ni sus posaderas gravitaran sobre los cojines de los divanes, que no obstante tenían las huellas de su peso, como si no hubiera nadie en aquel salón iluminado, elegante y sofocado por tantos invitados y el aleteo de tantos abanicos. La voz de la muchacha se volvió a oír, más vencida que antes, más oscura, con un dolor más crecido, que parecía haber acumulado el dolor de todos durante aquel paréntesis de silencio.

«La conciencia del peligro me hizo despertar», continuó oyéndose la voz empastada de lejanía; «la noche aumentaba la desorientación de mi espíritu y sólo la costumbre guió mis pasos hacia el cenador de mis pecados, que se había convertido en la antesala del infierno que yo llevaba dentro. Hacía frío y mi vestido estaba desgarrado por los enganchones de las zarzas y las ramas de los árboles. Cuando por fin tuve fuerzas para asomarme al cenador, vi a Paul paseando intranquilo, como tantas otras noches mientras me esperaba. En cuanto me vio, llorosa y destrozada debió de creer que en aquel estado venía de casa y acudió a mí con la fogosidad y la ternura de siempre, cubriendo mi frío con su casaca y tratando de abrazarme. Ahora pienso que debí rechazarlo, pero los últimos restos del amor me vencieron y con su casaca sobre mis hombros y el calor de hombre que me traspasó la piel aterida, me olvidé de todo y por un instante creí que la escena que había presenciado entre mi hermano y él había sido un mal sueño. En aquella pasajera suspensión de mi mente, me dejé llevar de un llanto que tenía la mansedumbre de un río y la insistencia de una decisión. Entre las lágrimas oí que mi hermano había ido a la casa para convencer a mi padre de la sinceridad de nuestro amor y a implorar su bendición para nuestro matrimonio, en vista de que yo tardaba en volver. Y, entonces, ya no pude contenerme y viéndome casada y viviendo lo que los libros franceses llamaban un *ménage à trois,* le grité a la cara de Paul, despertando de aquel duermevela culpable y corruptor: "¡Bujarra!"; pero él no me entendió y debió de creer que era una nueva y exaltada expresión de amor, de las que inesperada e impetuosamente yo le prodigaba, camino del orgasmo.

»Agradecido, intentó abrazarme de nuevo para corresponder a mi entusiasmo, y lo rechacé con los pocos arrestos que me quedaban, cayendo derrengada sobre un montón de aperos. En el silencio que siguió a mi explosión airada, que debió de oírse en todo el parque con la claridad que la oscuridad le había dado, oí unos pasos a mi espalda y supuse que era mi hermano que volvía de su misión y me alegré de haber gritado de aquel modo y de que él me hubiera oído. No tuve ni fuerzas, ni ganas para darme la vuelta y enfrentarlo cara a cara; me quedé rígida, conteniendo mis deseos de gritar de nuevo, aunque esta vez en plural, y sabiendo que lo que iba a decir me condenaría para toda la vida. Paul continuaba delante de mí y durante unos momentos nadie habló; levanté la vista para explicarme aquel silencio y me encontré con los ojos asustados y perplejos de Paul, que miraba a mis espaldas, con esa mirada fija que tienen los que están dispuestos a morir. La intensidad de su determinación me obligó a mirar, también yo, a mis espaldas y vi a mi padre en el umbral del cenador, descompuesto e hirsuto como un gato al ataque.

»De todos modos, era el único que no me decepcionaba; con el fulgor de sus ojos, la amargura de su boca y un como temblor que le llegaba a los dedos de las manos abiertas, era igual a sí mismo, con la inevitable altivez que yo le conocía desde siempre, su intransigencia, su furia y su miopía. Supe que la aventura había terminado y que el pasado volvía con aquel gesto adusto, que le convulsionaba la cara y con aquella forma de mirar que me devolvía a mi infancia. Cerré los ojos, mientras los hombres se estuvieron mirando durante un buen rato, rodeados de noche y de silencio, interrumpido sólo por un grillo solitario, que nos recordaba la excepcionalidad de nuestra situación. Yo tenía frío, a pesar de la casaca que me seguía cubriendo, como una ironía, y Paul continuaba aguantándole la mirada a mi padre, cuyos pensamientos se adivinaban por el ritmo de su respiración, que se fue acelerando cada vez más hasta hacerse oír junto al triste reclamo del grillo en la noche vacía.

»Y, por fin, mi padre se movió cansado, como si la agitada respiración le hubiera agotado; se movió lentamente, como si le costara un gran esfuerzo, y se perdió en las sombras del parque. Al poco rato, apareció mi hermano con la inconsciente sonrisa de su optimismo, cayendo de las nubes para anunciarnos lo que ya sabíamos; pero nuestra expresión le cortó la sonrisa y no se atrevió ni a detenerme cuando me levanté para irme, ni dijo nada cuando traspuse el umbral del cenador, ni cuando me aventuré en la oscuridad, que era ya la de mi padre, en dirección a la casa, en la que no se veía ni una sola luz encendida, como si la noche también se prolongara en su interior. Ya no lloraba, sólo andaba con la inseguridad de mi demencia, abandonada de toda esperanza de felicidad; sólo quería descansar, estar quieta y recordar lo que pudiera salvar del pasado. Podía desandar a ciegas el camino, a través de los árboles, hacia mi cuarto y así lo hice, cegándome voluntariamente para no aumentar la tristeza de aquella angustia, de la que ya no me libraría nunca; vivir sería recordar y ya tenía el recuerdo de lo que iba a venir.

»Oí pasos a mi espalda; pero me daba igual quién viniera. Podía ser Paul a pedirme perdón o mi hermano para justificarse o mi padre para matarme; me era indiferente; ni me detuve, ni me apresuré; esperé a que ocurriera lo inevitable; el camino me pareció más largo que otras veces y deduje que me había perdido en el dédalo de mis pensamientos; la desesperación me trababa los pies, como un peso muerto; cada inspiración de aire me costaba un gran trabajo de voluntad, como si fuera la última, y mis ojos se extraviaban en el delirio de mis fantasmas. Como si estuviera muerta, empezaba a notar la separación entre mi cuerpo y yo; ni el parque era mi parque, ni mi cuerpo era yo; casi me arrastraba para andar, mientras yo estaba en otra parte. La indiferencia me preparaba para dejar de existir. En algún momento, no supe ni adónde iba; fue mi cuerpo el que me llevó hasta la casa y allí me detuve, delante de los cuatro escalones que precedían al umbral, donde unas macetas de flores ajadas adornaban la entrada, a un lado y a otro de la puerta, abandonadas desde la muerte de mi madre.

»¿Fui yo o fue mi cuerpo, el que primero vio a mi padre en el oscuro hueco de la puerta? Y ¿fui yo o fueron mis ojos los que se dieron cuenta de que tenía un hacha en sus manos, preparadas ya para descargar un golpe, anticipado por la furia de su entrecejo de miope? Estaba allí esperando, con la cara del asesino que probablemente había sido siempre y que la guerra contra los franceses había sacado a la luz. Sujetaba el hacha con las dos manos y había dejado de mirarnos para odiarnos solamente, emergiendo de una oscuridad tenaz, que le impedía vernos y le obligaba a entrecerrar los ojos para distinguirnos en las tinieblas. No sé por qué no nos atacó enseguida, desde la altura de la breve escalinata y con la decisión ya tomada de matarnos, porque un hombre con un hacha y con aquella mirada acaba matando. Pero se lo estuvo pensando, como si tardara en elegir su primera víctima, sin abandonar la furia de su mirada, que casi hacía ruido; dudaba entre una mujer indefensa, un francés herido y un hijo despreciable. Se oyó una campana, como un aviso, que midiera el tiempo de nuestra espera y mi padre, como un energúmeno, se abalanzó sobre nosotros.

»Tengo la memoria reciente de todo y no me olvido de los últimos momentos de mi vida, como si aquellos instantes finales se repitieran insistentemente para torturarme durante toda la eternidad. Me volví para defenderme y sentí un gran golpe en la espalda, cayendo de bruces sobre la escalinata, que por cierto nadie había barrido desde hacía tiempo, como se me reveló súbitamente mientras caía, temiendo mancharme al chocar contra los escalones, hacia los que extendí los brazos, que ya no me obedecieron. Aquella caída duró más de lo que mi debilidad podía presentir y mientras caía creí oír, ya desvanecida por el tremendo golpe, la voz de mi padre que gritaba con todo el aire de sus pulmones: "¡¡Traidor!!", porque debió de golpear antes de gritar, como si el grito fuera una justificación del movimiento, una consecuencia del esfuerzo requerido para semejante hachazo, que traspasó la tela de la casaca, que todavía llevaba puesta, me desgarró el vestido y se hundió en mi carne, que se rebeló por su miserable destino. Cuando mi padre empezó a pronunciar la "T" de su grito, el filo del hacha debía de estar ya atravesando mi piel, en busca de mis frágiles huesos y de la poca carne que me quedaba; pero tuve tiempo todavía, por una súbita iluminación de mi oído, de oír la sílaba entera y aún el principio de la otra, perdiéndome el final, sobrenadando ya en la sordera total de la inconsciencia; por eso, a fe cierta, no sé si el golpe estaba destinado a mí, porque lo que oí a mi padre fue "traidor" y no "traidora", aunque para el caso es lo mismo, sin serlo.

»Porque, aunque ya no importa nada, me gustaría saber a quién quiso matar mi padre. Con mi casaca francesa y su miopía, aquella noche podía haber querido matar a Paul, para lo que, desde antes de conocerlo, tenía sus razones, agravadas por la traición a la confianza de la amistad de mi hermano, que se lo habría contado todo. Pero también podía haber querido matar a mi hermano gemelo, insinuado en la penumbra de su furia, al que había visto durante su visita vestido de húsar francés y al que odiaría inmediatamente en su ceguera de patriota y de padre ofendido y decepcionado por las historias pasadas, con muchos motivos acumulados para tenerlo por traidor, o había querido matarme a mí, como un dios enfurecido por la desobediencia de sus criaturas o arrebatado por su misoginia de católico practicante. ¿Dijo "traidor" o "traidora"? No lo sé. ¿Me confundió con Paul por la casaca que llevaba puesta?, ¿creyó que era mi hermano, al que tanto me parecía?, ¿supo que era yo, disfrazada de francés para ultrajar hasta el final sus creencias? Mi infierno es no saber lo que dijo y no poder averiguarlo jamás, porque estoy muerta y ya no tengo más que recuerdos. El castigo divino por mis pecados debe de ser esta incertidumbre que me corroe. Nunca sabré lo que ocurrió, porque Dios, después de muerta, sigue tan invisible y tan mudo como cuando vivía y sólo puedo mirar atrás y hacer preguntas que tengan respuesta conocida. Esto debe de ser estar muerta.»

Cuando terminó su relato, mi tía Adela abrazó a la muchacha con una intensidad que le sorprendió y le hizo llorar entre sus brazos, como si estuviera viva.

La próxima sería mi hermana Manuela, que no había esperado la llegada de aquella primavera loca para entregarse a aquel oficial francés y excitar el odio compartido de las beatas insomnes y de los patriotas furibundos. Cada noche, mi tía Adela aguardaba con inquietud la llegada de los nuevos invitados, porque sabía que Manuela acabaría por llegar, con el horror de su última despedida reflejado en su rostro de diosa sorprendida por el azar de la muerte y el pelo rapado de las repudiadas por la ciudad. Porque había hecho ya una vez el ensayo de su muerte, en mis tiempos de guerrilla, durante uno de aquellos frecuentes intervalos en que los franceses se retiraban y Salamanca salía de su pasividad rencorosa para arrastrar por la calle a los afrancesados más notorios, antes de que los invasores volvieran con sus represalias.

Aquella vez, los lanceros de don Julián estábamos merodeando por allí y, en cuanto salió el último francés, entramos con nuestros caballos jubilosos y nuestras armas en la mano por las calles de la ciudad, entre el fervor multitudinario. Alguien me avisó de que estaban matando a Manuela y salí corriendo a la velocidad que me permitía mi caballo, más acostumbrado al campo que a las estrechuras de las calles; pero llegué a tiempo de salvarla de un cerco de brujas borrachas y desenfrenadas, que habían empezado a arrancarle el pelo y se disponían a lapidarla, entre gritos de «perra vendida» y «furcia francesa», después de haberle destrozado el vestido y desgarrado la camisa hasta su carne blanca.

Fue la única vez que mi condición de héroe me sirvió para algo. Con mi trabuco en bandolera y la ferocidad de mi aspecto asilvestrado, pude librar a mi hermana de las garras de aquellas patriotas envilecidas por el odio, como bestias arremolinadas contra su presa fácil, que ni se defendía, ni lloraba, con su altanería de siempre y la belleza más a flor de piel que nunca. Aquellas monstruosas mujeres se apartaron ante mi trabucazo al aire y las embestidas de las pezuñas de mi caballo, aunque siguieron gritando y lanzaron todavía algunas piedras contra Manuela, a la que no habían conseguido tirar al suelo, ni hacer doblegar la cabeza.

La subí al arzón de mi montura y la abracé por detrás, como tantas veces había deseado, con la ternura de mi corazón dolorido y la fuerza que había adquirido en el duro monte de la guerrilla. Mientras atravesaba la ciudad atronada por la locura de las campanas y los gritos de la muchedumbre liberada de sus miedos, me vi desde fuera como el héroe de una leyenda infantil, llevando en mis brazos a la princesa rescatada de los peligros de la muerte y el gesto temerario de mi triunfo sobre el destino. En aquellos momentos me creí invencible y casi feliz, con el cuerpo de mi hermana apoyado sobre mis piernas y recostado sobre mi pecho, que no se atrevía ni a respirar para no aumentar el dolor de la criatura que portaba en los brazos. La llevé a casa de mi tía Adela, que la acogió con la compasión de sus grandes ojos húmedos de tristeza y de vino, la curó, la acunó y la besó hasta que se durmió, con la expresión sosegada de un ángel que volviera al paraíso después de una accidentada expedición a la tierra. Mi tía veló su sueño, y cuando la vio dormida, me dijo, con la sabiduría de sus penas acumuladas y la desazón de sus muchos años en vela, en un susurro:

«No perdonan el amor...».

Y volvió a beber un buen trago, sin el que al parecer no podía ser ella, y siguió mirándola, extendiendo la desesperación de su mirada sobre aquel cuerpo apenas velado por las sábanas y se dejó estar en la demorada contemplación de aquel bulto abocetado debajo de la ropa de la cama, inmóvil en su débil respiración de criatura desfallecida, con la cabeza escorada, dejando ver la imperceptible pulsación de la yugular insinuada en medio de la indefensa candidez del cuello blanco, doblado como un lirio herido. Y prolongó aquella mirada en el silencio de la tarde, acompañado del tictac del reloj invisible del salón, y volvió a hablar, como si sus palabras formaran parte de su mirada, como la maga de un oráculo antiguo que explicara la realidad con el misterio de su voz; habló sin mirarme, sin apartar sus ojos de aquella muchacha que dormía deshaciendo las últimas huellas de su cansancio, todavía humana en su crispación de víctima, pero ya cosa, objeto vulnerable en la dejadez inocente de su hundimiento en la almohada de flores y encajes, con la liviandad de un niño sin peso y sin pasado. Y dijo, como si hubiera necesitado aquel denso silencio de olores femeninos y de sesgadas luces otoñales para confirmar la obviedad de un juicio que no necesitaba demostración:

«... y tampoco perdonan la belleza».

Precedido de un rumor de pasos y anticipado por el aliento removido de la puerta, mi padre apareció a nuestro lado y dejó correr la tarde sobre aquella quietud de convalecencia, después de recetar unas tisanas de malvavisco, unos emplastos de yerba de San Juan y unos lavados de agua de rosas, y volvió a desaparecer a nuestras espaldas, perdiéndose en el aire apenas alterado por la puerta al cerrarse a su paso, desvaneciéndose sin ruido, ya en el pasado. Mi tía Adela quiso darle un nuevo beso a Manuela y se inclinó sobre ella, con los labios ya preparados para la caricia, pero no pudo dominar el equilibrio de su posición y cayó sobre mi hermana, que se despertó con un sobresaltado grito que resucitaba las angustias del horror callejero. Y hubo que calmarla y mi tía Adela permaneció sobre ella, esperando que volviera el sueño, alentado por su negligente mano cariñosa y por una improvisada canción de cuna, que fue naciendo trabajosamente sobre las vocales repetidas de una tonada desconocida, que mi tía iba componiendo con retazos de viejas huellas melódicas y el concurso de su talento natural para la música. Cuando mi hermana volvió a dormirse, tuve que levantar a mi tía de su cama y sacarla del cuarto, con lentitud de mimo infantil, porque se resistía. Y cuando llegamos al salón, lo primero que me pidió, medio adormilada por mi afabilidad y su fatiga, fue un buen vaso de vino que necesitaba para seguir viviendo.

4

Augusto era el único que había deseado matar a un francés, incluso antes de que vinieran; no le importaba quién fuera, con tal de que fuera francés. Así es que, miel sobre hojuelas, decidió matar al francés de Paulina, que, a pesar de las agotadoras noches de amor, no acababa de reventar. El francés podía darse por muerto, porque nunca Augusto había dejado de hacer lo que había dicho que haría y además la víctima seguía dándole facilidades. Salía de casa de Paulina arrastrándose, con las claras del día, y volvía, jubiloso, con las primeras sombras de la noche, siempre por el mismo camino. Para ir hasta la Puerta del Río, donde vivía la muchacha, desde Trilingüe, donde estaba su cuartel, cogía la calle del Ave María, cruzaba la calle Libreros y bajaba por la del Horno para caer a espaldas de la casa, y no tenía más que salir por la Puerta, que los soldados de guardia abrían para él, torcer unos pasos a la izquierda y entrar en el zaguán, que estaba entornado y que él cerraba por dentro con cerrojo; después, subía unas viejas escaleras crujientes y desgastadas y empujaba la puerta de la coima, que le esperaba impaciente, arrimada a la pared y completamente desnuda, según le había confesado a sus amigas, que lo propalaron con reverencial admiración de compañeras y una sana envidia gremial emulativa.

A lo largo de aquel camino diario Augusto podía elegir el lugar del crimen, a su conveniencia, incluso podía matarlo dentro de la casa, cuyos recovecos conocía como la palma de su mano y cuya entrada no le era difícil franquear, para asesinarlo en la misma cama de sus amores. Pero, todos convinimos, cuando supimos sus intenciones, que, si no quería manchar la casa de Paulina, para no comprometer a la muchacha, el mejor lugar era la calle del Horno, estrecha y en cuesta, a medio camino entre el cuartel y los guardias de la Puerta del Río, y la mejor forma, la cuchillada instantánea y la huida por las callejas de la trascatedral, que formaban como un laberinto donde era fácil perderse y burlar a los franceses, que presumiblemente acudirían a los gritos del moribundo. Pero, aunque discutimos las ventajas del cuchillo sobre otras armas, no nos pusimos de acuerdo sobre la mejor parte del cuerpo donde destazarlo. La ingenuidad de la estocada en el corazón fue desechada pronto por el inconveniente del uniforme y los correajes, que podían desviar la herida hacia el rasgón inocente o el tajo inocuo. Más tiempo tardamos en desechar el navajazo en el vientre, mortal de necesidad, pero según alguien dijo, con las tripas fuera podía vivir un buen rato y darle tiempo a llegar hasta el cuartel, a un paso, para denunciar al agresor. El embate a las vergüenzas, que Augusto no descartaba, como golpe auxiliar, fue abandonado porque no arriesgaba la vida, aunque asegurara la merecida castración *in articulo mortis*.

También podía matarlo, apostado en la calle Libreros y correr a esconderse en la catedral, en caso de apuro, siempre contando con la rapidez y la contundencia de la acción inesperada. Una buena cuchillada en la garganta sería suficiente y Augusto estaba acostumbrado a hacerlo. El momento de la acometida era lo de menos, pues en aquellos lugares y a aquellas horas siempre había una escasa luz de ocaso y poca gente por la calle, medrosa de malos encuentros y sustos peligrosos. Tanto de levante, como de poniente, las sombras amparaban la soledad de aquellos parajes y la indecisión de las figuras, irreconocibles a media docena de pasos. Pero a todos nos pareció mejor acometerlo al amanecer, cuando saliera cansado del lecho caliente y no hubiera despertado todavía a la luz del nuevo sol.

Sin embargo, Augusto quería sorprenderlo al atardecer, mientras se dirigía al encuentro de la muchacha, con el corazón rebosante de alegría y el cuerpo a punto para el amor. Y, a mayores, quería hacerlo delante del cuartel, a la vista de sus compañeros y además advertírselo a Paulina para que se lo dijera a la víctima. Pensé que la guerra lo había vuelto loco, porque, no contento con la advertencia, quería matarlo de un pistoletazo que despertara hasta a los muertos. Estaba decidido a hacerlo y quería que todos lo supieran. Era imposible que los franceses no se enteraran, porque tenían espías por todas partes y pagaban hasta a los pobres de las iglesias, a los ciegos de las esquinas y a los mozos de las tabernas. Intenté hacerle desistir de sus planes y me choqué una vez más con su testarudez de hierro. Le dije que preferiría tenerlo vivo que convertido en estatua y me contestó que no hay que menospreciar a las estatuas, que cumplen su misión, justificando un pedestal para alivio de los perros. Le recordé que Paulina no merecía aquello y me dijo que ya lo sabía; pero que era bonito matar por una furcia con la que se había acostado media Salamanca y la otra media no se había acostado con ella porque eran mujeres.

Paulina, con el buen criterio de su profesión, se negó a decírselo al francés, pero le prometió a Augusto dejarlo si le perdonaba la vida. Augusto le recordó que, como decía Quevedo, puto es el hombre que de putas fía y que él no era un puto. Paulina le lloró y le amenazó con matarlo a él; pero no consiguió que Augusto abandonara sus propósitos. Inclusive aquella fidelidad femenina exaltaba su terquedad y le empujaba a cumplir lo prometido cuanto antes. La muchacha se desesperaba y le ofrecía todo lo que quisiera a cambio de la vida del francés: dinero, confidencias, salvoconductos; pero Augusto quería la vida del francés. Paulina le besaba, se le entregaba con las más sucias expectativas de sus habilidades lúbricas, perfeccionadas por el cultivo diario y los añadidos de su imaginación sin límites, y le preguntaba: «Pero, ¿por qué?», y Augusto le respondía:

«Para matar a un francés, no hace falta ninguna razón».

Y lo hizo como lo había previsto, él solo, al alba, delante del cuartel y con la misma enconada determinación con que un día en el colegio saludó las explicaciones del maestro sobre el misterio de la Santísima Trinidad, con un cuesco sonoro, sostenido, gigante y procaz, que dejó un rastro de sorpresa, de alegría y de una voluntariosa capacidad de protesta, o como diez años antes se había negado, con sus ojos azules y su macferlán exótico, a contestar al maestro que le había preguntado su nombre, el primer día en que apareció en nuestra clase, en un gesto insólito que nos dejó con la boca abierta y la admiración entregada a su audacia presuntuosa y cerril, mientras se hurgaba la nariz con un dedo índice tenaz y atrevido que se perdía en las profundidades del cerebro como en una mina sin fondo. Recuerdo que era un día de febrero, mediado el curso, pues hasta en esto fue distinto a todos nosotros, cuando entró en el colegio sin que nadie supiera de dónde salía. Se contaron atrevidas e inverosímiles historias de padres desconocidos y desnaturalizados, que lo habían abandonado en manos de lejanos parientes, obligados con él únicamente por el dinero recibido a cambio de una imprecisa labor de vigilancia y educación a la española. Ya desde entonces, como habría de ocurrir durante el resto de su vida, quedaron en la oscuridad grandes parcelas de su persona, que nunca él desvelaría del todo y que no pudimos descifrar a pesar de los esfuerzos de nuestra curiosidad y de la atención masiva y permanente que le concedimos desde entonces. Nunca pudimos abarcarlo del todo, ni pudimos entender bien sus palabras, ni sus ideas ni sus actos, ni siquiera con la ayuda de nuestros padres.

«Parece bujarrón, como un inglés», insinuó alguien, movido por la blancura de su piel, sus ademanes elegantes y su esquiva mirada azul, que no se dejaba atrapar nunca.

Sin embargo, algunos misterios del primer día fueron desapareciendo. Su madre resultó ser hija de una buena familia de Salamanca, que después de unos años de ausencia había vuelto a la ciudad con aquel hijo, tenido con un extranjero, que nadie recordaba haber conocido, ni siquiera visto, lo que introducía aquel matrimonio sospechoso y aquel nacimiento espúreo en la leyenda fértil de nuestras imaginaciones provincianas. Nosotros los muchachos preferimos dar por sentado que sus padres no se habían casado y que Augusto era el hijo furtivo de un amor apasionado y fugaz, sucedido en un viaje fuera de España de aquella muchacha salmantina, que tuvo desde aquel día el aura excitante de quien, contra las leyes de los hombres, se había atrevido a penetrar en los terrenos prohibidos de la inmoralidad y del pecado, con todo el atractivo de allende las fronteras, en una Alemania fría e hiperbórea o en una Inglaterra hereje e insular, pálida de nieblas y extenuada por los personajes de Shakespeare o en una Francia enrojecida por la sangre del patíbulo y agobiada por el peso de Napoleón y el mal gusto de Boileau, del que nos hablaban en la clase de retórica. Porque en ningún reino de la península italiana podían haber ocurrido aquellos amores, que habían producido un hijo con unos ojos tan abrumadoramente azules.

Después conocimos a su madre, que nos pareció la mujer más hermosa que hubiéramos visto en Salamanca, dejando a un lado a mi hermana Manuela. Era rubia y lo suficientemente alta como para hacerse notar, con una piel blanca y transparente, que a veces dejaba ver un fondo de sangre agitada, que se depositaba en los tenues rosetones de las mejillas, que el frío de la ciudad hería y el calor sofocaba como un incendio. Y tenía unos pechos tan altivos que entró fácilmente en la nómina de las heroínas de nuestras fantasías eróticas, a las que rendíamos frecuentes y apasionados tributos en la soledad de nuestros cuartos y en las competencias públicas de nuestros desafíos masturbatorios. Augusto había heredado su recta nariz de estatua griega, pero no sus negrísimos ojos, que denunciaban con estrépito la angelical claridad de su pelo revuelto. Yo hubiera querido enamorarme de ella, como hicieron muchos de nuestros compañeros, si Manuela no hubiera estado de por medio, aunque, sin embargo, desde el primer día formó parte de aquel universo mágico que rodeaba a Augusto y al que pertenecían también sus extraordinarias habilidades manuales, la extravagancia de sus sombreros y la insolencia con que se enfrentaba a los maestros, que todos le envidiábamos y que nadie se atrevía a copiar, porque era un don natural y por tanto imposible de imitar.

Muy pronto, me hice el único amigo de Augusto, asediado por los requerimientos amistosos de toda la clase, y juntos descubrimos el nuevo mundo y alternativamente gritamos desde las frágiles barcazas del Tormes, a punto siempre de naufragar, de maderas podridas y mal calafateadas, la voz alarmante de «¡Tierra!», y juntos lloramos la triste noche de Otumba, después de habernos calzado a más de mil vírgenes aztecas cada uno, y acompañamos al silencioso Cid por las frías llanuras de Medinaceli, irritados contra aquel rey, medio francés, que lo mandaba al destierro, y ávidos de sangre mora y de harenes imposibles, juntos asolamos una y otra vez en nuestras correrías contra los infieles, que tenían la cara de los muchachos del arrabal de Santiago, en busca de las bayaderas de ojos verdes de las leyendas y de los romances, las costaneras de la vaguada de San Vicente, y juntos peleamos en Clavijo contra la morisma, en Roncesvalles ya contra los franceses, y en Ceriñola contra todos, antes de enfrentarnos con los ejércitos del barrio de los Milagros a los que disputábamos la posesión del arroyo de la Magdalena, vertedero ciudadano, regato inmundo, lodazal de invierno y mosquerío de verano, pero de gran valor estratégico para el dominio de toda la zona oeste de la ciudad, entre el cerro de San Vicente y los altos de la Peña Celestina, donde cabía el mundo entero, junto al Alcázar derruido, con sus cuevas, sus fantasmas y sus tesoros escondidos.

Nuestras confidencias crearon el ámbito de nuestros descubrimientos y nuestra amistad creció entre las maledicencias de nuestros compañeros resentidos por nuestra intimidad. Fueron años de sorpresas y de calamidades, de gozosas experiencias comunes y de conversaciones irrepetibles bajo las estrellas fugaces de agosto, con olor a mieses recién trilladas y el cuerpo ocioso, cansado del calor y de los caminos bajo el sol en busca de un remanso del río donde remojarnos la piel. La mayor parte del día la pasábamos fuera de casa, al aire de nuestros humores. Fue Augusto el que me enseñó a odiar a las palomas, como el símbolo de la estupidez universal y de la hipocresía, considerado ejemplar por los moralistas del envilecimiento, torpes, cerriles, crueles, monógamas y cagonas, violentas en la intimidad de los columbarios y pacíficas y contoneantes en público, posadas a veces con inocente candidez sobre los altares de la transfiguración espiritual y sobrevolando los cuadros del ternurismo triangular de los retablos barrocos, como un ave de cetrería eclesiástica, voraz, lúbrica e incontinente. Con él aprendí el placer de destruir sus huevos, con la ingenua pretensión de limitar la propagación de la especie y evitar el mal ejemplo de su zureo impúdico y sentimental, de comadres tontorronas y ridículamente satisfechas al sol, con sus andares torpes y la petulancia de sus cabeceos procesionales.

Un día nos perdimos en unas cuevas del barrio de los Milagros, por los bajos del Hospicio, en las que habíamos entrado decididos a descubrir los tesoros de los que la gente hablaba y verificar sus leyendas de muertos y aparecidos. Y nos fuimos atreviendo más y más, alumbrados por una antorcha de pino, que parpadeaba en una oscuridad remota de lagartijas asustadas y paredes derrumbadas. A la entrada había restos de antiguas fogatas y mantas desgarradas por los suelos, como si hubieran servido de refugio a vagabundos y maleantes y que ahora amortiguaban las carreras de unas ratas gordas de ojos pequeños y brillantes, que nos desafiaban con insolencia antes de huir a nuestro paso. La maleza que había crecido en la boca de la cueva desapareció en cuanto nos internamos en aquella oquedad subterránea, cuyas paredes rezumaban una humedad que se filtraba entre las rocas, que conservaban todavía las huellas de antiguos laboreos mineros. A cada momento sentíamos los pasos apresurados de los fantasmas que retrocedían delante de nosotros, empujados por la luz de nuestra antorcha, y guiaban nuestras pisadas hacia su mundo misterioso, que incitaba nuestra imaginación.

Avanzamos en la oscuridad, dejando a nuestro paso galerías laterales que se perdían en bocanadas de aire fresco, como respiraciones infernales que se hurtaran a nuestra curiosidad, aumentando mi miedo, pues Augusto no parecía temer ni a los habitantes de aquellas entrañas de la tierra, ni a las alimañas que pudieran atacarnos en nuestro avance y que debían de estar esperándonos en las tenebrosas distancias sin fondo que nos precedían. Yo insistí en volver, puesto que allí no había nada más que polvo y telarañas gigantes, que nos rozaban la cara como una insinuación asquerosa. Pero Augusto quería llegar hasta el final y nos extraviamos en aquel laberinto de corredores estrechos, de los que habían desaparecido los muertos vivientes que nos proponíamos encontrar y cuyas miradas sentíamos pegadas a nuestras espaldas. Pero lo peor se nos echó encima cuando nuestra antorcha se apagó súbitamente por un maligno soplo del averno y nos envolvió de golpe un pánico irrefrenable que nos hizo correr por aquellas tinieblas endemoniadas, interrumpidas por inesperadas y crecientes paredes de tierra, que se desmoronaban con nuestros asustados encontronazos ciegos. Tuvimos que darnos la mano para no separarnos y para aguantarnos el miedo. No sé cómo, ni me lo dijo nunca, Augusto dio con la salida y pudimos volver a la cruda luz de Salamanca, después de muchas horas despavoridas recorriendo sin tino aquellos pasadizos, que nos desgarraron la ropa, nos tiznaron la cara y permanecieron en mis pesadillas nocturnas durante mucho tiempo.

Después vino la guerra y Augusto se convirtió en el héroe que todo hacía presagiar. Tendidos en la yerba, a la espera de un convoy francés, que teníamos que asaltar en los tiempos de la guerrilla, recogidos sobre nosotros mismos para darnos calor, debajo de las mantas campesinas que disimulaban nuestras ropas ciudadanas, teníamos un pasado de recuerdos al que acudir en caso de apuro y de soledad y el vocabulario común de muchas experiencias compartidas, que nos mantenían unidos contra todas las insidias del cansancio o de la decepción. Los franceses que estábamos esperando para hacerles una emboscada se retrasaban según las noticias de nuestros espías; los pies se me estaban quedando helados en aquel breve crepúsculo invernal y seguía escuchando a Augusto a los quince años en la capilla colegial de nuestra infancia, cantando con la seriedad devota de un catecúmeno fervoroso, confundido entre la euforia coral del anonimato, al ritmo de la melodía de una balada popular aplicada al ritual de la misa del domingo, aquel estribillo que repetía a voz en grito con la convicción de un iluminado:

> ¡Qué alegría cuando me dijeron
> vamos a la caza del Señor!

Y ahora, una vez más, estábamos juntos para añadir otra experiencia a la memoria de nuestra juventud irritada, esperando la aparición de los franceses delante de nuestros trabucos impacientes, en el frío de aquel diciembre inolvidable, apesadumbrado de hielos y de vientos y empapado por una niebla mañanera que no se levantaría en todo el día y que delataba nuestro aliento detrás de los matorrales de zarzamoras que nos ocultaban del camino, que se difuminaba en nuestra mirada borrosa a causa de la fijación de nuestros ojos cansados y del hambre de una noche en vela y cabalgando. Y fue entonces, en aquella espera tensa y rabiosa, que se prolongaba sobre nuestros estómagos vacíos y ruidosos y sobre la impaciencia de nuestras manos ateridas y cansadas del apretón hostil en la madera de las armas, cuando Augusto me contó quién era su padre sin emoción, sin un especial tono de confidencia, como si no supiera que llevábamos diez años esperando la aclaración de aquel misterio. Me lo fue diciendo sin mirarme y sin dejar de apuntar al camino con su arma amartillada desde hacía tiempo, y no me lo dijo enseguida, sino que parecía que aquella confesión fuera la consecuencia de la añagaza guerrillera, como si aquel diálogo entrecortado y dormido que nos traíamos hubiera necesitado de aquella historia familiar para ser real, como si hubiera surgido de la continuidad de la conversación que cuchicheábamos impacientes y molidos en aquel campo desolado y yerto y que por las circunstancias tenía necesariamente que llegar hasta aquella confidencia imprevisible.

Lo primero que me dijo fue algo así como: «Tendría gracia que uno de los cabrones que vienen por ahí fuera mi padre», y se calló, acomodando su cuerpo a las dificultades de la espera. Le miré sin girar el cuello y sin dejar de apartar con suavidad las ramas de la zarzamora que me impedían ver bien el recodo por donde tendrían que aparecer los franceses, si nuestros informes eran ciertos. Porque Augusto lo había dicho como si fuera una comprobación del mal estado del tiempo o cualquier otro comentario banal para aguantar despiertos la falta de puntualidad del convoy enemigo. Todavía le dije: «Cállate y no digas tonterías»; pero él mantuvo la fijeza de su mirada sobre el camino que se desvanecía en el atardecer y que empezaba a ser una mancha pálida en medio de la pobre vegetación y de nuestra impaciencia. Y después, como si añadiera algo igualmente fútil a lo que acababa de decir, musitó en el verde oscuro de la zarzamora: «Mi padre es un francés... y está en España». Debí parpadear para borrar la niebla que me ocultaba el camino de tanto mirarlo y para cubrir el sobresalto de aquella revelación; después, los dos nos perdimos en el furor de la lucha, porque primero fue un presentido temblor en el aire, un poco de polvo sobre los árboles ya negros contra el ocaso y los primeros coraceros aparecieron sobre el camino, insuficiente para sus prisas y su número e incluso para nuestra voraz necesidad de exterminio.

Con la tranquilidad de la costumbre, antes de que los caballos que venían engallaran las orejas, arrasamos el paisaje de fogonazos y nos lanzamos después con las facas abiertas contra los franceses que pretendieron huir envueltos en el humo de la pólvora, el revoltijo de los caballos heridos y las primeras sombras de la noche apenas insinuada; pero éramos más de cincuenta y, aunque algunos franceses lograron escapar, la mayoría quedó tendida en el suelo, con las sorprendidas posturas de la muerte. Augusto corrió a darles la vuelta a los cadáveres para verles la cara y alguien, confundiendo sus propósitos, le advirtió: «Déjalos, muchacho, todos están muertos»; pero Augusto siguió empujando con el pie aquellos cuerpos destrozados y todavía calientes, con los uniformes reglamentariamente cerrados y las inútiles espadas emergiendo del amasijo de vísceras y capotes desgarrados y manchados de barro y de sangre; uno se movió y Augusto se le quedó mirando hasta que la agonía terminó con un temblor de pájaro herido en los músculos contraídos de su pierna derecha. Mientras nuestra intendencia saqueaba los carros y los cuervos huroneaban en los bolsillos de los muertos y desnudaban sus cuerpos con violentos tirones de vulgar avidez, comprendí que Augusto no había encontrado lo que buscaba y me sobrecogió la intensidad de su odio y comprendí la sanguinaria audacia de sus acciones de guerra.

Supe entonces por qué había alanceado a un francés desarmado entre las encinas de Cabrerizos; golpeado con un hacha a dos manos sobre un montón de prisioneros gabachos; hundido el cuchillo, con un quiebro de su cuerpo, en el vientre de un teniente de húsares y repetido la cuchillada con un gesto paralelo en el mismo lugar y con la misma fuerza; arrastrado, con una soga atada a los pies, a un soldado imperial sobre las piedras sueltas de un berrocal; disparado con una pistola en cada mano sobre unos franceses que estaban bebiendo en una taberna de Santa Marta, sin darles tiempo a levantarse, ni a darse cuenta de lo que estaba ocurriendo; tendido trampas al paso de la caballería francesa y macheteado a los jinetes, abofeteado a un general francés, farruco y nervioso, antes de abrirle la cabeza de un baquetazo. Y ahora estaba allí todavía agitado por el esfuerzo del combate, envuelto en aquella manta sucia de años y de sangre, inmóvil y sufriente en aquella primera hora de la noche, que seguía creciendo aceleradamente y amparando nuestro cansancio. Y le dije: «Vámonos». Y me contestó: «Sí, vámonos; aquí ya no hay nada que hacer», como si lo único que tuviera que hacer fuera encontrar a su padre y matarlo.

Alguien propuso imprudentemente quemar los muertos en un claro del bosque de encinas y los fuimos amontonando, como los fardos de un almacén, para prenderles fuego. Mientras dejábamos la hoguera a nuestras espaldas, como una advertencia para los franceses, Augusto me fue diciendo: «Mi padre, hace poco, vino a vernos a Salamanca, después de casi veinte años sin dar señales de vida. Y, ¿sabes lo primero que quiso hacer, cuando estuvo limpio y comido, afeitado y perfumado? Lo primero que quiso hacer, fíjate, fue acostarse con mi madre; así, sin más, como si hubiera vuelto de dar un paseo a la Plaza y le apeteciera fornicar con su mujer, como un hábito de sus costumbres matrimoniales, después de veinte años y un silencio total. ¿Te das cuenta, el muy cerdo? Me fui de casa para no consentir aquella violación y cuando volví ya no estaba, había desaparecido otra vez y mi madre tenía los ojos húmedos y enrojecidos de haber llorado. No se atrevía a mirarme a la cara y le pregunté a sus espaldas: "¿Lo hizo?, ¿se atrevió a hacerlo?". Pero mi madre no me contestó y se quedó callada, sin moverse, como si no me hubiera oído, hasta que me di cuenta de que estaba llorando de nuevo, como si se desangrara. La había visto, durante todos estos años de soledad y de abandono, triste, mustia, desolada y hasta desesperada, pero nunca le había visto las lágrimas».

El humo de los muertos era negro y se levantaba sobre la vertical de la fogata, alimentada con ramas de encina, y se confundía con la negrura creciente de la noche; la hoguera daba calor a nuestros cuerpos, que iban perdiendo la fogosidad del ataque a los franceses y los efectos del vino de la victoria. La contemplación de las llamas nos fue apaciguando y amansando el recuerdo de la sangre. Augusto miraba sin hablar el fuego sobre los cuerpos amontonados, y después de un largo silencio, atravesado por el crepitar de las ramas y el hedor a carne chamuscada, reanudó lo que parecía un relato ajeno, escuchado en el monte o leído en un libro: «Salí a la calle, dispuesto a matarlo, pero no lo encontré». Y no añadió más, mientras veíamos consumirse a lo lejos aquel fuego, que nos rechazaba con su olor insoportable y que seguía echando una humareda oscura, que se perdía hacia las estrellas.

Su primera acción contra los franceses había sido una locura. Un día me llevó, dando un rodeo por la Puerta de San Vicente, al taller de un carpintero que estaba detrás de las catedrales, con un ventanuco a la calle, cegado de telarañas y ramas secas, prendidas a una reja en forma de cruz que defendía el hueco, y una puerta a un patio interior, por la que entraba la única luz que permitía ver las maderas adosadas a las paredes, troncos sin desbastar y un banco de trabajo, atestado de garlopas, martillos y azuelas, con botes de engrudo en una tosca alacena y tableros y virutas por todas partes, envueltos en un sano olor a madera recién cortada; los pies se hundían muellemente en una gruesa alfombra de aserrín. En un sótano, debajo del taller, al que me condujo Augusto, que parecía conocer la casa, apoyado en un rincón y tapado con una vieja manta sucia y apolillada, había un extraño instrumento, sin terminar, con travesaños y pies derechos, que parecían formar el marco de una puerta alta y estrecha. Cuando Augusto, con el seguro gesto de su impaciencia, me descubrió el artefacto, no supe qué decir, entre el misterio del sótano, el azoramiento del carpintero y el desafío casi insolente con que Augusto me lo mostró, mientras decía con entusiasmo, con los ojos fijos en aquel esqueleto de madera:

«La única aportación francesa a la historia de la Humanidad».

Aquel esbozo de cadalso, tosco y mal trabado, armado con traviesas de color natural, sin cuchilla y con un remoto parecido a un columpio infantil no producía la sensación de terror que se podía imaginar; era como el rectángulo de un juego que esperaba a los jugadores. En aquel ambiente sombrío resultaba alegre, con aquella altura desmedida y su olor a bosque recién llovido. Augusto lo tocaba con mimo como a una criatura suya, con un cierto orgullo de padre, confiado en su crecimiento. Era como el artificio para una representación teatral, como las que se hacían a veces para los autos sacramentales de la Semana Santa, el tinglado de una escena. Pero después, cuando me volví para esperar alguna palabra de explicación, Augusto retiró unos troncos del suelo y descubrió una caja escondida, que abrió de un golpe casi mágico y apareció una cuchilla gigantesca, con un brillo siniestro en aquella penumbra cómplice. Aquel descubrimiento acabó el juego; la candidez de la madera se compaginaba mal con aquella dureza metálica, que amenazaba las sombras. La mano cariñosa de Augusto recorrió su perfil con lentitud de reconocimiento y posó la palma de la mano sobre aquella superficie dura y fría, como una amenaza.

—Y esto, ¿para quién es? —le pregunté.

—Para quien yo me sé. A los franceses hay que servirles en su mismo plato.

Pero aquella venganza, que sólo ahora me explicaba, no pudo cumplirse, porque el cadalso, ya armado y listo para su uso, se quemó en un incendio de la carpintería, cuando los franceses por ciertas sospechas de armas registraron todo el barrio. Un día, Augusto y yo habíamos ido a ver al carpintero para urgirle la terminación de la obra. Era un artesano lento y juicioso y el cadalso no estaba todavía terminado, pero su conjunto ya era reconocible, como en los toscos grabados que nos habían llegado de Francia en los días de la Revolución. Apenas cabía en la estrechez de aquel tugurio y las maderas conservaban todavía los errores de la garlopa y el recuerdo vegetal de los árboles primitivos; pero le faltaba de poner la cuchilla, que seguía oculta en el suelo, esperando la confirmación de su utilidad, aunque ya tenía trazado el camino de su trayectoria, hendido en los pies derechos de los lados, repasado con esmero y limpio de cualquier protuberancia que obstaculizara su marcha decidida, su vertical aceleración hacia la muerte. Tenía prestancia y solidez y una cierta belleza que se levantaba como una admonición en el frío subterráneo de aquel sótano exiguo, donde apenas entraba la luz solar, pero se abría a todos los fríos de la ciudad congelada. El carpintero sonreía ante la perfección de su trabajo, con el orgullo del oficio y la satisfacción de la obra bien hecha.

«Para que las cosas cumplan, hay que hacerlas a conciencia.»

Afuera los franceses seguían repasando el miedo de Salamanca, que se despertaba irritada por los capotones de los invasores y las inclemencias de un tiempo que no favorecía el heroísmo. Hasta que un día, cuando los franceses estaban registrando las casas próximas, el buen carpintero se echó a temblar y le prendió fuego al sótano, y el cadalso sin estrenar se convirtió en un esqueleto negro, de travesaños quemados, confundidos con las otras tablas del taller, que ardieron con presteza y una voracidad que no tuvo más límites que la piedra de las paredes. Sobre las cenizas, quedó aquel rectángulo carbonizado, que Augusto reconoció cuando fue a ver los restos del incendio y a descubrir debajo de aquellas patéticas ruinas la hoja afilada de la cuchilla, que seguía esperando su destino con la inerte inocencia de su filo y la oscura masa de su gravedad indiferente.

Augusto se olvidó de aquella historia y continuó ejercitando otras imaginaciones de su voluntad destructora, de la que la última podía ser la muerte de aquel oficial francés, que continuaba haciendo el amor todas las noches con Paulina. Nunca fue Augusto más como era que en aquel arrebato, que podía costarle la vida, que tantas veces había expuesto en aventuras locas y en hazañas inverosímiles. Se lo advertí en una Salamanca aterida de frío y replegada en su odio a los franceses, bajo una lluvia entristecida por los recuerdos. Hacía poco que había matado al jefe de la policía local, un abogado gallego, avecindado en la ciudad, que se dirigía al teatro en compañía de sus esbirros una noche de carnaval, con jolgorio de máscaras y luminarias en las calles, llenas de gente y vigilancias francesas. Augusto, vestido con un dominó veneciano, le bailó la rueda al jefe de policía, amagando unas carantoñas y unos abrazos que terminaron en una cuchillada ávida, ahogada por los gritos de la multitud, el ruido de la música y el atropellamiento de las comparsas, entre las que Augusto se perdió, arrancándose a puñadas el disfraz y descubriendo un arlequín alegre y polícromo por debajo del dominó abandonado, que le permitió volver al lugar del crimen a curiosear lo ocurrido.

Augusto durante muchos meses mantuvo el propósito de prenderle fuego al cuartel del mariscal Ney y lo intentó varias veces, disfrazado de campesino ciego, de oficial francés y hasta de fraile mendicante, sin ningún resultado, pues era imposible acercarse al palacio; pero Augusto no desistió de su idea y preparó nuevos planes de asalto, en los que quiso mezclarme; pero yo me negué, porque había dejado de tener razones para luchar contra los franceses y habían aumentado mis sospechas para unirme a los españoles. Esto no cambió la decisión de Augusto, que siguió insistiendo y maquinando trazas para quemar vivo a Ney. Una vez, sorprendido en su intento, fue perseguido por las calles de la ciudad y tuvo que refugiarse en el convento de clausura de las Isabeles, cuyas entradas, corredores y escaleras conocía con inexplicable memoria, y los franceses sólo encontraron en todo el convento, además de las monjas, a un santo varón irascible, que estaba en un confesonario escuchando los pecados de una monja, decrépito, encorvado, sordo y babeante, que apenas se sostenía sobre sus pies, agrandados y dubitativos por los años, asomándose por las tiras de unas viejas sandalias deformadas por la intemperie de los malos caminos de Castilla y la humillación de muchas limosnas. Aquel convento era su refugio de urgencia y el más seguro, en la penumbra tibia de la capilla de las Isabeles, donde se hacía pasar por sacristán tonto, que arrastraba los pies con desgana de años o por confesor conventual, con vejez de siglos, con la complicidad de las monjas, que habían sucumbido a sus ojos azules y a su lejano parecido con el san Sebastián asaeteado y desfalleciente que perturbaba la castidad de los sueños de la comunidad.

Augusto se creía invulnerable y, después de anunciar la muerte del amante de Paulina, una mañana, al filo del amanecer, cuando el oficial francés volvía al cuartel, borracho de amor y cansado por la feliz noche en vela, atravesó su carro en la bocacalle frente a la misma puerta del cuartel de Trilingüe, hacia donde el francés se dirigía, y vestido de campesino le arreó a la mula una paliza, fingiendo que quería irse pronto de la puerta del cuartel y disculpándose ante los centinelas de aquel imprevisto incidente, mientras hacía tiempo para que el amante llegara hasta aquel extraño grupo de un brutal campesino de barba descuidada y voz de aguardiente apaleando a una mula, trabada con el carro mediante unas cinchas disimuladamente sujetas a las angarillas, y unos franceses medio dormidos que intentaban sacar de allí el carro y que habían dejado sus fusiles apoyados en la puerta del cuartel, mientras tiraban de las ruedas en una indecisa luz, que impedía descubrir las trampas que Augusto había preparado para inmovilizar el carro.

Y como lo había prometido lo cumplió. Cuando el feliz oficial, rendido de sueño, se acercó a las puertas del cuartel, Augusto le descerrajó un pistoletazo en el pecho que lo lanzó contra el suelo, mientras en la confusión y perseguido por las descargas de los fusiles él se perdía en el barrio de la trascatedral, que los imperiales registraron una y otra vez sin encontrar su rastro.

Augusto le había encontrado gusto a la sangre y era, junto a mi hermana, la única persona en Salamanca que no quería que los franceses se fueran. Porque si la guerra terminara, no sabría qué hacer. Siguió buscando a su padre y entregándose a las más disparatadas aventuras, rozando la muerte todos los días y convencido de que no le pasaría nada por mucho que se expusiera a las balas francesas. Los invasores llegaron a conocerle y lo persiguieron tenazmente, incluso ofreciendo dinero por su cabeza y empleando a sus confidentes más hábiles. Augusto siempre se escapaba de sus manos, filtrándose mágicamente por las paredes de la ciudad, y volvía a sus más descabellados propósitos, sin límites en su audacia, que era ya temeridad, como un joven mimado y protegido por los dioses, que, también ellos, habían sucumbido a su encanto y a la irresponsabilidad de su destino.

Un día me dijo: «Van a matar a tu hermana», como una noticia recogida en cualquier mentidero de la ciudad, al igual que otras veces había hecho. No le hice caso y él insistió: «Esta vez va en serio». Aquellas amenazas anónimas, que venían repitiéndose con los escándalos de mi hermana, no me importaban; pero sentí frío en el vientre ante la insistencia de Augusto, sobre todo cuando añadió: «Esta vez no es como las otras veces; ahora es distinto, porque ahora la voy a matar yo». Yo sabía muy bien que sus palabras anunciaban la posibilidad de un peligro real. Y le dije: «Si la matas, yo te mato a ti». Me miró con la incrédula mirada de su superioridad combativa y me dijo: «No lo creo». Y yo tuve que decirle: «Ya lo verás». Entonces, él me dijo: «Esto no tiene nada que ver con nuestra amistad, como aquella vez que nos zurramos un día que había nevado, ¿te acuerdas?». Y le dije que esta vez no me arrepentiría a la hora de matarlo, como había hecho la otra vez. Y volvió a decir: «No te atreverás, porque eres como mi hermano». Y yo le dije: «Me atreveré, aunque sea lo último que haga en mi vida». Ya ni siquiera lo veía; sólo le oía y comprendí que Caín tenía razón:

—Pues, si vas a hacerlo, hazlo enseguida, porque, si no, tendré que matarte a ti también después.

—Inténtalo, si puedes ahora, porque luego será tarde.

—Tu hermana es una puta y tú lo sabes mejor que yo.

—¿Desde cuándo te preocupa a ti eso? En el mundo hay muchas putas.

—Eso no quita que sea una puta.

—Será una puta, pero es mi hermana.

—Además, está liada con todos los oficiales franceses.

—Eso, tú no lo sabes, y aunque así fuera, a ti no te incumbe.

—Sí, que me incumbe; los franceses merecen la muerte y sus amigos lo mismo.

—Hablas como los curas.

—Por una vez, tienen razón.

—Los españoles también se merecen la muerte, porque son iguales que los otros.

—Pero, se la merecen menos que los franceses y no son iguales.

—Tienes razón, no son iguales; son peores.

—No, porque los españoles no han invadido Francia.

—Porque no pueden, porque cuando pudieron lo hicieron.

—Eso fue hace mucho tiempo.

—Como si fuera hoy.

—Está bien; yo sólo te aviso. De poder a poder.

—Y yo a ti también; como toques a mi hermana, te mato.

—Ya lo veremos.

—No hay nada que ver.

—Te mato, como que hoy es miércoles.

—Pues, mira por cuánto, hoy es martes.

Y Augusto se fue, perdiéndose en una Salamanca a punto de derrumbarse, con aquella decrepitud que se había hecho patente con la llegada de los franceses; su vejez se había precipitado, como si hubiera estado esperando a que ellos vinieran; las calles sucumbían ante una penumbra vencida de todos los crepúsculos que le quedaban todavía por vivir, pero que a ciertas horas y en ciertos lugares se anticipaban a su momento y caían sobre la ciudad como un presagio; su oro era el de los huesos de los muertos. Sólo Manuela, amenazada y triunfante, parecía ignorar todas aquellas derrotas y cada día estrenaba una belleza nueva. Su paso por la ciudad levantaba el odio, como si fuera el polvo que el verano había depositado durante dos mil siglos de historia. Salamanca ofrecía la obscena indiferencia de sus piedras, los relieves más incautos de su sabiduría; era ajena a nosotros; aquella pasión, que por fin había incendiado la ciudad, no llegaba a sus santos de piedra y era imposible reconocerse en sus fachadas opulentas, en las teorías alegres de sus arquerías.

Manuela había cambiado, pero la ciudad la seguía cercando; ya no era aquella muchacha triste de antes, que se encerraba con su clavicémbalo para terminar llorando sobre sus notas más graves; ahora era una mujer alegre, que transformaba la ciudad a su paso y la reconstruía para su gozo; los rincones de sus viejas melancolías eran ahora los testigos de su júbilo; ni ella ni la ciudad parecían las mismas; la luz de aquel verano las encendía a las dos y las convertía en llamaradas de color, que ni el ocaso del sol conseguía apagar. A su paso se borraban todas las tinieblas y Salamanca se volvía luminosa para que Manuela se quemara en aquella luz esplendorosa que la acompañaba por donde fuera.

Aquel año 11 no se acababa nunca; el odio crecía como la luz de cada mañana y se mantenía después del ocaso. Salamanca odiaba y lo hacía a conciencia; sólo Manuela parecía perpetuar la necesidad del amor, en medio de los insultos y de las amenazas, que Augusto repetía, aunque yo no me preocupaba demasiado, porque sabía que se haría matar cualquier día. Mientras tanto, no dejaba de vigilarlo y de tenerlo lejos de mi hermana, porque nunca había dejado de hacer lo que se proponía.

Cuarta parte

1

Al principio, pensaron que estaban locos y que, con la insania propia de su nacimiento, habían encontrado otra forma de humillarlos y de hacerles recordar, por si en algún momento hubieran tenido la tentación de olvidarlo, que la ciudad les pertenecía y que podían destruirla a su antojo cuando les viniera en gana, para enaltecer su gloria de invasores y exaltar la fuerza de su voluntad imperial, eufóricos por la final rendición de Ciudad Rodrigo, que había resistido hasta primeros de enero. Porque en cuanto los fríos cedieron un poco, con la tierra todavía endurecida por las últimas heladas del invierno, empezaron a demoler el Hospicio, para lo que habían reunido una partida de brazos muertos de hambre, mercenarios de la necesidad, vagabundos de los caminos y jornaleros de los pueblos, condenados a pan y tocino hasta la siega de la primavera.

Con el relente de la mañana, cercados de bayonetas francesas, los juntaron en las Peñuelas de San Blas y empezaron la demolición del Hospicio a un ritmo rápido, que sólo el paso del tiempo se encargaba de ir reduciendo poco a poco, hasta la desgana turbia de las tres de la tarde, cuando empezaban los gritos y los culatazos contra el cansancio de los rufianes, entre el polvo levantado por los escombros de los tapiales, que se desmoronaban como hombres fusilados. Fueron destruyéndolo todo, como hormigas tenaces; las puertas y las ventanas hacía tiempo que habían desaparecido y las que todavía quedaban fueron arrancadas, los primeros días de la devastación, para alimentar las fogatas de los centinelas en los altos del arroyo de la Magdalena, que rodeaban el recinto de aquella catástrofe.

Fueron cayendo los artesonados y las vigas, que se resistían con largos crujidos que sonaban como lamentos infantiles, y después echaron abajo los muros de piedra de sillería de Villamayor, que estaban destinados a durar siglos y que se desprendían con un estruendoso desgarramiento y una polvareda que crecía en el frío mañanero de marzo. Los carros de los bueyes, lentos y seguros, subían y bajaban por la Cuesta de San Bernardo y el cerro de San Vicente, agobiados por el peso de la piedra, y una hilera sin fin de hombres harapientos y sudorosos en el viento que venía del amanecer se doblaban bajo los serones encombrados de tierra, cascotes y gravilla, que iban depositando entre las ruinas del monasterio en montones que crecían delante de las sorprendidas miradas ciudadanas y que parecían ir formando el perfil arratonado de los restos de una batalla antigua.

Aquel ajetreo de carros y de hombres, entre el polvo acumulado en el aire irrespirable, que se iba depositando sobre la tierra removida y las heridas de las paredes, sólo cesaba con las primeras sombras del crepúsculo y parecía cumplir, en medio del desorden y del cataclismo provocado, un premeditado plan de destrucción que se acomodaba a las previsiones de los papeles y los planos de los ingenieros franceses, que iban y venían, también ellos, entre las ruinas con sus cartapacios a punto de reventar y unos extraños pañolones con los que trataban de preservar sus tricornios del polvo invasor que crecía por todas partes. Los muñones del edificio, que se mantuvieron todavía en pie durante varios días, hasta que la tenacidad francesa los redujo a ras del suelo, le daban al barrio, a la luz de la luna, un fondo de grabado antiguo sobre monumentos históricos, degradados por el tiempo y la incuria de los hombres.

Pero, cuando dos semanas después, iniciaron la demolición del Colegio de los Angeles y a continuación la del Colegio Militar de San Juan, la rabia de la humillación se convirtió en violencia y los salmantinos llegaron a pensar, aterrados, que los imperiales se proponían destruir toda la ciudad, que les molestaba y les ofendía con su irreductible resistencia y el pacífico desafío de su belleza frente a su capricho de dominadores. Así es que vieron, desde los altos del Alcázar en la colina de San Cayetano, el desmantelamiento presuroso y disciplinado de aquellos dos vestigios de nuestra historia colectiva, que nos pertenecían además a nosotros como parte de nuestro pasado individual. Yo estaba dispuesto a perdonarles todo a los franceses, pero aquello me dolía demasiado para olvidarlo.

Porque, entre aquellos tapiales derruidos y aquellas cámaras olvidadas, habíamos escondido durante años nuestros turbulentos sueños de amor y de soledad, en una adolescencia recién vivida, que huía de las miradas de los otros para encontrarse con los desesperantes misterios de la propia condición, confusa, ardorosa y atrevida; aquellos corredores sombríos, que las piquetas iban alumbrando impúdicamente y sin misericordia, nos habían conducido como por un laberinto de incitaciones y de perplejidades hacia las desazones diarias de nuestras aventuras irrealizables; en los recodos de aquellas salas vacías, que los jornaleros hendían con una indiferencia animal, habíamos albergado nuestra soberbia de muchachos rebeldes, rechazados por un mundo que nos ignoraba, y allí habíamos reconstruido dolorosamente la agresividad contra el mundo que nos abrumaba con su incomprensión y su desprecio.

Aquellos colegios ruinosos, que empezaban a estar a trasmano del centro de la ciudad, nos pertenecían por derecho propio, porque los habíamos habitado furtivamente y los habíamos llenado con nuestras audacias de muchachos envalentonados con su miedo; aquellos recovecos, en los que entraba la luz después de muchos años, habían sido testigos de nuestras masturbaciones prematuras y colectivas, de nuestros duelos a muerte por el roce de una mirada y de nuestras rabias de derrotados en las peleas callejeras; sus rincones nos habían servido para esconder nuestros primeros tesores infantiles y nuestras primeras citas acuciantes con las muchachas fáciles del arrabal de Santiago. Aquella destrucción me obligaba a despedirme de mi adolescencia encrespada, que estaba bien muerta; pero Augusto protestaba como si vulneraran y ultrajaran su propio cuerpo.

Cuando el día 20 de marzo —me acuerdo de la fecha porque Augusto y los otros seguían encenagados en la resaca de la borrachera con la que habían tratado de denigrar la onomástica del rey José y en la que yo no participé por desidia— fuimos a ver lo que quedaba después de la batalla, unos gabachos, que miraban recelosos las camisolas de mis amigos, manchadas de vino y de vómitos amarillos, nos impidieron con sus fusiles cruzados el paso por aquella parte de la ciudad que estaban destruyendo, sin más explicaciones que su obstinada negativa, ni más razones que la frialdad metálica de sus fusiles contra nuestra cara todavía febril de la noche pasada. Después nos enteramos que habían minado con botes de pólvora los cimientos de lo que quedaba del antiguo Alcázar, que era ya viejo en el siglo XIII y que continuaba en pie, casi milagrosamente, derruido y soberbio, en lo alto de la llamada Peña Celestina, que dominaba el río y el Puente Romano, símbolo de los repetidos dominios sobre la ciudad, arrumbado a finales del siglo XV por la cólera popular, después de haber servido de refugio contra el poder real a todos los rebeldes de Salamanca durante la Edad Media, cuando fue abandonado en el siglo IX por los árabes, cuyos fantasmas seguían merodeando la imaginación de la ciudad, y al que el rey Enrique IV había mandado conservar, destruido y todo, para que las ruinas fueran un perenne testimonio, como un monumento conmemorativo de la inutilidad del enfrentamiento con los reyes y freno de cualquier tentación de rebeldía o de disidencia.

Pero esta vez sí, esta vez el Alcázar, que había resistido la violencia de los hombres y la agresión del tiempo, fue destruido por completo, y aquellas piedras centenarias, a las que siempre habíamos mirado con el respeto de los símbolos, como flores de piedra que perpetuaban nuestra señera combatividad, saltaron por los aires, por fin vencidas por aquellos extranjeros, y la desmochada silueta del Alcázar, que tanto nos gustaba ver junto a la altiva erección de las catedrales, como un trozo del paisaje de nuestra vida, desapareció para siempre. Y arrasaron aquel solar, desde el que se veía el recodo del Tormes, que venía desde Santa Marta y se perdía hacia Tejares. Y destrozaron indiferentemente aquel baluarte de nuestra indisciplina histórica, donde los marginados, los pobres trashumantes, los evadidos de las cárceles, los perdularios, los asesinos y los ladrones, los muchachos aventureros y los suicidas, antes de echarse al vacío mortal de la Peña Celestina, se habían refugiado como en un lugar seguro, donde nadie se atrevería a buscarlos, entre escombros y malezas, pasadizos oscuros y alimañas escondidas, a espaldas de la ciudad.

Y entonces fue cuando, incrédula e impotente, la ciudad descubrió que, además de humillarla, aquella destrucción tenía otra finalidad, que nunca hubieran podido suponer y que les ofendía más gravemente que el simple avasallamiento de sus vidas, que al fin y al cabo podrían rehacer desde los restos intactos de su memoria. Porque primero destruían y después, sobre el cercano cerro de San Vicente, iban amontonando las piedras de los destrozos, como preparando una nueva construcción, que no podía sustituir, ni parecerse, ni menos mejorar los monumentos que anteriormente habían deshecho. Porque todo aquel tiberio estaba destinado, según fueron comprobando durante las semanas siguientes e imaginando por las trazas de los cimientos que habían empezado a cavar delante de las ruinas del monasterio de San Vicente, a proporcionar los materiales que sirvieran para levantar unas defensas de lo que había sido el convento de los Benedictinos desde la Edad Media, para convertirlo en un fuerte artillado que sirviera de bastión frente al previsible ataque de los ingleses, que sin embargo parecía que no tuvieran ninguna prisa por venir a quitarnos los franceses de encima, dándoles tiempo a destruirnos y a fortalecerse.

Y fueron levantando alrededor del viejo monasterio una doble muralla de piedras y de parapetos y troneras y pasadizos y aspilleras y trincheras y refugios y contrafuertes. Y cuando los sillares del Hospicio y de los colegios de los Angeles y de San Juan y los pocos que quedaron del Alcázar, después de la explosión, se terminaron, destruyeron los gloriosos colegios mayores de Cuenca y Oviedo, fundado uno en 1510 y el otro en 1517 y que formaban parte de la tradición universitaria de Salamanca, y alcanzaron el Colegio de Trilingüe, de 1511, y derribaron también el paredaño convento de San Agustín, donde había vivido y estaba enterrado fray Luis de León, cuyo sepulcro desapareció entre las ruinas, y se llevaron sus piedras labradas, historiadas y humanizadas para reforzar las defensas, levantar más los muros y fortificar todo el perímetro amurallado de San Vicente y siguieron levantando barreras de piedra, cada vez más sólidas, más gruesas, más disformes, como el refugio de un gigante loco en un monte de leyenda. Y siguieron durante muchos días más acumulando desprecio y mampostería, como un monumento a su voluntad de dominio.

Y cuando, al parecer, quedaron contentos, cuando el convento de San Vicente, en el que, en su juventud, el padre Feijoo había entrevisto la posibilidad de un mundo reordenado por la racionalidad y la tolerancia, quedó aplastado bajo una masa de piedras y transformado en una piña de basamentos y murallas, con sus paredes defendidas por interminables reductos fortificados y rampas cimentadas en montones de lanchas y de cascajo, recubiertos de cal y de arena, se dedicaron con minuciosa tenacidad a destruir todos los alrededores y tiraron las casas y las iglesias de la calle Larga, de La Serna, del Horno y la de San Hilario, que se llamaba así por la ermita de este santo que había al otro lado de la Puerta Falsa de la muralla, y desaparecieron las parroquias de San Blas y San Bartolomé y Santo Domingo de Silos y los conventos de la Penitencia y Santa Ana y derribaron todas las casas que rodeaban estos conventos y estas parroquias y echaron de sus moradas a los habitantes y, aunque algunos se resistieron, acabaron por irse de sus hogares, y astillaron sus muebles y dispersaron sus pocas pertenencias y se atrevieron a destruir también el Colegio del Rey, que ya habían desmantelado en el año 9, y demolieron después el convento de la Merced Calzada, a espaldas del desaparecido Alcázar, y todas las casas que había entre la calle de los Milagros y las Peñuelas de San Blas. Y no quedó nada en pie alrededor de aquel monstruoso promontorio de roca, que amenazaba a toda la ciudad, sobre el viejo cerro de San Vicente, donde algunos creían que había nacido Salamanca, siglos antes de la venida de los romanos, en aquella colina, cortada a pico sobre el río, rodeada al sur y al poniente por una muralla, por lo menos medieval, que había aguantado la intemperie de los siglos con integridad geológica.

Y siguieron trabajando bajo los calores del verano prematuro de mayo, como lo habían hecho bajo las lluvias raseadas de abril y los turbulentos aires de marzo, y, en vanguardia de la defensa del Fuerte de San Vicente, sobre lo que había sido el convento de la Merced levantaron otro fuerte, más pequeño, aprovechando los cimientos, que habían aguantado su barbarie. Y lo mismo hicieron con lo que había sido el convento de San Cayetano, y los unieron entre sí y con el Fuerte de San Vicente por medio de pasadizos cubiertos, de tal manera que la defensa del fuerte principal quedaba asegurada por una primera línea de bastiones, fortificados y armados, una segunda línea de fosos y trincheras, y detrás los propios muros de San Vicente, erguidos e hirsutos como una roca inexpugnable y desafiante, protegida por quintales de piedra y argamasa, como una protuberancia, anormalmente desarrollada, ajena y extraña en el recinto de aquella ciudad armoniosa, dedicada al arte y a la delicadeza de las fachadas de sus monumentos y a las exquisitas filigranas de sus adornos arquitectónicos, que los artesanos habían convertido en milagro y que nunca dejaban ver, recubiertas por una desbordada imaginación floral y geométrica, la desnudez natural de sus orígenes, la obscena simplicidad de la cantera madre.

Mientras continuaban arrasando los alrededores del fuerte, fueron colocando las piezas de artillería, que, al no poder emplear animales de tiro por la estrechez de los corredores, tenían que ser empujadas por hombres, entre órdenes y discusiones, fatigas y caídas, que hacían más difícil todavía el lento avance de los cañones por las rampas de acceso y los recovecos de las trincheras, que habían tenido que adaptarse a los altibajos del terreno. La complicada maniobra de los arzones, cuyas ruedas caían en todos los declives del suelo, hacía más penosa la marcha. Durante varios días de gritos y tanteos, de manos desolladas por el esfuerzo y de espaldas rotas bajo las camisas sudorosas, fueron apareciendo por las troneras, como minúsculas trompas de insectos mortíferos en acecho, las bocas de los cañones, enfrentadas con aquella multitud de curiosos, que desde el frontal cerro del Alcázar veía crecer con la lentitud de un proceso vegetal aquel procaz equipamiento de la muerte, que les estaba apuntando ya, multiplicándose en aquellas oscuras aberturas por las que iban apareciendo alineadas sobre la pared, a intervalos regulares, las bocas de los cañones.

«Tenemos que hacer volar todo esto», me dijo Augusto.

Antes de la batalla, que se estaba preparando delante de nuestros ojos, toda la hondonada de los Milagros estaba ya en ruinas; desde la plazuela del atrio de San Agustín, en lo alto de la cuesta, hasta la antigua calle de San Hilario, junto a la muralla, en el fondo de la vaguada, todo estaba por los suelos y habían desaparecido la calle de la Moneda, que había formado parte de la antigua Judería, la calle de la Palmita del Diablo, la de San Pedro y la del Salvador, que habían tomado su nombre de dos iglesias desaparecidas hacía mucho tiempo, la Plaza del Rey y la calle del Almendro y la de Valflorido; todo era escombros, sillares rotos, todavía trozos de muebles, restos de vigas y artesonados deshechos y herrumbrosos herrajes domésticos desperdigados.

Algunas viejas lloraban entre las ruinas y escarbaban en busca de olvidos y de sorpresas en los solares derruidos, que habían sido sus hogares; ávida y resignadamente merodeaban por aquel cementerio de sus vidas desalojadas, quizá rehaciendo por los todavía reconocibles rincones de sus casas los recuerdos que permanecían inalterables en medio de aquel derrumbamiento general, quizá reconstruyendo, con la parvedad de su vocabulario, las anécdotas enterradas de las envilecidas memorias de sus gozos y de sus cobardías pasadas, añadiendo decrepitud y desolación a aquel paisaje crepuscular con sus caras arrugadas, sus mantones deslucidos y deshilachados, la torpe lentitud de sus movimientos cansados, la torva curva de sus espaldas dobladas sobre la tierra pedregosa y oscura y la rapacidad inútil de sus largas uñas negras sobre los cacharros desconchados y milagrosamente conservados de sus ajuares perdidos en medio de aquel cataclismo inesperado.

«Déjalos hacer, porque todo esto va a volar.»

Augusto pensaba que podíamos hacer volar aquel fortín y con él a todos los franceses que estaban dentro. No parecía soñar, ni desvariar; el aire primaveral le llenaba el pecho de decisión y sus manos se movían lentamente como atrapando un objeto que se le escapara. Yo me acordaba de su modo de matar imperiales, montar a caballo y nadar en el río y estaba convencido de que podríamos hacer saltar aquel verrugón que había crecido ante nuestros ojos. Destocado, con la camisola rota y abierta, con las botas sucias de años, era capaz de todo; se le notaba en el cuello latir la sangre, que le ayudaba en sus decisiones, y las pupilas distendidas por el odio eran las de su voluntad. Y mientras tanto parecía haberse olvidado de sus amenazas a mi hermana.

«¿Queda algo en pie?», me preguntaba mi tía Adela, defendida por la penumbra alcohólica de su habitación, de la que no había salido desde hacía más de veinte años y que a aquellas horas se encendía con el olor de una albahaca invisible.

Porque, a pesar de su retiro, conocía la ciudad como si la estuviera viendo a diario y anotaba en su memoria fértil para las catástrofes cualquier deterioro, cualquier amenaza de ruina que llegara a su ávido conocimiento de tragedias, de las que las ciudadanas no eran las únicas. Aquella curiosidad por el hundimiento de la ciudad, que era junto al alcohol su mejor costumbre para mantenerse viva, no se terminaba nunca y nos preguntaba a todos los que íbamos a visitarla, fascinados por su desesperación y su austera resistencia, por las señales de aquel acabamiento ciudadano, que coincidía con todos sus repetidos presagios y no sé si también con todas sus deseadas esperanzas, en una especie de apocalipsis personal, unido a la suerte de la ciudad. Se acordaba de todas las grietas que amenazaban la integridad de los templos y podía describir con detalle la situación del permanente proceso de envejecimiento de Salamanca; estaba convencida de que su vida se acabaría paralelamente a la destrución de la ciudad y por eso se interesaba tanto por aquella inesperada y feliz aceleración del hundimiento de casas y conventos, que había venido a confirmar sus previsiones y su lucidez de alcohólica. Porque hasta entonces nunca se había equivocado y las noticias de un nuevo templo degradado, de una casa ruinosa, de un palacio en peligro, de un tejado caído sobre un solar vacío o el desmoronamiento de una pared nunca le cogían de sorpresa, porque siempre se anticipaba a todos los desastres, que le entristecían por el inexorable cumplimiento de su destino y, a la vez, le alegraban por el acierto de sus anticipaciones y la tenaz usura del tiempo sobre muros, techumbres, portadas de palacios abandonados, iglesias cerradas, casas deshabitadas por la emigración, la pobreza, el desahucio o la muerte.

Mi tía Adela sabía, y me lo decía en aquella penumbra de sus ojos nunca abiertos de todo, que Salamanca había ensayado varias veces su desaparición de la tierra, borrada por la historia y olvidada por los hombres. Había leído en un viejo texto de un historiador eclesiástico, cuyo nombre se escapaba a los esfuerzos de su memoria, que la ciudad había conocido un lejano tiempo de gloria, con suntuosos templos y ritos magníficos, muchos siglos antes de que los romanos vinieran a robar el oro de sus ríos y los metales de sus entrañas, y que después todo aquel esplendor había desaparecido, sin dejar más huella que los rastros de la memoria en el corazón de las gentes. Los romanos la sacaron de sus ruinas y la levantaron hasta convertirla en vigía de la Vía de la Plata, para entregarla a los visigodos que acrecentaron su importancia hasta el fulgor episcopal, que fue borrado por la invasión árabe, que la devolvió a la precaria situación de un puesto fronterizo, pronto abandonado, que vegetó casi cinco siglos en el silencio inerte de las piedras y la pereza al sol de los lagartos entre las ruinas. Y tuvo que renacer por segunda vez de la nada con la repoblación medieval hasta conocer la gloria en el siglo XVI y empezar a caer de nuevo en el vacío progresivo, que había aumentado hasta llegar a esta guerra, que podría destruirla del todo y devolverla a la nada, en la que ya por dos veces había estado, aunque ahora sería peor, porque a la tercera va la vencida.

Sólo Manuela parecía ignorar el desastre y seguía paseando con aquel oficial francés y, contra la ciudad entera, sonriendo en medio de la deflagración universal, como si la devastación y las ruinas no le importaran nada. Un día los vi entrar en el Fuerte de San Vicente, al que ningún español tenía acceso, y perderse en el laberinto de sus corredores. Nada parecía afectarla de las rabias de la ciudad, ajena a las miradas que la asaeteaban, con aquella inconsciencia que hasta ahora había sido encantadora y que ahora se había vuelto suicida; atravesaba las calles con su inocencia adolescente, que no cambiaba con los años y que la preservaba del remordimiento y de la prudencia, y todos sabíamos que corría a encerrarse en aquella fortaleza con aquel oficial. Y allí permanecían juntos, debajo de aquel montón de piedras execrables, en el centro de los compartidos odios ciudadanos. Nadie se explicaba ni aquella terca fidelidad, ni aquel ciego desafío. Augusto me advertía todos los días de los peligros de mi hermana; pero nada podía impedir que al atardecer, cuando la gente se asomaba a la calle a recibir el frescor inicial de la noche, ella volviera a correr hacia el barrio de los Milagros, cruzar los desmontes de las viejas calles desaparecidas, donde alguna anciana fantasmal se demoraba todavía a la rebusca de tesoros familiares ocultos y se enderezaba a su paso como una maldición que se pusiera de pie, y ascender hacia el fortificado monasterio con una prisa que la repetición de los días y la insistencia en los propósitos no disminuyeron nunca. Algunas tardes, desde las ruinas del antiguo Alcázar, la seguía con la mirada, y la claridad de sus vestidos, agitados por los movimientos de sus deseos, sobre las incipientes sombras del crepúsculo, me sobrecogía como un presentimiento que desde entonces he rememorado muchas veces.

«Esa loca va a hacerse matar cualquier día», decía mi tía Adela; «pero dejarla que conozca al menos algo de felicidad.»

Manuela siguió acudiendo, arrebolada y constante, como había leído en los libros de su primera juventud, hacia aquella cita, que acabaría destrozándola y cuya fidelidad literaria no se paraba a pensar, aunque sabía que todas las historias que le gustaban y que mantenía intactas y seductoras en su memoria, siempre acababan mal. Aquel horrible promontorio de rocas, en el que penetraba todos los días como en el templo de sus devociones, le debía de parecer el castillo en el que el amor espera a la heroína. Porque, a pesar de los reproches y de las admoniciones, continuaba reproduciendo al pie de la letra los arrebatos de los personajes femeninos, que habían crecido en su imaginación de adolescente y que se habían apoderado de su vocabulario, durante todos aquellos años en los que su hirsuta soledad de diosa se había alimentado de sueños. La venida de los franceses le había hecho reconocer en ellos a sus semejantes; aquellos oficiales de uniformes brillantes, que hablaban como los héroes de sus libros, expuestos permanentemente a la muerte y a la gloria, aquellos hombres nuevos, que no se parecían nada a sus mediocres conciudadanos, a los vulgares novios de sus olvidadas amigas de juventud, a los efímeros estudiantes, medio curas, de las galanterías callejeras y sus bromas sazonadas de latín y pedantería, aquellos extranjeros tenían para ella el prestigio de la lejanía, nacidos de un horizonte de guerras y de victorias y condenados probablemente a una muerte próxima, rodeados de miradas vengativas, señeros en aquella ciudad eclesiástica, universitaria y rural, habitada por viejos escleróticos y jóvenes cobardes, dispuestos a reunirse y a animarse con vino y discursos para atacar a los héroes.

«Esa prójima tiene la cabeza entre las piernas», decían las gentes al verla pasar todos los días, recuperando cada vez más su antigua belleza.

Ella debía de saber, habituada a su marginación de elegida, que los héroes siempre acaban muriendo y que los libros terminan cerrándose; pero aquel final no parecía importarle. Tenía la imprudencia de sus heroínas y la resignación última de los náufragos de novela; se dejaba llevar hacia las páginas del último capítulo con la avidez de una lectura apresurada, que pasaba sobre los puntos y aparte sin darse cuenta de los precipicios que cruzaba. Era como si repitiese una historia de amor que hubiera leído y que la fuera guiando, resucitando los itinerarios de una pasión dormida, que sólo había esperado una palabra o un hombre para despertar y llenarla de gozo. No atendía a razones, no demostraba tener remordimientos, y las amenazas que la perseguían y que inevitablemente tenía que conocer, porque eran visibles, audibles y recurrentes a su paso, no hacían más que alentar su voluntad y aumentar la satisfacción que le producía su aventura. La llamaban «puta francesa», «perra caliente» y «coño traidor», sin que se alteraran los pulsos de su sangre, ni sus ojos reflejaran haberlo oído. Lo único que conseguían los insultos era aumentar su altivez y que a mí me pareciera, atravesando las sombras tranquilas de las catedrales y perdiéndose por las calles del Ave María y de las Mazas, más hermosa que nunca y más irrepetible que en ninguno de mis recuerdos adolescentes, con los labios engrosados por el calor y la nariz dilatada como una tentación.

Los que para Manuela eran unos dioses, semejantes a ella, para los otros eran unos miserables gabachos que había que exterminar, y lo que para ella era una fortaleza gloriosa, para los otros era un amorfo refugio, sombrío y siniestro, que se levantaba en la ciudad como un grano impúdico y monstruoso. Don Porfirio se paraba a verlo a distancia y le buscaba antecedentes en la antigüedad clásica. Podía ser un Polifemo amenazante o una dantesca excrecencia infernal, depósito de pecadores y de pervertidos; pero le faltaba el sentido bélico de aquella imagen soberbia, que lo aterrorizaba con la imponente presencia de su masa y de su aspereza. Para su crónica nos preguntaba a todos lo que sabíamos sobre aquella obra, para buscar semejanzas con casos de invasiones extranjeras en pueblos lejanos en el tiempo, como la Roma imperial dominada por las hordas de Alarico o la propia Salamanca invadida por los elefantes de Aníbal, en el siglo III antes de Cristo. Pero obeso, cobarde y cegato, nunca estaba donde su crónica lo necesitaba y sólo se enteraba de lo que había ocurrido por las dudosas declaraciones de los testigos y las indecisas citas de sus libros. Pero la gente, como posiblemente también los libros, le mentían.

Yo mismo le proporcioné falsos datos inventados sobre los hombres que habían trabajado en el fuerte y sobre el modo en que se había levantado, con la minuciosidad de mi fantasía y mi condescendencia de joven bien educado, que no quería dejar a don Porfirio sin los pormenores que su curiosidad y su patriotismo le exigían. A veces, las noticias contradictorias lo sumían en una melancólica desesperación, que le hacía desconfiar de la exactitud de los testimonios recogidos y acumulados con tenacidad de hormiga y buena fe de catecúmeno, suspendiendo su pluma en el aire cálido y oloroso de su cuarto de solterón descuidado y enfermizo, que temía lo mismo a las corrientes de aire que a las mujeres tetudas. Entonces, contemplaba el fajo de sus folios, escritos con su laboriosa letra menuda de mosquito rastrero y asmático, y tenía la tentación de quemarlo todo y liberarse de aquella obsesión histórica. Sólo su sentido del deber y el sabor presentido de la gloria futura obligaban a su pluma a posarse de nuevo sobre el papel y proseguir la marcha de aquella caligrafía endemoniada y el relato de aquella guerra insensata.

Casi todos los días, Paco, el del Mesón de la Puerta de San Pablo, que hablaba demasiado y demasiado alto, con los tonos graves de su vozarrón, que hacía temblar en la alacena las frascas del tintorro, venía a su casa a contarle lo que había visto, en sus insistentes correrías por las calles, vociferando contra los invasores, cuando se cansaba de hacerlo en su taberna ante los lívidos borrachos indiferentes, que se asombraban al oírlo, ajenos a aquella guerra que les motivaba patrióticamente sus borracheras. Paco, sin importarle la proximidad de las patrullas francesas, que no entendían sus ofensivas alusiones metafóricas en su medio dialecto sanabrés, los insultaba o los desafiaba en un lenguaje nasal ininteligible; tampoco le importaban los afrancesados, que, si le entendían, parecía que lo respetaran o lo temieran o lo despreciaran; su guerra de recental belicoso se agotaba en las palabras, que enardecían a los que le escuchaban, sin que hubiera cogido nunca un trabuco, ni siquiera una faca, sino para amenazar, ciego e iracundo, a los fantasmas invisibles de los franceses, evocados por su verborrea patriótica y altanera, que le exaltaba hasta el sudor y la ronquera.

Cuando le oían los borrachos de su taberna, dejaban caer sus párpados hinchados y enrojecidos y sonreían desde más allá del sueño y del olvido, negándose a participar en aquellos arrebatos, demasiado sonoros para su necesidad de sosiego y de encantamiento en la niebla feliz de sus claudicaciones vaporosas. Pero, abandonado de sus oyentes, entregados a la contemplación solitaria de sus jarras de vino, Paco seguía despotricando contra Napoleón y contra todos los franceses a los que imitaba con ridículos sonidos guturales y nasales y a los que dedicaba sus voluntarias, imaginativas y reincidentes explosiones anales, que dominaba con técnica de maestro armero. Casi lloraba cuando contaba la historia de aquel niño que se había adelantado, con una piedra en su honda y la mirada fija en la monstruosa mole del Fuerte de San Vicente, con sus defensas todavía no terminadas, y había lanzado una pedrada furiosa contra las rocas impávidas del murallón, sobre las que el inocente proyectil rebotó y brilló por un instante en el sol de aquella mañana luminosa.

El niño insistió en su gesto desafiante y una segunda piedra chocó ruidosamente contra la indiferencia del muro y las sonrisas de unos gabachos, que se divertían mirando la hazaña del niño, con la curiosidad de sus expresiones vacías, que parecían ausentes y cansadas, como si persiguieran sin interés el vuelo de un insecto despreciativamente molesto. La honda del niño se movía en el transparente aire primaveral, como el remolino de un juego infantil, recuperado después de un largo invierno de inmovilidad y de espera, brillando a intervalos regulares en la calma estéril de la tierra de nadie, frente a la hirsuta seriedad de cofre cerrado de la fortificación francesa, hasta que una de las piedras, que habían ido precisando sus tiros como en un apresurado aprendizaje de urgencia, penetró por una de las troneras de los cañones.

El niño, después de su acierto, abrió los brazos y dobló las piernas para saltar, con un jubiloso gesto de triunfo, como si descargara el peso de un deseo largamente diferido; pero no había empezado a estirar las piernas para terminar su salto de alegría, ni había conseguido aún desarrugar del todo su entrecejo irritado y reivindicativo con el que había lanzado la piedra feliz, ni había tenido tiempo para despegar los labios en una abierta sonrisa de satisfacción, cuando un disparo del fuerte lo empujó contra el suelo, en el momento mismo en que se volvía para huir, torsionando apenas su cintura de querubín airado y gozoso. Unos hombres que habían visto lo ocurrido acudieron a recogerlo y lo levantaron ya muerto, con la camisa sorprendida por la sangre urgente, que le manaba del pecho entre las manchas tenues de las tetillas débilmente marrones, y la cara súbitamente blanca y perpleja, sin que nadie volviera a disparar, ni respondiera a los insultos de los que transportaban el cadáver del niño, ni se oyera ningún ruido en el fuerte, que mostraba su opaca indiferencia, su petrificada brutalidad de cosa en aquel paisaje que había sido nuestro hasta hacía bien poco. La mica del granito devolvía sus brillos fugaces, como puntas de alfileres, ajena a la ira y a la impotencia de los salmantinos, que tendrían que aprender a convivir con aquella roca armada, que les amenazaba con su pétrea soberbia.

«Tenemos que encontrar el modo de hacer volar todo esto», me volvía a decir Augusto.

Pero no encontrábamos el modo de hacerlo, hasta que una noche supimos que los franceses habían empezado a retirarse ante la proximidad del ejército inglés, anunciado por un niño mensajero que vino corriendo desde La Valmuza, donde aparecieron las vanguardias de Wellington, la madrugada del 16 de junio del año 12. Pero los franceses ya lo sabían y habían empezado a moverse en medio de la noche, preparando sus armas y sus bagajes y poniéndose en marcha, bajo la complicidad de un cielo estrellado, espiados y seguidos por las contraventanas entreabiertas de muchas casas, regocijadas por aquella huida vergonzosa y casi furtiva. Primero salieron los coraceros, con sus caballos pesados y sus lanzas con las puntas brillando en aquella oscuridad difusa, iluminada por las estrellas; después lo hicieron las compañías de infantería, con sus machetes colgando y sus fusiles al hombro y a continuación aparecieron los húsares, erguidos como gigantes en sus monturas imperiales, desafiantes debajo de sus morriones empenachados, con sus gravitantes sables, sujetos al arzón, y sus enormes carteras, como gualdrapas, golpeando las ancas de los caballos. Marchaban sin hablar, con el calor del íntimo sueño interrumpido, y las herraduras sacaban chispas del empedrado tenebroso de las calles silenciosas.

Las carretas de la intendencia rodaron ruidosamente por el nocturno de Salamanca, cruzaron la ciudad, custodiadas por un escuadrón de coraceros, y por la Puerta de Toro siguieron al resto de la tropa, que se movía con ligereza hacia el norte, con las botas húmedas por el relente y las piernas moviéndose todavía en la oscuridad de la noche, que amparaba su huida. Pero nos equivocamos de nuevo, como si ya nunca pudiéramos acertar en nuestras previsiones y en las razones de nuestras alegrías, como si estuviéramos condenados por algún maleficio a equivocarnos siempre. Porque enseguida supimos, y por una vez fui el primero o por lo menos el segundo en saberlo, después de mi hermana Manuela, que en el fuerte habían quedado ochocientos hombres y entre ellos el oficial del que mi hermana creía estar enamorada y que le había enviado un aviso para advertírselo. Y volvimos a nuestra situación de antes, cogidos entre dos fuegos, con los ingleses entrando en la ciudad y los franceses atrincherados en el fuerte, otra vez en el infierno de la guerra.

A las ocho de la mañana del día 17 una división inglesa, mandada por el mayor-general Clinton, y un batallón de dragones ligeros entraron en Salamanca; con ellos venía Wellington, que fue recibido por el Ayuntamiento en la Plaza Mayor, en medio de un pueblo delirante, que no consiguió con sus alaridos de júbilo conmover el gesto hierático y desabrido del Lord, que se deshizo enseguida de las autoridades salmantinas y subió con su Estado Mayor a la torre de la Catedral Nueva para observar el fuerte y ordenar el asedio, que le pareció fácil y que encomendó a la división de Clinton, después de inspeccionar con el catalejo la fortificación. Las primeras baterías inglesas las instalaron detrás del antiguo solar del Alcázar y al final de la calle Larga, por donde venía el arroyo de la Magdalena. El resto de las tropas inglesas y portuguesas se fueron a perseguir a Marmont, que había acampado por Arcediano y Campillo, con sus vanguardias colocadas en La Vellés.

El primer bombardeo inglés sobre el fuerte fue inútil y el primer asalto dejó ya unos cuantos muertos entre las ruinas de los conventos. Por la tarde, los ingleses se retiraron y empezaron a cavar por el lado del antiguo Hospicio una trinchera, tiroteados por los franceses, alertados por los ladridos de un perro. Y fue entonces cuando todos supimos que el asedio iba a ser largo, que la guerra no se había movido de Salamanca y que tendríamos que habituarnos otra vez al ruido, a la sangre diaria y a la locura de los combates y al paso de los soldados por nuestras calles y a los caballos en nuestras plazas, y fue entonces cuando Manuela me llamó a su cuarto y me pidió, rogándome y ordenándomelo al mismo tiempo, que la acompañara al fuerte, porque quería volver a ver a aquel oficial antes de que fuera tarde y nadie podía impedírselo y menos que nadie yo, aunque ella sabía de antemano, y yo lo sabía también, que no iba a hacerlo y que la acompañaría hasta las puertas de aquella fortaleza, como si fuera hasta las puertas del infierno, entre los dos ejércitos enemigos, que en aquellos mismos instantes estaban matándose a cañonazos. Quería que yo cruzara las líneas de fuego y la depositara en brazos de aquel oficial francés y saliéramos con vida, como si los fusiles sangrientos estuvieran dispuestos a permitir aquel capricho demente de una muchacha, que sólo tenía en su defensa, como precaria razón a su favor, la belleza, que muchos ni siquiera apreciarían, ni aceptarían como motivo suficiente para aquel abuso.

Y no pude disuadirla; me pasé toda la noche intentándolo, sin conseguirlo, encerrada en un llanto intermitente y ahogado, en un silencio tenaz sobre el que caían, ya vacías, mis palabras, desprovistas de razón, prematuramente inservibles, sin más contenido que la pasión que yo les ponía. Manuela tenía la decisión de una suicida y me habló como si sus palabras fueran el final de un largo razonamiento. Las luces del candelabro ensombrecían sus mejillas y deslustraban el oro viejo de su pelo. No me hacía su propuesta ni con ansiedad, ni con dureza; simplemente, me pedía que la acompañara hasta las puertas de la muerte y me miraba con el convencimiento implícito de mi sumisa aceptación y con el agradecimiento de mi complicidad. El frío del amanecer y mi ininterrumpido discurso pusieron veladuras afónicas en mi voz, que fue quebrándose en un susurro, que probablemente ni siquiera oía mi hermana, recogida sobre la cama, con las rodillas abrazadas con las manos y un chal negro sobre los hombros. Los candelabros terminaron por perder sus llamas, y en aquella densa oscuridad que nos fue dominando, la impotencia de mi afonía se desesperaba ante mi creciente conciencia de víctima sin salida, con los franceses y los ingleses en nuestra ciudad y mi hermana decidida a que la mataran. Mis últimas palabras, que me rasparon la garganta como un cauterio, estaban dedicadas más que a convencer a Manuela para que no lo hiciera, pues lo haría conmigo o sin mí, a explicarme aquel agujero negro en el que había ido cayendo a lo largo de la noche.

Así es que, a la mañana siguiente, atravesamos aquel espacio abierto, entre escombros y los restos del último ataque inglés, frente a los muros del fuerte, que crecían a medida que nos íbamos acercando. Yo llevaba en mi mano, levantada sobre la cabeza, un pañuelo blanco de encaje, y Manuela caminaba a mi lado con la mirada fija en un punto en que coincidían su decisión y su esperanza; la mañana tenía el color de sus ojos; nadie disparó, entre sorprendidos y curiosos, mientras aquella muchacha hermosa, acompañada por un joven, al que la cojera hacía inofensivo, cruzó aquel desierto, minado por las miradas inglesas a nuestras espaldas y por las francesas delante de nosotros; me parecía estar gravitando en un paisaje alucinado, en el que sólo mi cojera era real. Recordaba aquellos mismos paisajes nevados, cuando yo había pensado que Manuela era la nieve, silenciosa y total, que venía del cielo y lo llenaba todo, los árboles de la memoria, los horizontes del deseo, los parajes del sueño; cuando caía mansamente, con la inevitabilidad de un hecho natural, y yo hundía mis manos en aquella blanca carne femenina. Seguíamos avanzando y era como si Salamanca se fuera quedando vacía; el infierno debía de ser algo parecido, con la belleza como una ausencia y la palabra como un hueco. Avanzaba sin sentirlo, sin saber dónde ponía los pies, mientras la miraba en mi memoria, vestida de rojo, cansada, en la calle, mirando el mundo como si la función esencial de su mirada fuera crearlo, porque el mundo existía porque ella existía; era como si todos los años de mi vida hubieran tenido como única finalidad quererla, ahora que se marchaba, que se desvanecía detrás de su cuerpo; todo lo que había vivido, todo lo que había aprendido, todo lo que había sentido había sido un ensayo para aquella escena final; en aquel momento, sobre aquel campo de batalla, entre las huellas recientes de los muertos, amaba sus pómulos panónicos, la fragilidad de su muñeca, la placidez augusta de su frente y, sobre todo, el nudo rocoso de sus rodillas, que tenían la opacidad mineral de la primera piedra y el desamparo de la primera ternura.

Aquel espacio era interminable; yo sentía que los fusiles nos vigilaban, todavía sorprendidos y desconfiados, y seguía andando, como si yo no fuera el que daba los pasos, que ni siquiera cojeaban, como si aquellas piernas no fueran mías, ni aquel corazón que me golpeaba en los oídos me perteneciera, porque yo estaba esperándola en casa, como el aire de su habitación, como la luz de su ventana y la seguía esperando como el tallo a la flor, como el silencio a la palabra, para decirle que la quería; no era el barrio de la Magdalena, ni el de los Milagros lo que estábamos atravesando, no era la vieja Plaza del Colegio del Rey lo que habíamos dejado atrás, era el paraíso terrenal, donde Adán ensayaba la primera palabra, la primera caricia humana, la primera generosidad del amor, entre aquella sequedad de estepa, entre aquellos hombres, separados por nuestro camino, que se habían matado antes y volverían a hacerlo después, una vez terminada aquella escandalosa misión de amor, frente a la muerte, que los tenía paralizados. Y, extrañamente, por una sola vez, el mundo estaba bien hecho, un poco antes del mediodía, cuando la luz del verano empezaba a devorar la ciudad y las ventanas de las casas se cerraban para mantener alguna esperanza, perdida en las calles abiertas, en aquella soledad de plazas, castigadas por el vacío, el abandono y la nostalgia, en aquella claridad infamante, que no permitía ni una sola sombra. Yo sabía que su piel tenía el sabor de la manzana, el resplandor de los crepúsculos dorados, el olor de la yerbabuena, el frescor de la lluvia de mayo, porque yo sabía que su piel sabía a ella. Nos movíamos, pero no sé si avanzábamos o, por lo menos, yo no quería avanzar; yo iba diciendo su nombre, repitiendo su nombre, encontrando su nombre en todo lo que veía, porque sólo me quedaba su nombre, mientras caminábamos, sin apresurarnos, como demostrando nuestra buena voluntad con la lentitud de nuestro paso, la serenidad de nuestros movimientos, la casi inmovilidad de nuestros cuerpos, hacia el Fuerte de San Vicente, con una precaución involuntaria para no pisar las huellas de los cadáveres de aquel primer asalto inglés alocado e inútil; al andar sus pechos se movían como una ola de trigo encañado, empujado por el viento. Yo quería tocarle los labios con la punta de mis dedos, besar la pequeña cicatriz de su ceja izquierda, sentir en mis manos la fiebre de su vientre y recorrer el río de su cuello sin orillas, mientras cualquier imprudencia, cualquier locura despertada por el recuerdo, devuelto a la mirada, podía traernos la muerte allí mismo, a pesar de mi pañuelo blanco y de la inocencia alada de mi hermana.

Era penoso avanzar y peligroso permanecer quieto, como alertando un miedo que no teníamos, sobre aquel suelo impedido de piedras, que hacía más ostensible mi cojera, restos de calles, de muertos y de historias; mis dedos guardaban la memoria de su piel, tocaban su niñez de flor, su adolescencia de mujer, su juventud de diosa; mis dedos reconstruían su vida y el tiempo se hacía espacio, porque le cogí la mano y mis dedos alcanzaron la eternidad en los centímetros cuadrados de la piel que tocaban. Y oí su voz y se hizo la luz en aquel mediodía cenital y deslumbrador y supe que los milagros eran posibles, que el exilio en que había vivido hasta entonces se acabaría algún día; oí su voz oscura y supe que aquel perpetuo gusto a la nada, que me acompañaba desde siempre, era sólo provisional, porque había oído su voz y había comprendido que la muerte no existe. ¿Para qué vivían las rosas, sino para que fuesen suyas?, ¿para qué había oro, sino para que se pareciese a su pelo?, ¿para qué nacían las mañanas brumosas, sino para repetir la luz de sus ojos?, ¿para qué habíamos hecho la libertad, sino para que yo pudiera quererla de aquel modo desesperado como la estaba queriendo?, mientras nos acercábamos a las puertas cerradas de la fortaleza, con la imprudente ceguera de los mártires. Ya no tenía tiempo de gastar la cantidad de amor que me quedaba, a una docena de pasos del término de nuestro viaje, cuando los fusiles franceses ya no podían errar y los cañones ingleses podían alcanzarnos con la seguridad de una andanada y cuando estaba más bella que los árboles de mi infancia.

La puerta se abrió y me quedé solo frente a la bocanada oscura por donde se había perdido mi hermana, que tuvo la patética precaución de besarme antes de desvanecerse en el pasado de mi angustia, como si se despidiera. Me había detenido y esperé delante de la puerta, vigilado por las bayonetas anónimas de los centinelas, que asomaban por las troneras del fuerte, y frente a aquella oscuridad que me rechazaba, por la que yo quería entrar y que se prolongaba hacia un corredor sin fondo, habitado por los franceses; la puerta se cerró de golpe y un francés gritó por la mirilla:

«*Va-t'en!*».

Pero seguí petrificado por la espera y no entendí nada de lo que me dijeron a través de la puerta cerrada, hasta que volvieron a repetir la orden perentoria y furiosa: «*Va-t'en!*», y me volví, sin protestar, descubriendo que ya lo sabía desde antes de venir y aceptando la idea de que mi hermana se había encerrado en aquel fuerte para morir y dejarme un poco más solo, en aquella mañana luminosa hasta la oscuridad, y la seguí queriendo en aquella gloriosa plenitud del día, bajo aquel cielo total, con la tenacidad del tiempo irreversible y la temeridad de aquel horizonte inmóvil, mientras recorría en sentido inverso el mismo camino, más dilatado, sobre el que seguían calentándose al sol los restos de la batalla, hasta las posiciones inglesas que se escondían al final de lo que había sido la calle Larga. Podían haberme disparado por la espalda, pero me dejaron atravesar aquella tierra calcinada, con los cráteres abiertos por los equivocados obuses ingleses, y me dejaron volver a la memoria de su piel, amor, como una llanura, como un laberinto, como el universo, amor, y me sentí solo rehaciendo aquel camino sin justificación, siendo libre porque la quería y queriéndola porque era libre, en un mundo que llevaba su nombre. Estaba lleno de una tristeza, como si fuera la mía, y seguí andando, sin conocer la distancia, y el amor venía conmigo y crecía con el sol que lo cubría todo y me abría los ojos para que viera y me devolvía la voz para que la nombrara y me sabía en los labios para que la supiera y me tocaba las manos para que la recordara, hasta que caí rendido por el esfuerzo entre los primeros soldados ingleses, que se sorprendieron de mi desfallecimiento y me reanimaron con el ron de sus cantimploras para hacerme unas preguntas sobre el fuerte y los sitiados, que no supe responder. Y, como si hubieran estado esperando mi vuelta, reanudaron el bombardeo, para que me fuera haciendo a la idea de la muerte de Manuela.

Y durante muchas horas siguieron disparando contra el fuerte, como si quisieran recuperar el tiempo perdido por nuestra culpa; pero las balas no hacían ninguna mella en la mole inmensa de la fortaleza. El ruido y las noticias del asedio llenaron nuestras vidas durante varios días. Los ingleses intentaron cavar nuevas trincheras frente a San Vicente; pero los franceses los descubrían y les tiroteaban horas y horas, hasta hacerlos abandonar. Los ataques aliados los dirigía el general Clinton, que demostró desconocer la guerra de los sitios y, sobre todo, como era frecuente entre los ingleses, despreciar a sus enemigos, que habían construido unas defensas inexpugnables a las bayonetas; el general inglés tardó en darse cuenta, cuando ya había casi cien muertos sobre las ruinas de los viejos colegios y los conventos de la vaguada de la Magdalena. Los repetidos rechazos le hicieron volver a la artillería; pero tampoco ésta pudo nada contra aquella acumulación de piedras. Una vez más, el general inglés se equivocó y desgastó inútilmente pólvora, municiones, hombres y tiempo contra la dura costra del fuerte. Llegamos a pensar que los franceses resistirían, encerrados en aquella guarida indestructible, a la que podían alimentar a través de aquellas cuevas que nosotros conocíamos y que les permitirían comunicarse con el exterior, quizá más allá del río o por el subsuelo de alguna iglesia insospechada, unida con San Vicente por antiguos y olvidados pasadizos. Pensé que por allí se podría salvar a Manuela, en caso de apuro, y Augusto creyó que por allí podríamos hacer saltar el fuerte.

Porque Augusto estaba registrando las sacristías de las iglesias próximas al fuerte y las cuevas de los alrededores, para encontrar algún túnel que nos llevara hasta los cimientos del monasterio, donde colocar la pólvora que lo hiciera volar. Yo iba con él, con el deseo de encontrar aquel camino; pero no para hacer saltar el fuerte, sino para salvar a Manuela. Perdido por pasadizos estrechos y polvorientos, que cegaban nuestros pasos, con sabor a tierra en los labios en un aire enrarecido, me deslizaba entre la desesperación y la esperanza. Volvíamos a salir y entrábamos en otra cueva, que nos envolvía pronto en la húmeda oscuridad de sus entrañas, que a los treinta o cuarenta pasos se cerraba por montones de tierra corrida, que nos obligaban a intentar otro camino. Alguna de aquellas galerías, que nos desorientaban con sus revueltas caprichosas, nos conduciría a los sótanos del fuerte, desde donde confiaba poder sacar a Manuela, antes de que Augusto prendiera la mecha de la pólvora; mi deseo de salvarla era el mismo de Augusto de destruir a los franceses y matarla a ella. En aquella tenaz aventura subterránea oíamos a veces las bombas de los ingleses cayendo sobre nuestras cabezas y guiando nuestros pasos, extraviados en aquel laberinto interminable.

Durante aquellas horas de topo testarudo y desorientado, pensaba en el amor entre mi hermana y aquel oficial, desesperadamente juntos, en el claustro o en las celdas del monasterio que yo conocía y cuyas ruinas anticipaban la imagen de la muerte apasionada de los amantes, bajo los obuses ingleses. Mi memoria se llenaba de su antigua belleza, veía los esbeltos fustes de sus columnas como espigas gigantes, las nervaturas de sus bóvedas conservadas contra un cielo abierto, que las hacía más etéreas, más hermosas en su baldía funcionalidad, y podía ver el decorado en que Manuela estaría viviendo un amor sin futuro, que es el más fuerte, más completo y más excitante amor; era como el escenario más grandioso para un amor enloquecido, viviendo la experiencia de la futilidad y del peligro, dentro de aquel cerco de fortificaciones, mientras las bombas seguían cayendo sobre los amantes, entregados furiosamente a la espera de la muerte, apresuradamente cercana.

Los ingleses, por fin, se dieron cuenta de que el ataque y la reducción del fuerte era imposible con los medios que estaban utilizando y que el asedio prolongado, con Marmont rondando a sus espaldas, era peligroso; así es que decidieron emplear en el sitio unos cañones especiales y unas municiones que, por negligencia, estupidez o desconocimiento, habían dejado en Almeida, Portugal. El día 18 mandaron a por ellos con un escuadrón de caballería y algunos artilleros, escoltados por un destacamento de lanceros españoles y portugueses. Nadie sabía qué aparatos eran y dudábamos, y yo más que nadie, de la eficacia de aquellas municiones milagrosas, ferozmente destructivas, después de haber comprobado la ineptitud militar inglesa. Pero aquello me daba un alivio y confiaba que aquellos cañones no llegaran nunca y, que si llegaban, no sirvieran.

El día 20 apareció Marmont en Castellanos de Moriscos, al norte de la ciudad, y los ingleses se situaron en San Cristóbal de la Cuesta, sin atreverse a atacarlos, con la conocida táctica dilatoria de Wellington, que parecía continuar el experimentalismo de Bacon, sin arriesgar la imaginación, ni tentar la suerte. Nosotros esperábamos el combate para salir de dudas, sin dejar de explorar aquellos túneles ahogados, que no nos llevaban a ninguna parte, aunque yo tenía mis esperanzas en que el ataque francés abriera las puertas del fuerte y me permitiera recuperar a Manuela. Pero ni el 21, ni el 22, ocurrió nada, salvo unas escaramuzas entre las vanguardias de los dos ejércitos, que se tiroteaban y se perseguían entre los trigales, a punto ya de la siega. La única novedad del día 22 fue el traslado de las baterías aliadas al otro lado del río para atacar desde allí los muros menos guarnecidos del fuerte, por encima de las viejas murallas. No nos explicamos por qué no lo habían hecho el primer día; pero, al parecer, los ingleses tenían que equivocarse varias veces antes de acertar. Los cañones atravesaron el Puente Romano de noche y con las ruedas envueltas en trapos, para no despertar a los vigías del fuerte, y fueron colocados en las huertas de la orilla izquierda del Tormes desde donde se dominaba la ladera de mediodía y del poniente de la fortaleza, que vista desde allí parecía más monstruosa si cabe, como el caparazón de un quelonio gigante que hubiera ascendido desde el río hasta el cerro y se hubiera quedado allí torpemente encaramado a media ladera. Pero la distancia y la impericia de los artilleros ingleses dejaron a salvo el fuerte; las balas fueron estrellándose contra el camino y contra el ribazo, sin alcanzar siquiera los cimientos del monasterio; incluso, alguna bala fue a caer al río pacífico e inmutable, que ignoraba la guerra.

La proximidad de Marmont inquietó a los ingleses, que el día 23 volvieron a atacar a la desesperada, dejando más de cien muertos en el suelo, entre los que estaba el general Bowes, que ya no pudo reflexionar sobre los avatares de la imprudencia, ni gozar del tratamiento de héroe que sus compañeros le dieron a su cadáver. Marmont se había movido hacia Huerta de Tormes, Aldearrubia y Cabezavellosa, amagando un cerco a la ciudad por el sur, lo que obligó a Wellington, que era inglés pero no tonto, a rectificar su conservadora estrategia defensiva, que tanto nos irritaba a los salmantinos, que aludíamos al corazón de alcorza del generalísimo inglés, como decían los más castizos. En vista del movimiento de los ingleses, los franceses intentaron cruzar el río por la noche; pero eran demasiados y demasiado ruidosos para que incluso los centinelas ingleses no se dieran cuenta y los diez mil hombres de la infantería imperial y sus mil caballos fueron obligados a repasar el río antes de quedar entrizados entre la superioridad numérica del ejército aliado y el agua del Tormes. Y Wellington siguió esperando durante todo el día 24, indiferente a todo, incluida nuestra desesperación.

La noche de San Juan, los muchachos tuvieron la osadía de encender los fuegos rituales; de los desvanes iban saliendo escabeles arrumbados y marcos de cuadros comidos por la polilla y una caja de reloj destrozada y sillones rotos y ropas viejas y todo lo fueron arrojando a las hogueras mágicas y purificadoras de la noche. Y, en medio de la guerra, reaparecieron las viejas liturgias de los ensalmos y de los deseos, y en las orillas del río vimos muchachas desnudas, con ramos de olivo cruzados sobre sus blancos cuerpos, que escucharon, tendidas en la tierra con los ojos cerrados, los misteriosos conjuros de amor, declamados con torpeza y fe por ancianas oscuras y encorvadas que no dejaban de dar vueltas en torno a cada enamorada enfebrecida y ansiosa, dejando caer sobre sus pieles erizadas por la emoción hojas de enebro, sacralizadas por la saliva de las sacerdotisas. Y vimos niños enfermos, envueltos en mantas en brazos de sus madres, que oían con tímido recogimiento las extrañas oraciones paganas que solicitaban su curación, mientras las oficiantes de aquellos ritos telúricos rompían unas ramas de árbol que mantenían unidas religiosamente sobre los tullidos cuerpos infantiles, mientras musitaban sus invocaciones milagrosas, reflejadas con horror en los ojos de aquellos niños inválidos, herniados, pálidos y desnutridos. Probablemente Manuela celebraría aquella noche loca de San Juan.

Durante el día 25 no ocurrió nada, salvo mi angustia por la suerte de Manuela, y el día 26 aparecieron por fin los famosos cañones de Almeida y sus municiones, que fueron instalados enseguida y empezaron a disparar con bolas de fuego el día 27. El primer tiro afortunado produjo un enorme boquete en el muro fortificado de San Vicente y el segundo provocó un incendio, que fue celebrado con vítores y aplausos por la multitud que presenciaba el bombardeo como si fuera una corrida de toros. Aquello debió de desbaratar los planes de defensa de los franceses, pues los reductos de La Merced y San Cayetano dejaron de disparar, lo que los aliados aprovecharon para asaltarlos en tromba, pero fueron rechazados por el tiroteo cerrado de los sitiados, salidos de su primer estupor y de su silencio angustiado. Todavía durante tres horas el ruido y el humo de los disparos llenaron el aire de los dos reductos, que se defendieron bravamente a la desesperada, hasta que tuvieron que rendirse ante aquella incesante avalancha de portugueses, españoles e ingleses; primero, se rindieron los defensores de La Merced y, poco después, lo hicieron los de San Cayetano, aunque algunos intentaron huir hacia el fuerte, sin que ninguno llegara, cazados por los ingleses, que no sabían poner límites a su ferocidad colonial. La pérdida de aquellos dos bastiones adelantados concentró en San Vicente la resistencia de los franceses, que reanudaron sus cañonazos, uno de los cuales mató a una muchacha que estaba en su casa, en la calle de Sordolodo.

¿Qué estaría haciendo Manuela en aquel infierno, con el horror que le daba la sangre?

Apenas traspuesto el solsticio de verano, aquel 27 de junio fue interminable, como si el sol se hubiera parado en un cielo incandescente, que detuviera la marcha del tiempo y mantuviera la luz del día más allá de su previsible duración sobre la tierra recalentada, en irritante complicidad con Wellington, que había ordenado continuar el bombardeo hasta que se dejara de ver el lugar de tiro, lo que convirtió aquella tarde bochornosa en una tempestad de fuego, conmigo en medio, recibiendo cada cañonazo en mi estómago y gritando mi impotencia a cada seguro impacto contra la rocosa epidermis del fuerte, que empezaba a cuartearse bajo aquella brutal sucesión de bolas de fuego. Wellington parecía querer allanar el cerro de San Vicente para facilitar el asalto de la infantería. Los zumbidos de las balas rojas, atravesando el cielo hasta caer estrepitosamente sobre las defensas del monasterio, me impedían oír lo que me decía Augusto, a mi lado, cogiéndome de un brazo y gritándome excitado con una pasión que le encendía hasta el paroxismo. El humo que envolvía la fortaleza sitiada, que se estaba desmoronando por momentos, apenas dejaba ver los múltiples incendios que devoraban la resistencia francesa. Los cañones de los defensores habían cesado hacía rato, pero las baterías inglesas seguían insistiendo para cumplir la consigna de disparar mientras hubiera luz en el cielo. El atardecer se demoraba todavía más y Wellington no daba la contraorden.

La luz del día parecía estar mantenida por las bombas, que continuaron cayendo sobre los incendios del fuerte, pues ya no se veía a nadie que se defendiera, lo que me hizo pensar que a lo mejor habían huido todos por aquellos pasadizos que nosotros no habíamos logrado encontrar. Pero también aquella esperanza me fue negada, porque ante mi estupor apareció, cuando ya casi empezaba a oscurecer, en un crepúsculo anticipado por las humaredas y retrasado por las llamas de los incendios, un trapo de rendición, que ni siquiera era blanco, agitado sin energía y sin convicción, resignado sobre aquel montón de escombros, entre el humo que se levantaba como las columnas salomónicas de San Esteban, en medio de un cielo ya mortecino, que se abatía sobre las ruinas y las llamas que parecían estar quemando las mismas piedras. Sin embargo, los artilleros ingleses, ciegos en su disciplina automática, siguieron disparando sin hacerle caso a aquella señal de capitulación que el humo, tornasolado por los fuegos y el crepúsculo, velaba y desvelaba alternativamente. Por fin, algún anteojo inglés descubrió aquella tela temblorosa y vencida y cesó el bombardeo, mientras todos nos quedamos mirando, esperando que desapareciera el humo y me dejara ver el milagro de una resurrección. Pero el atardecer seguía demorándose sobre aquellas ruinas, como el rescoldo de un brasero gigantesco; nadie se atrevía a moverse; Augusto sujetó mi impaciencia. Toda mi vida era aquel espectáculo macabro de paredes desventradas, hogueras voraces, silencio expectante sobre el crepitar del fuego y la noche que lentamente se adueñaba de todo y nos hacía más insoportable aquella espera. El día no se acababa nunca y Dios, por si no lo sabíamos, como otras veces, era injusto.

Estuvimos mirando un buen rato, queriendo que ocurriera algo en aquel amasijo de vigas chamuscadas, sillerías rotas, ventanas agrandadas por el horror y pavesas fugaces sobre las hogueras. Yo esperaba que Manuela saliera o que pudiera ver lo que quedaba de ella, en aquel escenario funeral de cadáveres invisibles y de muros ennegrecidos por las llamas. Pero nada se movió en aquella estéril prueba de lo que había sido el triunfo inglés. Sin saber por qué, los soldados ingleses, impávidos con sus miradas acuosas, empezaron a moverse hacia el fuerte, avanzando con precaución, y los soldados franceses fueron saliendo con miedo de sus escondrijos, entre los escombros de lo que había sido el monasterio de los Benedictinos, con las manos levantadas y los ojos en la tierra, temerosos de encontrarse con la muerte en la cara de sus enemigos, arrastrando con su penosa necesidad de vida el recuerdo de sus triunfos y los lejanos paisajes de su gloria; eran más de los que nos suponíamos, pero muchos menos de los ochocientos que se habían encerrado; los harapos de sus heridas apenas velaban su desnutrición y la fiebre de su tristeza.

Las primeras defensas del fuerte, con los muros en el suelo y los cadáveres entre las ruinas, eran como un cementerio conmocionado y vuelto del revés por un terremoto; los muertos al aire estaban despedazados, mutilados y asomando entre los escombros, retorcidos en posturas inverosímiles; algunos habían sido desnudados por las explosiones y otros desfigurados por las quemaduras, los ojos abiertos con la perplejidad de la muerte, tenían la fijeza mineral de las hebillas y de las bayonetas varadas en la inutilidad del polvo. No obstante, los derrumbamientos permitían descubrir la planta de las sucesivas líneas de las fortificaciones y suponer los movimientos de repliegue de los asediados bajo las bombas inglesas; sobre el terreno craterizado y humeante se podían adivinar los zigzagueos de sus huidas; las espaldas agujereadas por la metralla fijaban el camino de una indecisión, de una frustrada tentativa de salvación o la consentida desesperación de un suicidio. Todos nos eran desconocidos, bajo sus uniformes franceses, y sus caras, extrañadas más todavía por la muerte sorprendida, eran como las máscaras de una pesadilla; estaban amontonados o esparcidos, como los restos de una basura humana, que hacían perder el sentido de su número; era imposible conmoverse por aquella repetición de los mismos horrores, de los mismos cráneos reventados, de los mismos rostros asombrados por las quemaduras que respetaban el blanco de los ojos, de las mismas vísceras ensangrentadas, de las mismas manos abiertas hacia el cielo oscurecido, abandonadas con inocencia de naturalezas muertas.

Detrás de los muros destrozados estaban las ruinas del monasterio, también castigado por las bombas y también humillado por los muertos. En lo que había sido el presbiterio, convertido en hospital de campaña, los cadáveres, en distintas posturas de entrega, ofrecían la disposición de una parada militar, que se desbordaba por las gradas del altar y llegaba hasta los rincones de las capillas escondidas; todos tenían la serenidad de la muerte lentamente asumida, como si el templo hubiera amansado sus últimas convulsiones, en aquella penumbra tranquilizadora, entre heridas abiertas, curas a medio hacer, palabras de un apresurado consuelo, compartidas por docenas de moribundos, y dolores sin solución, ni alivio; aquí los muertos estaban enteros, bajo las sucias mantas de la intendencia, e incluso algunos estaban envueltos en blancos sudarios urgentes. Y seguí buscando, haciéndome a la idea de un encuentro deseado y rechazado. Sobre las gradas, vi un cuerpo de mujer, de bruces sobre las losas, con una cabellera rubia que se desflecaba patéticamente sobre los escalones; pero no era Manuela. Recorrí los hundidos corredores de lo que habían sido celdas monásticas y probablemente después dormitorios de campaña; busqué entre los escombros de lo que quedaba del refectorio, con un enorme cráter en la techumbre y las mesas adosadas a las paredes y convertidas en camas de inútiles operaciones quirúrgicas, sobre las que algunos médicos se afanaban todavía en medio de la derrota y de la desolación y algunos heridos blasfemaban entre las vendas; bajé a las bodegas de los frailes, donde crecía el silencio y se debilitaba la luz y donde no encontré más que nuevos cadáveres, abandonados a su propia agonía, armas ya inservibles, águilas imperiales de latón deformadas por las balas y orgullosas banderas sin color y sin viento, sin mástil y ya sin honor, arrumbadas por el suelo, escondidas y preservadas como un último gesto de pudor y de patriotismo. Y más abajo, todavía encontré montones de objetos robados por los franceses, cosas de iglesia y vajillas de plata y algún cuadro de los conventos, sobre los que los oficiales de Wellington empezaban ya a ejercer sus derechos de vencedores y de ingleses, impidiendo la rapiña de los salmantinos.

Aquella mano destrozada, que encontré a mi vuelta hacia los altos del monasterio, aquellos pies descalzos, que sobresalían entre los escombros, aquel cuerpo joven, sin sexo, ni rostro, ni ropa, podían ser los de ella; yo volteaba los cadáveres para verles la cara y a través de una puerta derrumbada la vi, con el cuello vencido y el irreconocible cuerpo hundido en la tierra, contra un lienzo de pared a punto de desmoronarse, en un espacio que conservaba su antigua decoración religiosa, una alacena derruida, con algunos tarros intactos y los restos de algunos libros cubiertos de polvo, y una mesa hendida a la que le faltaban tres patas y sobre la que flameaban débilmente los girones de un tapete rojo; debía de haber sido una celda de estudios y cilicios, de castidad amenazada y de insomnios de santidad; estaba sucia, desfondada e inmóvil, enterrada entre las ruinas y los cristales rotos, con la cara apenas visible entre los montones de tierra, con los brazos recogidos en el regazo y sus luminosos ojos cerrados sobre el vacío, como si hubiera apurado un gesto de despedida. Reconocí el organdí del vestido, que llevaba cuando la acompañé hasta las puertas del fuerte, y la apagada llama de su pelo, enmarañada contra la frágil pared. Parecía que hubiera envejecido, privada de la fuerza de sus ojos y arrumbada contra el suelo, como una estatua vulnerada y apeada de la dignidad de su pedestal; me detuve en su cara, apenas visible bajo la costra del asedio, y sufrí la lenta y aterradora inspección de sus arrugas, el inesperado crecimiento de su nariz en un sesgo irreconocible y la flaccidez de su piel debajo de la barbilla, que ya no era adorable, sino más bien conmovedora; sus brazos eran únicamente la carne desechada por un tormento inquisitorial. Por primera vez, después de muchos años, le vi los pies descalzos, varados en una posición incómoda, con los huesos del tobillo descoyuntados y el denigrante color de las letrinas; sus dedos milagrosamente blancos, tenían la inocencia lúdica y sensual de los dedos de los pies de los ángeles de los altares de la gloria de los cielos de mi niñez.

Tardé en darme cuenta de que, sobre el vientre de mis viejas tentaciones eróticas, reposaba con la inercia de un objeto lo que debía haber sido el cuerpo completo de un hombre joven; no tuve que acercarme para reconocer aquel cadáver, sobre el que se manchaba todavía la mano de Manuela, en una caricia vencida que se demoraba en la sangre que ya no fluía, pero que conservaba sobre la tela rasgada de la casaca la pastosidad de un río inmóvil, grumosa y opaca, que se solidificaba en el silencio. Había sobre aquel cuerpo exánime restos de la gallardía militar de su destino y brillaban, aunque turbiamente, entre la mugre de aquel oscuro sudario imprevisto, los botones dorados de las águilas imperiales. Aquello que todavía Manuela abrazaba en su regazo, con un desmadejado gesto de amparo maternal, hacía tiempo que había dejado de ser un hombre para ser una cosa, confundida con los despojos de aquella hecatombe; su forma humana, destruida por una bomba que le había cercenado las piernas, eviscerada por alguna explosión y endurecida por la muerte, apenas se distinguía de los otros objetos de aquella escena macabra, que empezaba a ser recorrida y posesionada por las furiosas moscas de los velatorios.

Me estuve mirando aquella ruina durante mucho rato; sentí a mis espaldas la gente que corría y me estuve quieto en la dulce mansedumbre de mi pasividad; la luz se empequeñecía en el trozo de cielo abierto sobre la celda, cuando por el portillón del muro entró un rapaz vivaracho y rastreador, que se detuvo al verme y me ignoró al momento, para entregarse a la rebusca y a la rapiña entre los escombros; no hice ningún movimiento para impedir su saqueo, que husmeaba por los rincones y destrozaba lo poco que quedaba incólume en aquel maremágnum, que parecía los restos de un naufragio; se volvió a mirarme, intrigado por mi condescendencia, presto a huir y decidido a arrancar, con la mano ya en el aire, ávida e inocente, la plata de una medalla que brillaba sobre el amasijo visceral del regazo de Manuela; pero debí de sentir algo que me hizo atajar aquel despojo con un «Eso no», débil y cortado, que detuvo el gesto del muchacho y lo precipitó hacia las penumbras complacientes del monasterio, a través del mismo portillón por el que había entrado y que ya empezaba a encuadrar la noche, mientras me crecía el gusto a ceniza en la boca reseca de la fiebre. El crepitar de las llamas detenía el silencio más allá del espectáculo de la muerte.

Y fue entonces cuando lo supe, cuando tuve la certeza, que nunca me había abandonado del todo, de que vivía y de que su vida no era mi sueño. Y la saqué de allí, la desenlacé como pude de aquella masa inerte que tenía pegada a su cuerpo y que se desmigajaba mientras yo levantaba a Manuela, que se agarraba a mí con la misma desesperada avidez con que se había cogido al cadáver, como si compartiera con el muerto mi inútil deseo de tranquilizarla. Y la aplasté contra el placer de mi piel y contra el calor de mi fiebre, la arrastré con los brazos de mis veinte años y la empujé con las piernas y con los hombros de mi debilidad, pero se me deslizó irremediablemente hacia el suelo empedrado, que se quebraba por lo que había sido el altozano del convento, convertido en trincheras por los franceses, y la deposité sobre la tierra tibia de finales de junio, cubriéndola con el pobre recurso de mis brazos agotados por el esfuerzo. Alguien debió de vernos caer en la sombra y nos hizo llevar a casa, donde yo me recuperé enseguida, al entrar en el olor familiar de nuestro vestíbulo, y ayudé a transportar, con un San José derrumbado por el dolor, el sagrado cuerpo de Manuela hasta su cuarto. Y allí me estuve quieto y alucinado por aquella carne desfallecida que fue volviendo precariamente a la vida por los cuidados de dos médicos, amigos de mi padre, que lavaron aquella querida orografía, la recubrieron de ungüentos y de tinturas, la vendaron, la mimaron y la dejaron en su cama, de la que habían desaparecido todos los restos de la sangre y todos los estigmas de aquella noche, que, por fin, se encarrilaba hacia su término. Yo pensaba que mi tía Adela tendría que buscarle pronto a Manuela un hueco en su memoria, insuficiente para tantos muertos.

2

Y de pronto nuestra ciudad volvió a temblar, como arrancada de cuajo de sus raíces de tierra, por una explosión que nos hizo pensar que los franceses habían vuelto o que los ingleses iban a continuar el trabajo de destrucción que los gabachos no habían tenido tiempo de rematar; como si nuestra ciudad sufriera una condena inmemorial que se fuera cumpliendo con la precisión de un calendario establecido por los dioses y que no tuviera más destino que su desaparición de la faz de la tierra. La tronada venía del oeste y lo suficientemente cerca como para saber que había ocurrido dentro de las murallas, otra vez por el lado de San Vicente, que parecía estar sentenciado a su ruina total, antes de que toda la ciudad pereciera, según los presagios de mi tía Adela.

Salamanca se conmocionó y nos volvimos a echar a la calle, aterrorizados; algunos habían visto volar trozos de tejados, piedras y tierra por encima de las torres, como paleados por un gigante loco, y nos parecía imposible que, después de aquel espantoso estruendo, pudiéramos seguir vivos. Todos nos preparamos a soportar otro episodio más de la destrucción de Salamanca; inmediatamente pensé en mi tía Adela y en su clarividencia de iluminada por el alcohol, que habría oído aquel ruido como una nueva confirmación de sus previsiones, a las que los hechos seguían dándole la razón. Salamanca no estaba destruida del todo, pero cada día se acercaba más a su final, mientras sus habitantes esperábamos una muerte sólo provisionalmente diferida.

Cuando ocurrió aquella nueva catástrofe, estaba contemplando la recuperación infinitesimal de Manuela, vejada por todos los recuerdos y anclada en una irritación permanente, que era nueva en ella y que se le convertía en cólera, aunque en cólera blanda a su manera, ante la menor contrariedad, porque había perdido su antigua altivez de diosa, a la que no alcanzaban las miserias de este mundo. Se había despertado sobresaltada por la explosión y me preguntó, volviendo del sueño que todavía ensombrecía sus ojos sobre su cuerpo magullado, si habían vuelto los franceses, pues continuaba esperando su retorno por una especie de revancha del destino, como una compensación después de la pérdida de su amor y de la obligada soledad de su tristeza. Pero no podían ser los franceses, que le hubieran restituido la dignidad herida de su viudedad sentimental, porque todos sabíamos, salvo ella, que los franceses no volverían nunca más, derrotados y empujados hacia el norte por los aliados, echados de todas partes por el odio, humillados por las iras populares y expulsados para siempre de nuestra ciudad y del mundo del honor y de la civilización, pues incluso los ingleses eran mejor que ellos.

Mientras mi hermana me miraba decepcionada, yo estaba convencido de que los franceses se habían ido para siempre, porque en aquellos momentos estarían volando, como las hojas de los árboles empujadas por un vendaval, hacia la frontera de su país, buscando el refugio de su tierra, a esconderse de la vergüenza de su derrota y, lo que era peor, a manos de los ingleses y de un puñado de portugueses y de españoles. Debían de estar ya a cientos de leguas de nosotros, agrupados en su ruindad y en su miedo, huyendo de la derrota definitiva que su dios Napoleón, que se había olvidado de ellos, ya no podía evitarles.

Pero muchos pensaron que aquella explosión podría ser, porque eran capaces de haberlo hecho, el último regalo de su cobardía, pues la ciudad, alborotada por las sospechas y devorada por el pánico, devuelto a la memoria por aquel ruido estruendoso, que había desguazado la tierra desde dentro y nos había dolido hasta en los oídos, sufrió el rumor de que los franceses, antes de irse y antes de rendirse para siempre, habían minado la ciudad, aprovechando aquellas galerías subterráneas que Augusto y yo conocíamos, de tal manera que todos estábamos en peligro, con la muerte inminente debajo de nuestros pies o viniendo del cielo con aquella lluvia de cascotes que seguía cayendo por la parte de San Vicente. No sabíamos hacia dónde correr, porque nuestros pies pisaban la muerte con más certeza que de ordinario.

Sólo mi tía Adela no se movió de su sillón, según me contó después, y tuvo el feliz presentimiento de que su espera por fin había terminado y que todo se cumplía como ella lo estaba aguardando, sin importarle morir, lanzada por los aires, como una ruina más de Salamanca que al fin hubiera encontrado su destino. La única advertencia que les hizo a las criadas, que la abandonaron enloquecidas y dando rienda suelta a los gritos que habían estado refrenando durante años de larga servidumbre, fue que, antes de largarse para ir a morir entre los escombros de la ciudad, le subieran un par de botellas de vino andaluz de la bodega, que tenía en gran estima y que reservaba para una ocasión especial, que por fin había llegado. Me lo pudo contar decepcionada, después de aquel paréntesis caótico que tanto la había acercado a la felicidad, delante de las criadas que habían vuelto con los ojos todavía encendidos de susto y un poco avergonzadas por su huida.

Mientras corríamos hacia el lugar de la explosión, convencidos de que era el único sitio donde ya no volvería a explotar la tierra, mirábamos el suelo con el temor de verlo agrietarse antes de ser lanzados contra el cielo y volver a la tierra convertidos en migajas; pero no se produjo ninguna otra explosión. Traspasado el antiguo seminario de los Jesuitas, todo era humo y devastación; la gente gritaba exaltadas profecías en tono bíblico sobre el fin del mundo y el perdón de los pecados, que llenaban el aire enrarecido, con un fuerte olor a pólvora quemada, siniestros discursos, mantenidos por aquellas voces de locos, salidas del tumulto infernal que lo envolvía todo en calor y en peligros inminentes. Vi correr a don Porfirio, torpe y destocado, asfixiado por el humo que le hacía toser y por la duración de la carrera, sacado de sus libros probablemente por su interés de cronista, desasistido de su prudencia profesoral y de su continente envarado, que tanto hacía reír a los niños; corría ya sin aire en los pulmones, ni curiosidad en la mirada, arrastrado por la multitud que le empujaba al pasar y lo reducía al anonimato de una desbandada general.

Las anécdotas de los testigos fugaces y perentorios se unían a nuestras toses ahogadas por el polvo, que aumentaba a medida que nos acercábamos a la calle de las Sierpes, donde los escombros dificultaban los saltos de nuestra marcha y por donde empezaron a aparecer los primeros cadáveres despanzurrados y desconocidos, en posturas inverosímiles entre cascotes y amasijos de ropas ensangrentadas, debajo de las cuales se adivinaban trozos de muertos que conservaban una vaga identidad humana. Una lluvia de tierra no cesaba de caer sobre aquel caos de gritos y de ruinas, como si una nube siniestra descargara una insólita rociada de terrones deshechos y de materiales ingrávidos como plumas de pájaros en suspensión, en una atmósfera irrespirable de crepúsculo anticipado.

Las gentes chocaban entre sí y se enfurecían más por su torpeza; durante aquellos minutos, fuera del tiempo, oí las más originales blasfemias y los insultos más desaforadamente obscenos de toda mi vida contra los franceses, pues nadie dudaba de que habían sido ellos. Era efectivamente el fin del mundo, al que todavía no habíamos llegado, pero al que aceleradamente nos estábamos acercando y nadie parecía preocuparse de otra cosa que no fuera gritar y correr, sin que el baño de tierra cediera en intensidad. Las calles del barrio se habían borrado y todo era un solar en el que las piedras de las antiguas casas se mezclaban entre sí, como formando una ruina continua. En medio de aquel frenesí, algunas mujeres empezaron a reconocer a sus muertos y a llorar a gritos sus descubrimientos; no se veían perros y sólo se veían hombres que miraban estupefactos a todas partes, como buscando airados un culpable cerca.

Un hombre viejo, acuclillado sobre unos sillares rotos, se movía rítmicamente, marcando el tiempo de su desesperación con los ojos cerrados y las manos escondidas debajo de los sobacos, sucio de polvo, indiferente a los empujones de los que se apresuraban hacia su propio dolor, sin lamentarse, como movido por un resorte mecánico en su balanceo, que no pudiera dominar y al que alimentaba con el hormigueo de sus temblores. Me paré a mirarlo porque era el único que había encontrado el lugar exacto en aquella tragedia colectiva. No sé si tendría muertos en aquella catástrofe o si acunaba con su vaivén monótono su propia muerte; le hablé pero no me oyó en medio de aquella barahúnda de cuerpos terrosos y sofocados por un calor emergente; me acerqué para gritarle al oído, pero no pareció darse cuenta de mis gritos; no me atreví a zarandearlo por temor a que se me cayera muerto; estaba solo en el centro de aquel barullo y no participaba ni de la rabia, ni de la necesidad de moverse de un lado para otro como los demás. Entonces comprendí que la explosión le había dejado sordo y medio ciego y que estaba acostumbrándose a su nuevo destierro; sus oídos reventados dejaban escapar un líquido denso y purulento que se le perdía en la maraña de la barba, antes de escurrírsele por el cuello abajo, un delgado cuello sin afeitar, hecho de hambres pertinaces y de tradicionales abandonos higiénicos.

«¡Me cagüen el Dios de los franceses!»

Todavía una vez más vi a don Porfirio perdido entre tantas novedades que su erudición no había previsto, ni siquiera sospechado, probablemente acordándose de la Roma incendiada de Nerón o de la destrucción de Cartago o de Tebas arrasada por Alejandro o del Vesubio irritado sobre la indefensa y pecadora Pompeya. Las escenas de horror se le acumulaban en los ojos, sin tiempo para anotarlas en la memoria, antes de pasarlas a los apuntes históricos de su indignación. Miraba a su alrededor, testigo por una vez de lo que tendría que contar, como para llenarse de aquel humo y de aquel polvo, de aquella confusión y de aquellos gritos, de aquellos grupos de gente enloquecida que saltaban entre las piedras y caían de bruces sobre la tierra todavía caliente. Todos los habitantes de la ciudad, menos los enfermos y mi tía Adela naturalmente, habían venido a comprobar los estragos de la explosión; los lamentos seguían oyéndose más allá del escaso horizonte de nuestra mirada; rostros macilentos, desesperados y llorosos, que enseñaban los dientes incisivos del asco y de la ira, cruzaban corriendo como si supieran adónde iban. Sólo los cadáveres de los niños tenían a su alrededor un cerco de silencio.

El pavor crecía a medida que la curiosidad ya no encontraba nuevos detalles que añadir a las miradas cansadas de ruinas, sangre y asombro. Alguien dijo que no habían sido los franceses; era un tipo delgado y escurrido, con los ojos un poco saltones y pestañeantes de timidez y nerviosismo, con la voz huida y el pelo escaso. Todos se volvieron contra él y súbitamente lo llenaron de odio y encontraron al culpable que estaban buscando y que su necesidad de venganza les pedía, en medio de aquella tormenta de tierra. El hombre se asustó al sentirse odiado de una manera tan física y por tanta gente al mismo tiempo y se dio la vuelta para salir corriendo; pero lo atraparon y lo zarandearon para preguntarle qué había dicho y repitió que los franceses no habían sido los causantes de la explosión, lo que llenó las manos de indignación, como si negara la evidencia, y lo golpearon hasta el suelo y la sangre. Cuando estuvo tirado, revuelto entre el polvo y las patadas, los que se acercaban a ver y a preguntar animaban con sus insultos a los verdugos de la primera fila, que no necesitaban que nadie azuzara su odio, porque seguían zurrándole para negar sus palabras y parecían gozar del privilegio de ejecutar los deseos de todos, incansables en su desprecio y en la brutalidad de sus golpes, orgullosos en su ciega determinación de patriotas heridos. El hombre ya no se movía, encogido sobre sí mismo, abrazado a su propio desamparo y a su derrota frente a todos, que le fueron escupiendo y pataleando en su inerte desvalidez de víctima, que sangraba por varias heridas y apenas se resistía a la paliza. Cuando me alejé de allí podía estar ya muerto.

—¿Quién es?

—Un afrancesado, que lo han cogido cuando iba a encender otra explosión.

Después se supo que no habían sido los franceses. El traslado de la pólvora, que los gabachos habían guardado en el fuerte, a un almacén de harinas de la calle de la Esgrima se había hecho de un modo descuidado, dejando ríos de pólvora por el camino y amontonando los sacos de las municiones sin ninguna precaución entre los costales de harina, junto a las ventanas abiertas y contra las paredes de la calle, cuando ya no se pudo meter más pólvora en el polvorín improvisado en medio de la ciudad. Un hombre, al que algunos testigos señalaron como el cura Pando, que se quedó a dormir en el cuerpo de guardia del depósito en compañía de su amigo el capitán Granados, tiró un cigarro mal apagado a la calle, haciendo estallar la pólvora, que los lanzó hacia lo alto a él, a su amigo y a todos los soldados que estaban allí, dormidos entre los costales de harina y convertidos en cenizas antes de llegar al suelo de vuelta. Y con ellos todas las casas de la calle y los alrededores. Pero lo más sorprendente de aquel acontecimiento fue lo que le ocurrió a una vaca, que caminaba lentamente a abrevar al río y fue lanzada por los aires, cuarteada y sanguinolenta, hasta la cúpula de las Agustinas, con una especie de asombrada inocencia en sus hermosos ojos, como si la muerte los hubiera humanizado. Costó Dios y ayuda bajarla, y las monjas no sabían si rezar, llorar o reír, viéndola despatarrada sobre las piedras de la cúpula, que se manchaba con su sangre en largas escurrajas, que goteaban sobre el tejado y que las lluvias fueron borrando con el tiempo.

Pero no pudimos olvidarnos de la guerra, porque después de aquel falso episodio bélico, la guerra volvió, despertándonos a media noche con el rumor de las carreras de los caballos, que nadie sabía de dónde venían, ni adónde iban, o viendo a pleno sol las polvaredas de las marchas de la infantería inglesa que entraba y salía de Salamanca como de un cuartel. Un pobre entierro, sin cura ni cruz alzada, atravesaba el Campo de San Francisco como para recordarnos que los soldados seguían muriendo en los hospitales, y los apresurados pasos de los oficiales, sujetando la empuñadura del sable con la mano izquierda y cruzando cualquier calle asustados, nos hacían pensar que algo iba a ocurrir, a lo que añadíamos el aviso de que el rey José, según los papeles que se les habían cogido a los correos franceses, se dirigía a Salamanca en ayuda del general Marmont, empujado por el Lord hacia las tierras de Toro y que creíamos camino de Francia, pero que se había presentado de improviso en los altos de San Cristóbal, al norte de la ciudad, con sus tropas en orden de batalla.

Dos semanas más tarde se produjo el combate que nos temíamos, a las puertas de Salamanca, cuando los franceses cruzaron el río más arriba de Pelarbravo y el Lord los esperó en las lomas de los Arapiles. Los libros escolares recuerdan que fue el día 22 de julio de 1812. Mi cojera me vetaba el heroísmo y aguardé en la ciudad el resultado de la batalla. Los primeros heridos, después de haber oído retumbar los lejanos cañones durante todo el día, empezaron a llegar por la tarde, traídos en carretadas, amontonados delante de los hospitales de guerra y retirados a tiempo de que nuevos carros pudieran descargar más heridos, entreverados de algunos muertos, que venían cubiertos de polvo sudoroso y con los ojos cegados por la violenta luz de aquella tarde de julio; se les reconocía por los restos de sus uniformes sobre las carnes lastimosas y se mezclaban en aquella espera a cielo abierto los franceses con los portugueses, los ingleses con los españoles, en un amasijo de harapos militares y de lamentos en varios idiomas, entorchados y botas sucias y rostros contraídos en distintos grados de humillación biológica. Las autoridades habían ordenado separarlos por nacionalidades, de tal manera que los franceses fueran al Colegio del Arzobispo, los ingleses y los portugueses a los antiguos Jesuitas y los españoles al Hospital del Estudio y a las aulas próximas de las Escuelas Menores. Pero los carreteros se confundían y los dejaban donde podían, según el color predominante de los uniformes, para volver a cruzar el Puente y subir hasta los Arapiles y continuar trayendo cuerpos destrozados a medio real la carretada.

Los bueyes que tiraban de las carretas desconocían las prisas de los aguijones de los boyeros y la urgencia de las hemorragias de los agonizantes, que iban convirtiendo en cadáveres parte de aquel siniestro cargamento, mientras subían la Cuesta de San Vicente, que dificultaba todavía más la marcha agobiante bajo el sol cenital de julio, que lucía al borde de la paralización total del universo, mientras seguían oyéndose los cañones de los Arapiles, de los que se levantaban unas humaredas negras, que señalaban el lugar de la batalla a los salmantinos que se habían asomado a la Peña Celestina para imaginar la carnicería. Desde allí se veía ascender penosamente la caravana de carretas, contorneando las murallas hacia la Puerta de San Bernardo, donde Terenciano se había cansado de contar los heridos que entraban en la ciudad y por donde pasaban desbocados los caballos de los mensajeros, cubiertos de espuma y con los arzones sueltos; Terenciano había sumado treinta carros de bueyes, cuando cerró los ojos, asustado de aquella macabra cuenta; Alodia lloraba como si se tratara de su propia muerte y a mí todavía me duele el recuerdo de aquella jornada.

Los médicos se esforzaban en atender a aquellos cientos de piltrafas, que iban llenando las salas de los hospitales y los pasillos y las escaleras y los patios y desbordaban los zaguanes hasta la calle. «Los muertos ya no nos necesitan», repetían viendo pasar los cuerpos heridos, magullados, destrozados, casi con indiferencia, con las manos manchadas de sangre y las vendas deshilachadas saliéndoles de las faltriqueras. «No traigáis más muertos», pero los carreteros se disculpaban diciendo que, cuando los habían recogido en los Arapiles, estaban vivos. Algunos de los heridos respiraban afanosamente por ganar aire para su agonía y otros movían la cabeza de un lado para otro, como con un automatismo aprendido en corto tiempo para sobrevivir. Algunos para preservarlos del sol venían cubiertos con mantas, que al ser levantadas descubrían las caras impávidas de los cadáveres amontonados. Seguían llegando y nadie les hacía caso a las autoridades que mantenían sus órdenes de separar a los heridos por nacionalidades. Al principio había que tener alejados a los perros hambrientos, pero después, sin saber por qué, ellos mismos se alejaban de aquellos despojos.

Aquel hombre que estaba tirado delante de mí todavía no era un cadáver, pero empezaba a serlo; se desvanecía con demasiada frecuencia para pensar que sobreviviría y la mano que oprimía la mía me presionaba cada vez con menos fuerza. Yo no podía hacer nada por él, salvo escucharle, mancharme los dedos con su sangre coagulada y mirarle a los ojos, más allá de la barrera de su muerte, para que no se fuera tan solo; ni siquiera podía recordarle algo que lo animara, porque no sabía ni quién era, ni tampoco podía decirle alguna mentira que le sirviera para mantenerle la esperanza hasta que se muriera, porque no parecía entender mis palabras, aunque de su propia muerte debía de saber más que yo. Por lo que quedaba de su uniforme debía de ser un inglés. No supe qué hacer, desde que al pasar renqueando me cogió la mano, y sólo tenía la seguridad de que había decidido quedarme con él hasta el final, que no tardaría en llegar; a veces me parecía que ya no respiraba, pero, cuando empezaba a retirar mi mano de entre las suyas, la débil presión que respondía a mi abandono demostraba que aquello no había terminado aún y que debía esperar unos instantes más para que mi inútil solidaridad se cumpliese. Porque era lo único que podía hacer por aquel desconocido, aunque fuera inglés y al que alguien a mi lado había llamado «héroe hermano», que me hacía estremecer de prevención.

Un francés empezó a gritar, por encima de las quejas y de los silencios precavidos de las salas: «*Arrêtez! Arrêtez-vous! Marmont est mort, le cocu! Merde, alors!! Espagnols miserables!!*». Tenía las piernas amputadas por un obús y se movía sobre los riñones, sin dejar de gritar, como para mantener la muerte a distancia y luchar contra ella como lo había hecho contra los ingleses, ciego y borracho; después cambiaba de tono y la exaltación le hacía agitarse sin fuerzas, sobre el delgado colchón que lo separaba del suelo: «*Vite! Vite! Les anglais, ils sont tous des pédérastes. Aux armes! Victoire! Victoire! Vive l'Empereur!*». «*Tais-toi, mon garçon; tais-toi et file tranquile*», le gritaron desde el fondo de la sala, que había ido enmudeciendo ante aquel extraño diálogo de videntes, enfrentados al horror de la muerte. «*Tais-toi, cochon.*» «*Ta mère.*» Las nuevas quejas crecientes empezaron a ocultar aquellos gritos, que no parecían querer disminuir, ni extinguirse, como una continuación de la batalla. El burócrata de la muerte gritaba desde la ventana a los carreteros que se acercaban, cansados del viaje y hartos de su cargamento: «Aquí, no; aquí, no; los ingleses al seminario; los franceses, al Colegio del Arzobispo; cada uno con los suyos». A veces, la sangre sobre los restos de los uniformes hacía difícil distinguir el azul de los franceses del rojo de los ingleses. Pero los carreteros seguían vaciando sus carros allí donde la masa de los muertos y de los heridos les dejaba un espacio libre.

«¿Habéis visto a Augusto?»

Mi héroe tenía la cara destrozada y sólo los ojos cerrados parecían estar enteros; por las mejillas rotas se le veían las encías desnudas y los dientes blancos, manchados de una saliva oscura que se le movía lentamente con la débil respiración; le faltaba un brazo, desgajado a la altura del hombro, donde un tapujo de vendas intentaba sostener la hemorragia, que iba ya tiñendo las tiras inmaculadas de un pardo negruzco, que preludiaba la sangre; la camisa rota dejaba ver su pecho lacerado por múltiples heridas, que debían de ser lanzadas por los rasgones de la carne y la profundidad de los desgarros; las piernas las tenía intactas y sus botas conservaban, por debajo del polvo y del barro, el brillo de las ordenanzas y reposaban sobre el banco de madera, como las extremidades muertas de un pelele abandonado; se estremeció un poco y comprendí que el héroe entraba en el tiempo de su última agonía.

¿Para qué moverme?, ¿para qué ir a otro moridero? Ya tenía bastante con aquel inglés que se me estaba muriendo, sin que ni siquiera entendiera lo que finalmente empezó a decirme, aunque yo asentía con la cabeza para que se fuera al otro mundo pensando, al menos, que tenía razón; me miraba extrañado, con sus ojos de pronto abiertos, agrandados y transparentes, casi primaverales, como si se hubiera despertado y rejuvenecido antes de morir y me lo quisiera hacer notar, quizá para agradecerme la compañía en aquel tránsito o para asegurarse de que todavía estaba vivo. Yo seguía asintiendo a sus palabras desconocidas, que no parecían una despedida sino un sermón, y él seguía hablando entre dientes, como para desembuchar todo lo que tenía dentro, antes de que fuera demasiado tarde. Para consolarle y confirmarle mi efímera solidaridad intercalé, en un breve silencio que se concedió, una sonrisa de complicidad y entonces él me miró con toda la severidad que le permitían las piltrafas de su cara y se esforzó por mover lo que quedaba de su cabeza de un lado para otro, en sentido negativo, desalentando mi amistosa connivencia; después, se puso a reír con aquella sucia máscara que le deformaba los rasgos de la cara, atravesada por los sablazos, y noté el agresivo desprecio con que me miró con su última mirada azul de inglés altanero, antes de morirse definitivamente, con un *fucking* empujado por su postrer resuello hasta sus labios rajados.

Me levanté para irme, dejando al inglés sardónico perdido en la soledad de su muerte, cuando un francés que estaba allí cerca, envuelto en unas mantas sucias de sangre, me preguntó en un castellano dificultoso si había terminado la batalla y si sabía quién había ganado; me miraba temeroso, presintiendo lo peor y me empezó a hablar mal del general Marmont, por no haber esperado los refuerzos que le traía el rey José desde Madrid, porque quería ganarse él solo las medallas y porque se había confiado, sin contar con la bravura española, en la notoria cobardía y en la presunta debilidad de los ingleses, a los que había tenido en sus manos por la mañana y los había dejado escapar por la tarde. Sin embargo, llegó la noticia de que los ingleses se retiraban y los franceses avanzaban hacia el Arapil grande, donde los otros intentaban resistir. Y fue entonces cuando me dijeron los que venían del campo de batalla que Augusto había muerto, arrastrado por su caballo herido y atravesado por los lanceros franceses que se echaron sobre él en cuanto cayó de su montura. No quise creerlo, porque no había caballo que pudiera descabalgar a Augusto.

Por la mañana lo había acompañado hasta el Puente Romano, vestido con su uniforme inglés que se ponía como un desafío sobre su sangre francesa, magnífico en su caballo jardo, violentamente obligado por el jinete a acompasar su brío impaciente a mis grotescos andares de cojo, que se esforzaban por mantenerme junto al flanco de aquella bestia endemoniada, que me miraba de reojo, como para despreciar mi inutilidad. Varias veces amagó un golpe con sus ancas poderosas para desprenderse de mi humillante compañía, pero Augusto le castigaba los ijares con la fusta, mientras le hincaba las espuelas y le tiraba de las bridas hasta hacerle torcer la poderosa cabeza llena de furia. Y finalmente Augusto se perdió por el Puente con una brava revolera y un agradecido salto del caballo, que pateó las piedras del suelo, como animándose para la carrera, hasta que Augusto lo frenó rabiosamente seguro y le hizo volverse para despedirse de mí, con el sable en alto y todo el sol del mundo iluminando su gozo guerrero y su soberbia invencible de triunfador, temerario e indomable sobre aquel caballo asesino, que levantaba las patas en el aire como una protesta y una feroz exhibición de fuerza. Yo respiré aliviado, viendo cómo de momento se alejaba de sus amenazas a mi hermana y no sabiendo si alegrarme o entristecerme por la posibilidad de que la batalla que se estaba preparando le impidiera cumplir su venganza.

«La culpa ha sido del sol», me dijo aquel francés, cuando ya se supo que los aliados habían ganado. «Por la mañana teníamos el sol a nuestro favor y los arrollamos muchas veces y teníamos que haberles ganado entonces, antes de mediodía; pero por la tarde, con el sol en contra, los ingleses se aprovecharon y cuando quisimos corrernos a contraluz ya no había tiempo, estábamos cansados y los ingleses nos cerraron el paso y nos dividieron. Es muy astuto ese Wellington. Porque Dios está con los ingleses y Napoleón sólo tiene de su parte a los granujas.» No parecía que fuera a morir o por lo menos su indignación estaba intacta, protestaba por el transporte en carreta y se quejaba de unos fuertes dolores en el bajo vientre, todo vendado, que le hacía presentir un futuro de castrado, resignado ya a los recuerdos de aquella guerra idiota. No sé por qué me hizo una confidencia sobre su intento de matar a Napoleón en Guadarrama, cuando cruzaron el Puerto de los Leones, a quince grados bajo cero a últimos de diciembre del año 8, con ventisca y aguanieve, con las botas que se hundían en el barro cenagoso de las pisadas y los caballos con las orejas tiesas, que chapoteaban asustados en la tierra que les fallaba y se despeñaban entre relinchos; si lo hubiera matado entonces, ahora no estaría así: *«Le cocu!»;* pero, al menos, Marmont había muerto, pues él lo había visto caer del caballo con todos sus arreos y entorchados, en una aparatosa caída de general del VI Cuerpo de Ejército, que no soltó el catalejo ni para estrellarse contra el suelo. «Por lo menos, algo hemos salido ganando.»

Seguí arrastrando mi pierna inútil entre las filas de los heridos, depositados sobre las losas del suelo, desoyendo las llamadas que acompañaban mi paso rengo hacia la luz que entraba por el portalón del Colegio del Arzobispo, abierto de par en par, frente a las columnas de la entrada, donde se había levantado una hoguera para alumbrar el camino de los carros de bueyes, que continuaban amontonando heridos a las puertas del hospital, mientras las ruedas de los carros de retorno resonaban de nuevo en el empedrado de la calle, de vacío hacia los Arapiles, inclusive cuando ya los combatientes estaban descansando en sus camastros y en sus literas de campaña, con el horror de la muerte en la memoria de la noche templada de julio, en la que humeaban todavía algunas fogatas dispersas, que hacían brillar los correajes y los ojos de los muertos, y se oían las descargas de los fusilamientos de los ladrones de cadáveres. Los caballos tardaban más tiempo en apaciguarse y durante mucho rato la piel de sus patas temblaba, con las orejas erizadas y una sorpresa prolongada en sus ojos, mientras se les iba secando la espuma en los ijares oscuros y malheridos. Algunos médicos, inclinados sobre los moribundos, espiaban el momento de ver salir el alma por la boca de los muertos.

Bajé hasta el Puente cuando ya clareaba la aurora para preguntar por Augusto o encontrarlo entre los heridos que seguían pasando en aquella procesión fantasmal del amanecer. Cruzaban delante de mi esperanza sombras de soldados arrastrando el fusil y algunos jinetes lentos con las bridas flojas sobre los cuellos humillados de los caballos, que bufaban intermitentemente, haciendo tintinear sus herraduras sueltas sobre las piedras de la calle, que a veces chispeaban en la oscuridad que iba difuminándose. Algunos hombres se detenían de pronto y se sentaban en el suelo, con la espalda contra la pared de las casas y la cabeza entre las manos, en un silencio que agrandaba el vacío a su alrededor; el paisaje urbano empezaba a animarse y se dibujaban sobre un cielo todavía oscuro las torres de las catedrales, que le devolvían al día naciente la familiaridad de sus siluetas poderosas. La fila discontinua de los soldados se perdía por las puertas de la ciudad pisando las sombras tenaces de las calles, más allá de las murallas que emergían de la noche cenicienta, que se quedaba temblando en el esquilón madrugador de unas monjas que se atrevían a llamar a maitines. «Mierda de guerra.»

Como si después del fin del mundo la vida hubiera empezado a levantar cabeza, al día siguiente un alivio esperanzado llenó la ciudad agotada y con la conciencia todavía ensangrentada por los restos de la batalla. Ni el recuerdo de los muertos, que todavía tuvieron que esperar varios días a la intemperie antes de ser enterrados en una fosa común, importaba tanto a la gente como la definitiva retirada de los franceses, que habían huido entre los encinares hacia Alba de Tormes, perseguidos por los vencedores. Durante todo el día por el Puente, mezclados con los últimos soldados y las ristras de los prisioneros, siguieron pasando los carros de los heridos; la ciudad al principio no se atrevía a demostrar su alegría, ante aquel desfile funeral que se fue espaciando poco a poco. Pero, en la Plaza Mayor, a trasmano del cortejo fúnebre y lejos de los hospitales de los agonizantes, la gente recuperó pronto las ganas de reír y las canciones fueron surgiendo de los soportales y extendiéndose por todo aquel ámbito monumental. A doña Mariana le crecieron los pechos más todavía con el aire victorioso en sus pulmones, ensanchados por la euforia; Paco, el ventero de la Puerta de San Pablo, menudeaba sus picheles de vino y dejaba que crecieran sus borrachos sin cobrarles los ochavos de sus tragos; amanecieron las banderas en los balcones, entre vítores y empujones de una multitud que se enfervorizaba con su propio entusiasmo; todos se abrazaban a todos, inclusive a los ingleses, sin temor a contagiarse; Blasillo chapurreaba su bobalicona cantinela de «Dios aprieta, pero no ahoga», entre una complacida aquiescencia de un grupo de beatas, de misal en puño y pieles cerúleas y estiradas; Piñoncito gozaba en medio de tantos hombres despechugados, que lo palmoteaban entre bromas y guiños cómplices; Alodia sonreía, como si la ciudad doliente sonriera por su boca; los tambores de la guerra se habían transformado en instrumentos festivos y los muchachos les sacaban redobles alegres a sus badanas rotas y a sus cueros desfondados; después hasta las campanas se atrevieron a cantar la victoria, mientras mi tía Adela le preguntaba a todos los que iban a visitarla cuántos muertos había habido.

Manuela no perdió su serenidad de elegida y se negó a esconderse cuando empezó la caza de los afrancesados; ni siquiera bajó al sótano de los criados, hacia donde la empujaba San José para disfrazarla con ropas de fámula. No se movió de su cuarto, ni de su butaca, ni se olvidó de embellecerse hasta la ofensa, ni consintió que se atrancara la puerta de la entrada, como se hacía cada noche. Hasta ella llegaban los gritos y las campanas, el júbilo y las amenazas; pero esperó la muerte como un desafío, igual que había hecho mi padre, al que cada vez se parecía más por su terca intransigencia y su loca veleidad francesa. Las horas pasaron sobre la impavidez de su rostro de diosa, quizás un poco más pálida que de costumbre y con una especie de neblina en sus ojos imperturbables que su miopía agudizaba, mirando frente a la puerta por donde tendrían que entrar sus verdugos, como si midiera el tiempo y la distancia que la separaban de su ejecución. El aire en su cuarto era caliente y unas gotas de sudor alumbraron la ribera de su labio superior y se quedaron allí como una prueba de su humanización irreversible. Durante toda su vida parecía haber estado educando aquella ciega altanería ante el peligro, al que provocó abriendo la ventana y descorriendo las cortinas, que aliviaron la quietud agobiante del cuarto con un corto vuelo de encajes y de blondas, movidos por una brisa incierta y caprichosa.

Y todavía más, se asomó a la ventana y se ofreció a la mirada de la calle, como nunca había hecho en toda su vida de muchacha engreída y aparte, encerrada en el secreto de su lejanía y de su marginación perpetua. Pero no ocurrió nada; la alegría de los resucitados siguió exaltando las calles, después de aquel loco campaneo de felicidad colectiva, que había acompañado a la última procesión de heridos y había resbalado con indiferencia sobre la frente augusta de Manuela; la victoria se albergó en el corazón de la ciudad y todos volvieron a descansar tranquilos, después de mucho tiempo en el trozo de oscuridad que le tocaba a cada uno de aquella noche atravesada de sueños y de fuegos imposibles. El aire de Salamanca, donde crecían las buenas estrellas de julio, estaba limpio, como el cielo después de una tormenta de verano. Sólo Manuela no durmió en aquella noche de júbilo y permaneció ante la ventana abierta, con los velones de su cuarto encendidos para que todos pudieran verla, enhiesta, excluida de la satisfacción general que la ignoraba, manteniéndose despierta por la voluntad de su determinación suicida.

A la mañana siguiente apareció Augusto, descalzo y destocado, con algunas pajas en la maraña de su pelo ensortijado, la camisola rota, sin casaca, las piernas llenas de arañazos y el pecho herido. Había estado dos días durmiendo en un pajar, tratando de borrar inútilmente los ruidos y los gritos de la batalla que tenía metidos en la cabeza como una piedra. Había perdido el caballo, las armas y parte de sus ropas, pero le quedaba el horror de su mirada azul, que había olvidado la serenidad, pero no la lucidez, ni la transparencia. No quiso hablar y se despojó de lo que quedaba de su uniforme inglés con la lentitud pesarosa de un derrotado, mientras el calor de julio entraba estrepitosamente por las ventanas abiertas de la mañana y le hacía sudar los recuerdos del combate en los cerros de los Arapiles y de su resurrección de entre los muertos, cuando todos lo dábamos por perdido. Pero me sorprendió, cuando, arruinado y todo sobre las sábanas revueltas de una cama que no había probado en tres días, se levantó para decirme, sin dejar de mirar los tejados de las casas que parecían encubrir la marea de una euforia ocasional, con la exacta fonética de su castellano aprendido y rehogado en la calle:

«Pero, a pesar de todo, carajo, mereció la pena».

Mientras tanto, los ingleses celebraban la victoria a su manera, sobrevolando el entusiasmo general sin entenderlo. Porque la victoria no parecía haberles producido más efecto que el aumento de su voracidad salvaje y de su sed insondable, que procuraban apaciguar serena e ininterrumpidamente y que les llevaba a asaltar todos los almacenes de vino y todos los depósitos de víveres, azuzados por el deseo de una gloriosa comilona, entreverada con una arrolladora borrachera, de la que entraban y salían varias veces al día; desfondaron puertas, hundieron ventanas, gritaron y aporrearon a todo lo que trató de oponerse a las manifestaciones de su barbarie, dejando un rastro peor que si hubiera pasado por allí la batalla, y rugieron sin perder la compostura con sus teces sonrosadas, a las que el furor daba una tonalidad de lomo de cerdo chamuscado.

Nada más que la terminación de todo el vino de la ciudad pudo detener su deseo de destrucción; lo arrasaron todo, mientras las sucesivas borracheras les permitieron mantenerse en pie. Estaban tan ciegos que hasta violaron a algunas mujeres, traicionando sus conocidos gustos sexuales; el furor les duró tres días, en los que se bebieron todo lo que se podía beber en la ciudad, menos agua, incluso el vino dulzón de la misa, generosamente bautizado, que por unos pocos ochavos los muchachos les ofrecían, en unos garrafones que llevaban a hombros, robados de las bodegas de los frailes, y que transportaban por las calles al grito de «¡Vino de Dios!». A los ingleses todo les resultaba poco para beber y dormían al pacífico sereno de la noche veraniega y se despertaban al mediodía para rastrear más comida y más bebida. Pero acabaron yéndose; los fueron recogiendo en parihuelas y fueron llevándolos a sus cuarteles; les proveyeron de botas nuevas y mataron a latigazos a un insolente, que había sobrepasado la barbarie general y había acabado enfrentándose con sus jefes. Y se fueron marchando, rezongando y dándose la vuelta para mirar por última vez la ciudad que, contra sus deseos y tentativas, permanecía todavía en pie a sus espaldas y que parecía rechazarlos con la indiferencia dorada de sus piedras. Entre los heridos, que se bamboleaban sobre los carros de la intendencia, había uno con la cabeza vendada que se había pasado toda la noche dando testarazos contra las paredes de la Catedral Nueva y al que el día sorprendió con la frente ensangrentada y furiosamente irritado porque la catedral, a pesar de sus esfuerzos, no se hubiera venido abajo.

Pero por fin se fueron, también ellos, y, aunque nos dejaron sin comida, ni bebida y con algunas vírgenes menos, los vitorearon mientras se alejaban, camino de Madrid, en persecución de los franceses, que según las noticias que nos fueron llegando habían huido hacia Avila y Segovia, apresurándose a abandonar el campo. La ciudad cuajó un súbito silencio, que lo llenó todo y venció finalmente a los gritos de los patriotas, que tuvieron que enmudecer, pasados unos días, afónicos y derrengados, maldiciendo a los gabachos y besando la tierra nuevamente libre de tropas extranjeras y prolongando su entusiasmo hasta que la tranquilidad de las calles los devolvía a sus casas, con el silencio de siempre gravitando a sus espaldas. Y en medio de aquella serenidad recuperada, como la confirmación de la normalidad secular de Salamanca, se oyó la campana solemne de la Catedral Nueva, como sumergida en un estanque de silencio transparente, como una palabra recién llovida.

Un ciego de la guerra tanteaba su camino con un bastón improvisado por la cuesta de lo que había sido la calle de las Sierpes, en medio de los escombros y de los sillares rotos esparcidos por el suelo, reconstruyendo los itinerarios de la ciudad que nunca más volvería a ver; sobre sus hombros conservaba todavía los restos de una casaca militar y unas vendas mal ajustadas en torno a su cabeza desgreñada delataban su ceguera reciente y su paso por algún hospital de campaña y cubrían sus ojos casi cerrados, en los que yo creía ver huellas de sangre coagulada y una humedad reciente de lágrimas; todavía no había aprendido a moverse por aquellas calles por las que habría transitado con frecuencia y de las que conservaría aún los esguinces de las fachadas y el relieve de sus esquinas en la memoria.

Andaba perdido y probablemente no sabía hacia dónde ir, con aquel palo en la mano que le permitía reconocer el desparejo empedrado del suelo que se negaba a confirmar sus precauciones y al que se empeñaba en pisar con fuerza. Le ayudé a salir del atolladero y lo guié entre aquellas ruinas que habían crecido más aprisa que su torpe acomodación a la oscuridad. Cuando me sintió próximo, me agarró del brazo casi con ferocidad, como exigiendo mi compañía y mi obediencia, y me empujó hacia adelante como si necesitara andar para salir de su ceguera; pero no quería ir a ningún lado; sólo quería moverse y fijar las rutas de su deambular ciudadano, antes de que se le borraran definitivamente de la cabeza. Cuando nos llegaba algún grito patriótico, se le arrugaba la cara de mala manera y aumentaba la presión de su mano sobre mi brazo, con una especie de protesta y de rencor dolorido, excluido de la alegría colectiva del triunfo, que le rodeaba como a una isla.

Las campanas empezaron a anunciar el *Te Deum* de acción de gracias en la catedral y el ciego me dirigió hacia aquel sonido, que le caía de un cielo invisible, al que había vuelto su rostro de pronto sonriente y como si lo viera, azul e infinito, con la inmensa gravedad de una belleza inaccesible. Yo tenía que rectificar constantemente la trayectoria de sus torpes pasos para que no tropezara, ni se chocara contra los restos de los muros derruidos, que cortaban su impaciencia de ciego apresurado. El dudoso movimiento de mis piernas desiguales y las numerosas precauciones de mi marcha alertaron al ciego, que me apretó el brazo con una solidaridad que me repugnaba y me hizo con una sonrisa de iluminado feliz la única pregunta que de verdad me molestaba:

«Tú eres cojo, ¿verdad, muchacho?».

Lo dejé allí mismo, con aquella sonrisa de cabrón contento, satisfecho de su compasión por mí, que le había servido de lazarillo rengo y que le conducía hacia la alegría multitudinaria del *Te, Deum, laudamus,* que seguía anunciándose sobre nuestras cabezas como una resurrección bautismal de Sábado de Gloria de una primavera recobrada. Me crecía el asco por sus harapos, por las entrevistas llagas de sus ojos velados, por la suciedad que se desprendía de su figura terrosa y descuidada y por la avidez de náufrago con que se había agarrado a mí, más como para hacerme daño que para no perderse en medio de aquella muchedumbre jubilosa con luz de domingo.

Desde la calle de la Estafeta el gentío se adensaba en la desembocadura de la Rúa de Francos, frente a la catedral, que se erguía delante de nosotros con la solemnidad ritual de sus torres contra el cielo limpio de aquella mañana de julio, que hacía resaltar todo su esplendor de milagro ornamental. No pude menos de compadecer al ciego por no poder ver aquella gloria dorada en el azul lejano de un aire sin fronteras.

La catedral rebosaba; los enormes hachones del presbiterio, bajo la luz cenital, brillaban inútilmente encendidos sobre el lustroso esperma de sus fustes amarillos; olía, como siempre, a incienso, que no obstante era insuficiente para vencer el hedor medieval de la multitud enfebrecida y promiscua, sobre la que se cernían las palabras rituales y la solemne mansedumbre del órgano, que ocultaba las estridencias gregorianas de los canónigos. El pasmo dorado de las capas pluviales, envuelto en el relumbrón de las casullas y el blanco inmaculado de las sobrepellices, aumentaba la belleza del espectáculo litúrgico y de la glorificación augusta de las heridas abiertas y la justificación de la muerte, con la música que ascendía envuelta en las volutas del incienso hacia las cúpulas maternales y lejanas.

Pero el calor, el olor del incienso, los apretujones, en medio de la emoción colectiva, y probablemente el hambre del mediodía, le hacían levantar las cejas hasta media frente al ciego, que se fue transformando y deslizándose hacia el suelo lentamente con suavidad de gusano, con una ternura condescendiente, que me parecía impropia de su tosquedad de suburbio y de su estado de invalidez mística. Y cayó de rodillas en medio del corro de gentes que se abrió a su alrededor expectante, como si fuera el protagonista de un milagro, que sólo era posible en la catedral y con el frenesí patriótico de la batalla ganada a los franceses, como un nuevo signo de que Dios estaba de nuestra parte y como una manifestación de la gracia divina que se había acordado de aquel pobre ciego de la guerra que había caído de rodillas, falto de aire y cansado de tantas emociones juntas, que le hacían mover los brazos en un vago gesto de criatura crucificada y posesa, que aumentó la devoción del público sobrecogido por aquel testigo de la divinidad, que empezó a llorar como una fuente de primavera y siguió llorando como una tormenta de verano y se arrancó a gritar como un loco, dándose cabezadas contra las losas del suelo, diciendo: «¡¡Veo!! ¡Ya no estoy ciego! ¡Puedo ver, puedo ver, puedo ver!».

Asqueado, salí a la calle y marché a contracorriente de los que todavía querían entrar en la catedral, para atravesar la Rúa de Francos, camino de casa, donde Manuela seguía esperando la vuelta de los franceses y yo me entregaba al deseo de que todo hubiera acabado. El horno del mediodía, que se extendía hasta la puesta del sol y se abría nada más empezar la mañana, calcinaba las calles y nos impedía pensar; no obstante, agobiados por el calor y empapados de limonada, que hacía florecer en sudores inmediatos nuestra piel, llegábamos penosamente a la idea de que la guerra, que durante más de cuatro años nos había tenido ocupados y costreñidos, por fin había terminado y que entrábamos en una nueva época de nuestra vida en la que nos dedicaríamos a los recuerdos y al recuento de nuestros muertos, igual que mi tía Adela. Calculábamos que tendríamos muchos años por delante para volver a hablar de aquella guerra de nuestra juventud, de aquellos cadáveres, como el de mi padre, con los que habíamos compartido la presencia y el horror de la muerte.

Todo estaba demasiado cercano para que pudiéramos verlo y parecía mentira que la guerra hubiera terminado, dejándonos vacíos y desorientados, sin atrevernos a abandonar los recuerdos de aquellos años atroces y sin saber qué hacer con aquel tiempo blanco que se abría delante de nosotros y que tendríamos que llenar con nuestras decisiones. Habría que dejar pasar aquel verano y quizás el otoño y el invierno y a lo mejor en la primavera sabríamos qué íbamos a hacer, sin tener que luchar contra los franceses, ni esperar la llegada de los ingleses, ni pensar cuál de los dos tenía razón o si nosotros teníamos razón contra los dos. Merceditas podría salir de su encierro a pintar sus acuarelas frente a la universidad y quizá Donato, con la muerte a la vista por sus muchos años y sus frecuentes achaques, se avendría a casarse con ella, para prolongar la paz; Alodia, con tanto hombre muerto y cuatro años más sobre su cara de lenguado frío, se quedaría irremediablemente soltera, aunque probablemente seguiría sonriendo por toda la eternidad; doña Mariana asistiría al declive inevitable de su opulencia pectoral y hasta podría andar por la calle sin llamar la atención; Paco, el del Mesón de la Puerta de San Pablo, seguiría asustando a sus parroquianos borrachos con la destemplanza de su vozarrón y sus demostraciones de fuerza; don Porfirio publicaría su crónica de aquella guerra del pasado, que se empolvaría en las bibliotecas y le granjearía una fama póstuma y efímera; Paulina continuaría persiguiendo aquel orgasmo perpetuo, que la había estado obsesionando durante toda su vida y se entregaría con avidez de mártir a todos los hombres que la solicitaran y a los que no la solicitaran, y Terenciano tendría que volver a sus estadillos de los niños con diarrea estival, las madres solteras de la primavera, los centímetros de las nevadas en invierno y, con un poco de suerte, los estragos de alguna inundación loca, fuera de tiempo, que pondría lutos en las florituras de su caligrafía de pendolista imaginativo.

Sería imposible que Manuela olvidara aquellos años de amor y de destrucción que la habían hecho salir de la inercia de su pasividad de muchacha ociosa y de sus impaciencias de virgen contrariada; difícilmente podría repetir aquel tiempo arrebatado, ni volver a perderse en amores tan intensamente fugitivos, que se le quedarían dentro como un hijo que nunca hubiera llegado a nacer, pero que sentiría en sus entrañas como un regalo imposible de vida. Aquel pasado distanciaría para siempre nuestras miradas gemelas, que ya no se volverían a encontrar nunca, como dos nubes flotando en un espacio irreal. Las crecidas arrugas de su rostro irían profundizando la marcha de sus decepciones, que siempre tendrían un punto inmóvil de referencia en aquel frenesí en que había vivido durante estos años. Todo aquello se había terminado y nada le sería restituido de aquellos despojos.

Sólo Augusto, convaleciente de sus heridas y provisionalmente atado a su cama, sin poder cumplir sus amenazas, no creía que aquello hubiera acabado; pero yo quería creerlo, envidioso del ciego que había cruzado entre las ruinas sin darse cuenta y que al fin se había encontrado con el milagro. «Volverán, ya lo verás», decía Augusto, que parecía necesitar la guerra para salir del desánimo en el que había caído después de los Arapiles, «todos son demasiado testarudos como para dejarlo ahora.» «No, no volverán», le decía yo, «porque están cansados y ninguno va a ganar nada con esta guerra insensata, lejos de su tierra; hasta Napoleón se cansará; se irán todos a sus casas y les contarán a sus hijos y a sus nietos que una vez estuvieron en España, que es un país terrible, donde hicieron una guerra, en medio del calor y del frío y de la brutalidad y el fanatismo, atravesando unos caminos que siempre tenían sed o siempre tenían barro y entrando en unos pueblos miserables; descansarán en sus camas y conservarán sus botas, a las que habrán quitado el polvo de nuestra tierra, y la espada, de la que habrá desaparecido la sangre que la hiciera necesaria, y quizá la mochila, que conservará algo del olor de nuestros campos y del aire enrarecido de nuestros conventos, en los que a veces pasaron sus noches.» «No», volvía a decir Augusto, «no cejarán; no están saciados todavía; unos y otros tienen que seguir matando, porque les gusta, como a mí. Todavía no hemos alcanzado ese nivel de horror que nos devolvería a la inocencia de los animales ahítos. Seguiremos matando y volverán.»

Pero las noticias me daban la razón; a mediados de agosto, los ingleses entraron en Madrid y los franceses continuaron su retirada hacia el Ebro, de vuelta a casa. Aquel verano vivimos como en un fanal de expectación y de sosiego, bordoneado por nuestra impaciencia. Todavía nos quedaba la posibilidad de alguna alegría cuando tuvimos la seguridad, no de que los ingleses habían entrado en Madrid, sino de que los franceses abandonaban definitivamente el campo. Se corrieron novillos, se iluminaron las casas para festejar el cumpleaños del Regente de Inglaterra y se volvió a entonar el *Te Deum* de los agradecimientos colectivos en la catedral, con olor de eternidad, sahumada por el incienso y el canto gregoriano. Cada legua que retrocedían los franceses, aumentaba la desolación de Manuela, que se iba agriando cada día más como un vino picado, desde dentro, hasta transformarse en algo distinto a lo que había sido. Por nuestras calles andaban todavía algunos ingleses, que se curaban pacíficamente sus heridas de guerra en aquel largo verano colonial, que les hacía cerrar los ojos de satisfacción y de molicie, con la serenidad de los amos que saben asegurado su dominio por mucho calor que haga.

Manuela prolongaba su locura y se empeñaba en atender a los prisioneros franceses, que seguían encerrados en las Escuelas Menores, detrás de la universidad, lo que le daba una expresión de beata inocencia, impropia de su pasado, cada vez que repartía sus consuelos verbales entre aquellos miserables gabachos, que ni siquiera presos dejaban de ser franceses y que la miraban con estupor y con una cierta ironía;

su francés mejoraba con aquellas visitas diarias, que irritaban a nuestra madre, me dolían a mí y conmovían a mi tía Adela, que reconocía también aquel síntoma de degradación y acabamiento y que envidiaba la fuerza del amor de mi hermana, que no esperaba ninguna satisfacción sino el gozo de seguir amando los recuerdos. Augusto me volvía a advertir que la ciudad odiaba a mi hermana y que tanto odio necesariamente acabaría mal. «No se puede tentar a tantas personas a la vez; un día se hartarán y entrarán en vuestra casa y la apuñalarán y yo les daré la faca para que lo hagan. ¿Es eso lo que está buscando? ¿Quiere llevar su papel de heroína hasta el final?» Yo estaba convencido de que Augusto podía matar a mi hermana, sin más precauciones que las imprescindibles para no hacerle sufrir demasiado. Se lo dije a ella y me contestó, recuperando el gesto de su antigua soberbia, que no se atrevería. Porque estaba segura de que nadie sería capaz de matarla, como si fuera una diosa, defendida por su belleza y destinada a la inmortalidad, que sólo por su voluntad pudiera elegir el día y la hora de su muerte.

3

Una vez más volvieron los franceses y perdimos todas nuestras esperanzas de que aquello acabara. Era ya mediados de noviembre, hacía frío y la iglesia celebraba el día de San Eugenio; todo volvía a empezar y ya no nos quedaban fuerzas para ver el final, que probablemente no existía. Esta vez volvían para quedarse y todo nos hacía pensar que para siempre; nuestra lucha había sido inútil y no teníamos ni el poder, ni los ánimos, ni las ayudas necesarias para echarlos de nuevo; era como estar encerrados en el infierno y condenados a no salir ya nunca de aquel agujero negro; cansados, diezmados, irritados y vencidos los veíamos volver como una catástrofe natural e inevitable, como la marea devoradora de nuestras pesadillas. Los rumores de su debilidad habían resultado ser falsos y empezamos a pensar que Napoleón, como el demonio, con el que los viejos sermones tantas veces lo habían comparado, era invencible y eterno como una roca. Teníamos que renunciar al porvenir y seríamos para siempre un pueblo sometido, con los franceses llenando nuestras calles y nada de lo que pudiéramos decir «esto es mío»; ellos nos dirían lo que teníamos que hacer, lo que teníamos que pensar e incluso tendríamos que aprender la lengua del Imperio, como mi padre tantas veces me había dicho, si queríamos ser algo en la vida.

Los ingleses una vez más habían vuelto a dejarnos solos y habían salido corriendo hacia el oeste, por donde se pone el sol y por donde Wellington tenía la costumbre de huir. Esta vez no había sido Napoleón el que había puesto en desbandada a los aliados y humillado a los españoles; cualquier alumno desaventajado de la Escuela de Saint-Cyr podía derrotar a los ingleses y hacerles perder la dignidad, obligándolos a esconderse como liebres asustadizas. Era insensato esperar nada por su parte; nos repetíamos las palabras de la última vez en un tono más bajo y con menos convicción; las calles estaban llenas de cadáveres que todavía podían hablar, proyectar los actos de su cobardía y confiar imprudentemente en los ingleses, mientras los franceses tomaban posesión de la ciudad, con la seguridad de la costumbre; hasta sus caballos conocían el camino de las cuadras y aceleraban el paso hacia los abrevaderos; la ciudad se fue cubriendo como de una penumbra de sí misma.

Todo había empezado un día de otoño con viento frío y nieblas mañaneras, cuando inesperadamente apareció por el camino de Valladolid un grupo desordenado de soldados ingleses, inverosímilmente destrozados, privados de su altanería habitual, de la que sólo les quedaba aquel silencioso desprecio con que nos miraban, casi desnudos en aquel destemplado noviembre, con las ropas desgarradas y, lo que parecía más imposible, hambrientos; eran unos pocos, entre los que había algunos descalzos, como fantasmas que no hubieran olvidado de su vida anterior los gestos de su taciturnidad. Después, siguieron apareciendo en oleadas anárquicas, sin órdenes, ni jerarquías, arrastrando su orgullo y sus familias ateridas y llorosas; se detenían a descansar contra cualquier pared al socaire del viento, en cualquier alquería, entre las ruinas de cualquier viejo convento, y a comer los escasos alimentos que robaban o que sorprendentemente pedían, sin humillar la cabeza, y se echaban de nuevo al camino con la obsesión de llegar a Portugal, como a su tierra de promisión. Otra vez desaprovechaban la ocasión de convertirse en héroes; saqueaban las casas, golpeaban a la gente con su altura de gigantes y corrían, sobre todo corrían, ante las noticias de la proximidad de los franceses, otra vez huían.

Nadie sabía lo que había ocurrido. Cuando los hacíamos en la frontera francesa aparecieron en la Puerta de Zamora a buscar sus antiguos refugios provisionales y sus abusadas complicidades patrióticas de las que se aprovecharon de nuevo. La ciudad los recibió con estupefacción y horror y supo enseguida que nada nos libraría de la vuelta de los franceses, pues aquel ejército de borrachos y de ladrones, desnutridos contra su costumbre, arrogantes y violentos, que habían perdido lo único que los distinguía de los demás y que era la disciplina, nunca podrían oponerse a nadie en ningún campo de batalla y menos frente a un ejército veterano y endurecido como el francés; lo de los Arapiles había sido un milagro del Dios tridentino, concedido contra la fatuidad napoleónica. Nuestro primer miedo fue que los ingleses se quedaran y que intentaran defenderse dentro de nuestra ciudad, con nuestras calles como trincheras. Mi tío Ricardo repetía, con el malhumor que ya nunca le abandonaba: «Si esperas que un inglés te ayude, ahórcate y acabarás antes».

Durante varios días estuvieron pasando, espaciados y temerosos, con la fiebre del miedo en los ojos. Los nervios de los árboles deshojados acrecentaban el aire trágico de la ciudad angustiada, sin nadie que le dijera lo que habría que hacer. Aquella multitud de desharrapados nos imponía el espectáculo de su derrota y su moral de vencidos. Todavía algún loco confiaba en los ingleses; pero cuando terminaron de irse, en grupos cada vez más numerosos, arracimados en los carromatos que habían requisado o haciendo temblar con su carga excesiva las barcas de su pánico sobre el Tormes pacífico que los llevaba hacia Portugal, chorreando el vino de sus borracheras o el asombro de su supervivencia inmerecida, supimos que nos estaban dejando solos frente a la brutalidad resentida de los franceses, que no tardarían en llegar.

Augusto recogía su furiosa melancolía de vencido en los pretiles del Puente Romano y asistía, decepcionado y rencoroso, a aquel éxodo de filibusteros cobardes. Su altura y sus ojos azules frenaban los gestos hostiles de los ingleses, que parecían molestos con la altanería de aquel joven español que se atrevía a mirarlos cara a cara, asentado con fuerza sobre sus talones, con la cabeza erguida de los desafíos y la pistola desenfundada en su mano derecha, que se crispaba por el esfuerzo de mantenerla ociosa, con los nudillos del puño blancos de la rabia contenida y de la lucidez traicionada. Y cuando disparó sobre el montón de ingleses que huían por el Puente, nadie se detuvo a replicarle, nadie se volvió para hacerle frente, todos siguieron huyendo, apelotonados y gregarios, asustados, con la mirada fija en el paisaje que tenían delante y las prisas por poner tierra por medio frente a los franceses, menos aquel inglés que se quedó quieto en la calzada, olvidado, abandonado, desangrándose por la herida que Augusto le había abierto en su piel blanca, que ni siquiera el sol de España había conseguido oscurecer. Nadie se detuvo a recogerlo. Augusto había vuelto a cargar su arma y esperaba en mitad del Puente la llegada de más ingleses, mientras a sus espaldas aquel hombre moría lentamente, se vaciaba con intermitencias de desaguadero y manchaba las piedras, que se cubrían con aquella sombra creciente, que se parecía cada vez más a un mapa sangriento de un país imaginario.

Pasados los ingleses, la ciudad volvió a su silencio, en espera de lo peor; una especie de fatalismo impedía cualquier reacción colectiva y las gentes se escondían en sus casas, como si ahorraran el aire de sus respiraciones para que nadie descubriera que seguían viviendo; las calles permanecían vacías. Augusto, cansado de esperar, subió por la calle de Tentenecio, atravesó las ruinas de la plaza de la catedral y por la Rúa de Francos se enfrentó con San Martín. Estaba solo, rígido y probablemente hastiado, el viento le destocó la cabeza y fue entonces cuando giró hacia la soledad de la calle que había quedado detrás de él y, apuntando hacia la nada, disparó su pistola contra nadie. No obtuvo respuesta, ningún hombre, ni mujer alguna se asomó a ver lo que había sido. Un perro sarnoso se acercó a olisquearlo, como si fuera el pedestal de una estatua o el tronco de un árbol, milagrosamente vivo en aquel frío noviembre de Salamanca.

Al día siguiente llegaron los franceses y se apostaron de vigilancia en las puertas de la ciudad, cuyos puntos vulnerables conocían mejor que nosotros, y volvieron a rondar por las murallas, cuyos recovecos peligrosos habían perdido para ellos todo misterio, y volvieron a humillar nuestras plazas, donde desembocaban nuestro rencor y nuestra cenagosa desesperación. Nos sentíamos encerrados en su soberbia mirada de vencedores; no era verdad que no hay mal que cien años dure, como repetía mi tío Ricardo para recuperar sus ganas de vivir, porque Salamanca volvió a ser cuartel, cuadra, polvorín, hospital de campaña, cárcel nutrida y patio de fusilamiento. Porque ahora ya no necesitaban delatores; nos conocían a todos y sabían dónde encontrarnos. El recuerdo de la última expulsión y las huellas de nuestras vejaciones finales en sus ojos ensombrecidos los habían envilecido todavía más y ya no tenían que salvar ninguna apariencia, ni ganarse ninguna colaboración; ya no había ni afrancesados, que habían muerto, huido o desertado; podían disparar contra una multitud con la seguridad de matar a un culpable.

Fueron entrando por las Puertas de Zamora y de Toro con los fusiles amartillados y los sables a punto, sobre la oscura masa de sus capotones pesados y siniestros bajo la desafiante verticalidad de sus morriones. Y todo volvió a empezar. Merceditas tendría que continuar encerrada en su casa, pintando sus acuarelas de memoria, desdibujando más cada día la fachada de la universidad, que tantas veces había recorrido con su atenta mirada, pero que ahora se le empezaba a borrar de su cabeza y se le iban perdiendo los detalles, sin que recordara si el rey estaba a la derecha de la reina o era la reina la que estaba a la derecha del rey, en el medallón central, que su pulso débil reproducía con apuros. Don Porfirio seguiría llenando folios con su letra indescifrable y atorándose con sus problemas de conciencia. Terenciano ya no sabría qué poner en sus estadillos, contados los muertos, anotadas las entradas y las salidas de las tropas y apuntados los días de la invasión, que fatigaban los calendarios. Paulina, muerto su gran amor francés, volvería a su oficio, humillando con su indiferencia a sus clientes, sabedores que se estaban acostando con una leyenda. Quizá Manuela con la vuelta de los franceses volvería a sonreír. Fray Bernardino tendría que prolongar sus misas por las intenciones de sus clientes, que eran las mismas que él tenía y que todos los días repetía a la hora de las peticiones litúrgicas, que se limitaban a la milagrosa destrucción de los franceses, no sólo en Salamanca y en España, sino en toda la tierra, porque puestos a pedir no había límites en la confianza en un Dios, que si había podido separar las aguas del mar Rojo para que pasaran Moisés y los suyos y había podido detener el sol para que Josué tuviera tiempo de ganar su batalla, cómo no iba a poder barrer de la faz de la tierra a aquellos confesados enemigos de la fe y crueles mortificadores del Santo Padre.

Esta vez no hubo ni una sonrisa, ni una sola complacencia; en cuanto se instalaron empezaron las detenciones y los fusilamientos. Comprendimos enseguida que toda la ciudad estaba condenada y que lo único que nos quedaba por saber era el día en que nos fusilarían; algunos tuvieron que esperar muy poco para averiguarlo; a las pocas horas de haber vuelto se oyeron las primeras descargas, como un previsible ajuste de cuentas. Tenían prisa y, como los días ya son cortos en noviembre, la matanza se prolongó durante toda la noche, aterrada en torno al rescoldo apagado de los braseros y bajo la luz agonizante de los velones, que nadie se acordaba de despabilar.

Uno de los primeros muertos fue Augusto, que intentó huir saltando por la buhardilla y corriendo por los tejados, cuando fueron a detenerlo, todavía convaleciente de las heridas de los Arapiles. Empezaba a oscurecer, los franceses eran muchos y los tejados se abrieron inesperadamente a los pies de Augusto, a medio vestir y con las vendas manchadas colgándole del pecho; cayó a un patio interior sobre una higuera bíblica y junto a un gallinero alborotado, ante los asombrados ojos de dos viejos que intentaron ayudarlo, malherido en una pierna por la caída, pero que se escondieron rápidamente asustados por los gritos y los fusiles franceses, que aparecieron como por ensalmo silueteados contra el cielo ensombrecido del tejado. Desde arriba y casi a quemarropa, volvieron a disparar contra él, hasta reducirlo a un amasijo de carne inmóvil, del que sólo se salvaba una delicada mano blanca que agitaba su impotencia o ensayaba su despedida. El matrimonio de viejos, aplastados todavía por el horror contra la pared, me dijeron que no debió de sufrir mucho o aguantárselo muy bien, pues su mano no delató con su lenta relajación muscular ninguna rabia, ni la más mínima crispación; sólo fue deteniéndose poco a poco, como olvidándose, como entrando con lentitud de sueño en una apacibilidad deseada, a medida que su cuerpo exangüe recibía el tiroteo francés que se ensañaba con su cadáver, deformado por los pequeños cráteres humeantes de las quemaduras de las balas. Después, dispararon contra la mano, que fue la última parte de su cuerpo que dejó de moverse, hasta deshacerla contra la gallinaza del suelo.

Pero los que se entregaban pacíficamente, al detenerlos, no recibían mejor trato; los amontonaban en las cuadras de los palacios y en las bodegas de los conventos y de los colegios mayores y los fueron matando al amanecer contra las murallas del poniente, donde apenas empezaba a clarear el día y hasta donde llegaba la humedad del río nocturno, mezclada con el relente de la mañana; después los tiraban desnudos a las aguas del Tormes, pasada la acequia del Muradal. Un teniente francés ni siquiera se molestó en sacarlos de la cuadra, donde los había encerrado un día entero a pan y agua; por la noche, un piquete de soldados asomó de pronto sus fusiles por las rendijas de la puerta y por los huecos de la ventana enrejada y, sin ningún aviso, empezaron a disparar a ciegas contra las sombras que se adensaban en la oscuridad de los rincones, hasta que dejaron de oírse los gritos de los prisioneros. El teniente que había dirigido la matanza entró con una antorcha de pino encendida para comprobar el resultado de la operación y acercó la llama a un montón de cuerpos que aún se removían entre la sangre y el estiércol, pero el fuego prendió en la paja del suelo, y un incendio súbito y voraz se extendió por todo aquel calabozo improvisado, que se llenó enseguida de una densa humareda, atravesada por fugaces llamaradas, como fuegos fatuos, de las que salió un hombre ardiendo con las manos cogiendo el aire a puñadas y agarrándose a la tierra, cuando al fin cayó de bruces. El humo estuvo saliendo por el ventanuco y por la puerta durante toda la mañana, cada vez más tenue, cada vez más transparente, prolongando por el patio un áspero olor que permaneció por los alrededores más de una semana, en la que no faltó nunca un centinela sobre las bardas.

Aunque lo peor había sido la noche del primer día, el 15 de noviembre, que se cerró con el ruido de las descargas de la fusilería, gritos, blasfemias, escopetazos, cuchilladas y carreras de pánico por las calles de la parte vieja de la ciudad, donde muchos patriotas se habían refugiado y fueron muertos por las tropas francesas, que recorrieron la ciudad disparando contra todo lo que se movía y contra la luz filtrada por las ventanas mal ajustadas. Se habían esparcido por los barrios y con las primeras estrellas prosiguieron la hecatombe que habían iniciado por la tarde; iban de casa en casa, arrastrando a los rebeldes más conocidos y a unos los mataban allí mismo, sin darles tiempo ni a sorprenderse, ni a terminar de ponerse la ropa, apenas traspasado el umbral de sus viviendas. Y a otros los empujaban a culatazos durante un trecho, hasta que la pesadez de sus cuerpos o la resistencia de su miedo hacía más lento el avance y les disparaban a bocajarro o los degollaban de un sablazo, sin tiempo de cargar los fusiles; algunos incluso llegaban con vida hasta los cuarteles franceses, donde finalmente, a merced de las imprevisibles alucinaciones de los centinelas, los pasaban por las armas sin más trámites que su inclusión en las estadísticas. La sangre salpicó las paredes de Salamanca y dejó un rastro por donde los familiares y los amigos de las víctimas se habían atrevido a hurtadillas a retirar los cadáveres todavía calientes. Durante toda la noche se oyó pasar a las patrullas francesas y se vieron sombras apresuradas, buscando refugio detrás de los altares de las iglesias, abiertas en medio de la carnicería, o saliendo al campo por los portillones de la muralla, que todavía escapaban a la vigilancia francesa.

La rapidez y la sorpresa de las primeras acciones impidieron cualquier defensa; pero, más tarde, como las noches de noviembre ya son largas, hubo tiempo de intentar algún aislado, improvisado y perentorio contrataque. Y fue entonces cuando empezaron a oírse en la noche, que agrandó todavía más su horror, los primeros escopetazos, que alternaron desigualmente con las descargas furiosas y concentradas de la fusilería francesa, que arreciaron ante aquella provocación suicida, que inesperadamente se oía en el hueco sonoro de la ciudad nocturna, cuando callaban las armas de los extranjeros, ampliada por los ecos intermitentes de las callejuelas curvas y de los monumentos frontales. Las patrullas francesas rodeaban las zonas de donde salían los escopetazos y entraban a sangre y fuego en todas las casas de la vecindad, hubiera o no señales de resistencia armada, y lo arrasaban todo, en una voraz crecida de represalias y de locura asesina. Y si encontraban un arma, allí mismo ejecutaban su justicia de guerra, después de destruir muebles, enseres, cuadros, cristales, libros y ropas, y matar inclusive a los animales domésticos. Pero como era un combate desparejo, poco a poco los escopetazos dejaron de oírse y las fusilerías se fueron haciendo dueñas de la noche, hasta que ellas también fueron cayendo en el silencio devorador del alba, que fue creciendo en medio de una calma helada y desabrida sobre una ciudad abrumada por el miedo y el sueño, escondida en sus rincones, hasta que fue cubierta por una niebla que se levantó del Tormes a maitines y empapó el empedrado de las calles con una humedad fría, que hizo gotear los árboles sin hojas de aquel otoño gélido, mientras por el Portillo del Alcázar derruido una gallina ufana y picoteadora, al asomarse el día, se lanzó a la calle a reconstruir el mundo.

Aquella noche, a Paco, el del Mesón de la Puerta de San Pablo, que se refugió en la bodega, lo machetearon entre cinco franceses, antes de que llegaran a matarlo los representantes de una liga patriótica, que le venía siguiendo los pasos, porque habían descubierto que era un agente francés. Y no le sirvieron de nada ni sus baladronadas ante los patriotas, ni su traición ante los franceses, que después de degollarlo pincharon las cubas y los pellejos de vino, que inundaron los fondos de la cueva hasta hacer flotar el cadáver. Al Magistral de la catedral, que se había escondido en el confesonario, lo despenaron a tiros, metiendo los cañones de los fusiles por las rejillas de los pecados y luego le prendieron fuego al caseto, que estuvo ardiendo toda la noche y derritiendo las velas de los altares próximos. Terenciano, no tuvo tiempo de hacer la estadística de los muertos de aquella noche, porque, asomado imprudentemente entre los visillos de sus empedernidas curiosidades, en el momento en que una patrulla francesa pasaba delante de la casa, le dispararon sin detenerse apenas y sin más motivo que su furtivo gesto de espionaje, y le hicieron explotar la cara a través del cristal de la ventana, aumentando su agonía con el dolor de los vidrios deshechos en sus ojos horrorizados. A Blasillo estuvieron a punto de matarlo, pero, iluminando con un farol su inocente cara de bobo, lo dejaron vivir, mortificado por unos cuantos culatazos y unas cuantas blasfemias en un torpe castellano, que le asustaron tanto como los golpes y que recordaría durante más tiempo que las amenazas y los pescozones.

Al día siguiente, nos fuimos enterando de los muertos de la noche y de las muy diversas formas que tuvieron de morir muchos de nuestros amigos, sorprendidos por los franceses en medio de la oscuridad y del terror. A don Porfirio, al que una vez lo habían acusado de escribir unos panfletos anónimos, eruditos y pesados, como sólo él podía hacerlo, incitando a la rebelión patriótica contra los franceses y citando versos latinos e imprudentemente tradiciones salmantinas que delataban su mano, lo sacaron de la cama y, mientras bajaba la escalera a medio vestir y con el rostro desencajado por el pánico, lo pincharon con las bayonetas para obligarle a apresurar sus torpes pasos de erudito plomizo y apoltronado, hasta que cayó con un estruendo de cajón vacío que se desfondara contra los escalones, que rezumaban los primeros fríos de noviembre. A Paulina la rajaron de abajo arriba, sin respetar la utilidad pública de su oficio, ni las muchas noches de consuelo y de placer que les había dado a los mismos oficiales que ahora la despenaban tan brutalmente y que conocían bien la belleza inerte de su cuerpo; la dejaron espatarrada, impúdicamente tirada sobre la cama y desnuda, sin más adorno que su sonrisa sorprendida, ofrecida a aquellos súbitos visitantes que irrumpieron en su cuarto y a los que debió de confundir con clientes apremiados como tantas veces.

A fray Bernardino lo cazaron mientras corría, con los hábitos arremangados, a dar aviso a los refugiados del Fonseca, a la trasera de los Franciscanos, donde estaban encamados los irlandeses y algunos ingleses heridos, que no habían podido irse con su ejército. El fraile, descubierto y ya tocado, fue a esconderse entre las sombras vegetales del Campo de San Francisco, en espera de un milagro de su santo patrono; pero la patrulla francesa lo descubrió antes de que el santo pudiera intervenir y lo remataron a quemarropa, sobre sus mismas vestiduras talares que se empaparon rápidamente de una sangre negra, mientras fray Bernardino sonreía ya en la otra orilla. A Piñoncito, probablemente salido de alguna equívoca aventura y con el temor al escándalo del descubrimiento, lo encontraron deslizándose con precaución sospechosa por la calle Placentinos y debieron de tomarlo por lo que no era; y se lo llevaron calle de Serranos arriba, entre groserías y patadas, para hacerle correr por la calle de la Compañía, arrastrándose cobardemente y ridículamente moviendo el culo, hasta que lo alcanzaron en el atrio de San Benito, devotamente arrodillado e implorante frente a la Anunciación de la portada, y tuvo la suerte de que la última imagen que se llevó de este mundo fuera aquel grupo de la Virgen y el Angel de piedra, antes de caer de bruces empujado por la abrasadora descarga de la fusilería francesa, a dos cuartas de sus espaldas infantiles, a pesar de sus cincuenta años, y vírgenes, a pesar de sus excesos.

La matanza se prolongó toda la noche y el ruido de los fusiles se oyó intermitentemente en todos los barrios de la ciudad. Los franceses repasaban tercamente una y otra vez las calles hasta dejarlas doblegadas por el terror, el silencio y la oscuridad total. El edificio renacentista de las Escuelas Menores, que las autoridades salmantinas habían utilizado como cárcel para los prisioneros franceses de guerra y donde probablemente algunos de ellos habían estado encerrados, fue invadido por una furia de machetazos y de gritos, y todo su mobiliario arrojado al patio y quemado sobre la tímida yerba de otoño, que empezaba a crecer entre las desniveladas losas del suelo. Unos escopeteros asustados, que fueron a refugiarse en la torre de la Catedral Nueva, delatados por la precipitación de su miedo, fueron perseguidos por los franceses por la escalera de caracol que asciende hacia las campanas, dejando en los peldaños húmedos un rastro de muertos y de moribundos, pisoteados por los perseguidores en la oscuridad, que los remataban a ciegas, descubiertos por sus quejidos agonizantes, en la oquedad tenebrosa de aquella escalera interminable.

La ascensión duró más de una hora en una refriega desigual y desesperada, a la que acudían cada vez más soldados franceses, atraídos por los disparos, cuyos estampidos se multiplicaban en los tramos abiertos en los que se recrudecían los combates cuerpo a cuerpo y bayoneta contra faca, que interrumpían los estruendos de las armas de fuego. Pero los patriotas seguían huyendo desesperadamente hacia arriba y rehacían su defensa en los remansos de la escalera, hasta que llegó un momento en que los franceses, trabados por sus muertos, dejaron de atacar y los salmantinos tuvieron un respiro para comprobar la escasez de sus municiones y hacer el recuento de los pocos supervivientes, a la altura del primer grupo de campanas; casi se oían unos a otros las respiraciones fatigosas en medio de aquellas tinieblas ácidas y eclesiásticas, por las que subía una bocanada de siglos, que dispersaba el olor y el humo de la pólvora y que los envolvía a todos como en una pétrea soledad sepulcral. Uno de los salmantinos se deslizó por un hueco de la pared para huir por los arbotantes y los tejados, pero perdió pie y fue a estrellarse contra el suelo, dejando una estela de horror en el camino. Y de pronto volvió el estruendo de la fusilería y las voces de la rabia y el frenesí. Agotadas por fin las municiones, los que quedaban se refugiaron en el balconcillo del cimborrio y se defendieron con los cuchillos, las facas y las frágiles culatas de sus escopetas de caza, y cuando perdieron las fuerzas frente a las oleadas de franceses, fueron arrojados al vacío contra las losas de la Puerta del Nacimiento de la catedral; uno quedó vivo entre el amasijo de muertos y pudo huir en la noche para contarlo. Algunos franceses, en medio de las tinieblas, se acuchillaron entre sí y, enloquecidos, al llegar arriba siguieron disparando y fusilaron entre gritos el cielo nocturno de la ciudad aterrada.

Aquellos acontecimientos le oscurecían la cara a Manuela, que se había encerrado en el mutismo de su cuarto y oía todo aquello como la confirmación de una condena; no hablaba, apenas comía y se resignaba, contra su costumbre, a su soledad de víctima. La vuelta de los franceses no le produjo ningún alivio; se empeñaba en estar triste y la presencia de los uniformes de los gabachos no conseguía inmutar su impasibilidad de muerta. Algunos de los oficiales, que habían convivido con ella los días del asedio en el Fuerte de San Vicente, quisieron visitarla para expresarle su condolencia, como si fuera la viuda de un héroe muerto; pero ella no quiso recibirlos y ni siquiera puso una disculpa para no hacerlo.

Cuando el rey José vino a Salamanca, a los dos o tres días, invitaron a mi hermana a una recepción real, en la que el rey quería agradecerle su comportamiento durante el asedio, del que ninguno sabíamos nada. Yo pude imaginarme sus imprudencias y su generosidad de hembra enamorada, bajo las bombas y entre los heridos y los cadáveres, porque sabía que era capaz de cualquier cosa y sobre todo de arriesgarse hasta la valentía para demostrar que tenía razón frente a todos. Los franceses insistieron; pero ella siguió negándose sin justificación, ni debilidad, sabiendo que nadie iba a agradecerle aquella descortesía al rey francés, ni importarle quedar abandonada en la tierra de nadie, entre los invasores y los patriotas, a merced de todas las indignaciones y de todas las represalias. Yo estaba convencido de que no era ni odio, ni dolor, sino indiferencia, cansancio y quizá desdén.

El rey José paseó su curiosidad y su dispepsia por una ciudad arruinada y rencorosa, que no le concedió ni una mirada con la sangre de la matanza todavía en las calles y las misas de difuntos todavía en las iglesias, que a pesar de ser muchas no eran suficientes para encomendar el descanso eterno de tantos fallecidos. El rey francés debió de pensar que Salamanca era un lugar vacío, habitado por los fantasmas de sus monumentos, que recorrió como un insulto festivo para el luto de la ciudad. En la catedral no había velas encendidas, ni canónigos dispuestos a concederle la gracia de una misa, al que su catolicismo le obligaba y que él pidió como un modo de congraciarse con aquella ciudad episcopal, que suponía cristiana y sin duda levítica. Tampoco pudo hablar con nadie, aunque se empeñó en hacerlo. Alguien obligado por las armas a presentarse ante el rey, le dijo: «Todos estamos muertos». Y el rey pudo comprobar que aquellas palabras eran ciertas y que Salamanca, más que nunca, era un cementerio y que los monumentos de su pasado no eran más que mausoleos magnificados para ocultar la nada.

Por fin, a un lugarteniente se le ocurrió sacar a los locos de la Casa de Dementes para que por lo menos ellos aplaudieran al rey a su paso por las calles de la ciudad, desoladas y vacías como caminos sepulcrales; pero no consiguieron más que algunos berridos inarticulados y unas penetrantes miradas fijas y mudas, que llamaron la atención de Su Majestad, perplejo ante aquellos extraños súbditos que se agitaban furiosos y como azogados frente a la carroza real, y le seguían con unos ojos encendidos y lejanos, como si no lo vieran. «Estos salmantinos parece que están locos», dijo el rey, que se volvió a Madrid con una alucinada idea de aquella vieja ciudad castellana, que tanto le habían ponderado y cuyo nombre le sonaba de haberlo leído en algún libro, sin llegar a entender que, en una ciudad donde estaba la más famosa y antigua universidad del país, hubiera tantos locos por la calle.

«A lo mejor es por eso», dicen que dijo, arrellanándose en los tapizados almohadones de su carroza, avergonzado de su reino.

Todavía no había llegado el rey a Madrid, cuando la cálida humedad de un beso de Manuela me despertó en medio de una noche de pesadillas y satisfacciones imposibles, cuando creía haber llegado al fondo de mi degradación. Durante mucho rato creí que seguía soñando, hasta que el rostro de mi hermana, el olor de las sábanas de mi cama, perfumadas con cantueso, y los difusos contornos de mi cuarto, adivinados en la indecisa luz de la madrugada inminente, me fueron despertando, ante la insistencia voraz de la boca amada que se demoraba en mis labios, a la conciencia de que no estaba dormido y de que no me deslizaba inconscientemente, una vez más, hacia un gozo diferido durante años, mantenido por la intensidad de mi deseo y arruinado por la precipitación de mi esperanza.

Como si se olvidara, como si el sueño del que venía la hubiera obligado a detenerse sin acabar de cumplir sus propósitos, aquella boca, tantas veces contemplada siempre desde lejos, continuaba allí, pasada una eternidad de amor, reconstruyendo con paciencia artesanal una caricia interminable e imaginativa, que se renovaba e insistía, que amagaba el final y renacía como si estuviera empezando, como si su capacidad de ternura fuera tan infinita como su capacidad de improvisación y sabiduría, derramándose sobre mi boca como una ciruela madura que se me deshiciera entre los labios, con una débil resistencia que se defendía, desde un furibundo agotamiento, sin dejar de estar alerta, que se retiraba sin dejar de avanzar, que se perdía en un oscuro paladar sin fondo y se ocultaba sin dejar de hacerse evidente.

Su lengua se abandonaba a una succión continuada, como una joven fruta salada, inagotable en sus cualidades de sorpresa, inesperada en su repentina versatilidad y en su consumada estrategia; yo la sentía en un duermevela vigilante y agradecido, con una claudicación acuciosa, moverse, ofrecerse, retraerse, recuperarse como una fiera herida, escurrirse, mitad animal sumiso, mitad vegetal rebelde, mientras sus manos me exploraban con la impertinente curiosidad de un niño y las prisas de un náufrago, que me buscaba recorriendo mi cuerpo y me encontraba disponible, despierto, obediente, impaciente y pletórico.

Siempre me había exaltado el amor al amanecer, con el sexo ajeno emergiendo del sueño y el cuerpo todavía encenagado en el remoto descanso nocturno; pero aquella remontada de Manuela tardó en prenderme, como si el fulgor de lo inesperado alentara mis inhibiciones y me resistiera; como si la temiera, después de haber estado esperándola desde siglos de insomnios, de ensayos y de frustraciones. Ni aquel cuerpo caliente, cuyas costillas se me hacían familiares con rapidez bajo los dedos, ya vencidos también por la misma tentación exploratoria que los suyos, ni aquellos ojos cerrados, necesariamente ciegos en aquella tibia oscuridad de paraíso, ni aquella avidez desconocida, que me sorprendía y me sobrepasaba, ni aquella furia imperiosa que me arrastraba, me parecían reales.

Pero mis dudas y mis temores alentaron la agresividad de mi hermana y nos amamos con la insensata precipitación de una despedida. Yo sabía que aquello no podía repetirse, entre los restos larvados y tenaces de nuestro ascetismo cristiano, con una cierta aura de pecado mortal, la experiencia acumulada de mis aprendizajes de amante y la brava locura de mi hermana, entregada a aquella impaciente destrucción del incesto, a la que yo colaboraba con la conciencia de su gloriosa transgresión, sin saber por qué ella lo hacía y sin dejar de preguntarme por el tiempo que duraría aquel apasionado olvido de nosotros, que se apresuraba hacia la luz del día y que yo prolongaba, obcecado en mi ignorancia y en sus consecuencias.

Sus rodillas tenían la resistencia de las estatuas y su cintura era más frágil de lo que mi memoria había supuesto; yo me esforzaba porque mis veinte años de amor entraran en aquel abrazo, que siguió buscándola después de su abatimiento y volvimos a amarnos en la delgada luminosidad del frío mañanero, que iba invadiendo lentamente la habitación y cercando el calor de nuestros cuerpos, desvirtuando el decorado nocturno de aquella acción irrepetible, gozada con la conciencia de su fugacidad, y aviando nuestros cuerpos para terminar antes de que el día y el pleno sol de la evidencia nos descubrieran la inocencia de lo que habíamos hecho; la madera de un mueble se quejó en el silencio claustral del poscoito. Los primeros ruidos de la casa nos encontraron todavía abrazados entre las sábanas efímeras de nuestra felicidad. No me atreví a mirar a Manuela, por temor a descubrir alguna señal de arrepentimiento o por lo menos de tristeza. Oímos una campana en la niebla extraviada de nuestra somnolencia y el ruido de la puerta de casa, cuando nuestra madre salió para ir a la primera misa del alba; después todo empezó a ser familiar, desde el remoto éxtasis del que estábamos saliendo, alguna voz callejera, algún tintineo de jícaras en el pasillo, algún susurro anónimo y conocido, el frío inhumano de diciembre amenazando tras los cristales. Los muebles volvieron a tener los reflejos de la costumbre; la cómoda con sus cantos dorados era otra vez la que recordábamos; a los pies de la cama reconocí mi ropa.

El traqueteo de un carro, acercándose como una tormenta, acabó de despertarnos. Manuela me estaba sonriendo, después de muchos meses, desde la palma de mi mano donde había escondido la fiebre de su cara. Casi me había olvidado de la guerra y volví a acariciarle todo el cuerpo, como agradeciéndole el recuerdo de aquella noche pasada, y volvimos a hacer el amor con la premiosidad de la última vez y el temor de que la puerta de la habitación se abriera y entráramos en el escándalo antes que en el orgasmo. Todavía prolongamos nuestras caricias y nos quedamos un rato más en la cama, tanto para compartir el calor próximo de nuestros recuerdos como por no atrevernos a entrar distintos y purificados por el amor en el mundo de todos los días, que nos parecía estar muerto. Una vez más la miré a los ojos, que era la única parte de su cuerpo que no había acariciado con mis dedos, y tuve la tentación de volver a hacer el amor. Cuando se levantó, me quedé abrazado al olor de su piel que había quedado entre las sábanas y comprobé, mientras se iba, que la blancura de su cuerpo había sobrevivido a la noche.

La memoria de sus caricias me acompañó durante horas; cuando volvimos a la luz y a las palabras diarias, extrañados y como aprendices, pero dichosos, confiados e inocentes, mi única preocupación fue que no se nos notara la felicidad de la que veníamos; pero Manuela no parecía preocupada por nada, recuperada su máscara de indiferencia y de cansancio, el lado huraño de su endiosamiento, la lejanía perpetua de sus pensamientos. Cuando a media mañana me empujó a la calle para acompañarla en un paseo que su hundimiento necesitaba, me sorprendió su palidez de enferma que se esforzaba por animar los residuos de su condescendencia, bajo las diminutas arrugas de su rostro lastimoso, y no sé por qué, como otro de sus gestos inesperados, cuando cruzamos el umbral, empezó a llorar y me temí que, como Adán y Eva, también a nosotros nos hubieran expulsado del Paraíso.

Quiso subir hacia la Rúa de Francos, en lugar de bajar hacia la calle de San Pablo para encontrar, como otras veces, la verde suavidad de las orillas del río, que tanto le gustaban y en las que cultivaba su melancolía de enferma y su soberbia de privilegiada. Caminamos hacia las catedrales y me cogió del brazo como para compadecerme; ni mis preguntas ni sus silencios añadieron ni quitaron nada a mi perplejidad y a su misteriosa dejadez, después de la euforia que había demostrado durante la madrugada. Ibamos como dos viejos cogidos de la mano, con muchos recuerdos comunes, próximos y lejanos, acompañando nuestro paso y mucho vocabulario inútil gastado para no entendernos. Yo buscaba la frecuente complicidad de su mirada y ella seguía caminando como si tuviera una secreta resolución, como si por primera vez en su vida supiera hacia adónde iba.

Caminábamos por la ladera invernal de la Rúa de Francos, como si el frío no nos alcanzara, ni atravesara las defensas de nuestro ensimismamiento, ni afectara al demorado ritmo de nuestro paseo, que permitía a todos, desde la tibieza de la solanera al otro lado de la calle, insultar a mi hermana, con lo que aquel aislamiento en la sombra helada nos hacía juntar nuestros cuerpos, atenazados por el frío y repudiados por las miradas de los otros.

«¿Desde cuándo dejan andar por la calle a las putas francesas?»

La Catedral Nueva, a la que nos habíamos ido acercando, cuando quisimos darnos cuenta, era todo el horizonte que teníamos delante. Manuela la miraba, como si acabara de descubrirla, como si nunca hubiera estado allí y nos hubiera atraído ocasionalmente por la morena amarillez de sus piedras, entrevistas desde lejos a través de los huecos urbanos de tejados y cielos azules. Aquel gesto de asombro no era nuevo en Manuela, que vivía sin enterarse de dónde ponía los pies, como si las calles se abrieran por primera vez a su paso de diosa recién nacida y se cerraran a sus espaldas, terminado el servicio que le habían dado; sin embargo, nunca se sorprendía de nada, porque todo estaba hecho para que ella lo usara y le concediera el derecho a su existencia, que sin ella no sería nada. Por eso me extrañó que se quedara mirando a la torre de la Catedral Nueva y que insistiera en su mirada durante más tiempo de lo que ningún mortal lo hubiera hecho y desde luego mucho más de lo que cualquier salmantino se hubiera permitido. Pero no me extrañó en cambio que quisiera entrar en el templo, cuya umbría soledad prometía amansar el rigor de sus últimas exaltaciones.

La Catedral Nueva olía a incienso, a vejez y a sueño. Manuela se extravió en aquella inmensa y solemne oquedad de siglos, moviéndose hacia un rayo de sol que atravesaba las ojivas de la cúpula; se perdía en aquel silencio vacío, que crecía sobre la pequeñez de su figura que se apresuraba hacia la apertura cenital de aquella luz extraña, como si se encaminara hacia un altar en el que iba a celebrar un rito desconocido; la gran nave parecía un ámbito ceremonial para un culto incierto del que ella era al mismo tiempo la diosa y la sacerdotisa; se había destocado la capucha, y su cabello relucía sobre el terciopelo del caftán como el ornamento sagrado de una liturgia mistagógica. Las columnas que se levantaban hacia la luz medían la lentitud de sus pasos; pero se desvió hacia un lateral y se puso a leer los epitafios de los enterramientos de las capillas, entre jeroglíficos cristianos y universales signos mortuorios; algunas mujeres oscuras arrastraban sus rezos y sus vientres abultados a nuestras espaldas, en rincones invisibles que hacían crecer el misterio del templo augusto en el que se desvanecían aquellas oraciones sibilantes.

Manuela, con pasión de novicia, iba descifrando aquellos epitafios borrosos, escritos en letra gótica, que se resistían a su lectura impaciente y desordenada, lo que le permitía ampliar a su antojo aquellos breves datos biográficos grabados en la piedra. Aquella pobre Elena, muerta en 1272 y elegantemente equipada para la travesía de su sepulcro con su brial azul, su ornamental manto de oro con listas, toca y velo blanco, enterrada sola, sin marido que la acompañara por la eternidad dorada de Salamanca, ganaba su curiosidad y le provocaba una tranquilizadora solidaridad de víctima, porque suponía que la guerra le había arrebatado al marido, que nunca podría compartir con ella el lecho nupcial del sepulcro, a pesar de estar esperándolo inclusive después de muerta y haberse hecho reproducir, para sus macabros funerales de ultratumba, con aquella esplendidez de enamorada que espera concluir en el más allá lo que le faltó al amor en el más acá. No sé por qué suponía que aquella mujer del siglo XIII, que por supuesto sería hermosa, altanera y apasionada como ella, habría muerto joven y víctima de un amor loco y frustrado, protagonista de una historia que aquel sepulcro abandonado trataba de rectificar.

Su mano a veces se demoraba sobre el granito de la base de las columnas, que ascendían hasta el techo de nuestras miradas. Manuela era la única criatura que se movía entre aquellas arquitecturas de la muerte. Parecía una feliz intrusa en medio de aquella frialdad ancestral y probablemente quiso aumentar su extrañeza en aquel decorado recoleto y sagrado cuando me propuso besarla en el crucero mismo de la catedral, con toda la gloria de la cúpula amparando su gesto desafiante y ampliando el atrevimiento de aquel sacrilegio frente al altar mayor y con la solemnidad del coro y los tubos triunfales del órgano barroco a sus espaldas, como el fondo elegido por su voluntad pecaminosa. Un sacristán no le quitaba ojo desde un rincón perdido de aquella inmensidad de piedra y de penumbras; me acerqué cojeando para besarla y provocar la desazón de aquel espionaje de eunuco, profanando el ámbito de aquella excelsa intimidad religiosa. Mi hermana tenía los labios resecos y su cuerpo ardía a través de la túnica, como si estuviera ya en el infierno. Yo esperaba que se concediera el alivio de una sonrisa por aquella provocación compartida, como la resurrección de nuestras primitivas complicidades infantiles, pero la convulsión desencajada de su cara no se alteró, ni permitió la mínima floración de sus labios, apretados en exceso y blancos por las tensiones de su agitación interior. El sacristán del rincón no se había movido, ni protestado por nuestro atrevimiento, y el largo recorrido de mis manos por el cuerpo ajeno de mi hermana lo mantuvo entretenido en un silencio, que supuse acabaría en una masturbación apresurada, metido en un confesonario o cobijado por un Cristo parpadeante en una capilla excusada.

No conseguí ninguna respuesta del cuerpo rígido e inmóvil de Manuela, que se dejaba estar en aquel abandono tenso, que la alejaba de este mundo y no entraba en la tentación de hacer el amor que yo le volví a proponer. Porque estaba cayendo, perdiéndose, ocultándose con los ojos cerrados, deslizándose hacia una soledad irreversible, cerrándose a la posibilidad de hablar, andar, vivir, aunque por fin se puso a caminar desorientada, como un ave herida, en un incierto sobrevuelo que buscase dónde posarse, como un cervatillo acorralado que no encontrara la salida, como tantas veces le había ocurrido de niña; pero finalmente me volvió a llamar, me volvió a besar y, con algo que ya no era una sonrisa, me dijo que quería subir a la torre, con aquella tenacidad en la voz que no tenía que violentarse para imponerse. Yo también en los viejos tiempos sentía la necesidad de liberarme viendo la ciudad desde allá arriba y gozando, en aquella posición de Dios cenital, limpio del aire enrarecido de las calles, los cortes históricos de la ciudad: el castro primitivo, la urbe romana, el perímetro medieval, la asunción renacentista y la ciudad moderna e ilustrada, con el cuadrilátero reciente de la Plaza Mayor y los derribos delante del Colegio Mayor de San Bartolomé, y ahora el vacío tenebroso y chamuscado del barrio de los Milagros y las ruinas de San Vicente y el río que brillaba como si estuviera lleno de peces soleados y que se doblaba como si fuera un alfanje hacia Tejares, los violetas crepusculares de Los Montalvos y Gredos ya blanco y siempre señero y el oeste lejano, escondido en la rugosidad interminable de un campo infinito.

Como Manuela seguía siendo para todos «la novia del francés», no nos fue difícil obtener la tolerancia de los soldados que guardaban la entrada de la torre en la plazuela del Obispo, para subir hasta el campanario, donde los franceses tenían un puesto de vigías, con las banderas rojas preparadas para dar la señal de alarma. Mi cojera debió de ser suficiente para aplacar cualquier sospecha, aunque no obstante nos acompañó un francés piojoso, que nos siguió de cerca por el empinado caracol de la subida, sin decir palabra y sin dejar de mirar el trasero de Manuela, que se movía a una cuarta de sus ojos con el ritmo acompasado que imponían los estrechos escalones. A medida que ascendíamos por aquellas tinieblas interminables, que se interrumpían brevemente a intervalos fijos por la luz oblicua de las troneras y volvían a cerrarse sobre nuestros pasos titubeantes, Manuela iba ganando color y desgana, mientras subíamos cada vez más cansados sobre aquellas piedras gastadas por el uso, que no parecían acabarse nunca.

Y por fin alcanzamos la sala de las campanas, con sus badajos enormes y la negrura abierta de sus fauces, y más arriba el balconcillo exterior del cimborrio, circular y asomado a una luz excesiva, que no parecía de invierno y que despertaba la avidez de nuestra mirada; pero mi exaltación luminosa, olvidadas las penurias de aquella mañana, contrastaba con la sombría concentración de Manuela, que ojeaba sin verlo aquel estrepitoso panorama de tejados y campos, cúpulas de iglesia y jardines de conventos, atravesado por un río y cubierto de llanuras condescendientes y de bosques de encinas hasta donde se perdía la mirada. Pero Manuela no participaba de tanta hermosura, retraída en un mutismo de ausencias sobre el vacío del aire transparente de diciembre, filtrado por las nieblas y purificado por los primeros hielos invernales, que penetraba en los pulmones urgiendo la felicidad. Con mi mano libre, pues la otra reposaba en la plenitud de su cintura, dirigí sus ojos hacia los escenarios de nuestras aventuras infantiles, hacia los palacios perdidos en el dédalo de las calles y, reconocibles desde allí arriba, hacia los contornos de las murallas desbordadas por la población que continuaba extendiéndose por los arrabales del Puente, y hacia las grotescas figuras humanas, empequeñecidas y ridiculizadas por la altura; pero ella permaneció ausente, mirando inmóvil hacia el oeste, fija en la desolación del Fuerte de San Vicente, pasmada en sus escombros, ofuscada por su claustro desnudo, fundida con su inerte desvalimiento de víctima, desamparada dentro de la mancha oscura de los incendios.

«Los monumentos ganan mucho cuando están en ruinas», le dije para forzarla a salir de su ensimismamiento. Pero no me oyó, porque estaba, no en otro sitio, sino en otro día y posiblemente en otro mundo; respiraba apenas y poco a poco había ido perdiendo el color que había ganado en la subida. De pronto, los chirridos de la trompetería francesa alertaron mis oídos y supuse que también cada una de aquellas casas, que se amontonaban en desorden a nuestros pies, se habrían encendido con aquella estridencia castrense que volvía a recordarnos que estábamos dominados por una voluntad extranjera, que había matado a un tercio de nuestros convecinos y que intermitentemente nos amenazaba a todos. Pero Manuela, que no pareció sentir nada, envuelta en su marginación de Dolorosa oyó la fanfarria militar más que con los oídos con los ojos, que se le humedecieron de recuerdos con aquella agresión sonora que le llegaba, no de la ciudad de allí abajo, sino de su memoria, y que repetía con obcecación su frenesí disciplinario de cuartel, hasta perderse en el silencio creciente de la ciudad que se acomodaba para cruzar la frontera del mediodía.

Algunas chimeneas empezaron a humear entre los tejados de su anonimato, como advertidas de la hora por el toque de fajina de las trompetas enemigas, y las calles se fueron vaciando como los itinerarios de los planos alzados de los recintos de las viejas ciudades. Teníamos que descender; un gran pájaro negro arrebató en un vuelo sesgado todos los colores del paisaje, planeó dudoso, asustó a todas las avecillas del cielo, barrió todos los sonidos de la vida y fue a posarse en la espadaña de San Martín. Manuela me dio un beso y se desprendió de mí para rodear el cimborrio y asomarse al vacío, como si quisiera comprobar visualmente la solidez de los cimientos de la torre o medir la altura que nos separaba del suelo, antes de iniciar la bajada hacia el calvario de nuestra penalidades, mientras la tarde empezaba ya el envilecimiento de su declive.

Permanecimos allí durante el rato de un sueño, bajo la soez vigilancia del soldado francés, que varias veces me tocó el brazo como para despertarme y urgir el descenso, mientras nada se movía en el horizonte, petrificado por nuestra mirada, ni en la ciudad recogida en la hora del yantar, que se había quedado como muerta. No sé si cerré los ojos de felicidad o si me traspuse de tanto mirar a Manuela, pero cuando el gabacho me zarandeó violentamente con una premura que me irritó, la volví a ver lejos de mí, separada de mis manos por una distancia irreparable que iba creciendo, mientras ella caía sin motivo en el vacío, con un revuelo de telas y de brazos locos sobre el pretil de la torre, disminuyéndose en la caída arremolinada, instantánea, destrozándose en los arbotantes y en los saledizos del campanario, pirueteando en el aire, aplastándose contra el suelo de la plazuela del Obispo, quieta en medio de las losas silenciosas de las tres de la tarde, como un amasijo de recuerdos, como un montón de ropa usada y olvidada allí por un trapero indigno, pero celestial. Ni siquiera mi tía Adela la reconocería cuando por la noche se presentara delante de ella, con el cuello roto, la cara vuelta y el bendito cuerpo desmigajado.

4

En marzo de 1813, los viajeros que se arriesgaban a venir del oeste traían noticias de que el inglés empezaba a moverse, con la soberbia indecisión de su indiferencia, después de haber pasado todo el invierno a resguardo de los vientos del norte, en los amorosos valles de los Arribes del Duero, cazando conejos, bebiendo vino portugués y viendo florecer los almendros en enero, en aquellos parajes edénicos donde el calor se quedaba recogido todo el año y hacía crecer las pitas y las chumberas tropicales en las quebradas del mediodía, sin más trabajos que perseguir con tenacidad nórdica los traseros masculinos y las delanteras femeninas que se conservaban vírgenes en La Fregeneda, en la raya de Portugal, cerca de la desembocadura del Agueda en el Duero, hasta donde río arriba habían llegado las barcazas portuguesas desde Oporto a Vegaterrón con armas, municiones, alimentos y barriles de cerveza, unas pocas Biblias y algunos libros de entretenimiento para los crepúsculos sombríos del Lord, que paraba en Miranda do Douro; la leña y las mujeres para combatir los fríos nocturnos las proveyó la tierra, que aguantó también las embestidas de las borracheras inglesas, que regaron con profusión las maderas resecas y cuarteadas de las puertas de los boiles y la yerba joven del empedrado ocioso de las eras en los egidos de los pueblos; los oficiales organizaban carreras de caballos para librarse del aburrimiento y mantener en forma a sus potrancos, llenos de vicios en aquellos soleados pastos sedosos, que los hacían engordar más allá de lo que permitían las ordenanzas.

Mientras en Salamanca el frío crecía y se adelgazaba como un cuchillo entre la Clerecía y la Casa de las Conchas y escaseaba la comida, insuficiente para alimentar a la población y a los tres escuadrones de la división del general Villate, que habían quedado de retén en la ciudad, los ingleses se hartaban en sus cuarteles de invierno con el queso de Hinojosa, las perronillas de almendra y los repelaos como rocas de dulzura, doradas en las cumbres y con el corazón tierno, y los huevos de toda la región y las gallinas del Abadengo y las reses de las dehesas del campo charro, que fueron tragando con voracidad secular y castrense, hasta casi extinguir las especies en veinte leguas a la redonda. Y menos mal que preferían su whisky y su cerveza a los vinos de aquellos pueblos, aunque en caso de apuro no despreciaban los caldos de la tierra, que les producían unas borracheras negras de gritos y destrozos, de alucinaciones patrióticas y desenfrenos bestiales, que acababan siempre en sangre, entre canciones que debían de ser obscenas por las soeces risotadas con que las celebraban y que a veces se deshacían en llantinas sentimentales, hasta que se despabilaban y salían a perseguir indígenas a lanzadas de caballo, con un furor aventurero y colonial.

Cuando los calores empezaron a apretar en las rinconadas del Agueda, donde los soldados ingleses se habían bañado durante el invierno como marsopas al sol, dejando a la deriva algún ahogado con la barriga hinchada, la piel verdosa y los ojos ciegos en las profundidades del agua, que reflejaba las nubes, el ejército aliado se puso en marcha y salieron, camino de Salamanca, eufóricos y sonrosados, a mediados de mayo, con las pecas reventonas en toda su geografía corporal. Por el campo charro se fueron acercando a Salamanca, abonando a su paso los barbechos, peinando los encinares y asolando los pastos de la primavera, que estaban ya crecidos y ponían una ternura de paraíso en el horizonte de las avanzadillas.

Se movían lentamente, como quien sabe que el camino es largo y el sol no siempre es benigno. Por tierras de Vitigudino alancearon algunas vacas sueltas, que les sirvieron de regocijo y de comida, y avanzaron con la seguridad triunfal de su superioridad numérica frente a los franceses y la moral de la vuelta a casa. El Lord iba con dos divisiones inglesas, otra portuguesa y algunas fuerzas de caballería; se desviaron hacia Tamames, donde se les unió la división española de don Carlos de España, en la que servían nuestros antiguos compañeros, los lanceros de don Julián, convertido al fin en militar de uniforme y jerarquía, con el grado de brigadier en la bocamanga, y todos juntos, siguiendo a contracorriente el curso del río Huebra y atravesando los llanos de Vecinos y Matilla de los Caños, marcharon hacia Salamanca por Tornadizos y Aldeatejada, hasta que divisaron las torres de las catedrales y la cenefa verde de los árboles del río.

Una de las últimas víctimas de los franceses, antes de que los aliados entraran en Salamanca, fue mi tío Ricardo, que había aguantado hasta el final sin provocar la irritación de los extranjeros, ni el rencoroso juicio de los patriotas, con su labia fresca y sus ojillos cínicos, vulnerable ante todas las cobardías y dispuesto a todas las traiciones morales que le aseguraran los hojaldres de las madres Dominicas y las entrepiernas vírgenes de las campesinas tempranas, que ahora tardaban en encender su sangre, a la penosa zaga de su imaginación. Pero su tardía e imprudente participación en una conjura casera, que pretendía dejar sin caballos a los invasores, delató su presencia sospechosa junto a las cuadras y lo condenó a comparecer, atado de manos y con una venda negra en los ojos, ante los urgentes fusiles franceses de aquel mayo glorioso del año 13. Tuvo la inesperada gallardía de terminar como un héroe de una causa en la que no creía y de recuperar, antes de morir, la altanería militar de sus años mozos de coronel ecuestre del ejército de Su Majestad.

Antes de que sus casi ochenta años de un metro noventa y cinco de estatura se derrumbaran sobre las losas de lo que había sido el altozano del Alcázar, tuvo la última satisfacción de oír, en su obligada ceguera de condenado a muerte delante del pelotón de fusilamiento, los relinchos atropellados de los caballos, que finalmente los patriotas habían liberado y que atronaban a su paso las calles de la Salamanca monumental, enloquecidos por el ruido de sus propios cascos sobre el empedrado y azuzados por la fusilería francesa, que intentaba inútilmente reconducirlos a las cuadras. Espantados por los centinelas de la Puerta del Río, hacia la que se dirigían en tropel, desorbitados y poderosos, como tantas veces los había montado mi tío Ricardo por los encinares de sus dehesas, los caballos subieron por la calle del Horno y tiraron por la del Ave María, arremolinándose impelidos por su violenta inercia frente a Trilingüe, para ir a salir a las ruinas de la Merced y San Cayetano. Mi tío Ricardo no pudo sentir, porque el estampido de la muerte le llegó antes, la tropilla de caballos desbocados que cruzó frente a su cadáver todavía caliente y siguió corriendo hacia la universidad, como un huracán de cuerpos agitados y estremecidos, apezuñándose en las estrechuras de las calles, asustando a la ciudad dormida, resbalándose y cayendo estrepitosamente sobre las piedras de la calle Libreros y llegando, fogosos y embravecidos, en una tromba humeante de ijares lustrosos, crines desatadas y espumas al viento, a la Plaza Mayor, después de haber roto el silencio de la calle de la Compañía, atronado la calle de Sordolodo y arrollado los puestos del mercado de la plazuela del Corrillo, que empezaban a levantarse antes del amanecer. Mi tío no pudo tener mejores exequias que aquella riada loca de potros indómitos, exhibiendo su salvajismo felizmente recuperado en el ámbito sacralizado y geométrico de la Plaza Mayor.

«Ha muerto como ha vivido: igual que un tonto», sentenció mi madre cuando se enteró.

Aquella muerte cerró la nómina de nuestros héroes familiares, antes de que se anunciara la proximidad de los ingleses en los altos del Zurguén. En Alba de Tormes se le unió a Sir Rowland Hill, que mandaba el ala derecha del ejército aliado, la división española de don Pablo Morillo, que venía de Extremadura y que años después terminaría luchando contra la Independencia de Bolívar en América. Así es que ya estaban todos y avanzaron sobre Salamanca, que en el cristal del agua del río sonreía ante tantos soldados juntos. El general Villate abandonó la ciudad con sus tropas y se retiró hacia el Teso de la Chinchibarra, los altos del camino de Valladolid y los desmontes de Cabrerizos, de donde fueron desalojados por las tropas del general

Fane, que habían atravesado el Tormes a pie enjuto por el vado de Santa Marta, y las del general Alten, que cruzaron el río por el Puente Romano, libre ya de las amenazas de los cañones franceses, que lo habían tenido sometido.

Los ingleses, en la proporción de diez a uno, como a ellos les gustaba, intentaron envolver a los soldados de Villate y los obligaron a retirarse por Encina hacia Babilafuente, dejando doscientos prisioneros, municiones, equipajes y unos pocos muertos; en la Aldea de la Huerta del Tormes, a los huidos se les unió un cuerpo de infantería y caballería, que venían presionados por la gente de don Pablo Morillo; los imperiales siguieron huyendo, ya desfondados y también ellos camino de casa otra vez, con paradas sin retorno en el infierno para algunos, hostigados sin tregua por los lanceros de don Julián Sánchez, que venían con los ingleses barriendo los restos; en Morales, camino de Tordesillas, se produjo un nuevo choque breve y sangriento, en el que los hombres de don Julián lucharon con ferocidad y saña. Y así salieron los franceses de nuestra vida, de nuestra ciudad y de nuestra tierra, aborrecidos todavía en la distancia, fijos para siempre en nuestra memoria herida y con menos placer por nuestra parte del que habíamos esperado. El sueño de mi padre se había desvanecido; la ciudad seguiría entregada a la rapacidad eclesiástica, al desdén aristocrático, a la inútil sabiduría del escolasticismo universitario. El pozo negro de Salamanca se volvía a cerrar.

La ciudad hora tras hora volvió a su silencio, cruzado por las tocas negras de alguna viuda de guerra y por el débil optimismo del esquilón cutre de algún convento de monjas de clausura, que retomaban el hábito de proclamar alegremente sus oraciones, agradeciendo a Dios el seguir vivas y dormir tranquilas sin el temor de su virginidad en peligro. El mundo parecía de nuevo recién hecho sobre los escombros del viejo; los hombres iban perdiendo la tensión desesperada de sus miradas obsesionadas por la muerte y afiladas por el odio; los niños se demoraban entre las ruinas, desenterrando jubilosos tesoros ocultos debajo de las piedras calcinadas por la catástrofe; las muchachas se atrevían a sonreír sin más motivo que la comezón de sus cuerpos jóvenes, habitados por los recuerdos de la locura carnal de la primavera del año 10 y cubiertos por las pobres ropas deslucidas de cinco años de miseria. Lo que tardó más en irse fue el olor de la guerra, una mezcla de pólvora quemada y excrementos de caballo, revuelta con verduras podridas, el aire dulzón de los cadáveres calientes y el hacinamiento tenaz de los cuarteles; las tenerías del río, devastadas por los cercos, tardaron muchos meses en volver a perfumar el ambiente con su áspero olor a tanino y cuero seco.

Yo quería cerrar los ojos y descansar, a lo que me ayudaba también la galbana de mayo, que todos los años por aquella época me degradaba hasta la inanición. Pero el cuarto ardía con mi fiebre y el vacío de mi cabeza me pesaba como una ausencia, así que me eché a la calle a recorrer otra vez la ciudad, como había hecho durante los últimos días, para tranquilizar los horrores de mi memoria y satisfacer el gusto de resucitar los rostros de mis remordimientos, mientras comprobaba el vergonzoso estado de mi desánimo. No había nada que hacer, y ni siquiera quedaba vino en las tabernas, porque en toda la ciudad no había más vino que el de la consagración de los curas, que lo habían salvado, por supuesto milagrosamente, de los saqueos de la invasión y de la sed de los ingleses, y que no compartían con nadie que no fuera el Dios de sus batallas.

La ciudad curaba sus heridas al sol de una primavera caldeada y tranquila, que devolvía a las conciencias y a los cuerpos un sentimiento de marginación. Blasillo volvía a recorrer las rondas de la muralla, repitiendo el estribillo de su idiotez: «Dios aprieta, pero no ahoga», tartajeando su mensaje sobre una baba sonriente, que se ahilaba en la luz brillante de la mañana. Merceditas resucitó de su cuarto, con sus confusas acuarelas y su bastón de madera de cedro con empuñadura de plata, para comprobar decepcionada que el hombre que había sido el amor de su vida, y cuya muerte había estado deseando durante cincuenta años, por fin había muerto, fusilado como un patriota, para amargarle más el recuerdo de su abandono y condenarla al dolor de no haber sido ni siquiera la viuda de un héroe, como sin duda por la perseverancia de su odio se merecía. Alodia, como toda la ciudad, ocultaba sus ganas de reír detrás de una mueca de tristeza, que compartía el dolor de todos los muertos, el desconsuelo de todas las viudas, el desamparo de todos los huérfanos y la gloria inútil de todos los héroes. Dijeron que sor María de los Angeles había huido del convento, quizás echando de menos su maternidad frustrada o la tarde aciaga y promiscua de su violación.

La ciudad tardó en reponerse de la pérdida de Eduwigis, pues nadie hacía como ella los buñuelos de Todos los Santos, los hojaldres de la Navidad y los bartolillos de la Cuaresma. Las monjas recuperaron su dominio perdido sobre los paladares salmantinos, que levantaron una leyenda al recuerdo de la pobre Eduwigis a la que, después de muerta, se le perdonaron todos sus pecados. Nadie consiguió descifrar los papeles de la crónica de don Porfirio, que se amontonaban en rimeros informes sobre la mesa, los sillones frailunos y los anaqueles de su despacho, doblados bajo el peso de aquella historia que nadie pudo leer y que quedó olvidada, llenándose de polvo, abarquillándose y amarilleando con el tiempo que la fue convirtiendo en un engorro casero, en un montón de folios inútiles, hasta que alguien la utilizó para alimentar la hoguera de la noche de San Juan, que los muchachos del barrio encendían en el Campo de San Francisco. San José se volvió a su tierra con la vana esperanza de que el paso de los franceses y de los años hubiera hecho cambiar a su mujer.

Mi tía Adela se quedó más sola. El último muerto de la guerra fue su hermano Ricardo, con las heridas recientes de su fusilamiento y un gesto altivo que ella reconoció enseguida. Estuvieron mirándose durante largo rato, sin hablar, y ella comprendió que la muerte le había respetado y que seguía siendo su hermano mayor, engreído y mujeriego, que miraba con lujuria hasta a su hermana. Siguió varada en la lucidez de su alcoholismo, conservada en el vino de sus rechazos y de sus soledades, con las ojeras hinchadas hasta el desbordamiento y la piel desvaída sobre los huesos excesivos, que afloraban por todas partes de su cuerpo consumido por un pasado que nunca se le terminaba, devuelto a la memoria por cada cadáver conocido, por cada hombre tragado por la tierra, por cada amor devorado por el olvido, con los muertos de aquella guerra calamitosa llamando en grupos a las puertas de su insomnio para contarle sus desgracias y sus agonías y confirmar las premoniciones que siempre había tenido y que habían poblado aquellas tertulias funerales, tan concurridas en los últimos tiempos y para las que algunos días no habían bastado sus divanes, sus sillones, sus sillas bajas de enea, sus escaños, sus escabeles y sus improvisadas banquetas ancilares, ahora vacías, como una memoria de la tragedia pasada.

El barrio de los Milagros y parte del de la Merced y toda la vaguada de la Magdalena y las Peñuelas de San Blas estaban en ruinas. Un padre le explicaba a su hijo el lugar y el nombre de los monumentos desaparecidos, encaramándose a los escombros, entre los que blanqueaban todavía las osamentas de los viejos enterramientos de los frailes agustinos, los calcinados restos de las techumbres derruidas de los conventos, de los palacios y de los colegios mayores, y los trozos chamuscados de las páginas sueltas de los conmovedores mamotretos venerables, esparcidas sobre la humilde vegetación del suelo, que se empeñaba tercamente, entre las piedras y los cascotes, en seguir madurando su verde tenue, su jugosidad de mimo, su delicadeza infantil de adorno navideño, como una ofensa para nuestra necesidad de desolación. El aire era cálido y en la hondonada del arroyo de la Magdalena, por donde fluía la esgueva medieval de los orines y las lluvias, olía a muerto y a albahaca. El niño un poco miope entornaba los ojos para fijar mejor en su memoria aquellas imágenes patéticas, cuya importancia debía medir por el grado de aflicción de su padre y los quiebros de su voz insegura por la emoción y los desequilibrios del terreno, mientras le señalaba con un dedo tembloroso por la rabia las ruinas que iba rescatando de su memoria:

«Aquí estaba el magnífico monasterio de San Vicente; aquí el de San Cayetano; allá, los de San Agustín, la Merced, la Penitencia y San Francisco; éstos fueron los espléndidos colegios mayores de Cuenca, Oviedo, Trilingüe y Militar del Rey. Aquí estaba el Hospicio, la Casa Galera, y por aquí cruzaban las calles Larga, de los Angeles, de Santa Ana, de la Esgrima, de la Sierpe y otras que han desaparecido».

Ya nada se podría remediar; nadie volvería a levantar los colegios, los palacios, los conventos y las casas destruidas por la guerra; nadie volvería a colocar en su sitio aquellas piedras labradas por los canteros; nadie reconstruiría aquellas fachadas esplendorosas. Habíamos mantenido la esperanza de que aquella catástrofe no se produjera, de que nuestra Salamanca saldría intacta de las amenazas de aquella barbarie, de que la insensatez de los hombres respetaría al menos tanta belleza y tanta historia; habíamos estado convencidos de que bastaba nuestra voluntad para rechazar lo irremediable. Pero ahora sabíamos, con la memoria de tantos cadáveres compartidos, de tantos edificios destrozados, de tantas huellas borradas para siempre de la ciudad, de tantas energías derrochadas para perpetuar la imaginación y la sabiduría y el arte y el gozo de la obra diaria bien hecha, de generaciones y generaciones de gentes, que crearon, cuidaron, acrecentaron, embellecieron y sacralizaron con sus miradas aquel ámbito perdido de múltiples libertades; ahora sabíamos que todo había sido inútil, como había sido inútil la sabiduría encerrada entre aquellas piedras, viendo aquellas paredes derruidas, aquellas manchas de humo y aquellos sucios harapos semienterrados, en los que todavía se distinguía la sangre que un día había sido caliente. Pero no era por las piedras, sino por los hombres, por lo que nos lamentábamos, por aquellos hombres que las habían arrancado de la tierra, las habían cuarteado con sus palancas, pulido con sus martillos, mimado con sus gubias, labrado con sus cinceles y ordenado según leyes y gustos, estilos y cánones, caprichos e inspiraciones súbitas. Y las habían dejado allí, con la satisfacción y la esperanza, como nosotros, de haber derrotado por una vez al caos y haber impuesto el orden entre aquellos productos de la naturaleza, y que se murieron, como tantos de nosotros, con la seguridad de haber vencido al desorden y derrotado a la muerte. Pero el caos había vuelto y una vez más mi padre se había equivocado, aunque tuviera la razón.

Todos los dioses de mi niñez habían desaparecido. La ciudad era el lugar de mi cementerio; cada calle tenía la señal de una sepultura y conservaba la huella de algún cadáver, el sonido de una voz que yo hubiera deseado oír entre las voces que seguían sonando en la ciudad, como una negación de mi dolor. El silencio consternado de la Salamanca de luto era mi propio silencio. Mientras recorría los paisajes de mi niñez, que eran los paisajes de la guerra, que eran los paisajes de la ciudad, iba haciéndome a la idea de convivir con aquellos muertos dentro de Salamanca, de acostumbrarme a encontrarlos en todas las partes de la ciudad de mi memoria, que era mi vida. Y me encontré solo en aquellos lugares, que carecían de significado si no servían de escenario para mis encuentros con los muertos, con la ciudad de los muertos. Aquellas calles vacías ya no me conducían a ningún destino; Salamanca era un laberinto que se ignoraba; cada esquina y cada plaza se abrían sobre la nada. En medio de aquel hueco, una muchacha invisible con la milagrosa voz de la belleza aumentaba la desolación del paisaje ruinoso de la ciudad con las dudas de su elección, ajena a todas nuestras esperanzas olvidadas; sobre la tonadilla de una canción popular, aquella voz perpleja y entristecida por sus propias razones resumía la tragedia de Salamanca:

Ay, madre, qué pena pena,
que a nadie puedo querer;
que me rondan dos galanes
y no sé a cuál escoger.

Aquella guerra orgiástica de mi adolescencia había terminado, como la última aventura de mi infancia perdida por segunda vez, y seguía sin saber de verdad qué había ocurrido, quién había ganado y por qué había luchado yo, cuando había luchado, y por qué no había luchado, cuando no lo había hecho. Un sabor de ceniza había sustituido a la exaltación de mis antiguos entusiasmos, a mis repetidos deseos de felicidad, a mi apasionada y ciega necesidad de estar vivo. Salamanca no estaba hecha con las piedras de la sabiduría, como se decía y como yo había llegado a creerme, sino con los fungibles materiales de la nada. Por eso, yo pensaba que todo aquello que acababa de irse volvería; alguien volvería a cometer las mismas decisiones y Salamanca volvería a perder parte de su belleza, es decir, parte de su vida y de su historia, de sus hombres y de sus deseos, hasta que un día la perdiera toda, con otros muertos y otros vivos, como yo, echándolos de menos, dejando en su memoria un rastro de palabras, que serían una especie de explicación, un testimonio, un receptáculo de inútiles experiencias repetidas hasta el infinito.

Los ingleses, dueños de la ciudad, volvieron a desdeñarnos desde la altura de sus miradas azules y la retracción de sus cervices orgullosas. Wellington permaneció, invisible, dos días en el Palacio de Arias Corvelle, en la plazuela de San Boal, ajeno al entusiasmo popular que levantaba su presencia; los que pudieron entreverlo confesaron su decepción, porque, para ser inglés, no era muy alto y ni siquiera rubio, aunque no desmentía los estigmas de su raza, enfriaba a su paso los gélidos corredores del palacio y caminaba envuelto en la sordera de su dignidad y de su superioridad incontestable; llevaba el pelo corto, a la moda despelucada de los nuevos tiempos, la barba hecha de aquella mañana y la nariz decidida y sesgada de las aves de rapiña; su uniforme no permitía ni las arrugas, ni las rodilleras en sus calzones inmaculados; sus edecanes vestidos de rojo, que le rodeaban sin acercársele, le daban un reflejo sangriento a la palidez aristocrática de su cara alargada e impávida, de ojos redondos y como sorprendidos.

El 29 de mayo de 1813, el último soldado extranjero abandonó la ciudad; sus banderas y sus tambores de marcha atravesaron una vez más el dédalo irracional de nuestras calles, que estaban ya calientes al mediodía, preludiando el verano, bajo los vuelos rasantes de los primeros vencejos que habían despertado de su letargo invernal. La ceremonia de la despedida fue breve y aguada por los ojos petrificados del Lord. Aunque en realidad no hubo ninguna despedida, ni tampoco ninguna ceremonia, dando por supuesto que nadie se iba, ni nadie necesitaría los adioses para asegurar la permanencia de los sentimientos. Probablemente, Wellington repitiera el gesto contenido con el que hacía algunos años abandonó la India de sus primeras experiencias bélicas y coloniales, con la certeza irrebatible de que un inglés no se va nunca de ningún sitio.

Su carroza salió antes que él, porque quiso alejarse de nuestra ciudad montado a caballo hacia su retiro de Miranda en Portugal, saliendo por la Puerta de San Bernardo y dirigiéndose al Puente Romano, vestido discretamente con su uniforme de campaña, sin sueño, ni vigilia, casi intemporal y eterno, con voluntad de estatua. Se destocó la cabeza antes de darnos definitivamente la espalda y por un momento el sol todavía mañanero iluminó su cabeza cana, más bien pequeña, y con la frente augusta que ennoblecía su gran nariz de águila, cortada a pico, que aumentaba la impresión de astucia y tenacidad de sus labios finos de ambicioso y la severidad del puritanismo azul de su mirada inmóvil. Su Estado Mayor lo rodeaba como a un dios temible, que ocultara su fuerza destructora bajo la condescendencia de su buena educación.

Se dio la vuelta para fijar la imagen de la ciudad en sus *Memorias* y lo último que vio, la imagen final de su paso por la tierra, fue la solemnidad romana de la silueta de las catedrales reflejadas en el río. No debía de haber ninguna nostalgia en aquella mirada retrospectiva de un hombre que había dicho: «No conozco nada que hayan hecho los españoles, y desde luego nada bueno». Después, sin decir adiós, a no ser que se tuviera por un signo de despedida su indefinible y fugaz movimiento del cuello en sucinta flexión vertical antes de espolear su caballo, se alejó al trote corto del día luminoso que estaba naciendo, ligero a pesar de sus años, de sus victorias y de la sedante parsimonia de su dignidad ecuestre. Algunos aplaudieron, probablemente por la teatralidad del gesto, otros lo vimos marchar sin ninguna pena y también sin ninguna alegría, y otros aliviados respiraron a fondo por aquella ausencia que comenzaba a crecer ya. La tropa y las carretas de la intendencia tardaron todavía en irse, camino del norte; la artillería salió la última, escoltada por unos escuadrones de caballería; la llanura no acababa de ocultarlos, a pesar del polvo y de la lejanía; pero al fin desaparecieron y nos quedamos solos con nosotros mismos.

Ultimos títulos

157. Amor propio
Gonzalo Celorio

158. Mi historia secreta
Paul Theroux

159. Imágenes
Ingmar Bergman

160. Vineland
Thomas Pynchon

161. Conejo en paz
John Updike

162. Una arquilla de curiosidades
Allen Kurzweil

163. El protocolo compasivo
Hervé Guibert

164. Byron
Sigrid Combüchen

165. Antes que anochezca
Reinaldo Arenas

166. El último manuscrito
de Hernando Colón
Vicente Muñoz Puelles

167. Libertad para los osos
John Irving

168. Groucho y yo
Groucho Marx

169. Los tíos de Sicilia
Leonardo Sciascia

170. Los Bajos del Temor
Vlady Kociancich

171. Casa materna
Marta Morazzoni

172. Estorbo
Chico Buarque

173. Heredarás la tierra
Jane Smiley

174. Del rojo de su sombra
Mayra Montero

175. El primer círculo
Alexandr Solzhenitsyn

176. Las mejores intenciones
Ingmar Bergman

177. Franco en la guerra civil.
Una biografía política
Javier Tusell

178. Fray Jacobo
Henrik Stangerup

179. El regreso de Conejo
John Updike

180. Un viejo que leía novelas de amor
Luis Sepúlveda

181. *Véase:* amor
David Grossman

182. Pura pasión
Annie Ernaux

183. Fantasmas de carne y hueso
Jorge Edwards

184. El cuarzo rojo de Salamanca
Luciano G. Egido